खुल्लम खुल्ला

ऋषि कपूर भारत के सबसे जाने-माने फ़िल्म कलाकारों में से एक हैं। उनका प्रथम अभिनय बचपन में उनके पिता राज कपूर द्वारा निर्देशित **मेरा नाम जोकर** फ़िल्म में हुआ, इसके लिए ऋषि कपूर को नेशनल अवार्ड से सम्मानित किया गया। उनकी पहली मुख्य भूमिका फिल्म **बॉबी** में थी, जिसने युवा प्रेम कथा का रूप ही बदल दिया। इसके बाद उन्होंने कई सारी हिट फ़िल्में कीं, जैसे **खेल खेल में, लैला मजनूं , हम किसी से कम नहीं, सरगम** और **कर्ज़**। वे अमिताभ बच्चन के साथ उस दशक की सबसे यादगार फ़िल्मों में नज़र आये, जैसे **कभी-कभी, अमर अकबर एन्थोनी, नसीब** और **कुली**। पिछले दशक में उन्होंने अलग-अलग चरित्र में बेहतरीन अभिनय किये हैं—एक मध्यम वर्ग स्कूलमास्टर की भूमिका **दो दूनी चार** में, एक ख़तरनाक डॉन **डी-डे** में, एक दलाल **अग्निपथ** में और एक ज़िन्दादिल दादा जी **कपूर एंड संस** में—उनके यौवन के 'चॉकलेट बॉय' भूमिका से बिलकुल हट के।

मीना अय्यर 'द टाइम्स ऑफ़ इण्डिया' में सीनियर एडिटर और फ़िल्म आलोचक थीं। उन्होंने 34 वर्ष मीडिया में काम किया है और कपूर खानदान को ग़ौर से देखा और समझा है।

उषा चौकसे अंग्रेजी और हिंदी साहित्य में एम. ए. हैं। वह लम्बे आरसे तक अध्यापन व अखबारों में स्तम्भ लेखन तथा वृत्तचित्र लेखन के साथ ही रेडियो के लिए भी अनेक कहानी, नाटक और वार्ता लिख चुकी हैं। वह श्रीमती ऋतु नन्दा द्वारा संकलित व सम्पादित राज कपूर श्रृंखला की पुस्तकों का अनुवाद कर चुकी हैं तथा भावना सोमेया द्वारा लिखित **अमिताभ बच्चन** पुस्तक की सेह-अनुवादक रह चुकी हैं।

खुल्लम खुल्ला
ऋषि कपूर
दिल से

सह-लेखिका
मीना अय्यर

अनुवाद
उषा चौकसे

हार्पर
हिन्दी

हार्पर हिन्दी

(हार्परकॉलिंस पब्लिशर्स इंडिया) द्वारा 2018 में प्रकाशित
ए-75, सेक्टर-57, नौएडा—201301, उत्तर प्रदेश, भारत
www.harpercollins.co.in

P-ISBN: 9789352777983
E-ISBN: 9789352777990

टाइपसेटिंग : निओ साफ़्टवेयर कन्सलटैंट्स, इलाहाबाद
मुद्रक : थॉम्सन प्रेस (इंडिया) लि.

मेरे माता-पिता

कृष्णा और राज कपूर

को समर्पित

विषय-सूची

प्राक्कथन
रणबीर कपूर

आज मैं चौंतीस वर्ष का हो चला हूँ। जब मैं पिता के साथ आज अपने रिश्ते का विश्लेषण करता हूँ, तो मुझे लगता है कि उनका मुझे और मेरी बहन रिद्धिमा को दिया गया सबसे मूल्यवान उपहार यह है कि हम अपनी माँ को बिना शर्त एवं चूँ-चपड़ किये बिना, प्यार कर सकें। उन्होंने हमारे समक्ष एक मिसाल रखी जिससे हमें अहसास हो सका कि हमारी माँ ही हम सबके जीवन की, हमारे घर-परिवार की धुरी रही हैं। उनके रहते जीवन की किसी भी अनुकूल या प्रतिकूल परिस्थिति की आग हमें स्पर्श नहीं कर सकी, क्योंकि उनका सम्बल हमारी स्थायी पूँजी था। वे हमारा सुरक्षा कवच हैं।

उनका दिया दूसरा उपहार है, उनका मेरी माँ का एक अनुपम पति होना। सामान्य दम्पतियों के समान, उन दोनों में भी परस्पर तक़रार और झगड़े होते, वे रूठते और खीजते भी, पर वे मेरी माँ से सचमुच प्रगाढ़ प्रेम करते हैं। उन्होंने मेरी माँ को असीम आदर और प्यार दिया, उनका निरन्तर ध्यान रखा, उनकी परवाह की। हम भाई-बहन के लिए यह अत्यधिक महत्त्व रखता है। हम देखते हैं कि वे एक-दूसरे के साथ किस प्रकार अटूट स्नेह सूत्र से जुड़े हैं, उनकी आपसी समझ, परस्पर बातचीत करने के तरीकों और व्यवहार ने हमें बचपन में ही प्यार, मानवीय व्यवहार और उसके महत्त्व का पाठ स्वत: ही सिखा दिया। उनके परस्पर प्यार और आदर की भावना से मैं इतना अभिभूत हूँ कि उसे शब्दों में अभिव्यक्त करना मेरे लिए असम्भव है।

तीसरी बात जो मैंने अपने पिता से सीखी, वह है अपने काम के प्रति पूर्ण समर्पण। सन् 2006-07 में जब मैंने अभिनय संसार में कदम रखा, तब मैं अपने माता-पिता के साथ ही रहता था। मैं रोज़ सुबह उन्हें शूटिंग के लिए तैयार होते देखता। मैं पाता कि फ़िल्म उद्योग में बरसों-बरस काम करने के बाद भी उनके उत्साह, अपनी अभिनय कुशलता को बेहतर करने की इच्छा, अपनी भूमिका के लिए विशेष पोशाक चुनने और उसकी छोटी-से-छोटी बारीकी पर ध्यान देने की आदत में ज़रा भी कमी नहीं आयी थी। वही उनका स्वभाव था—हर काम में पूर्णता उनका लक्ष्य था, वे उसी भावना से संचालित होते और उनके इसी जज़्बे की मैं दिल से सराहना करता हूँ। आज पीछे मुड़कर देखने पर मैं पाता हूँ कि शायद अपने प्रारम्भिक बीस वर्षों में उन्होंने कमोबेश एक समान चरित्र भले ही अभिनीत किये हैं, परन्तु अपने दूसरे दौर में अपनी क्षमताओं को पुनराविष्कृत करने के लिए उन्होंने कठोर परिश्रम किया है। अपनी भूमिकाओं के निर्वहन में विविधता लाने के लिए उन्होंने नये-नये प्रयोग करना प्रारम्भ किया। मैंने पाया कि उन्होंने अपने काम में आनन्द लेना शुरू कर दिया और अपनी भूमिकाओं के प्रति बच्चों जैसा उत्साह और स्वच्छन्द रवैया अपना लिया। और यह सब अभिनय के प्रति उनकी लगन से ही संचालित है, उनका अन्तिम लक्ष्य अपनी भूमिका के प्रति पूर्ण न्याय करना है। उनकी लम्बी पारी और उनके इस उद्योग में सम्मानपूर्वक टिके रहने का शायद यही राज़ भी है। जहाँ तक अपने पिता से मेरे व्यक्तिगत रिश्ते का प्रश्न है, मेरे लिए यह पूर्ण आदर का रिश्ता है। मैं अपनी माँ के अधिक करीब हूँ। मुझे लगता है कि मेरे पिता ने अपने पिता को पिता रूप में आदर्श माना और हमारा रिश्ता उनके अपने पिता के साथ के रिश्ते से प्रभावित रहा। यह सच है कि उनके साथ मैं एक विशेष लक्ष्मण रेखा को कभी पार नहीं कर पाया, पर मुझे इस रिश्ते में कोई कमी या खालीपन भी कभी नहीं लगा। हाँ, यह ज़रूर लगा कि काश हमारे बीच और अधिक मित्रता और घनिष्ठता होती या मैं उनके साथ कुछ और अधिक समय बिता पाता। कभी-कभी मेरे दिल में ख़्याल आता है कि काश मैं भी कभी यूँ ही फ़ोन उठाता और उनसे पूछ पाता कि वे कैसे हैं। पर हमारे बीच ऐसा नहीं है, हमारे बीच फ़ोन पर बातचीत नहीं होती। हाँ, वे मुझे सन्देश अवश्य देते

हैं और वे मेरे काम के आर्थिक पक्ष को भी सँभालते हैं और इस प्रकार अब हम अधिक जुड़े रहते हैं।

जब भी मेरी शादी होगी और मेरे बच्चे होंगे, मैं रिश्ते के इस समीकरण को बदलना चाहूँगा। मैं नहीं चाहता कि मेरा अपने बच्चों से रिश्ता इतना औपचारिक हो, जितना कि मेरा अपने पिता से रहा। मैं उनसे अधिक मित्रतापूर्ण और अधिक घनिष्ठ होना चाहूँगा। मैं उनके साथ ज़्यादा-से-ज़्यादा समय बिताना चाहूँगा। साथ ही यह भी कहना चाहता हूँ कि मैं अपने पिता से गहरा प्यार करता हूँ, उनका अत्यधिक आदर करता हूँ और वे मेरी प्रेरणा हैं। मैं कभी उनको अपने कारण लज्जित नहीं होने दूँगा। मैं जानता हूँ कि उनके हृदय में मेरे हित की भावना ही सर्वोपरि है। मुझमें और मेरे कार्य में, उनके किये गये विश्वास पर मुझे गर्व है। उनकी यही अपेक्षा मुझे और अधिक प्रयास व मेहनत करने के लिए प्रेरित करती है। मुझमें उनकी आस्था और उनका प्रोत्साहन मेरे लिए बहुत महत्त्वपूर्ण है।

मैं जानता हूँ कि मेरे पिता बिन्दास और बेबाक लगते हैं, पर वास्तव में वे अपने तक सीमित रहने वाले एक अन्तर्मुखी व्यक्ति हैं। अपने अन्तरतम को दूसरों के सामने खोलने में उन्हें संकोच होता है। शायद ऐसा इसलिए है, क्योंकि वे एक अभिनेता हैं और इस नाते वे बहुत-सी भावनाएँ अपने हृदय में सुरक्षित रखते हैं। अनेक अभिनेता यह करते हैं—वे भावनाओं का एक कोष सुरक्षित रखते हैं, ताकि वे पर्दे पर उन भावनाओं को प्रस्तुत कर सकें, मेरे पिता भी ऐसा ही करते हैं।

ट्विटर पर उनके द्वारा व्यक्त विचारों के बारे में मैं कुछ नहीं कहना चाहता, हालाँकि यही वह पहला प्रश्न है, जो सामान्यतया मुझसे अपने पिता के बारे में पूछा जाता है। इसके लिए मैं इतना ही कहूँगा कि जब तक वे अपने कथन में ईमानदार हैं और यह क्रिया उन्हें आनन्दित कर रही है, तो यह उनका निजी विशेषाधिकार है। सोशल मीडिया एक बहुत ही निजी माध्यम है। हाँ, यह सच है कि अपनी बेबाक टिप्पणियों के कारण वे कई बार विवादों में घिर जाते हैं, परन्तु मैं जानता हूँ कि उनका कोई विशेष स्वार्थ या मकसद नहीं है। मेरे पिता एक तीर की तरह सीधे हैं। ये सभी हमारी व्यक्तिगत बातें हैं। उनके कलाकार स्वरूप के बारे में भी मेरी अपनी राय

है। मैं स्वयं भी एक अभिनेता हूँ और फ़िल्मों एवं अभिनय में मेरी गहरी रुचि है। मैं ईमानदारी से कह सकता हूँ कि मैं किसी भी कलाकार की कला को उनके समकक्ष नहीं पाता।

मेरे पिता में एक विरल सहजता है, वे स्वत: स्फ़ूर्त हैं और वे ऐसे ही प्रारम्भ से रहे हैं। वह भी तब से, जब पहले की पीढ़ी के अन्य अधिकांश कलाकारों की अपनी-अपनी एक विशिष्ट अभिनय शैली थी, परन्तु मेरे पिता के अभिनय में हमेशा एक स्वाभाविकता और स्वत: स्फ़ूर्ति रही है।

गीतों पर उनकी अदाकारी और अपनी नायिकाओं के साथ प्रेमगीतों में उनका जुदा अन्दाज़ प्रशंसनीय है, जबकि शारीरिक स्थूलता उनके लिए एक बाधा थी। जब अन्य अभिनेता मोटापे के प्रति सजग हुए, तब भी वे सदा वैसे ही रहे, पर उन्होंने इस वज़न को अपनी अभिनय कला में कभी आड़े नहीं आने दिया। स्मरणीय है कि सुन्दर दिखना और कमनीय, छरहरा और सुदर्शन चेहरा एक अभिनेता के महत्त्वपूर्ण अंग होते हैं, क्योंकि आखिरकार एक अभिनेता को दर्शक वर्ग को मोहित जो करना होता है और मेरे पिता, ऐसे न होते हुए भी दर्शकों को लुभाने में सफल हुए। इसमें उन्होंने कई सीमारेखाएँ तोड़ीं। **चाँदनी**, **दीवाना** या **बोल राधा बोल** हो या 1980 और 1990 के दशक की उनकी कोई भी फ़िल्म देखें, तो पायेंगे कि वे कितने प्यारे लगते थे और आप जानेंगे कि भारी बदन होते हुए भी उनका आकर्षण और जादू सभी के सिर चढ़कर बोलता था।

अब दूसरे दौर की फ़िल्मों—**अग्निपथ, दो दूनी चार, कपूर एंड सन्स** और कई अन्य फ़िल्मों के लिए उन्हें पहले दौर की अपेक्षा कई गुना अधिक सम्मान और पुरस्कार मिल रहे हैं। कोई भी परिस्थिति एक कुशल अभिनेता को पीछे नहीं धकेल सकती, उसका जगमगाना अवश्यम्भावी है। मनोरंजन जगत में चौवालीस वर्ष तक ससम्मान बने रहना ही इसका प्रमाण है कि उस कलाकार में कुछ तो ख़ास अवश्य होगा। अब और अधिक क्या कहूँ, अत: अब मैं अपनी बात को यहीं विराम देता हूँ ।

1

जीना यहाँ मरना यहाँ

मैं तो पैदाइशी भाग्यशाली हूँ। मुझे बताया गया है कि 4 सितम्बर 1952 को सारे ग्रह और नक्षत्र अपनी आदर्श स्थिति में थे। मेरे पिता राज कपूर की आयु तब 28 वर्ष थी और वे चार वर्ष पहले ही हिन्दी सिने जगत में शानदार, भव्य एवं सार्थक फ़िल्मों के रचयिता के रूप में ख्याति प्राप्त कर चुके थे। वे एक अभिनेता, फ़िल्म निर्माता के साथ-साथ **आग** (1948), **बरसात** (1949) और **आवारा** (1951) जैसी सफल फ़िल्में बनाने वाले स्टूडियो के मालिक और नवयुग के अग्रदूत थे।

वे प्रेम में डूबे हुए एक व्यक्ति भी थे। दुर्भाग्य से, उस समय उनकी प्रेमपात्र मेरी माँ नहीं वरन् एक अन्य महिला थीं। उनकी महिला मित्र उस समय की सफलतम फ़िल्में, जिनमें आर.के. फ़िल्म्स की उपर्युक्त फ़िल्में भी शामिल हैं, की नायिका थीं और स्टूडियो के प्रतीक चिह्न में स्थान पाकर वे अमर हो चुकी थीं। पर्दे पर उन दोनों की रोमांटिक जोड़ी की उस समय सबसे ज़्यादा माँग थी और आज भी यह जोड़ी सर्वाधिक सफल जोड़ी की मिसाल के रूप में मान्य है।

संक्षेप में, वह उनके लिए जीवन और कार्यक्षेत्र—दोनों की दृष्टि से सर्वश्रेष्ठ कालखंड था। उस दिन वे माटुंगा वाले घर में ही थे। कमरा

ठसाठस भरा था। मेरी माँ कृष्णा अपने भाई प्रेमनाथ और दूसरे भाइयों तथा ससुराल पक्ष के ढेर सारे रिश्तेदारों से घिरी हुई थीं। मेरे पिता, मेरे बड़े भाई चार वर्षीय डब्बू और बहन तीन वर्षीय ऋतु, जो इस चहलपहल के कारण को समझने में असमर्थ थे, भी इस सरगर्मी के अभिन्न अंग थे। मेरे पिता के 19 वर्षीय भाई शमशेर राज कपूर, जो बाद में शम्मी कपूर के नाम से विख्यात हुए, भी पास ही स्थित खालसा कॉलेज से पहुँच गये। उनके सबसे छोटे भाई 14 वर्षीय बलवीर राज कपूर, जो बड़े होकर दिलों की धड़कन शशि कपूर के नाम से जाने गये, भी डॉन वास्को स्कूल से माटुंगा के घर पहुँच गये। मेरे दादा पृथ्वीराज कपूर रंगमंच और फ़िल्म के एक निष्णान्त और स्थापित कलाकार थे। वे अपनेआप में एक किंवदन्ती बन चुके थे। **आलम आरा** और **विद्यापति** में उनके अभिनय की भूरि-भूरि प्रशंसा हो चुकी थी। वे भी अपनी 17वीं फ़िल्म **आनन्द मठ** (1952) की शूटिंग पूरी करके जल्दी-जल्दी घर भागे। मेरी दादी रामशरणी ने जल्दी से मर्दों को कमरे के बाहर धकेला। घण्टों बाद अन्तत: जब एक गुलाबी गालों वाले गोलमटोल शिशु के रूप में मैं पृथ्वी पर आया, तो चैन की साँस लेते हुए मेरे हर्षित पिता ने एक और बेटे के आगमन के स्वागत में शैम्पेन की बोतल खोलकर जश्न मनाना प्रारम्भ कर दिया। इससे ज़्यादा शाही और किस बेहतर स्वागत की मैं कामना कर सकता था!

मैं पृथ्वीराज कपूर का पौत्र

राज कपूर का बेटा

नीतू कपूर का पति

रिद्धिमा और रणबीर कपूर का पिता हूँ।

मैं ऋषि कपूर हूँ।

मैं भाग्यवान पैदा हुआ हूँ और सदैव भाग्यशाली ही रहा। भाग्य ने आजीवन मेरा साथ दिया।

मेरे जीवन रूपी पुस्तक के पृष्ठ उड़कर पीछे जाते हैं और वे सन् 1970 और 1980 के दशक पर ठहरते हैं। जिसमें एक धुन गुनगुनाता जर्सी पहने एक हाथ में गिटार और दूसरे में एक सुन्दर कन्या को थामे ठसक से भरे एक रोमांटिक नौसिखिया कलाकार पर हमारी नज़र पड़ती है। पुस्तक के पृष्ठ एक बार फिर उड़कर तीस वर्ष आगे के कालखंड पर ठहरते हैं और वह छवि अनेक विविधतापूर्ण और परिपक्व पात्रों में पिघलकर एक नये स्वरूप में उभरती है। अब छवियाँ हैं—एक पत्नी से विलग हुए पति की **हम तुम** (2004), **स्टूडेंट ऑफ़ द ईयर** (2012) के समलैंगिक सम्बन्ध रखने वाले डीन **डी डे** (2013) के डॉन से वेश्याओं का दलाल, राउफ लाला, **अग्निपथ** (2012) और **कपूर एंड संस** के नब्बे वर्षीय शरारती बुढ्ढे की। चौंसठ वर्ष की आयु में इतने विविध, बहुआयामी और बहुरंगी चरित्रों को पर्दे पर जीने के अवसर निरन्तर मिलते जाना सचमुच एक वरदान ही है।

मेरे अभिनेता जीवन के कैरियर के दो चरण मेरे जीवन की सच्चाई को भी प्रतिबिम्बित करते हैं। मेरा जीवन जो पहले था—एक नौसिखिया, अनगढ़ कलाकार, जिसके पास सब कुछ था और अब एक ठोस धरातल पर पैर रखने वाले पारिवारिक व्यक्ति का, जो अपना सब कुछ देना चाहता है और सौभाग्य से उसे ऐसा कर सकने के अवसर भी मिल रहे हैं।

अभिनय मुझे विरासत में मिला और मेरे लिए इससे बच निकलना सम्भव ही नहीं था और ऐसा कहते समय मुझे पिता के कपूर वंश के साथ ही माँ के मल्होत्रा वंश के सदस्यों का भी उतना ही ध्यान आ रहा है जो उतने ही जीवन्त, चंचल और चुलबुले थे। कपूर खानदान के मर्दों के अनगिनत किस्से प्रचलित हैं। मेरी सर्वाधिक पसन्दीदा कथा मेरे पिता के दादा वशेशर नाथ के बारे में है, जो एक तहसीलदार थे और प्यार से लोग उन्हें दीवान साहब कहते थे। उन्हें छत्तीस वर्ष की आयु में अपने कार्य-भार से बर्ख़ास्त कर दिया गया था, क्योंकि वे अपनी महिला मित्र के घर के लिए एक सुरंग खोदते हुए पाये गये थे। उनसे जुड़ी एक और रोचक कहानी उनकी एक अंग्रेज़ वरिष्ठ अधिकारी के साथ विनोदमय झड़प की है, जिसने उनकी घोड़ी की प्रशंसा करते हुए कहा था, "तेरी घोड़ी अच्छी है" जिस पर मेरे दादा ने तपाक से

जवाब दिया था "तेरी गोरी अच्छी है" उनका इशारा अधिकारी के साथ आयी गोरी मैम की ओर था।

मेरे पिता को ऐसे दुस्साहसी मर्द पसन्द थे, जो वर्जित सीमारेखाओं को पार करने की हिम्मत रखते थे। अत: उनकी अपने दादा से खूब पटना स्वाभाविक ही था। यह जानना रोचक है कि हमें विरासत में अपने परिवार के मर्दों से जहाँ ठसक भरा साहस मिला, वहीं अपनी दादी रामशरणी से हमें मशहूर नीली आँखें और अभिजात्य मिले। मेरी दादी रामशरणी कपूर अपनी युवावस्था में अपूर्व सुन्दरी थीं और लोगों की आँखें उन्हीं पर अटक जाती थीं। मेरे दादा उतने बदमाश नहीं थे, जितने कि उदार। उन्होंने ही अपने परिवार के उपनाम 'नाथ' को 'राज' में बदला और पृथ्वीनाथ कपूर की बजाय पृथ्वीराज कपूर कहलाना पसन्द किया। जन्म के समय मेरे पिता का नाम सृष्टिनाथ कपूर रखा गया, जिसे बदलकर रनबीर राज कपूर कर दिया गया, जो बाद में राज कपूर हो गया। हमें रामशरणी के वंशजों से जीवन्तता मिली और मेरे पिता के अभिनेता और फ़िल्म निर्माता बनने के शुरुआती समय में ही उनकी विशिष्ट हरक़तों के साथ जुड़कर उसने एक निराला ही स्वरूप ग्रहण कर लिया। यह मेरे पिता ही थे, जिन्होंने कपूर वंश को एक दबंग छवि प्रदान की—न कि मेरे दादा पृथ्वीराज कपूर, जो कि उनसे अधिक गरिमामय थे।

अपने जीवन के अन्तिम चरण में मेरे दादा जुहू की एक कॉटेज, जिसे वे झोंपड़ी कहते थे, में रहने लगे। आज के फ़िल्मी सितारों की चहलपहल व अत्याधुनिक सुविधा, सम्पन्नता का उस समय के जुहू में नामोनिशान तक नहीं था। तब तक वह एक पिछड़ा हुआ इलाका था और वह आधुनिक अभिजात्य वर्ग की पसन्दीदा जगह नहीं था। परन्तु मेरे दादा ने ज़िद करके उस भूखंड पर घर बनाकर अपने अन्तिम दिन वहीं व्यतीत किये, जहाँ आज जीवन और कला की धड़कन से भरा पृथ्वी थियेटर खड़ा है।

मैं माटुंगा की आर. पी. मसानी रोड, जो उस समय की बम्बई (अब मुम्बई) का वेवरली हिल्स माना जाता था, के एक बड़े घर में अपने दादा-दादी के साथ सम्मिलित परिवार में पलकर बड़ा हुआ। मुझे याद आता है कि हमारे साथ रहने वाले एक सज्जन एस. पी. कृपाराम भी थे। काफ़ी बड़े

होने पर मुझे पता चला कि वे हमारे परिवार के काफ़ी दूर के रिश्तेदार थे। मेरे उदारमना गाँधीवादी दादा ने एक दिन कृपाराम जी को रात के खाने पर बुलाया था और फिर अगले पच्चीस वर्षों तक वे हमारे साथ ही रहे। विश्वास हो या न हो, पर सच तो यही है कि दादा जी के जुहू वाले नये घर में चले जाने पर भी यह अतिथि उनके साथ ही नये घर में गये।

मेरा बचपन एक सुन्दर सपने जैसा था—एक कभी न खत्म होने वाला मेला। फ़िल्म जगत की बड़ी-बड़ी हस्तियों का आना-जाना निरन्तर लगा रहता था। इसी सिनेमाई माहौल में पलकर मैं बड़ा हुआ। घर हो या बाहर, हर जगह मैं इन्हीं सब लोगों से घिरा हुआ था, क्योंकि आसपास के घरों में भी उस समय की बड़ी हस्तियाँ रहती थीं। इनमें के. एल. सहगल, जयन्त, के. एन. सिंह, मदनपुरी जागीरदार और मनमोहन कृष्ण शामिल थे। मनोरंजन जगत का हिस्सा होने पर किसी को कभी कोई मलाल नहीं रहा, बल्कि पूरे कपूर खानदान को इस पर नाज़ रहा है। हमारे कई मित्रों की तरह हमें कभी स्टूडियो जाने से नहीं रोका गया। कई नामी-गिरामी परिवारों के बच्चों की तरह हमें कभी लोगों की नज़रों से छुपाकर अटारी में बन्द रखने का प्रयास नहीं किया गया।

सच तो यह है कि पिता जी हमें दुनिया के सामने पेश कर गर्व और आनन्द महसूस करते थे। इतना ही नहीं, उन्होंने हम तीनों बड़े बच्चों पर अपनी एक फ़िल्म का गाना भी फ़िल्माया। इससे उनकी रोमांटिक छवि को निश्चय ही कोई धक्का भी नहीं लगा और न ही उनकी नायिकाओं को कोई फ़र्क पड़ा कि वे तीन बच्चों के पिता हैं।

जीवन के प्रारम्भ से ही फ़िल्म जगत के परिचय के लिए मैं ईश्वर को धन्यवाद देता हूँ, क्योंकि इसी के कारण मुझे फ़िल्म जगत के अनेक ऐतिहासिक क्षणों का साक्षी होने का अवसर मिला। एक दोपहर जब मैं 6 या 7 साल का था, मेरे दादा ने डब्बू, ऋतु और मुझे एक ख़ास दावत दी। दादा जी हमें एक छोटी ओपेल कार में ठूँसकर आसिफ़ की **मुग़ले आज़म** के भव्य सेट पर ले गये जिसमें वह खुद महान अकबर की भूमिका निभा रहे थे। जहाँ अधिकतर अभिनेता इस अमर फ़िल्म के बारे में बात करते हैं कि उन्होंने कितनी बार यह फ़िल्म देखी और इसके संवाद विराम चिह्नों के साथ दोहराते

हैं, मुझे तो खुद अकबर बादशाह के साथ इस ऐतिहासिक सेट पर पूरी एक दोपहर बिताने का अवसर मिला था। वह दौर मेरी यादों की गहराइयों में ज्यों-का-त्यों आज भी अंकित है। पर उस समय क्या फ़िल्माया जा रहा था, उससे मेरा कुछ लेना देना नहीं था। उस दिन बादशाह अकबर और शहज़ादे सलीम (दिलीप कुमार) के बीच वह अमर दृश्य फ़िल्माया जा रहा था जिसमें बादशाह शहज़ादे से अपने विरुद्ध युद्ध न करने का आग्रह कर रहे थे। पर मेरा ध्यान न तो सीन पर था, न मधुबाला के अप्रतिम सौन्दर्य पर, न ही महानायक दिलीप कुमार के करिश्माई व्यक्तित्व पर। मैं तो ठगा-सा फ़िल्म के लिए विशेष रूप से प्लास्टर ऑफ़ पेरिस से तैयार की गयी तलवार, तेग, भाला को देखता रह गया। मुझे और कुछ दिखाई नहीं दिया। आसिफ़ साहब ने मुझे एक खंजर उपहार में दिया जिसे पाकर मैं खुशी से नाचने लगा। यहाँ तक कि मधुबाला की उपस्थिति से भी बेख़बर रहा। उस समय तक मधुबाला के प्रति मेरा कोई आकर्षण नहीं था। यहाँ तक कि हमारे घर की दीवाली की दावतों में मधुबाला आयीं तो मैं कोला, पटाखे और सिगरेट के छोड़े हुए ठूँठों में ही मगन रहा। उस समय मधुबाला की खूबसूरती और गरिमा से मैं पूर्णतया अछूता ही रहा।

बादशाह अकबर की भूमिका करने तक मेरे दादा के वज़न में काफ़ी इजाफ़ा हो चुका था। वे विशाल दिखने लगे थे। अपनी युवावस्था में वे पहलवान रह चुके थे, परन्तु महानायक बनने के बाद वे कठिन वर्जिशों से शनै:-शनै: मुँह मोड़ते गये। परन्तु उनके शरीर को उन वर्जिशों की आदत थी और कपूर खानदान की स्थूलता की प्रवृत्ति का योगदान तो था ही। परिणामस्वरूप मेरी दादी की भयाकुलता के बावजूद उनका वज़न तेज़ी से बढ़ता रहा।

मुग़ले आज़म की शूटिंग के दौरान मेरी दादी ने उन्हें विशेष डाइट पर रखा, जिसे वे स्वयं अपनी देखरेख में तैयार करती थीं। उस समय लिमिकल नाम का एक पावडर (लिम्का नहीं) लोकप्रिय था, जो भूख का शमन करता था, दादा जी ने उसे लेना प्रारम्भ किया।

के. आसिफ़ उस समय हमारे घर अकसर आते रहते थे। वे दादा जी से फ़िल्म के सम्बन्ध में चर्चा करते थे। एक शाम दादी ने आसिफ़ साहब को

रात के खाने के लिए रोका और विभिन्न पकवानों से खाने की मेज़ सजा दी। परन्तु मेज़ पर दादा जी के लिए केवल 'लिमिकल' से भरा गिलास और सलाद था। आसिफ़ साहब अवाक् रह गये। वे तत्काल बोल उठे कि मैं **मुग़ले आज़म** बना रहा हूँ, जोधा-अकबर नहीं। मेरे बादशाह को ऐसे रूखे-सूखे भोजन की दरकार नहीं है। उनकी इस टिप्पणी ने मेरे दादा के दिल में आसिफ़ साहब की स्थायी जगह बना ली।

भारतीय सिनेमा अब सौ वर्ष से ऊपर का हो चुका है, जिसमें से लगभग नब्बे वर्ष कपूर खानदान इसका प्रभावशाली घटक रहा है। 1928 में जब मेरे दादा ग्रांट एंडरसन थियेटर कम्पनी में सम्मिलित हुए, तब से लेकर आज तक कपूर खानदान की चार पीढ़ियाँ इसमें सक्रिय रही हैं। दादा जी कॉलेज से स्नातक की डिग्री पाने वाले एकमात्र कपूर मर्द हैं। उन्होंने कानून की शिक्षा प्राप्त करना भी प्रारम्भ किया था, परन्तु रंगमंच का आकर्षण उनकी शिक्षा पर भारी पड़ा। उन्होंने शिक्षा को त्याग कर अभिनय के क्षेत्र में कैरियर चुना।

दादा जी मात्र पन्द्रह या सोलह वर्ष के थे, जब उन्होंने रंगमंच कलाकार बनने की ठानी। सिने जगत पर उनके पहले कदम रखने पर कोई सामान्य जन नहीं वरन् स्वयं गुरुदेव रवीन्द्रनाथ ठाकुर जैसी बड़ी हस्ती खुली बाहों से उनका स्वागत करने के लिए उपस्थित थी।

कलकत्ता (अब कोलकाता) के अपने रंगमंचीय जीवन के प्रारम्भिक काल में सीता नामक नाटक में दुर्गा खोटे ने **सीता** की भूमिका निभाई थी और राम की भूमिका मेरे दादा ने। टैगोर इस नाटक में उनकी अदाकारी से अत्यधिक प्रभावित हुए। अत: जब न्यू थियेटर के निर्माता और संस्थापक बी. एन. सरकार ने इस नाटक को चलचित्र के रूप में ढालने का निर्णय लिया, तो गुरुदेव ने दुर्गा खोटे और पृथ्वीराज को ही राम और सीता की भूमिका में लेने का सुझाव दिया। **सीता** फ़िल्म बनी और उसने ज़बर्दस्त

सफलता हासिल की। इस प्रकार कपूर खानदान के सिने उद्योग से पुण्य मिलन की ऐतिहासिक घटना घटित हुई। नियति ने अपना लीला स्थल चुन लिया था। इस दिव्य संयोग ने मनोरंजन का मुहावरा ही बदल कर रख दिया। सुरुचिपूर्ण और मनोरंजक सार्थक फ़िल्मों की एक नयी शृंखला का शंखनाद हो गया, जिसने नवोदित राष्ट्र की आशा-आकांक्षाओं का आईना बनकर सृजन की अप्रतिम नयी ऊँचाइयों को छूते हुए एक इतिहास ही रच दिया।

यद्यपि एक कलाकार के रूप में मेरे दादा का कद दिन दूना रात चौगुना बढ़ता गया, पर वे आजीवन एक सरल व्यक्ति बने रहे जिसके लिए अभिनय कला एक पूजा थी और वही सर्वोपरि थी। परन्तु उनकी एक कमज़ोरी थी कि वे बहुत संकोची स्वभाव के थे और अपने पारिश्रमिक पर बात करना उनके लिए आखिर तक दुष्कर ही बना रहा। यदि निर्माता उनके कार्य के लिए रकम देते, तो वे गरिमापूर्ण ढंग से स्वीकार कर लेते, यदि नहीं देते तो भी वे उतनी ही गरिमा से मौन रह जाते। उनकी कला की गुणवत्ता कम या ज़्यादा पारिश्रमिक से सर्वथा अप्रभावित रहती। वे तो सदैव अपना सर्वश्रेष्ठ देने को आतुर रहते।

दादा जी ने अपना जीवन अपने आदर्शों के अनुरूप ही जिया और डरकर कभी समझौता नहीं किया। उस कालखण्ड में हिन्दी फ़िल्म उद्योग नकद रकम से लबरेज था। यह वह राशि होती थी, जो आयकर की आँखों में धूल झोंककर बनायी जाती थी। सिने जगत में शायद मेरे दादा ही एकमात्र ऐसे व्यक्ति थे, जिन्होंने काला धन सदा अस्वीकार किया और हमेशा चैक से रकम लेने पर ज़ोर दिया। आयकर विभाग को अपनी आय का पूरा-पूरा विवरण देने का मानो उनका प्रण था। 1950-60 के दशकों में ऐसी सत्यनिष्ठा विरल थी। तीन-तीन कमाने वाले बेटों—राज कपूर, शम्मी कपूर और शशि कपूर जैसे महानायकों के पिता होते हुए भी वे अपनी आय के दायरे में ही खर्च करने के प्रति कृतसंकल्प थे और अपने बिल स्वयं ही भरवाते। काफ़ी बाद में जब उन्हें 'बी' और 'सी' ग्रेड की फ़िल्मों में चरित्र भूमिकाओं के प्रस्ताव आने लगे, तब मेरे पिता और चाचाओं ने उनसे प्रस्तावों को ठुकराने का अनुरोध किया, परन्तु मेरे दादा अपनी देखभाल और खर्च खुद ही करने

पर अड़े रहे। उन्हें अपनी आत्मनिर्भरता पर गर्व था। उनके आत्मसम्मान ने अन्य सभी तर्कों को अमान्य कर दिया।

अपने पिता पृथ्वीराज कपूर के फ़िल्म उद्योग में बड़ी हस्ती और ऊँचे कद के बावजूद भी मेरे पिता ने प्रारम्भ से ही अभिनय क्षेत्र में कैरियर बनाने का स्वप्न नहीं देखा। वास्तव में उनकी दिली इच्छा नौसैनिक प्रशिक्षण स्कूल, डफ़रिन में प्रवेश लेने और भारतीय नौसेना में जाने की थी। परन्तु नियति को कुछ और ही मंज़ूर था और खानदान का ख़ून भी उन्हें सिने जगत की ओर खींचने को ज़ोर मार रहा था। स्कूल की अन्तिम परीक्षा में असफल होने पर उन्होंने फ़िल्म निर्माता केदार शर्मा के सहायक निर्देशक का कार्य प्रारम्भ किया। हालाँकि यह कार्यकाल अधिक लम्बा नहीं रहा।

जल्दी ही उन्होंने कैमरे के पीछे से स्वयं को उसके सामने खड़ा पाया और उसी क्षण एक सितारे का उदय हो गया। तेईस वर्ष की आयु में उन्हें केदार शर्मा की स्वयं की फ़िल्म **नीलकमल** (1942) में नायक की भूमिका मिली और उसके बाद प्रारम्भ हुई यात्रा में कभी पीछे मुड़कर देखने का तो सवाल ही पैदा नहीं हुआ। इसके अगले वर्ष ही उन्होंने आर.के. फ़िल्म नाम से अपनी फ़िल्म निर्माण कम्पनी स्थापित की और वे सबसे कम उम्र के स्टूडियो मालिक बन गये। उसी वर्ष उन्होंने अपनी पहली फ़िल्म **आग** बना ली। उनकी इन प्रारम्भिक उपलब्धियों ने सिद्ध कर दिया कि भारतीय सिने इतिहास में एक अति प्रभावशाली फ़िल्म निर्माता अवतरित हो चुका है। अपने एक निराले ही ढंग से मेरे पिता ने अपने युवावस्था की ताज़गी और मासूमियत को ताउम्र बरकरार रखा। उनका नियमित वाचन, अमर चित्र कथा, टिनटिन और आर्ची कॉमिक्स तक सीमित था, जिसकी एक गड्डी उनके सिरहाने पर हमेशा रखी रहती थी। पर मेरे सन्त स्वभाव दादा जी की तुलना में मेरे पिता, जिन्हें मैं पापा या बाद में साहब कहने लगा था, कहीं अधिक व्यवहार कुशल, दुनियादार, वाक्पटु और निर्भीक थे।

खानदानी विरासत के बावजूद और अपने पिता से काफ़ी हद तक समान होते हुए भी मैं पारिवारिक व्यवसाय—अभिनय क्षेत्र—में जाने की सोचते हुए बड़ा नहीं हुआ। छियालीस वर्ष और 150 फ़िल्में करने के बाद मैं समझता हूँ कि मैं अन्य कई काम करना चाहता था, पर अभिनेता बनना

बिल्कुल भी नहीं। परन्तु खानदानी विरासत से मैंने भी बहुत कुछ ग्रहण किया था। मेरे पिता और चाचाओं में से कोई भी मेरे दादा की तरह कॉलेज से शिक्षा की डिग्री प्राप्त नहीं कर पाया था। किसी की भी शिक्षा में रुचि नहीं थी और मैं भी उनके ही पदचिह्नों पर चल रहा था। मैं न तो पढ़ाई में अच्छा था, न खेल में। वक्तव्य को छोड़कर अन्य किसी पाठ्येतर गतिविधि में भी मैं कुशल नहीं था। अपनी स्कूली शिक्षा के दौरान मैं कुछ भी उल्लेखनीय नहीं कर पाया।

यह एक विडम्बना ही है कि बतौर नायक अपनी पहली भूमिका ही मुझे एक कॉलेज विद्यार्थी की मिली, जबकि मैंने अपने जीवन में कभी महाविद्यालय के प्रांगण में कदम तक नहीं रखा था। मैं तो कभी कॉलेज कैंटीन के आसपास मँडराया तक नहीं था। दूसरे किशोरों की सामान्य गतिविधियों के लिए मेरे पास समय ही कहाँ था? सोलह वर्ष की आयु में ही तो मैं **मेरा नाम जोकर** (1970) में काम करने लगा था और इसे भी एक विडम्बना ही कहेंगे कि अभिनय के प्रति अरुचि होने के बावजूद भी राज कपूर के बच्चों में मैं ही कैमरे के सामने सबसे कम उम्र में गया। मैं तब मात्र दो वर्ष का था, अत: अपनी अभिनय यात्रा के पहले कदम की कोई रेखा मेरे स्मृति पटल पर नहीं है। पर यह फ़िल्म में संग्रहित है। उस दिन जब मेरे पिता ने अपनी फ़िल्म **श्री 420** (1955) के एक गाने की एक कड़ी में मेरे बड़े भाई-बहन डब्बू और ऋतु के साथ मेरी भी एक झलक दिखाने की सोची, मैं उसके बारे में अनगिनत कथाएँ सुन चुका हूँ। इन सब कथाओं में मेरे सितारों वाले चिड़चिड़ेपन, यहाँ तक कि रिश्वत तक का विवरण है। मुझे लगता है, कुछ प्रवृत्तियाँ पहले से ही झलकने लगती हैं। वह गाना 'प्यार हुआ इकरार हुआ' था। फ़िल्म की नायिका नरगिस जी द्वारा 'मैं न रहूँगी, तुम न रहोगे, फिर भी रहेंगी निशानियाँ गाते समय हम तीनों को बरसते पानी में चलकर आना था, परन्तु पानी मेरी आँख में घुसकर मुझे परेशान कर रहा था, अत: मैंने शूटिंग करने से इनकार कर दिया और रोने लगा। आखिरकार नरगिस जी को मेरे नख़रे सँभालने का उपाय सूझ गया। हर रीटेक के समय वे कैडबरी मिल्क चॉकलेट का एक बार मेरी आँखों के सामने लहरातीं। यदि मैं अपने पिता के निर्देशानुसार शूट करूँ, तो वह मुझे मिलना था। अन्त में

यह उपाय कारगर हुआ। क्योंकि तब मैंने सहयोग किया। अभिनय क्षेत्र में रखे मेरे पहले कदम के बारे में सबको मालूम है, पर मेरे रंगमंच पर प्रथम प्रवेश के बारे में बहुत कम लोग जानते हैं। मैं तब पाँच वर्ष का था और पृथ्वी थियेटर में एक जूनियर कलाकार था। दीवार नामक नाटक में मुझे एक शादी के दृश्य में माँ की भूमिका निभा रही कलाकार की गोद में केवल लेटे रहना था। वही रंगमंच पर मेरी पहली और आखिरी भूमिका थी। परन्तु इससे कम-से-कम मुझे यह गर्व करने का अवसर तो मिल ही गया कि मैं अपने दादा के साथ रंगमंच पर था। रंगमंच से जुड़ा और कोई प्रसंग मेरी स्मृति में नहीं है। दो वर्ष की आयु में मैं भले ही एक अनिच्छुक कलाकार था, पर मेरे अठारह वर्ष होने से पहले ही मेरे पिता मुझे फ़िल्म व्यवसाय से जन्म भर के बन्धन में बाँध चुके थे। जब उन्होंने अपनी अर्ध-आत्मकथात्मक फ़िल्म **मेरा नाम जोकर** में मुझे नायक राजू की किशोरावस्था के पात्र के रूप में चुना, तब मैं सोलह वर्ष का था। यह फ़िल्म रूपहले पर्दे पर तीन भागों में प्रस्तुत एक अर्ध-आत्मकथात्मक गाथा थी। मैं अब समझने लायक हो गया था कि मैं क्या कर रहा हूँ और मुझे स्पष्ट रूप से याद है कि मैं फ़िल्म निर्माण की प्रक्रिया में आनन्दित होकर मज़ा लेने लगा था।

यह फ़िल्म मेरे जीवन में ऐतिहासिक महत्त्व रखती है और जिसने मुझे पहला राष्ट्रीय पुरस्कार दिलाया। उसके हिसाब से उसका आरम्भ बहुत अनाटकीय और सामान्य ढंग से हुआ। मेरे पिता ने बस यूँ ही मुझे फ़िल्म की पटकथा पकड़ा दी। उस शाम पूरा परिवार भोजन कर रहा था, जब मेरे पिता ने मेरी माँ से मुझे फ़िल्म में काम करने की अनुमति माँगी। थोड़ा-सा सोचने के बाद मेरी माँ ने सहमति दे दी, पर इस शर्त के साथ कि इससे मेरी पढ़ाई में कोई व्यवधान नहीं पड़ना चाहिए। मेरे पिता ने आश्वस्त किया कि मेरी शूटिंग सप्ताहान्तों में ही होगी। अत: स्कूल में अनुपस्थिति का प्रश्न ही पैदा नहीं होगा। मेरी कल्पना में शुक्रवार की शाम डक्कन क्वीन ट्रेन से पूना जाने और सोमवार को लौटकर पुन: स्कूल जाने के चित्र कौंध गये। मैं अपने माता-पिता के बीच में बैठा निहायत सामान्य ढंग से चल रही इस चर्चा को सुन रहा था और मुझे अपने कानों पर विश्वास नहीं हो रहा था। पर मैं अपने अन्दर एक उत्तेजना को धीरे-धीरे बढ़ती हुई महसूस कर पा रहा था और

आखिर वह इतनी बढ़ गयी कि मैं भागकर अपने कमरे में चला गया और वहाँ पहला काम यह किया कि दराज़ में से एक पैड निकाल कर उस पर अपने ऑटोग्राफ़ आकांक्षी भावी प्रशंसकों के लिए ताबड़तोड़ हस्ताक्षर करने का अभ्यास करने लगा। अभी तक मैंने कभी अभिनेता बनने का गम्भीर विचार कभी नहीं किया था, पर उसी पल मैंने यह महसूस किया कि महत्त्वाकांक्षा के बीज ने मेरी चेतना में जड़ जमाना शुरू कर दिया है। शशि चाचा कहते थे कि वे हमेशा से जानते थे कि मैं निश्चय ही अभिनेता बनूँगा, क्योंकि उन्होंने देखा था कि मेरी चार वर्ष की उम्र से ही अपनी माँ द्वारा डाँटे जाने पर मैं हमेशा दर्पण के सामने जाकर यह देखता था कि रोते हुए मैं कैसा लग रहा हूँ। यह मेरा अवचेतन में छिपे हुए अभिनेता की ही अभिव्यक्ति रही होगी। पीछे पलटने पर मैं देख पाता हूँ कि जब कभी मैं अपने पिता के सैट पर जाता, तो उनके मेकअप से खेलने से अपनेआप को नहीं रोक पाता। मैं गहरी पेन्सिलों से चेहरे पर दाढ़ी और मूँछ बना लेता और उसका प्रभाव दर्पण में निहारता।

मेरे लिए आर.के. स्टूडियो से बेहतर प्रशिक्षण संस्थान कोई नहीं हो सकता था, क्योंकि फ़िल्म का सैट हमारे लिए आठों प्रहर उपलब्ध था। हम उस वातावरण में एकदम सहज महसूस करते थे। वह भाषा, वे कहानियाँ और घर में होने वाली सारी विशद चर्चाएँ—सभी फ़िल्मों से ही जुड़ी हुई होतीं। हमारा जीवन पूर्णत: फ़िल्ममय था। स्टूडियो हमारे लिए मन्दिर की तरह था—यद्यपि शूटिंग चलते समय हमें सैट पर जाने की अनुमति नहीं थी।

जीवन के प्रारम्भिक काल में ही हम अभिनय क्षेत्र के दूसरे पक्ष से भी वाकिफ़ हो गये थे—इसका सम्मोहक, मादक और आत्म तुष्टि देने वाला पक्ष। यहाँ मैं सफलता के बाद मिलने वाली प्रसिद्धि और सराहना की बात कर रहा हूँ। अपने पिता के साथ बाहर जाने पर मैं पल-पल इसको देखता था। हमारे लिए वह एक पिता थे, परन्तु घर से बाहर पैर रखते ही हम उनकी लोकप्रियता से अभिभूत हो जाते थे। हर बार हम देखते कि लोग उन्हें एकटक देख रहे हैं, उनके लिए पलकें बिछा रहे हैं, उनके लिए कुछ भी करने को आतुर हैं और उनके ऑटोग्राफ़ लेने के लिए मरे जा रहे हैं। यह सब अविश्वसनीय रूप से उत्तेजक था और हम इसका सगर्व आनन्द उठाते हुए बड़े हुए।

जिस समय हमारे जीवन में एक ओर पिता की प्रसिद्धि का प्रभाव था, वहीं मेरी माँ हमें अन्य सामान्य बच्चों की तरह पालने की जी-तोड़ कोशिशों में लगी थीं। वे कृत संकल्प थीं कि हमारे पैर ज़मीन पर ही टिके रहें।

मेरा विद्यार्थी जीवन हमारे एकल परिवार के रूप में चेम्बूर के देवनार बँगले में प्रारम्भ हुआ। मेरा विद्यार्थी जीवन टुकड़े-टुकड़े में बँटा रहा, क्योंकि मैं चार विभिन्न स्कूलों में गया और सभी जगह पढ़ाई में कमज़ोर ही रहा। किंडर गार्टन में माटुंगा के डॉन बास्को स्कूल में रहा। उसके बाद बालकेश्वर के बालसिंघम में रहा, जहाँ से मेयो कॉलेज, अजमेर के बोर्डिंग स्कूल में संक्षिप्त काल बिताकर मैं कोलॉबा के केम्पियन स्कूल में आ गया, जहाँ मैंने सीनियर कैम्ब्रिज की परीक्षा दी, जिसमें मैं असफल रहा। मेरे केम्पियन स्कूल कालखंड में ही **मेरा नाम जोकर** की शूटिंग प्रारम्भ हो गयी थी। माँ को दिये मेरे वचन के बावजूद भी स्कूल में मेरी अनुपस्थिति होती गयी और फ़िल्म प्राथमिक तथा पढ़ाई गौण होती गयी। मेरा प्रारम्भिक अनुमान था कि **मेरा नाम जोकर** की शूटिंग पूना में केवल सप्ताहान्तों में होगी, जल्दी ही भंग हो गया। मेरा पहला शॉट शिमला के स्केटिंग रिंक में लिया गया। दशकों बाद **स्टूडेंट ऑफ़ द ईयर** की शूटिंग के लिए मैं उसी स्थल पर पहुँचा, तो अभिनय क्षेत्र में अपने पहले कदम की स्मृतियों ने मुझे बेचैन कर दिया।

कैमरे से शूट करने के पहले मेरे पिता पूरी बारीकियों के साथ मुझसे दृश्य की बार-बार रिहर्सल करा लेते थे। मैं उस फ़िल्म में अपनी माँ की भूमिका करने वाली कलाकार अचला सचदेव के साथ की एक घटना को कभी नहीं भूलूँगा जिसमें उन्हें मुझे कई बार थप्पड़ मारने थे। पापा ने उन्हें दृश्य को पूर्ण सजीवता से करने का निर्देश दिया था। अत: इसके आठ या दस टेक लिए गये और मेरा चेहरा लाल-नीला पड़ गया और मैं बुरी तरह रोने लगा। मेरे पिता अविचलित रहे। वे ऐसे ही थे—पहले एक फ़िल्मकार और बाद में एक पिता।

जोकर असफल रही। परन्तु अभिनय में मेरे पहले प्रयास को भरपूर सराहना मिली। उस उम्र में एक अभिनेता के जीवन में राष्ट्रीय पुरस्कार के महत्त्व को मैं नहीं समझता था, परन्तु फिर भी मैं रोमांचित हो उठा और उसके कारण पैदा हुई गहमागहमी और मेरे परिवार की आनन्दपूर्ण प्रतिक्रिया

ने मेरे दिल को भी खुशी से भर दिया। मैं तो उस समय मात्र एक किशोर नौसिखिया था। अत: मेरे अभिनय का सम्पूर्ण श्रेय निश्चित रूप से मेरे पिता को ही जाता है।

मुझे अच्छी तरह से याद है कि मैं सूट पहनकर भव्य औपचारिक समारोह में भारत के तत्कालीन राष्ट्रपति वी. वी. गिरी के हाथों पुरस्कार ग्रहण करने दिल्ली गया। पुरस्कार लेते ही अन्त:प्रेरणा से मैं अपने पिता की ओर खिंचा चला आया। वे भी भावाभिभूत थे। बम्बई आते ही उन्होंने मुझे दादा जी का आशीर्वाद प्राप्त करने के लिए भेज दिया। दादा जी उस समय बीमार थे और अगले ही वर्ष (1971) उनका देहावसान हो गया। मेरे दादा जी बेहद भावुक हो गये और उन्होंने मेरा मैडल चूमकर मुझे आशीर्वाद दिया। मेरा माथा चूमकर अश्रुपूर्ण नेत्रों के साथ बोले, "राज ने मेरा क़र्ज़ उतार दिया।" मैं किंकर्तव्यविमूढ़ था, क्योंकि इसके पहले मैंने उन्हें कभी आँसू बहाते नहीं देखा था।

इस प्रकार दादा जी ने अभिनय क्षेत्र में मेरे पहले कदम का स्वागत गर्व और आनन्द के मिश्रित भाव से किया। उन्होंने मुझे सावधान भी किया कि आगे की यात्रा लम्बी और कठिन होगी। उस यात्रा के लिए मुझे सचेत और तैयार करने के लिए उन्होंने मुझे सड़कों पर तमाशा करने वाले मदारी और उसके दो वर्षीय बेटे की कहानी सुनाई। मदारी ढोलक बजाता था और उसकी पत्नी बेटे को पल्ले से कमर पर कसकर बाँधकर काफ़ी ऊपर बँधी एक रस्सी पर चलती थी। उस कार्य में निहित जोखिम से सर्वथा अनजान शिशु अपने कार्य से बहुत खुश था। नीचे खड़े अपने पिता से पूछता है कि वह कैसा कर रहा है? मदारी ने उत्तर दिया था—"बेटा, बहुत अच्छा, परन्तु अभी तुम्हें बहुत आगे जाना है और राह में अनेक दुश्वारियाँ हैं।" दादा जी के वे शब्द मुझे सदैव याद रहे और मेरे व्यवसाय में मेरा मार्गदर्शन करते रहे।

अभिनय क्षेत्र हो या जीवन, कोई व्यक्ति पूर्णता का दावा नहीं कर सकता और अपनी प्रशंसा और अभिनन्दन को समेटकर शेष जीवन चैन से बैठा नहीं रह सकता। दोनों में ही हम सदा एक शाश्वत विद्यार्थी ही रहते हैं, निरन्तर सीखना और स्वयं को बेहतर बनाते रहना जिसकी नियति है। मेरे 1970 में **जोकर** के सेट पर रखे पहले लड़खड़ाते कदम से लेकर आज

अधिक आत्मविश्वासपूर्ण किन्तु सतत विकसित होते कलाकार के रूप में हमेशा सिनेमा के लिए जुनून की आग और शक्ति ने ही मुझे संचालित किया। सिर पर चढ़ जाने वाली सफलता की खुशियों और नैराश्य में डुबो देने वाली जानलेवा असफलता के बीच मुझे निरन्तर चलते रहने की शक्ति इसी ने दी। पागलपन की हद को छूते इसी जुनून के दर्शन मैंने अपने पिता में भी अनेक बार किये थे। राज कपूर में यह जुनून इतना अधिक था कि **बॉबी** की सफलता तक उन्होंने खुद का घर तक नहीं बनवाया। **जोकर** की असफलता ने उन्हें इस कमी का अहसास कराया और अब तक की अपनी पूरी कमाई फ़िल्म निर्माण में निवेश कर देने वाले मेरे पिता ने **बॉबी** की सफलता के बाद घर खरीदा। किसी भी बाधा में पापा के जोश को कमज़ोर करने की ताक़त नहीं थी। जोश ही उनका सच्चा स्थायी साथी था। जितनी ज़्यादा ऊँचाई से वे गिरते, उतना ही ऊँचा उठकर वे कमाल करने लगते। **आह** के असफल होने पर उन्होंने दो नवोदित कलाकारों के साथ अत्यधिक सफल **बूट पॉलिश** बनायी। **जोकर** की असफलता के जवाब में उन्होंने **बॉबी** बनाकर सृजन के नये आयाम छुए, इस बार फिर से सर्वथा नवीन कलाकारों के साथ। वे जोखिम उठाते थे, कभी इन कदमों के कारण भारी सफलता कदम चूमती और कभी भारी तबाही आ जाती। पर परिणाम चाहे जो भी हो, यह उनकी कभी न थकने वाली तरंग और लगन का जीता-जागता प्रमाण था। उनमें विलक्षण प्रतिभा थी। संगीत और निर्देशन की चमत्कारिक समझ तो मानो उनमें जन्मजात थी ही, साथ ही वे एक कुशल अभिनेता भी थे। टिकिट खिड़की पर बुरी तरह असफल **जोकर** कालान्तर में होम वीडियो अधिकारों के कारण आर.के. की सबसे अधिक कमाई करने वाली फ़िल्म सिद्ध हुई और आज भी दर्शकों की पहली पसन्द बनी हुई है।

मुझे लगता है, **जोकर** एक गलतफहमी का शिकार हो गयी थी। पापा की **जोकर** नाम की घोषणा से दर्शकों के दिल में एक हास्य फ़िल्म की अपेक्षा जगी। हमारे देश में हास्य प्रधान फ़िल्मों के प्रति दर्शकों में एक विशिष्ट, विचित्र रवैया है। यहाँ शारीरिक कमतरी या केले के छिलके से फिसलना हास्य का स्रोत हमेशा से रहा है। **जोकर** की परिकल्पना इससे सर्वथा भिन्न

थी। वह **जोकर** की शख़्सियत, मनोलोक और उसके अनिवार्य पहलुओं को रेखांकित करने वाला एक गम्भीर चिन्तन था।

इसमें कोई आश्चर्य नहीं है कि दर्शक इस नयी अवधारणा को पचा नहीं सके। काफ़ी वर्षों के बाद हमारे पारिवारिक मित्र जे. पी. चौकसे ने **जोकर** का तीन घण्टों का संस्करण बनाने पर साग्रह ज़ोर दिया। पापा की पहली प्रतिक्रिया साफ़ इनकार की थी। उन्होंने कहा—"बेटी घर से विदा हो गयी, अब क्या सोचना?" पापा को विश्वास दिलाने और राजी करने में चौकसे जी को महीनों लगे। आखिरकार तीन घण्टों की फ़िल्म प्रदर्शित की गयी और अनेक शहरों में ज़बर्दस्त सफल हुई। इत्तेफ़ाक से सारे कट द्वितीय और तृतीय भाग में से किये गये थे। प्रथम भाग कट से सर्वथा अछूता ज्यों-का-त्यों रहा। वास्तव में, सत्यजीत राय ने प्रारम्भ में ही प्रथम भाग (जिसमें मैं किशोर राजू की भूमिका में था) को एक स्वतन्त्र फ़िल्म के रूप में प्रदर्शित करने का आग्रह किया था। श्री राय का मत था कि यह भाग अपने काव्यात्मक प्रस्तुतीकरण के कारण विश्व की महानतम फ़िल्मों में शुमार की जायेगी।

जोकर की असफलता ने परिवार को आर्थिक संकट में डाल दिया। आर.के. स्टूडियो को गिरवी रखना पड़ा और मेरे पिता और भी अनेक मुश्किलों से घिर गये। पीछे-पीछे एक और संकट चला आया। जब मेरे भाई रणधीर कपूर को पहली बार बतौर नायक पेश करने वाली फ़िल्म **कल आज और कल** (1971) जिसमें मैं सहायक निर्देशक था, आयी और असफल हो गयी। असल में इसके प्रदर्शन का समय प्रतिकूल था। दिसम्बर 1971 में भारत-पाकिस्तान युद्ध छिड़ गया था और फ़िल्म के शाम के शो कैंसिल करने पड़े। आज फ़िल्म के 1500 शो होते हैं, जबकि उस समय किसी फ़िल्म के केवल सीमित शो ही होते थे। और यह सर्वविदित है कि युद्धकाल में लोग घर की सुरक्षा छोड़कर फ़िल्म देखने नहीं जाते। फ़िल्म बुरी तरह असफल हो गयी। हम लोगों के लिए यह कोई अच्छा समय नहीं था। मेरे दादा का स्वास्थ्य निरन्तर गिर रहा था और वे बड़ी मुश्किल से फ़िल्म में अपने दृश्य कर पाते थे। हालाँकि उन्हें जीवित रहकर अपने पोते की फ़िल्म देखना नसीब हुआ जिसमें कपूर खानदान की तीन पीढ़ियाँ—मेरे दादा, पिता और भाई एक साथ पर्दे पर थीं। नायिका मेरे भाई की मंगेतर

बबीता थीं। इस प्रकार **कल आज और कल** पूर्णतया कपूर खानदान की एक पारिवारिक फ़िल्म थी।

मेरे पिता के लिए यह आर.के. स्टूडियो को संकट से उबारने के लिए त्वरित विचार और निर्णय लेकर फ़िल्म बनाना अनिवार्य था। 1970 के प्रारम्भिक काल में फ़िल्मों में राजेश खन्ना छाया हुआ था। दूसरे लोकप्रिय कलाकर थे शर्मिला ठाकुर, मनोज कुमार और धर्मेन्द्र। इनमें से हर कलाकार राज कपूर के साथ काम करने के लिए एक पाँव पर तैयार था। **जोकर** में काम कर चुके धर्मेन्द्र और मनोज कुमार ने तो नि:शुल्क काम करने का प्रस्ताव भी रखा। पर मेरे पिता की इनमें रुचि नहीं थी। उन्होंने कहा कि आप लोग बड़े कलाकार हैं, मैं फिर से अपने पैर पर खड़े होने के बाद आपसे सम्पर्क करूँगा। आजीवन आर्ची कॉमिक्स के धुर पाठक रहे मेरे पिता को दो किशोरों की एक प्रेमकथा का विचार आया, जिसमें अभी-अभी स्कूली शिक्षा पूर्ण कर कॉलेज जाने के लिए तत्पर एक किशोर नायक है। उस समय की प्रेमकथाएँ लगभग तीस वर्ष के परिपक्व प्रेमियों को लेकर बनायी जाती थीं। उस समय तक किशोरवय के प्रेमी-प्रेमिका को लेकर फ़िल्म बनाने का ध्यान किसी को नहीं आया था। ख्वाजा अहमद अब्बास और वी. पी. साठे ने मेरे पिता के विचार को पटकथा में ढाला और उसके तैयार होते ही फ़िल्म की नायिका के लिए सही कलाकार की खोज प्रारम्भ की गयी।

आम धारणा के विपरीत, **बॉबी** कभी भी मुझे नायक के रूप में प्रस्तुत करने के लिए नहीं बनायी गयी थी। उस दौर में नायक को प्रारम्भिक दृश्य में घोड़े या मोटर साइकिल की सवारी करते हुए धमाके से प्रवेश करते दिखाया जाता था। परन्तु उस पटकथा में कोई भी दृश्य केवल मुझे प्रस्तुत करने के लिए नहीं लिखा गया। यहाँ तक कि फ़िल्म का नाम भी नायिका के नाम पर **बॉबी** रखा गया। मेरे पिता के लिए फ़िल्म का अर्थ कहानी का प्रस्तुतीकरण है। उनके लिए कथा-विचार का महत्त्व था और अन्य सभी बातें गौण थीं। व्यक्तिगत रिश्ते उनकी सृजन प्रक्रिया में हस्तक्षेप नहीं कर सकते थे।

बॉबी की शूटिंग के दरमियान डिम्पल हमारे परिवार के सदस्य की तरह हो चुकी थीं। और हम दोनों के व्यक्तिगत रिश्तों के समीकरण बदलने के बावजूद आज भी वह कपूर परिवार के बहुत नज़दीक हैं। मैं उस समय अपने

पिता को पापा कहता था, अत: डिम्पल भी उन्हें पापा कहकर सम्बोधित करने लगी थीं। बाद में मैं अपने पिता को साहेब कहने लगा, तब भी वह उन्हें पापा कहने पर ही अड़ी रहीं।

मेरा **बॉबी** (1973) जो कि सफलतम फ़िल्मों में शुमार रही, में लिया जाना महज एक इत्तेफ़ाक था। सम्भवत: नियति को यही मंज़ूर था। **जोकर** व्यावसायिक मानदंड पर असफल फ़िल्म थी। **कल आज और कल** जिसमें मैं सहायक निर्देशक था, भी असफल रही थी। अपनी कैम्ब्रिज परीक्षा में भी मैं फ़ेल हो चुका था। इतनी असफलताओं के बावजूद **बॉबी** में नायक लिया जाना भाग्य का ही खेल था। यदि मैं पढ़ाई में कुछ कमाल कर पाता, तो मेरे जीवन ने कुछ भिन्न मोड़ लिया होता और शायद मैं व्यवसाय प्रबन्धन की डिग्री प्राप्त करने लन्दन चला गया होता, जैसा कि मेरे कई गैर फ़िल्मी दोस्तों ने किया। मेरे कई फ़िल्मी दोस्त जैसे कि राहुल रवैल, बिट्टू आनन्द जो मेरा मेयो कॉलेज में सहपाठी था, और प्रेमनाथ के सुपुत्र प्रेम किशन यहीं रहे। इसलिए शायद मैं भी यहीं रहता।

बॉबी की अतुलनीय बॉक्स ऑफिस सफलता ने सारा ध्यान मुझ पर केन्द्रित कर दिया। फ़िल्म के प्रदर्शन के पूर्व ही डिम्पल की शादी हो गयी थी। अत: स्वत: ही मैं सबके आकर्षण का केन्द्र बना। रातोंरात मेरी माँग इतनी बढ़ी कि मुझे एक फ़िल्म में अभिनय के लिए पाँच लाख रुपये का अविश्वसनीय पारिश्रमिक मिलने लगा।

तब मुझे कहाँ पता था कि ऐसी शान क्षणभंगुर होती है। उस समय मैं मात्र बीस वर्ष का एक बड़बोला युवा था। दुनिया मेरे कदमों में बिछी जा रही थी और मुझे अपनी स्टार हैसियत को छोड़कर किसी की परवाह नहीं थी। कुछ समय बाद यथार्थ से मेरा सामना हुआ। मेरी कोई फ़िल्म तत्काल प्रदर्शन के लिए तैयार नहीं थीं, क्योंकि सभी फ़िल्में **बॉबी** की सफलता के बाद ही प्रारम्भ हुई थीं। उन दिनों फ़िल्में मंथर गति से बनती थीं।

यह सच है कि मेरा फ़िल्म जगत में प्रवेश अत्यन्त सरल रहा, मुझे प्रसिद्धि या अवसर के लिए संघर्ष नहीं करना पड़ा, परन्तु मेरे परिवार की असाधारण विरासत भी मुझे जीवन की कटु सच्चाइयों का समाना करने से नहीं बचा सकी। मेरे पास कोई जादुई छड़ी नहीं थी कि मेरी आने वाली

फ़िल्में भी **बॉबी** की तरह सफल रहें। नैराश्य की कड़वाहट और हतोत्साहित करने वाली पराजय मेरे इन्तज़ार में थी और इसे रोकना मेरे बस में नहीं था। **बॉबी** के बाद प्रदर्शित **ज़हरीला इनसान** (1975) मेरी पहली असफल फ़िल्म थी। इससे प्रश्न उठा कि क्या **बॉबी** की सफलता महज एक इत्तेफ़ाक थी। सौभाग्य से, मैंने कुछ अन्य फ़िल्मों में काम करना प्रारम्भ कर दिया था। मुझे पूरी तरह भुला दिये जाने के पहले **रफ़ू चक्कर** (1975) का प्रदर्शन हो गया, जो एक मध्यम मुनाफ़ा देनेवाली फ़िल्म सिद्ध हुई और जिसने मुझे नैराश्य के उस संकट से उबार लिया। क्योंकि उस फ़िल्म के अधिकांश भाग में मैं एक लड़की के गेटअप में था, मैं अभी दिलों की धड़कन, जिस पर लड़कियाँ फ़िदा होकर बेहोश हो जायें, नहीं बन सका था। हर दिल अज़ीज़ बनने में कुछ देर थी।

आखिरकार **खेल-खेल में** (1975) ने यह करिश्मा कर दिखाया। ऐतिहासिक सफलता ने मुझे मोहक अन्दाज़ से नाचने-गाने वाले रोमांटिक नायक के रूप में स्थापित कर दिया। मैं फिर से आकर्षण का केन्द्र बन गया। पर मुझे स्टार श्रेणी में पहुँचाने वाली फ़िल्म **लैला मजनूं** (1979) का आना अभी बाकी था। यही मेरी एकल नायकवाली एक धमाकेदार, शानदार सफल फ़िल्म थी। इसने फ़िल्म उद्योग में मेरे पाँव मज़बूत किये और एक सफल कलाकार के रूप में मैं स्थापित हो गया।

सौभाग्य से, मैं अभी तक जोश से परिपूर्ण काफ़ी कम उम्र का युवक था, विफलता जिसे हतोत्साहित नहीं कर सकती थी। इन प्रारम्भिक विफलताओं का सुखद पहलू यह रहा कि इन्होंने मुझे एक योद्धा बना दिया। अब ज़िन्दगी की किसी भी प्रतिकूलता का सामना करने का साहस मुझमें आ गया। यदि सफलताओं ने मेरा आत्मविश्वास बढ़ाया, तो विफलताओं ने मुझे विनम्र बनाया।

बॉबी के लिए मेरा चयन होते ही भूमिका के निर्वहन हेतु वज़न कम करना अनिवार्य हो गया। फ़िल्म के प्रारम्भ होने के पहले से ही और निर्माण के दौरान एक अपूर्व सुन्दर पारसी किशोरी यास्मिन मेहता मेरी स्थायी मित्र रही। वह मेरी पहली महिला मित्र थी, जिसके साथ मैं गम्भीर हुआ था। मैं उस पर फ़िदा था और प्रतिदिन उससे मिलता था। मुम्बई में 1970 के

दौर में जस्सावाला नामक स्लिमिंग सेंटर मशहूर था। संजीव कुमार अपनी फ़िल्म **लव एवं गॉड** (जिसका प्रदर्शन अनेक कठिनाइयों के बाद 1986 में हो पाया) के लिए दुबले होने के लिए उसी सेंटर पर गये थे। मैं भी वहीं गया, परन्तु मुझ पर उनका फ़ार्मूला कारगर नहीं हुआ। मैं एक सामिष भोजी हूँ। यास्मिन ने मुझे अपने पंजाबी खाने की आदतों को बदलने पर मजबूर कर दिया। उसने मुझे एक प्लेट सलाद और एक ख़ास सामिष स्टेक की डाइट पर ज़ोर डाला। यह डाइट मेरा वज़न घटाने में कारगर रही और अब मैं फ़िल्म में प्रवेश के लिए तैयार था।

बॉबी के प्रदर्शित (1973) होते-होते उस समय की सबसे लोकप्रिय पत्रिका 'स्टार डस्ट' ने मेरे और डिम्पल की नज़दीकियों का समाचार छाप दिया। डिम्पल की तब तक राजेश खन्ना से शादी हो चुकी थी। अत: उस पर इस समाचार का कोई प्रभाव नहीं पड़ा। परन्तु इस ख़बर से यास्मिन और मेरे रिश्ते पर पूर्ण विराम लग गया। 1973 तक के तीन साल यास्मिन ही मेरा सम्बल रही थी। वह दक्षिण मुम्बई के मेरीन ड्राइव इलाके में और मैं उससे बहुत दूर चेम्बूर नामक उपनगर में अपने माता-पिता के साथ रहता था। यास्मिन की बड़ी बहन, मेरे बड़े भाई डब्बू के एक मित्र की महिला मित्र थी। उसी के ज़रिए मैं यास्मिन से मिला था। धीरे-धीरे हम एक-दूसरे को पसन्द करने लगे और जल्दी ही अभिन्न मित्र हो गये। **बॉबी** की शूटिंग के दौरान मैं पूना से यास्मिन को लाइटनिंग कॉल लगाकर बात करता था। मेरे पिता भी यास्मिन से मेरे विशिष्ट रिश्ते को जानते थे, परन्तु उन्होंने खुलकर कभी मुझे प्रोत्साहित नहीं किया।

स्वाभाविक था कि **बॉबी** के बाद मेरी ज़िन्दगी पूरी तरह बदल गयी। मैं एक बड़ा स्टार बन गया और मेरे व्यवहार में सितारों के नखरे और उद्दण्डता आ गयी। यास्मिन समझ गयी कि अब मैं वह लड़का नहीं रहा, जिससे उसने प्यार किया था। उसने जो उचित समझा, वही किया—उसने मुझसे रिश्ता तोड़ लिया। मेरे दोस्तों ने बार-बार ऐसा न करने का आग्रह किया, किन्तु वह अड़ी रही। मुझे उसका निर्णय नागवार गुज़रा और मैंने उसे वापस जीतने का भरसक प्रयत्न किया।

हमारा रिश्ता टूटने के तुरन्त बाद मुझे **ज़हरीला इनसान** की शूटिंग के लिए कर्नाटक के चित्रदुर्ग जाना पड़ा। वहाँ शराब पीकर नशे में मैं अपनी सहनायिका नीतू सिंह (मेरी वर्तमान पत्नी) से बार-बार यास्मिन को फ़ोन लगाने का आग्रह करता था और उसे समझाने के लिए कहता था। कर्नाटक में उस समय ठंडा मौसम था। ऐसे में मैं रात को पोस्ट ऑफ़िस जाकर यास्मिन को लाइटनिंग कॉल बुक करके घण्टों इन्तज़ार करता।

एक रात 10.30 को जाकर फ़ोन लगा और जिसे उसकी माँ ने उठाया और कहा, "ऋषि बेटा, यास्मिन को भूल जाओ।" मेरा दिल टूट गया और मैंने अपने इस दुख में बिल्कुल वैसा ही व्यवहार किया, जैसा फ़िल्मों में सितारे करते हैं। शराब पीकर खूब तमाशा किया।

अपने मुम्बई लौटने के तुरन्त बाद शराब के प्याले में अपना ग़म भुलाने के लिए ताजमहल होटल के अपोलो बार में अपने दो नज़दीकी दोस्तों (जिनमें से एक बिट्टू आनन्द था) के साथ पहुँचा। होटल में पहुँचते ही मैंने यास्मिन को अपने एक दोस्त के साथ (जिसके साथ वह उन दिनों डेट कर रही थी) देखा। मेरा दिमाग हत्थे से उखड़ गया। वे दोनों होटल के रोंदेवू रेस्टॉरेंट में चले गये और उनका पीछा करते हुए हम उनसे कुछ दूर की टेबल पर बैठ गये। दो पैग गले से नीचे उतारने के बाद मैंने शेम्पेन की एक बोतल उसकी मेज़ पर पहुँचा दी। यास्मिन ने बिट्टू के हाथ सन्देशा भिजवाया कि तमाशा करके अपनी इज्ज़त का कचरा मत करवाओ। अब तक तो मैं पूरा पागल हो चुका था और पैग-पर-पैग लेता जा रहा था। नशे के अन्तिम चरण के आते-आते मैं मैनेजर से झगड़ पड़ा। वर्षों बाद मेरी न्यूयार्क के ताज होटल में उससे मुलाकात हुई और हमें उस रात की घटनाओं की याद आयी। उस दिन विवाद इस बात पर हुआ था कि मेरे पास केवल 2000 रुपये थे और मेरा बिल 18000 रुपये का हो गया था। मैनेजर ने पुलिस बुलाने की चेतावनी दी। मैंने अपनी सितारा छवि को उस पर हावी करने का प्रयास किया, किन्तु वह अप्रभावित रहा।

उसी समय मेरा सहायक घनश्याम रोहेरा हमारे ग्रुप में शामिल हो गया। मैं नशे में पूर्णतया धुत था और घनश्याम ने घोषणा कर दी कि यहाँ मेरे हीरो का अपमान हुआ है, इसलिए मैं यह होटल खरीदना चाहता हूँ। अन्तत:

किसी प्रकार हमने बिल चुकाया और वहाँ से चल दिये। पूरी घटना बहुत ही असहज और अनुचित थी, परन्तु नशे में मुझे समझ नहीं आ रहा था।

दूसरे दिन हैंगओवर के बावजूद भी मुझे कुछ होश आया। मुझे अपनी बदमिजाज़ी की धुँधली स्मृति थी और मैं यही मना रहा था कि मैंने यास्मिन के साथ अशिष्टता न की हो। परन्तु बिट्टू ने मुझे सब सच बता दिया और अब पछतावे के सिवा मेरे पास कुछ नहीं बचा था।

उस घटना के बाद मैं यास्मिन से कई बार मिला, पर तब तक मैं अपने रिश्ते के टूटने को स्वीकार कर चुका था और इसलिए हमारी मुलाकातें गरिमामय रहीं। बाद में मेरे ही एक घनिष्ठ मित्र से उसने शादी कर ली। नीतू का यास्मिन के साथ व्यवहार बहुत ही अच्छा रहा। कुछ वर्षों पहले यास्मिन की असामयिक मौत से मुझे बहुत दुख हुआ।

हमारे रिश्ते के दौरान यास्मिन ने मुझे एक सादी-सी अँगूठी, जिस पर शान्ति का चिह्न बना था, भेंट की थी। **बॉबी** की शूटिंग के दौरान डिम्पल उसे मेरी उँगली से निकालकर खुद पहन लेती और फिर उसने वह अँगूठी अपने पास रख ली। राजेश खन्ना ने उसके सामने विवाह का प्रस्ताव रखते समय उसे देखा और डिम्पल के घर के समीप जुहू के समुद्र में फेंक दिया। इस ख़बर को अख़बारों की सुर्खियाँ बनना अवश्यम्भावी था। सुर्खियाँ बनी : 'राजेश खन्ना ने ऋषि कपूर की अँगूठी समुद्र में फेंक दी'। सच्चाई तो यह है कि मैं डिम्पल के प्यार में कभी नहीं पड़ा। यहाँ तक कि उसकी तरफ मेरा कोई ख़ास झुकाव भी नहीं रहा। हाँ, साथ काम करने के कारण मैं उस पर अपना थोड़ा हक अवश्य मानता था। खैर जो भी हो, मैं तब मात्र 20 वर्ष का नादान युवक था, जिसे प्रेम के बारे में कोई समझ नहीं थी।

2

राज का साम्राज्य

मुम्बई के शहर की सभी प्रमुख हस्तियाँ विशेषत: फ़िल्म उद्योग से जुड़े लोगों के कैलेण्डर में 14 दिसम्बर की तारीख पर गोला लगा रहता था। मेरी माँ पूरे समय फ़ोन पर ही बैठी रहती थीं। वह अतिथियों को दावत का स्मरण दिलाती रहती थीं। सच तो यह है कि अतिथिगण को खुद सालभर इस दिन का इन्तज़ार रहता था। देवनार का हमारा बँगला हमेशा दावत के लिए तैयार रहता था। मेरी माँ भी अति सुन्दर सफ़ेद साड़ी में हमेशा तैयार ही रहतीं। हर तीसरे दिन वे एक दर्जन से अधिक अतिथियों का स्वागत करती थीं। कपूर खानदान के मशहूर अतिथि सत्कार में माँ का उतना ही योगदान था, जितना पिता का। हमारे यहाँ एक कठोर नियम था कि एक पेय लेने के बाद एक अच्छे मेज़बान को कभी अतिथि से दूसरी बार ब्रांड के बारे में पूछने की आवश्यकता नहीं पड़नी चाहिए। हर अतिथि की पसन्द-नापसन्द पेय पेश करने वाले को याद रखना था। हमारे घरेलू कर्मचारी पूरी शाम अतिथियों की दौड़-दौड़कर सेवा में लगे रहते थे। मेरे पिता को मूलत: सभी कुछ शान से करने की आदत थी। वे प्रत्येक व्यक्ति का हार्दिक स्वागत करते और स्वयं भी अतिथियों के साथ अपना विशिष्ट पेय लेते रहते और 14 दिसम्बर को सबसे बड़ा आनन्दोत्सव का दिन होता। वह भव्यता पसन्द राज कपूर का जन्मदिन था। शहर के सामाजिक कैलेण्डर में यह सबसे बड़ा वार्षिक उत्सव

था। सारी छोटी-बड़ी, नयी-पुरानी हस्तियाँ और हमारे माता-पिता के सारे परिचित, दोस्त इस दावत में बढ़िया परिधान व साजसज्जा के साथ हमारे लॉन पर आयोजित जगमगाती दावत में सम्मिलित होते। इस दावत की उपस्थिति रजिस्टर से पता किया जा सकता था कि इस समय फ़िल्म उद्योग में किसकी लहर चल रही है क्योंकि वह इस दावत का अंग अवश्य ही होता।

मेरे माता-पिता भोजन प्रबन्धक (केटरर) के साथ महीनों पहले से व्यंजनों की चर्चा करते और अन्तिम क्षण तक उसमें सुधार जारी रहता। सामिष भोजन में भी गोश्त के व्यंजन मेरे पिता की पसन्द थे, अतः उनका स्थान हमेशा ख़ास रहता। चूल्हे से उतरते गरमागरम रोटी-परांठे भी हमारे घर की विशेषता थी। भाँति-भाँति की वाइन व शेम्पेन का भंडारण किया जाता। मेरे पिता का स्पष्ट निर्देश था कि चाहे जो हो, शराब की मात्रा कभी खत्म नहीं होनी चाहिए।

मेरे माता-पिता और मेरी बड़ी बहन ऋतु, लगातार इधर से उधर घूमते रहते कि कहीं कोई त्रुटि न रह जाये। मैं भी मशगूल रहता, मगर उसका सम्बन्ध दावत के इन्तज़ाम से बिल्कुल नहीं रहता, क्योंकि उस दिन जब बड़े लोगों को हम बच्चों पर ध्यान रखने की फ़ुर्सत नहीं रहती, तो हम बच्चे अपनी अलग दावत करते—मुख्य चमक-दमक से दूर। छिप-छिप कर सिगरेट पीना उसका मुख्य आकर्षण था। मैं और मेरे साथी बची हुई शराब और सिगरेट के ठूँठे इकट्ठा कर लेते, फिर जी भरकर धुँआ उड़ाते। ऐसे ही एक समय जब ऐसी पार्टी अपने चरम पर थी, तो मेरी घरेलू सेविका (मेड) ने हमें रँगे हाथों पकड़ लिया और सीधे माँ के पास पहुँच गयी और तड़ाक! मेरे गाल पर चाँटा पड़ा। मेरी माँ ऐसी बातों को नज़रंदाज़ करने वालों में से नहीं थी। एक और बार वह बुरी तरह क्रोधित हुई थीं, जब मैंने इतना दूध पी लिया था कि मैं उलटी करने लगा था। जब भी कभी मैंने नियम भंग किया, उनकी ताड़ना का शिकार बना।

मैं भाग्य और प्रसिद्धि के बीच पलकर बढ़ा हुआ। मैंने वह सब देखा, जो सामान्य बच्चों को नसीब नहीं होता। मेरा बहुत लाड़ लड़ाया गया (मेरे भाई-बहन डब्बू और ऋतु से ज़्यादा) फिर भी कुल मिलाकर मैंने एक सामान्य बचपन जिया। मेरा बचपन लगभग मेरे सहपाठियों जैसा ही था। इसका बहुत

कुछ श्रेय उन दावतों एवं यात्राओं को जाता है, जो मेरे माता-पिता आयोजित करते थे और जिनका हमें बेसब्री से इन्तज़ार रहता था।

मेरे स्कूली दिनों की स्मरणीय यादों में सबसे ख़ास है, गणतन्त्र दिवस पर की जाने वाली शहर की सैर। पचास वर्ष पहले गणतन्त्र दिवस का माहौल बिल्कुल अलग होता था। पूरा शहर और मुम्बई की ख़ास इमारतें रोशनी से नहा जाती थीं। अधिकांश परिवार इस जगमगाहट को देखने निकल पड़ते। कपूर खानदान यह कार्य भी अपनी विशिष्ट शैली में करता। हम अपने सुरक्षा कर्मचारियों के साथ एक ट्रक में सवार होकर शाम होने के बाद मुम्बई का फेरा लगाते, जो हमारे लिए बड़ा आह्लादकारी होता। मन्त्रालय और ईसो बिल्डिंग सर्वाधिक जगमगाने वाली ऐतिहासिक इमारतें थीं। 1971 के युद्ध के पश्चात् फ़िज़ूलखर्ची में कटौती के बाद इसमें काफ़ी कमी हो गयी। गणतन्त्र दिवस का उत्सव मद्धिम हो गया।

मेरी स्मृति में अंकित है कि मेरे स्कूली जीवन का प्रारम्भिक काल खुशियों और बेफ़िक्री में बीता। हम द्वारका, जो दादा जी के समय से बच्चों को सँभालता था, के साथ बेस्ट बस में चेम्बूर से माटुंगा जाते।

स्कूल के बाद मैं अपनी दादी के पास जाकर भोजन करता, फिर वहीं फ़िल्म बिरादरी के सब दोस्तों के साथ खेलता और शाम को द्वारका वापस आता। वी.आई.पी. संस्कृति से हमारे बिगड़ जाने का डर था, इसीलिए ही हमें बस से स्कूल भेजा जाता था, फिर भी हमें पापा के एक हस्ती होने का पूरा एहसास था। उनकी अभूतपूर्व लोकप्रियता हमारे सामने थी। इतनी कम उम्र में स्टार होने का पूरा अर्थ तो मैं क्या समझता, पर थोड़ा बड़ा होते ही मैंने अपने पिता के प्रभाव का फ़ायदा उठाना शुरू कर दिया।

कोलाबा के केम्पियन स्कूल में आ जाने के बाद हमें कार से भेजा जाने लगा। आज मैं कुछ अफ़सोस के साथ याद करता हूँ कि मेरे गलत व्यवहार के कारण हमारे एक ड्राइवर को काम छोड़ना पड़ा था। चेम्बूर से कोलाबा तक की लम्बी यात्रा में अपने भाई-बहनों पर मेरी दादागीरी चलती रहती। बड़ा भाई डब्बू शुरू से शान्त प्रकृति का था और ऋतु तो निरीह गाय ही थी। मेरी पसन्दीदा सीट खिड़की के पास वाली थी और उसके लिए मैं सब पर धौंस जमाता। जब मेरी छोटी बहन रीमा भी केम्पियन स्कूल

में जाने लगी, तो मुझे एक और शिकार मिल गया। मैं अपनी दोनों बहनों की चोटियाँ खींच-खींचकर उन्हें तंग करता और कार एक युद्धक्षेत्र में बदल जाती। मेरी दोनों बहनें भी कभी-कभी परस्पर झगड़ पड़तीं। एक दिन ड्राइवर की सहनशक्ति ने भी जवाब दे दिया। उसने माँ से साफ़ कह दिया कि उसके लिए हमें स्कूल ले जाना सम्भव नहीं, क्योंकि हम सब विशेषकर चिंटू सारे रास्ते झगड़ते रहते हैं।

राज कपूर के बच्चे होने का अर्थ ही था, कई विशेषाधिकारों से युक्त होना। मेरे पिता का उस समय के मुम्बई उपनगर के एकमात्र पंचतारा होटल सन-एंड-सैंड और नानकिंग रेस्टॉरेंट में खुला खाता था। मुझे नानकिंग जाकर अपने बिल पापा के खाते में डाल देना बहुत पसन्द था। कई बार मैं अपने दोस्तों को भी साथ ले जाता। हम ज़्यादातर कोला मँगाते, जिस पर आइस्क्रीम का बड़ा-सा गोला डला होता, साथ में खाने के लिए कुछ चटर-पटर। हम पूरा बिल आपस में बाँट लेते। प्रत्येक के हिस्से में 10 से 12 रुपये आते। मैं दोस्तों से रुपये ले लेता और सारा बिल पिता के खाते में डलवा देता। मैं केवल एक कम उम्र बददिमाग बच्चा ही नहीं था, बल्कि मुझमें थोड़ा टुच्चापन भी आ गया था। स्कूल के अन्तिम वर्ष में ही मैं धूम्रपान करने लगा था, पर छिप-छिपकर। हमारे स्कूल के पास ही अहमद की गुमटी थी। हम अहमद को कोकवाला कहते थे। हमारी दिलचस्पी कोला में नहीं, बल्कि गुमटी के पीछे खड़े रहकर धूम्रपान करने में थी। अकसर मैं सिगरेट के पैसे भी खाते में डलवा देता। आखिर यह रकम 300 रुपये, जो एक स्कूल विद्यार्थी के लिए बहुत ज़्यादा थी, तक पहुँच गयी। अहमद ने धमकाया कि वह आर.के. स्टूडियो पहुँच जायेगा। मैं बहुत डरा, पर बेचारे अहमद ने ऐसा कुछ नहीं किया। मुझे याद नहीं कि बिल का क्या हुआ, क्योंकि 1969 में मैं परीक्षा में फेल हो गया और कुछ समय बाद ही मैं एक फ़िल्म स्टार बन गया। बाद में 1973 में जब एक कार्यक्रम में मैं वहाँ गया, अहमद तब भी वहीं था। उसने मुझे सलाम कहा और मैंने उसे गले से लगा लिया।

मुझे याद है कि एक दिन जब हम पिता के मेकअप कक्ष में उनका इन्तज़ार कर रहे थे, तो मैंने अपने पिता के मेकअप मैन की सिगरेट से कश लगाना शुरू कर दिया, जिसे मेरे पिता ने पकड़ लिया और ज़ोरदार तमाचा

मारा। तमाचे ने मेरे दिल में पापा के लिए भय भर दिया, परन्तु यह भय भी मुझे धूम्रपान त्यागने पर मजबूर न कर सका।

मैं अनेक बार स्कूल से बाहर फेंक दिये जाने की सीमा तक पहुँचा। परीक्षाओं में मैं बुरी तरह असफल रहा। मैं शायद ही कभी अपनी प्रगति-पुस्तिका पापा या मम्मी को दिखाता था। मेरे पिता मेरे लिए अभिभावक-अध्यापक मीटिंग में केवल एक बार गये, जब स्कूल मुझे रस्टीकेट करने पर तुल गया था। यह इसलिए हुआ था कि विद्यालय के नियमानुसार मैं काम नहीं कर सकता था और मैं, **मेरा नाम जोकर** में काम करने लगा था। पापा ने मुझे स्कूल में वापस लेने की प्रार्थना की, साथ ही स्कूल में तैराकी की ट्राफ़ी के लिए एक बड़ी रकम भी दी।

हमारे बड़े होने के क्रम में, काम में सतत व्यस्त होने के कारण पिता का साथ हमें बहुत ही कम मिला। माँ ही हमारी हर ज़रूरत पूरा करतीं, वही परिवार सम्बन्धी सारे निर्णय लेतीं। ज़्यादातर हमें पिता देर रात जिसका समय अनिश्चित था, को ही मिले। मेरे बचपन में एक ऐसा भी समय आया, जब मुझे उनका आगमन सुखद तो कतई नहीं लगा। अर्धरात्रि के बाद वाले उस भय से मैं काफ़ी बाद तक पीड़ित रहा, हालाँकि यह बात मैं आज पहली बार ज़ाहिर कर रहा हूँ। मेरे पिता न केवल बहुत देर से आते, बल्कि नशे में धुत व क्रोध में ज़ोर-ज़ोर से बोलते और प्रलाप करने लगते। हमारा देवनार का घर बड़ा किन्तु बेतरतीब था। आकार में बड़ा होते हुए भी ऊपर से नीचे और कुल मिलाकर कमरे भी काफ़ी कम ही थे, अत: माँ हम सब बच्चों को साथ लेकर कॉमन कमरे में सोतीं। पिता के लड़खड़ाते हुए प्रवेश करते ही मैं रजाई के नीचे छिप जाता। रजाई के नीचे काँपता हुआ मैं जागता रहता। मुझे चैन की साँस तभी आती, जब उनकी आवाज़ मन्द पड़ने से मैं आश्वस्त हो जाता कि वे अपने कमरे में चले गये हैं।

मैं हर दिन भयाक्रान्त रहता कि पता नहीं आज वे कितने पिए और किस मूड में आयेंगे और मेरी माँ से झगड़ने लगेंगे। एक लम्बे अरसे तक पिता के भय ने मुझे जकड़े रखा। यह भय मदहोशी के आलम के उन दृश्यों के कारण ही रहा होगा। उस छोटी उमर में ही मैंने खुद से वचन लिया था कि मैं कभी नशे में धुत होकर अपने बच्चों को भयभीत नहीं करूँगा। जैसे-

जैसे मैं बड़ा होता गया, अपने पिता की विलक्षण रचनात्मकता और उसके फलस्वरूप आये सनकीपन को स्वीकार करने की समझ मुझमें पैदा होती गयी। किसी-किसी रात पीने के बाद वे भैय्या लोगों के भैंसों के बाड़े में जाकर उनके गाने सुनते या उनके साथ ड्रम या हार्मोनियम बजाने लगते। दशहरे पर वे बंगाली गाने सुनने शिवाजी पार्क जाते। बड़े होने पर हमें अपने स्वतन्त्र कमरे मिलने पर पिता के इस व्यवहार से समायोजन करना सरल हो गया। फिर भी दिल की गहराइयों में भय बना ही रहा। हालाँकि पीना मुझे भी पसन्द है, परन्तु खुद से बचपन में किया वादा कि मैं नशे में क्रोधित होकर अपने बच्चों को भयभीत कभी नहीं करूँगा, मैंने निभाया। वैसे भी पिता की तरह पूरी रात बेतहाशा पीने की क्षमता भी मेरी नहीं है। मेरा तो सिद्धान्त है, 'पियो, खाओ और चैन से सो जाओ।' मुझे ठीक-ठीक याद नहीं कि कब पिता के भय से मुझे छुटकारा मिला। शायद यह मेरे स्टार बनने पर हुआ। मेरे पिता के साथ मेरा रिश्ता अजीबोगरीब था। मजबूरी में हम एक ही कमरे में सोते थे। मेरे स्टार बन जाने के कुछ दिन बाद की बात है कि मैं थोड़ा नशे में था और बाथरूम से लौटते समय मदहोशी में मैं बाएँ की जगह दाएँ मुड़ गया। आँख खुलने पर मैंने अपनेआप को शेर की माँद में पाया—इतने वर्षों तक पिता से डरता रहने वाला मैं, उनके पास सोया हुआ था। अन्तत: मैं इस भय से मुक्त हो गया। अब भय का स्थान एक अवर्णनीय प्रेम और आदर ने ले लिया। यह भावना क्रमश: बढ़ती ही गयी, ख़ासकर तब, जब मुझे उनके निकट रहकर काम करने का अवसर मिला। मेरे लिए राज कपूर पिता मात्र नहीं रहे, वे मेरे गुरु हो गये—मेरी सम्पूर्ण कला उनकी देन है, उनकी ही सिखाई हुई है। नरगिस जी के बाद उनके साथ सर्वाधिक फ़िल्मों—**जोकर**, **बॉबी** और **प्रेम रोग** में काम करने वाला मैं ही था।

वयस्क होने पर मैंने कभी-कभी पापा के साथ शराब पी है, परन्तु धूम्रपान कभी नहीं किया। वे जानते थे कि मैं धूम्रपान करता हूँ, पर उनके प्रति आदर और सम्मान ने मुझे उनके सामने ऐसा करने से रोका। पापा भी धूम्रपान करते थे और डॉक्टर की हिदायत के बाद भी उन्होंने क्रोनिक अस्थमा से पीड़ित होते हुए भी अस्पताल में छिपकर सिगरेट पी थी।

नरगिस के साथ उनके प्रेम प्रसंग के समय मैं बहुत छोटा था, अत: मुझे इससे कोई फ़र्क नहीं पड़ा। इसके कारण घर पर भी कोई कमी या असामान्य बात मुझे महसूस नहीं हुई। परन्तु वैजयन्ती माला के साथ उनकी नज़दीकियों के समय मम्मी के साथ मरीन ड्राइव के नटराज होटल में जाकर रहने की बात मुझे याद है। मुझे याद है कि माँ उस समय अपनी बात पर अड़ी थीं। होटल से निकलकर दो माह तक हम अल्टा माउन्ट के मोड़ पर स्थित चित्रकूट बिल्डिंग, जिसे मेरे पिता ने हमारे लिए खरीदी थी, और जो अभी भी कायम है, में रहे। मेरे पिता ने मेरी माँ को प्राणपण से मनाने की कोशिश की, परन्तु मेरी माँ तभी मानी, जब पापा ने अपने जीवन के उस अध्याय को पूरी तरह खत्म कर दिया।

कुछ वर्ष पहले प्रकाशित एक साक्षात्कार में वैजयन्ती माला ने पापा के साथ अपने नज़दीकी रिश्ते से यह कह कर इनकार कर दिया कि यह सब उन्होंने सुर्खियाँ बटोरने के लिए किया। मैं तिलमिला गया कि वह इतना घटिया आचरण कैसे कर पायीं। सुर्खियाँ खुद जिसके कदमों तले बिछी रहती हों, वह व्यक्ति ऐसा भला क्यों करेगा? वैजयन्ती को सत्य को विकृत करने का कोई अधिकार नहीं था, ख़ासकर तब जब सामने वाला व्यक्ति अपना पक्ष प्रस्तुत करने के लिए जीवित ही न हो। उनकी पुस्तक बाज़ार में आने पर बहुत से दोस्तों और मीडिया ने मेरी प्रतिक्रिया जानने के लिए मुझसे सम्पर्क किया। मैंने अपने विचार स्पष्ट बता दिये। गुजरते वक़्त के साथ अब मेरा गुस्सा शान्त हो गया है। अनुभव ने मुझे सिखा दिया है कि निजी कारणों से भी लोगों को असहज कर देने वाली बातों से इनकार करना पड़ता है, भले वही सच्चाई हो। परन्तु मुझे पूर्ण विश्वास है कि पापा के जीवन काल में पापा पर प्रचार का भूखा होने की तोहमत लगाकर इस रिश्ते को सफ़ेद झूठ कहने की हिमाकत वे कभी नहीं कर पातीं।

मेरे पिता ने राजाओं की तरह जीवन जीया और वह भी खुद की शर्तों पर। उनके जन्मदिन का उत्सव तो था ही, हमारे घर के गणेश चतुर्थी और होली उत्सव भी मशहूर थे। गणपति की स्थापना मेरे जन्म के समय सन् 1952 से शुरू हुई, जिसकी परम्परा पूर्ण आस्था के साथ आज तक कायम है। होली भी जोशोखरोश और हंगामे वाला वार्षिक उत्सव होता था,

पर हमें अफ़सोस है कि गेट केशर्स की अनियन्त्रित भीड़ के कारण पापा के देहावसान के बाद हमें इसे निरस्त करना पड़ा। पापा की मृत्यु के साथ मानो एक युग ही समाप्त हो गया। आनन्दोत्सव के कई अवसरों ने जैसे उस व्यक्ति के साथ ही विदा ले ली, जो खुद इस आनन्द की आत्मा था।

मेरे पिता को सिनेमा से, अपनी शराब से और अपनी नायिकाओं से असीम प्यार था। परन्तु अपनी किंवदन्ती बन जाने वाली मेज़बानी के हिसाब से अपनी विस्की के लिए वे बड़े कृपण थे। जब हम साथ बैठते, तो उनको सदा लन्दन से आयातित जॉनी वॉकर, ब्लैक लेबल परोसी जाती और हमें मुम्बई से ही खरीदी स्थानीय विस्की पेश की जाती। उनकी मृत्यु के बाद उनकी अलमारी में ठूँस-ठूँस कर भरी हुई विस्की की बिना खुली कई बोतलें पायी गयीं।

समय बीतने के साथ मुझे महसूस हुआ कि पिता की अनेक आदतें और सनक मैंने भी ग्रहण कर ली हैं। शाम को स्नान के बाद पापा अगरबत्ती लगाते थे और मैं भी। मेरी पसन्दीदा सुगन्ध नागचम्पा है, जो हमेशा मेरे साथ चलती है। नीतू कहती है कि मेरे होटल में ठहरने पर गलियारे की महक ही ऋषि कपूर के स्वीट की चुगली करने के लिए पर्याप्त है।

मेरे पिता शिवभक्त थे और प्रतिदिन शिव आरती का पाठ करते थे। मैं भी ऐसा ही करता हूँ। बहुत साल पहले महान गायिका आशा भोंसले ने पापा को उनके जन्मदिन पर महादेव का एक पेंडल उपहार में दिया था। पापा की मृत्यु के बाद मेरी माँ ने वह मुझे दे दिया। उनकी सभी छोटी-मोटी चीज़ें मेरी माँ ने बाँट दीं। किसी को घड़ी मिली, किसी को पेन। मेरे पिता को पिगी बैंक का शौक था, जिसमें वे संसार के भिन्न-भिन्न देशों की चिल्लर इकट्ठा करते थे। उनकी मृत्यु के बाद डिम्पल ने उसे प्राप्त करने के लिए मुझ पर बहुत ज़ोर डाला। मुझे उसका यह भावनात्मक लगाव अच्छा लगा, पर मैंने इनकार कर दिया। अन्त में डब्बू ने हम दोनों के दावे को अमान्य करते हुए खुद उस पर कब्ज़ा कर लिया। मुझे याद नहीं कि उनकी जेब में रखा जाने वाला फ़्लास्क किसे मिला। वे उसे हमेशा साथ रखते। हालाँकि वे उससे शराब कभी नहीं पीते थे। उनके पास कई अत्याधुनिक घड़ियाँ थीं, एक डब्बू और एक चिम्पू (मेरे छोटे भाई राजीव) को मिलीं। उनके पास दो

या तीन विरल बन्दूकें भी थीं। मेरी माँ के पास भी, **जिस देश में गंगा बहती है** (1960) के समय खरीदी गयी एक बन्दूक थी। आज उनमें से प्रत्येक बेशकीमती है। उनमें से एक विरासत में मुझे मिली है, जिसकी सफ़ाई और देखभाल विशेष ढंग से करनी होती है। हर चुनाव के समय उसे स्थानीय पुलिस के पास जमा करना होता है, क्योंकि चुनाव के समय हथियार रखना कानूनी अपराध है।

मेरे और पापा के बीच एक बड़ा अन्तर अमेरिका के प्रति दृष्टिकोण को लेकर रहा है। मुझे अमेरिका से हमेशा प्यार रहा है और रणबीर को भी। अमेरिका जाने के लिए ज़रा-सा बहाना मिलते ही मैं उतावला होकर चल पड़ता हूँ। ब्रॉडवे में नाटक देखने, मैनहट्टन की गलियों की सैर और ढूँढ़-ढूँढ़कर विभिन्न रेस्त्राँ में जाने का विचार ही मुझे बेकरार कर देता है। दूसरी ओर, पापा अमेरिका को कुछ ख़ास पसन्द नहीं करते थे। उनके ख़यालों में तो रूस बसा था। रूस को भी उनसे असीम प्रेम था। भारत में तो वे लोकप्रिय थे ही, पर रूस में तो वे लगभग देवता की तरह पूजे जाते थे। सन् 1974, 1976 और 1980 में ताशकन्त तथा मॉस्को फ़िल्म उत्सव में मुझे उनके साथ जाने का अवसर मिला। रूसी लोगों ने उनका राजसी स्वागत किया। बुज़ुर्ग महिलाएँ उन्हें सशरीर अपने बीच पाकर इतनी अभिभूत हो गयीं कि रोते हुए उनका हाथ चूमने लगीं। नवयुवक उनकी शैली का अनुकरण करने लगे। उनकी एक झलक पाने के लिए होटल के ईर्द-गिर्द गलियों में हज़ारों लोग एकत्रित हो गये। खुद मेरे पिता दुनिया भर में फैली अपनी प्रसिद्धि से अनजान लगते थे।

अपनेआप को सामान्य बनाये रखने की खातिर, मेरे पिता अपनी अर्जित ख्याति को जानकर अनदेखा करते थे। सातवें दशक के मध्य में भारत और चीन के बीच कूटनीतिक रिश्तों की औपचारिकता पूरी हो गयी, तब हम आश्चर्यचकित रह गये कि आधिकारिक तौर पर रूस भेजी गयी उनकी फ़िल्में चीन में दिखाई जा रही थीं, जिसकी कोई रायल्टी उन्हें नहीं मिली। चीन की सरकार ने भारतीय अधिकारियों से राज कपूर को चीन के आधिकारिक दौरे पर भेजने का अनुरोध किया। वे उन्हें राष्ट्रीय मेहमान की तरह बुलाना चाहते थे। राज कपूर यह जानकर अत्यन्त प्रसन्न हुए और वहाँ

जाने का फैसला किया, परन्तु इस पर पुन: विचार करके उन्होंने चीन जाना अस्वीकार कर दिया। पापा सितारे के रूप में अपनी छवि और उत्तरदायित्व के प्रति बहुत सजग थे। उन्हें एहसास था कि बढ़ती उम्र और वज़न के कारण वे पहले वाले वह राज कपूर नहीं रहे, जिसे चीनी जनता ने चाहा और अपने हृदय में बसाया है। उन्होंने मेरी माँ कृष्णा से कहा कि वे अब पहले की तरह नहीं दिखते, उनकी छवि भंग न हो, इसलिए अब वे वहाँ जाना नहीं चाहते। वे चीन कभी नहीं गये। वहाँ अपने होने वाले भव्य स्वागत का आनन्द नहीं उठा पाने का मोह भी उन्होंने त्याग दिया।

पापा को चीनी व्यंजन अत्यन्त प्रिय रहे। सच तो यह है कि पूरा कपूर परिवार ही चीनी व्यंजन का शौकीन रहा। बड़े होकर जब हमारे भी परिवार हो गये, तब पापा सबको एकत्रित करके चाइना गार्डन नामक रेस्त्राँ में भोजन कराने ले जाते थे। शम्मी चाचा को हमेशा यह शिकवा रहा कि परिवार के एक साथ भोजन के समय मैं सबकी निगाह बचाकर बिल अदा कर देता था, पर मेरे पिता को मेरी यह बात अच्छी लगती। मैं उन्हें अपने परिवार के साथ तृप्ति से भोजन करते देखकर बहुत खुश होता। सच तो यह है कि हम सब भोजन-भट्ट हैं और हमारे पारिवारिक मिलन प्राय: भोजन के साथ ही आयोजित किये जाते थे।

मेरी सबसे खुशनुमा स्मृतियाँ उस समय की हैं, जब मैंने धन और ख्याति—दोनों अर्जित करना प्रारम्भ कर दिया था और थोड़े-थोड़े अन्तराल से अपने माता-पिता को भोजन के लिए ले जाने लगा। एक बार मैं प्रमोद चक्रवर्ती की **बारूद** (1976) की शूटिंग लॉस वेगास में कर रहा था, तभी मेरे माता-पिता और बहन छुट्टियाँ बिताने वहाँ आये। मेरे पिता को इससे असीम प्रसन्नता हुई। शाम को जब मैं उन्हें भोजन के लिए ले जाता, तो मेरी खुशी की सीमा नहीं रहती कि मैं उनके साथ सानन्द भोजन कर रहा हूँ।

नीतू से विवाह के पश्चात् न्यूयार्क यात्रा अनेक कारणों से मेरे लिए चिरस्मरणीय सिद्ध हुई। वह 1982 का साल था। श्री और श्रीमती राज कपूर और श्री और श्रीमती ऋषि कपूर साथ बैठकर कॉनकॉर्ड की उड़ान से न्यूयार्क जा रहे थे। मैं अपने स्टेज शो के लिए और माता-पिता छुट्टियाँ बिताने। आयोजकों ने उड़ान में मेरे और नीतू के लिए विशेष सीट रखी थीं,

पर मेरे पिता ने वहाँ के कर्मचारियों को कहा कि जिनके लिए सीट आरक्षित रखी है, वह कपूर वे ही हैं और उनके उन सीटों पर बैठने से मुझे भी असीम खुशी हुई। कॉनकॉर्ड उड़ान में मनचाही सीट पर बैठकर यात्रा अपनेआप में एक विस्मयकारी और अद्भुत अनुभव था। कल्पना करो लन्दन से न्यूयार्क मात्र साढ़े तीन घण्टों में! इतने कम समय में लन्दन से न्यूयार्क पहुँचने की कल्पना ही रोमांचकारी है।

अमेरिका में शो आयोजकों ने एक शानदार स्वागत का प्रबन्ध किया था। पत्रकार वर्ग कैमरों के साथ (वीडियो कैमरा हाल ही में ईजाद हुआ था) मुस्तैदी से मेरे फ़ोटो लेने को तत्पर थे। हमारे बाहर आते ही हर जगह कैमरे का प्रकाश जगमगा उठा। स्वयं को फ़ोकस में आते और अपने पिता को नज़रंदाज़ किये जाते देखकर मैं हड़बड़ा गया और मैंने ज़ोर दिया कि कैमरा मुझ पर नहीं, मेरे पिता पर ही केन्द्रित होना चाहिए।

मेरे पिता के सभी कार्य शानदार और भव्य होते थे। शादियों के उत्सवों को भी ज़ोरदार होना ही था। मेरे विवाह के संगीत के लिए महान गायक नुसरत फ़तह अली ख़ान को पाकिस्तान से विशेष रूप से आमन्त्रित किया गया था। पूरी तरह राज कपूर शैली में रात 11.30 बजे प्रारम्भ हुए संगीतोत्सव का समापन अगली सुबह छह बजे हुआ। जे. पी. चौकसे ने बाद में मुझे बताया कि मेरी शादी की रात एक अप्रत्याशित घटना भी घटित हुई थी। नरगिस जी ने **जागते रहो** (1956) के बाद आर.के. स्टूडियो में कभी कदम भी नहीं रखा था। परन्तु उस दिन वे अपने पति सुनील दत्त के साथ मेरे विवाहोत्सव में सम्मिलित होने के लिए आयी थीं। चौबीस वर्षों के दीर्घ अन्तराल के बाद एक कपूर उत्सव में शामिल होने पर उनका अटपटा और असहज महसूस करना स्वाभाविक था। उनका संकोच भाँपकर मेरी माँ उन्हें एक ओर ले जाकर कहा, "मेरे पति एक बहुत ही सुदर्शन व्यक्ति हैं, साथ ही रोमांटिक भी। मैं आपके प्रति उनके आकर्षण को समझ सकती हूँ। परन्तु अफ़सोस या अपराधबोध महसूस न करो, वे सब तो अब बीती बातें हैं। आप मेरे घर खुशी के मौके पर आयीं हैं, और आज यहाँ हम दोनों दोस्त हैं।"

पापा ने लगभग उसी समय पाकिस्तानी गीत **आजा रे माही** के अधिकार खरीदे थे। वर्षों बाद हमने इसे **हिना** (1991) में, जिसे अन्तत:

डब्बू ने निर्देशित किया, इस्तेमाल किया। वैसे फ़िल्म की पूरी परिकल्पना मेरे पिता की ही थी। उन्होंने तो नायिका की खोज भी शुरू कर दी थी। **बॉबी** की तरह ही मैं एक बार फिर एक नायिकाप्रधान फ़िल्म के लिए चुना गया। डिम्पल ने भी इसके लिए ऑडीशन दिया था, पर उसकी उम्र आड़े आ गयी। मेरे पिता के मन में उस भूमिका में किसी पाकिस्तानी अदाकारा को लेने की बात थी और उन्होंने एक लोकप्रिय पाकिस्तानी सीरियल की अदाकारा का स्क्रीन टेस्ट भी लिया था, जो उन्हें नहीं जमा। काफ़ी समय बाद जब पापा का देहान्त हो चुका था, हमें ज़ेबा बख़्तियार के रूप में एकदम उपयुक्त नायिका मिली। इस प्रकार पापा की पाकिस्तानी कलाकार लेने की इच्छा भी पूर्ण हुई।

2 जून 1988 को अस्थमा में जटिलता हो जाने के कारण उनकी मृत्यु के समय मेरे एक दोस्त (फ़ारुख रतोनसी) जो फ़िल्म निर्माता हैं, को तेल अवीव में एक टैक्सी ड्राइवर ने मेरे पिता के देहान्त की सूचना दी। इस घटना ने हमको एहसास करा दिया कि वे इज़राइल में भी कितने लोकप्रिय थे और **संगम** (1964) वहाँ ढाई वर्ष तक चली थी।

पापा एक माह तक कोमा में रहे। जब वे आल इंडिया इस्टिट्यूट (नयी दिल्ली) में अपने जीवन के लिए संघर्ष कर रहे थे, हम किसी चमत्कार के लिए प्रार्थना कर रहे थे, परन्तु चमत्कार घटित नहीं हुआ। उस समय एक हृदयस्पर्शी प्रसंग अवश्य घटित हुआ; जब मेरे पिता के घनिष्ठ मित्र दिलीप कुमार उन्हें देखने अस्पताल आये। दिलीप कुमार को मेरे पिता की गम्भीर बीमारी की सूचना मिली, तब वे पाकिस्तान में अपने पुश्तैनी घर में थे। वे तुरन्त हवाई जहाज़ से दिल्ली आ गये। सघन चिकित्सा कक्ष में मिलने पर पाबन्दी थी, परन्तु उन्हें अनुमति दे दी गयी। पापा के पलंग के पास एक कुर्सी पर शोकाकुल दिलीप कुमार कुछ समय तक बैठे रहे। उनके मुँह से

निकला, "राज, तुम उठो, अब यह स्वांग बन्द करो, तुम हमेशा से दृश्य की जान हुआ करते थे, सुर्खियाँ तुम्हारे कदम चूमती थीं। बस, अब बहुत हो गया, अब उठ जा।"

दिलीप साहब को मेरे नीमबेहोशी में पड़े पिता से इस तरह की बातें करते देख मेरी आँखें छलछला आयीं। दिलीप कुमार ने बोलना जारी रखा— "मैं अभी पेशावर से आया हूँ, जहाँ से चपली कबाब लाया हूँ। तुझे याद ही होगा, हम वे कबाब कितने प्यार से खाते थे। चल उठ यार, कबाब खायेंगे।" मेरे लिए अब अपने को सम्भालना कठिन हो गया! वे इस तरह मेरे पिता से लगभग बीस मिनट तक बात करते रहे और यह सब मैंने अपनी माँ को बाद में बताया।

पापा और दिलीप कुमार प्रतिद्वन्द्वी और समकालीन सितारे थे, पर साथ ही गहरे मित्र भी। यह एक विरल और अनमोल बात थी। इसी घनिष्ठता के कारण **संगम** की समानान्तर भूमिका के लिए पापा ने पहले उनसे ही सम्पर्क किया था। उन्होंने इसे स्वीकार तो नहीं किया, परन्तु उनकी दोस्ती यथावत् रही। वे जीवन पर्यन्त एक-दूसरे के सच्चे हितचिन्तक बने रहे।

नरगिस जी से शादी के कारण थोड़ी असहजता के बावजूद भी सुनील दत्त से भी पापा का रिश्ता बहुत अच्छा रहा। जब पापा को न्यूयार्क के स्लोन केटरिंग में डॉक्टरी मुआयने के लिए ले जाया गया, तो दत्त साहब भी वहाँ आये और उन्होंने पापा को डॉ मंजीत बैंस और उनकी कैंसर विशेषज्ञ दल से मिलवाया। नरगिस जी की बीमारी के दौरान उनका उस टीम से गहरा परिचय हो चुका था।

पिता के असामयिक देहान्त के बाद मैं स्तब्ध रह गया। आघात इतना गहरा था कि कई दिनों तक तो जैसे होश ही गुम हो गया था। उनकी मृत्यु दिल्ली में ही हो गयी थी और तत्कालीन प्रधानमन्त्री राजीव गाँधी ने विशेष वायुयान से उनके पार्थिव शरीर को मुम्बई भेजने की व्यवस्था करवाई थी। मेरी खुद की मनोदशा भी उस समय एक स्वचालित वायुयान की तरह थी। आघात को पूरी तरह आत्मसात् करने की क्षमता ही नहीं थी। जैसे-तैसे हम

उन्हें मुम्बई लाये। लोनी में दादा जी की समाधि के पास दाह संस्कार किया गया। उनकी अस्थियाँ हरिद्वार में प्रवाहित की गयीं।

मुम्बई में चौथे के शान्ति पाठ के बाद हम अपने लोनी के फॉर्म हाऊस गये। वहाँ दादा जी की समाधि के पास ही उनकी समाधि बनानी थी। मैं अपने चाचा शशि कपूर और भाइयों—डब्बू और चिम्पू के साथ था। हम लोनी में भोजन की टेबल पर बैठे तो मुख्य जगह जहाँ पापा बैठा करते थे, के सूनेपन ने अन्तत: अहसास करा दिया कि पापा अब नहीं रहे और हमने क्या कुछ खो दिया। हमारा जीवन अब पहले जैसा कभी नहीं हो पायेगा। लोनी में ही **जोकर, बॉबी, सत्यम शिवम सुन्दरम** तथा **प्रेम रोग** की शूटिंग हुई थी। अत: स्मृतियों की बाढ़-सी आ गयी।

जीवन के आखिरी चरण में मेरे पिता ने आर.के. स्टूडियो के दो स्टेज बिल्कुल ही मामूली रकम में बेच दिये थे। हम तीनों भाई भले ही फ़िल्में नहीं बना पाये, परन्तु हमने प्रथम तथा द्वितीय स्टूडियो को उसके मूल स्वरूप में कायम रखा है, जहाँ अन्य निर्माताओं की शूटिंग जारी है। हम अपनी विरासत के संरक्षण के लिए कृतसंकल्प है।

हम तीनों भाइयों से प्राय: प्रश्न पूछा जाता है कि आर. के . बैनर का पुनरुत्थान क्यों नहीं कर रहे? मुझे लगता है कि समय तेज़ी से बदला है और तेज़ी से निरन्तर परिवर्तन हो रहे हैं। मेरे पिता ने देश की स्वतन्त्रता के समय फ़िल्में बनाईं और उस समय को ही अपनी फ़िल्मों में प्रस्तुत किया। दो सौ वर्षों की गुलामी से देश मुक्त हुआ था, एक नवोदित राष्ट्र में बहुत कुछ नया घटित हो रहा था। और उसके कुछ अपने भय और सपने थे, जिन्हें मेरे पिता ने सेल्युलाइड पर चित्रित किया। मेरे पिता अकसर ही हमें बताते थे कि वह समय कितना प्रेरक और चुनौतीपूर्ण था, जब देश में कई समस्याएँ थीं, कहने को बहुत कुछ था।

मेरे मन में कई बार यह विचार आता है कि अब कहने के लिए हमारे पास नया कुछ नहीं है। भारत ही नहीं बल्कि पूरे विश्व में मौलिक विचारों का अकाल है और हम रचनात्मकता के अनुत्पादक दौर से गुज़र रहे हैं। क्या आप मुझे कोई ऐसी नयी कहानी बता सकते हैं जो पिछले बीस वर्षों में विश्व सिनेमा के पर्दे पर प्रस्तुत हुई हो? हम आज भी शेक्सपीअर, बर्नाड

शॉ, कीट्स और माइकल एंजिलो की पेन्टिंग पर जड़वत् हो जाते हैं या ठगे-से ठहर जाते हैं। हम पाँच सौ वर्ष पुरानी चीज़ों को अचम्भे से देखते हैं क्योंकि वर्तमान में विस्मयकारी कुछ नहीं है। कोई महान लेखक, शिल्पकार या कलाकार नहीं है, क्योंकि कहने या प्रस्तुत करने को नया कुछ है ही नहीं। पश्चिम भी हमें एनिमेशन और भविष्य की फ़न्तासी तथा विज्ञान और तकनीक के अलावा अधिक कुछ नहीं दे सका। सर्वत्र सन्नाटा पसरा है और आर.के. स्टूडियो भी इसी अनुत्पादक दौर का हिस्सा है। मैंने अपने पिता को भी प्रतिभा की इस कमी पर गहन चिन्ता व्यक्त करते देखा है। कभी-कभी घबराकर वे कह उठते कि अच्छा हुआ, मेहबूब खान व शान्ताराम चल बसे, क्योंकि यदि वे आज की फ़िल्मों को देखते तो आत्महत्या कर लेते। अपने जीवन के अन्तिम दिनों में मेरे पापा भयाक्रान्त थे कि कलाकार किस तरह व्यस्त हो गये हैं और उनका पारिश्रमिक आसमान छूने लगा है, अपने काम के प्रति उनमें कितनी कम रुचि और लगन है। कोई भी अपने काम में डूबा नज़र नहीं आता। आज के परिदृश्य को देखकर शायद उनके मन में भी आत्मघात का ही विचार आता।

एक बार जब **श्री 420** निर्माणाधीन थी, तब मेरे पिता ने मेरी माँ को बताया कि वे 'मेरा जूता है जापानी' गीत के कुछ शॉट्स लेने दो दिन के लिए थाणे और लोनावाला जा रहे हैं। वे अपने कैमरामैन राधू करमाकर, स्टूडियो की गाड़ी और किराये का एक ट्रक लेकर निकल पड़े। मनोनुकूल स्थान न मिलने पर वे कोल्हापुर और बेलगाम होते हुए उटकमंड तक पहुँच गये।

अत: परफ़ेक्ट शॉट के जुनून में दो दिन की शूटिंग की जगह कई दिन और लम्बी यात्रा हो गयी। **बॉबी** में भी हमने ऐसा ही किया था। हम फ़िल्म का एक छोटा-सा भाग शूट करने कुछ दिनों के लिए कश्मीर गये थे, परन्तु वहाँ हम डेढ़ महीने तक टिके रहे। उन दिनों पूरा यूनिट ही कपूर परिवार था और सबका एक ही लक्ष्य था—फ़िल्म की गुणवत्ता। अत: डेट की उपलब्धता की कोई समस्या ही नहीं थी। इस प्रकार निर्बन्ध रहने के कारण हम कश्मीर की सर्दियाँ, बर्फ़ की बारिश, बसन्त व उसके विविध फूलों की बहार तथा घने कुंजों को फ़िल्मा पाये। हमें कश्मीर अपने सम्पूर्ण सौन्दर्य व वैभव में मिला।

वह जुनून और जज़्बा अब फ़िल्मों से पूरी तरह नदारद है। सारा मामला सीमाओं में सिमट गया है।

फ़िल्म की इस तरह की निर्माण प्रक्रिया के आदी मेरे पिता को जब सितारों का सीमित समय मिलता, तो वे पगला से जाते थे। अगर वे वर्तमान के सितारा शासित व्यवस्था एवं सितारा सनकीपन से रू-ब-रू होते तो उन जैसा रचनात्मक फ़िल्मकार पूरी तरह हतोत्साहित हो जाता। आज के फ़िल्म निर्माण में बजट के अधिकतम हिस्से पर सितारे का अधिकार होता है। मेरे पिता और उनके समकालीन कलाकारों के लिए फ़िल्म रचयिता के पास असीमित अधिकार थे। फ़िल्म पूरी तरह उसकी रचना होती। **अन्दाज़** के समय मेरे पिता व दिलीप कुमार दोनों ही सफल एवं लोकप्रिय सितारे बन चुके थे, परन्तु मेरे पिता कहते थे कि हम दोनों मेहबूब खान से नज़र तक नहीं मिलाते थे। अपने निर्देशकों के लिए गहरा आदर उनके मन में होता था। पूरे समय निर्देशक का दबदबा रहता था। इस बात को मैं एक दृष्टान्त द्वारा स्पष्ट करना चाहूँगा। मेरे पिता के गाल पर ताउम्र डॉक्टर द्वारा गलत शल्य चिकित्सा के कारण मुँहासे का एक निशान बना रहा। यह मुँहासा उनके चेहरे पर **अन्दाज़** की शूटिंग के समय हुआ था और उसके ठीक होने पर ही शूटिंग की जा सकती थी। मेहबूब खान स्वयं अस्पताल आये, केवल यह देखने के लिए कि राज बहाना बना रहा है या सचमुच घाव भरने में इतना समय लग रहा है।

मेरे पिता ने इकसठ वर्ष की आयु में **राम तेरी गंगा मैली** बनायी, जो उनकी ज़बर्दस्त सफल फ़िल्म रही। चौंसठ वर्ष की आयु में उनका देहान्त हो गया। मैं जानता हूँ कि बदलते हुए समय में मूल्यों के ह्रास के प्रति वे कितने संवेदनशील थे। मुझे विश्वास है कि यदि वे कुछ समय और जीवित रहते, तो भारतीय सिनेमा नि:सन्देह और अधिक समृद्ध होता, परन्तु उनके लिए शायद जाने का वही समय ठीक था, क्योंकि यदि वे जीवित रहते, तो उन्हें बहुत गहरे आघात लगते। आज के पूरी तरह बदले हुए फ़िल्म उद्योग में जहाँ आज फ़िल्मों में पैसा ही सब कुछ है, पापा बेचैन ही रहते, वे इससे तालमेल नहीं बिठा पाते। फ़िल्म की गुणवत्ता, विषयवस्तु और भावपक्ष की किसी को चिन्ता नहीं है। आज हम फ़िल्म निर्माता से अधिक व्यापारी

बन चुके हैं। पापा के लिए व्यापार और रचनाधर्मिता का यह सर्वथा नया समीकरण स्वीकार करना दुष्कर होता। यदि वे जीवित रहते, तो आदत से मजबूर वे अपनी सारी आय फ़िल्म बनाने में ही लगाते जैसा कि उन्होंने **मेरा नाम जोकर** के समय किया था। उनके जैसे रचनाशील लोग 21वीं सदी के अर्थप्रधान व्यावसायिक फ़िल्म उद्योग में साँस भी नहीं ले पाते।

गत अनेक वर्षों में देवनार का आर.के. का विस्तृत बँगला लगभग पूरी तरह से बदल गया है। लगभग दो एकड़ में फैला हुआ, किन्तु अजीब ढंग से बने हुए इस बँगले में पहले बहुत कम कमरे थे। अब वहाँ हममें से प्रत्येक के लिए अलग-अलग एक-एक भाग है। हर एक का किसी भी समय इस घर में स्वागत है। मम्मी हमें अकसर देवनार बुलाती रहती हैं। दो साल पहले, जब मेरे पाँव में चोट लग गयी थी और नीतू लन्दन में थी, उस समय मम्मी ने मुझे अपने पास रोक लिया था। मुझे उनका असीम लाड़-दुलार जो वे आज भी हम पर बरसाती रहती हैं, बहुत अच्छा लगता है। मैं अनेक अवसर पर उनके पास ठहर चुका हूँ। 26 जुलाई 2005 को बादल फटने के कारण मुम्बई के उपनगर पूर्णत: जलमग्न हो गये थे, तब वह रात्रि मैंने देवनार में ही गुज़ारी। फिर भी मैं स्वीकार करता हूँ कि 'घर' शब्द से मुझे पाली हिल वाला 'कृष्णा राज' बँगला ही याद आता है। यद्यपि मैं देवनार में ही पलकर बड़ा हुआ, पर मेरी आधी ज़िन्दगी तो 'कृष्णा राज' में ही गुजरी है। अब तो मैं इससे अलग रहने की सोच भी नहीं सकता। डब्बू और चिम्पू के स्वयं के घर पुणे में हैं। चिम्पू ज़्यादातर वहीं रहता है, परन्तु दोनों भाइयों का मम्मी के घर निरन्तर आना-जाना लगा रहता है।

मेरे भाई-बहनों में मैं, डब्बू से सबसे ज़्यादा नज़दीक हूँ, जो मुझसे 5 वर्ष बड़ा है। सबसे छोटे चिम्पू के साथ मेरा रिश्ता थोड़ा असहज है। हमारे बीच कुछ दूरियाँ हैं, जो हम सालों साल में भी पाट नहीं पाये हैं। मैं जब 17 वर्ष का था, तभी मेरी बहन ऋतु की शादी हो चुकी थी। डब्बू और मैं दोस्तों की तरह बड़े हुए। पिता के देहान्त के बाद तो हम और भी करीब आ गये। हम अपनी अन्तरंग बातें भी एक-दूसरे को बता देते हैं। बान्द्रा और देवनार की दूरियों की वजह से हम भले ही एक-दूसरे से जल्दी-जल्दी न मिल पायें, परन्तु बात तो रोज़ ही होती है। मेरे अजीबोगरीब हास्य फ़िल्म **हाऊसफ़ुल-2**

में अभिनय करने का एक कारण यह भी था कि इसमें मैं डब्बू के साथ पहली बार पर्दे पर था। इस फ़िल्म की शूटिंग के दौरान लन्दन में उसके साथ समय बिताना बड़ा उत्प्रेरक था। इसके पहले **हिना** जो एक प्रकार से पापा के प्रति एक श्रद्धांजलि थी, में भी हम साथ थे। हम दोनों पापा के स्वप्न को साकार करना चाहते थे। इसके बाद हमने **प्रेमग्रन्थ** (1996) में फिर से हाथ मिलाया, जो चिम्पू का निर्देशक के रूप में फ़िल्मों में पहला कदम था। **आ अब लौट चलें** (1999) जिसका निर्देशन मैंने किया, उसमें हम फिर साथ में थे। इन सब अनुभवों ने हमारे बन्धन को और अधिक मज़बूत किया। वह डब्बू ही है जिसने परिवार और आर.के. बैनर को सँभाला हुआ है। चिम्पू के लिए मैं चिन्तित हूँ क्योंकि मुझे लगता है कि वह अपनी वास्तविक क्षमताओं का आकलन नहीं कर सका है। वह हममें सर्वाधिक प्रतिभाशाली है और संगीत की उसे गहरी समझ है। बिना सीखे ही वह बहुत उम्दा प्यानो बजाता है। मेरी फ़िल्म **आ अब लौट चलें** का उसने बहुत ही कुशलता से सम्पादन किया। यदि वह चाहता और इस कला का बेहतर इस्तेमाल करता, तो वह सर्वश्रेष्ठ हो सकता था। मेरी बहन रीमा हमारे परिवार में होने वाले सभी उत्सवों की जान है। वह बहुत ही ज़िन्दादिल और विनोदप्रिय है और बीमारी में वह बहुत ही अच्छी साथी सिद्ध होती है। मैं पहले भी उल्लेख कर चुका हूँ कि स्कूल जाते समय हम कार में एक-दूसरे से झगड़ते रहते थे। अभी भी हमारी नोक-झोंक होती रहती है। लोगों से जुड़ने की उसकी क्षमता पर मैं चकित हूँ। हम सब भाई-बहन मिलकर जितने लोगों को जानते हैं, वह अकेली उससे अधिक लोगों को जानती है। मैं अपनी माँ से हर सुबह बात करता हूँ। मेरी बहनों की यात्रा के दौरान मैं हमेशा उनसे फ़ेसटाइम पर सम्पर्क में रहता हूँ। 2013-14 के दौरान हमारा पूरा परिवार एकजुट होकर ऋतु की गम्भीर बीमारी से जूझने और उससे बाहर निकालने में साथ रहा। मेरी छोटी बहन रीमा जैन ने अपने पति और बच्चों को छोड़कर दो साल तक अमेरिका में रहकर ऋतु की देखभाल की। ऋतु के पास मुम्बई और दिल्ली के अपने स्थायी कर्मचारियों की फ़ौज और कुशल डॉक्टर भी थे, परन्तु यह परिवार का विकल्प नहीं हो सकता था। मुझे भी ऋतु से प्यार है, पर मेरा अपना काम छोड़कर उसके साथ रहना सम्भव नहीं था। परिवार के किसी रोग ग्रस्त सदस्य की देखभाल के लिए समर्पित हो जाने के लिए अत्यधिक

गहरी आन्तरिक शक्ति की आवश्यकता होती है, जो रीमा के पास विपुलता से है। ऋतु के पति राजन नन्दा और पुत्र निखिल उसका साथ देने के लिए दिल्ली से न्यूयार्क का निरन्तर फेरा लगाते रहे। वह अमेरिका में एक वर्ष से अधिक रही, जिसे झेलना सभी के लिए कठिन था, मेरी माँ के लिए तो यह और भी कठिन था, क्योंकि वे अपनी अस्वस्थता के कारण अपनी बड़ी बेटी को एक वर्ष तक देखने नहीं जा पायीं। वे ऋतु को उसके दिल्ली लौटने पर ही देख सकीं। इस गम्भीर बीमारी के दो वर्षों के बीच मुझे पता चला कि मेरी बहन कितनी बहादुर है। मेरी बहन ने विचलित न रहते हुए असहयनीय पीड़ा और अन्तहीन चिकित्सा प्रक्रियाओं को अनेकानेक दिन और रातों तक झेला। वह गम्भीर शारीरिक और भावनात्मक उथल-पुथल का समय था। ऋतु ने अत्यधिक साहस से इसका सामना किया। उसकी यह हिम्मत हम सबके लिए एक प्रेरणा और मिसाल है। अन्त में उसकी हिम्मत की जीत हुई और वह दिल्ली वापस आ गयी। इस सर्वनाशी समय में हमारे परिवार की एकजुटता ही हमारा सम्बल बना और हम आश्वस्त हुए कि पापा के जाने के बाद भी हमारा बन्धन उतना ही अटूट है।

3

एक स्टार वंशवृक्ष

मैं हिन्दी सिनेमा में अपनेआप को सबसे वैभवशाली मानता हूँ। धन की दृष्टि से नहीं, बल्कि अकल्पनीय विरासत के कारण। मेरे पास अनेकानेक स्मृतियों का एक अमूल्य भंडार है। मैं तो पैदा ही एक विशिष्ट प्रकार की विरासत में हुआ था। मैंने अपने दादा, पिता, चाचा, भाई से लेकर करिश्मा, करीना और रणबीर तक चार पीढ़ियों को अभिनय के क्षेत्र में सक्रिय देखा। मेरी विरासत केवल कपूर खानदान तक ही सीमित नहीं है बल्कि फ़िल्म जगत की अलग-अलग कालखण्ड की अन्य बहुत-सी जानी-मानी हस्तियों, जिन्हें सामान्य जन को केवल दूर से देखना ही नसीब था, से सम्पर्क मेरा विशेषाधिकार रहा।

दिलीप कुमार, देव आनन्द, राजेन्द्र कुमार और मनोज कुमार—सब-के-सब मेरे चाचा थे। इसके बाद आते हैं धर्मेन्द्र, अमिताभ बच्चन और जितेन्द्र, जिन्हें मैं नज़दीक से जानता था। अपने समकालीन में राकेश रोशन, जिसे मैं उसके घरेलू नाम गुड्डू से पुकारता हूँ, का घनिष्ठ मित्र होने का सौभाग्य मुझे मिला।

मेरे मातृपक्ष से मेरी माँ के भाई प्रेमनाथ, राजेन्द्रनाथ और नरेन्द्रनाथ और उनके जीजा प्रेम चोपड़ा भी सितारे थे। यहाँ तक कि पृथ्वी थियेटर से

जुड़े कलाकार; जैसे—त्रिलोक कपूर और सप्रू भी हमारे दूर के रिश्तेदार ही थे। इसके अतिरिक्त अन्य कई कलाकार जैसे सज्जन साहब, जाने-माने संगीतकार शंकर और जयकिशन और अनेक प्रतिभाशाली तकनीशियन भी हमारे परिवार से इतने नज़दीक थे कि हम उन्हें चाचा कहते हुए ही बड़े हुए। इनमें से प्रत्येक ने अनकहे तरीके से मेरे जीवन को समृद्ध बनाया। मेरी शख़्सियत और जीवन इनका ऋणी है।

परिवार अलग-अलग प्रकार के होते हैं। हाँ, कपूर और नाथ खानदान तो हमारा परिवार है ही, पर मुझे वृहत्तर फ़िल्मी परिवार, जिसमें मेरे पिता के सह-कलाकार और हिन्दी फ़िल्म जगत के शिखर सितारे जिसमें दिलीप कुमार, देव आनन्द और प्राण सम्मिलित हैं, का भी हिस्सा होने का सौभाग्य मिला।

1950 और 60 के दौर में टिकट खिड़की पर भीड़ जुटाने वाले तीन महानायक—राज कपूर, दिलीप कुमार और देव आनन्द—त्रिदेव के नाम से मशहूर थे। इनमें से प्रत्येक की अपनी एक विशिष्ट अभिनय शैली थी और प्रत्येक की अपील भी जुदा-जुदा थी। प्रत्येक के अपने-अपने भारी संख्या में दीवाने-प्रशंसक भी थे। यद्यपि ये तीनों एक ही समय में लाखों दिलों पर राज कर रहे थे, परन्तु तीनों की परस्पर सहभागिता अद्वितीय होने के साथ-साथ सहज भी थी। उनकी व्यावसायिक प्रतिद्वन्द्विता ने कभी छलककर उनके व्यक्तिगत जीवन को प्रदूषित नहीं किया। दिलीप कुमार, जिनका असली नाम मोहम्मद यूसुफ़ खान है, मेरे लिए पिता तुल्य रहे हैं। हमारे घरों में निरन्तर उनका आना-जाना लगा रहता था। मैंने उन्हें **मुग़ले आज़म** के सेट पर अपने दादा जी के साथ काम करते देखा था। वह मेरे पिता के सर्वश्रेष्ठ मित्रों में से थे और मैं उनकी फ़िल्में देखते हुए ही बड़ा हुआ। उनके व्यक्तिगत रूप के साथ-साथ उनके कलाकार स्वरूप से भी मैं विस्मयाभिभूत था। वे हिन्दी सिनेमा में एक किंवदन्ती थे और आज भी हैं।

अत: दिलीप कुमार के साथ पहली बार काम करने का अवसर मिलने पर मैं खुशी से पागल हो गया। यह जावेद अख़्तर द्वारा लिखी, यश जौहर द्वारा निर्मित और रमेश तलवार द्वारा निर्देशित फ़िल्म **दुनिया** (1984) थी। **दुनिया** के सेट पर घटित एक असहज प्रसंग मुझे आज भी याद है। इस

कालखंड में दिलीप कुमार एक विवाद से घिरे हुए थे। अस्मा नाम की एक महिला से उनका गुप्त निकाह सुर्खियों में था। उस घटना के दिन फ़िल्म के सारे कलाकार—दिलीप कुमार, अशोक कुमार, अमरीश पुरी, प्रेम चोपड़ा, डिंगी (अमृता सिंह) और मैं फ़िल्म का एक मार्मिक दृश्य फ़िल्मा रहे थे। मेथड एक्टिंग के प्रवर्तक दिलीप कुमार अपने स्वभाव के अनुसार तैयारी करने के बाद नाटकीय संवाद अदायगी के लिए तत्पर ही थे कि अचानक अशोक कुमार पूछ बैठे—"यूसुफ़! मुझे ये बताओ, हमसे एक बीवी सँभाली नहीं जाती, तुम कैसे दो बीवियों को सँभालते हो?" हम सब सन्न रह गये, मैंने अपनेआप को एक विस्फ़ोट के लिए तैयार पाया, परन्तु दिलीप कुमार अविश्वसनीय रूप से पूर्णत: सन्तुलित और सहज ही बने रहे और शान्ति से जवाब दिया—"अशोक भैया, मुझे अपना दृश्य समाप्त करने दो, फिर हम इस विषय पर बात करते हैं।" दोनों शिखर सितारों की साथ में काम करने की एक लम्बी भागीदारी थी, इसलिए अशोक कुमार दिलीप कुमार को जो चाहे कह सकते थे और दिलीप कुमार बुरा नहीं मानते थे।

1999 में चिम्पू के विवाह के निमन्त्रण पत्र देते समय माँ ने ज़ोर दिया कि डब्बू और मैं, व्यक्तिगत रूप से दिलीप साहब और देव आनन्द के घर जायें। दोनों का ही घर मेरे घर के पास पाली हिल में था। दोनों के व्यक्तित्व एक-दूसरे से सर्वथा विपरीत थे। हम दिलीप साहब के घर गये, तो लगभग दो घण्टे वहीं लग गये। वे हमें हमारे पिता और उन दोनों के श्रेष्ठ काल के अनेक प्रसंग सुनाते रहे। उन्होंने करदार साहब, मेहबूब साहब, मोदी साहब मेरे दादा पृथ्वीराज जी और मेरे पिता राज के अनेक प्रसंग सुनाये। उनकी बातें खत्म होने का नाम ही नहीं ले रही थीं।

सायरा जी ने भी हमारी खूब खातिरदारी की और यह कहकर चाय और चीज़-टोस्ट पेश किया कि राज को बहुत पसन्द था। खातिरनवाज़ी का लगभग अन्तहीन सिलसिला यूसुफ़ साहब के विवाह में शामिल होने के वचन के साथ हुआ। उन्होंने कहा कि राज बहुत खुश होगा कि उनका सबसे छोटा बेटा भी विवाह करने जा रहा है। वहाँ से हम सीधे देव आनन्द साहब के रिकॉर्डिंग स्टूडियो, जो दिलीप कुमार के बँगले के बिल्कुल पास ही है, के कक्ष में पहुँचे। देव साहब का इन्तज़ार करते हुए डब्बू और मैं अपनेआप

को दोनों स्थानों के अन्तर पर टिप्पणी करने से नहीं रोक पाये। अभी-अभी हम पुरानी दुनिया की संस्कृति और खातिरदारी से निकले ही थे कि अब एकदम विपरीत माहौल में पहुँच गये थे, जहाँ हर चीज़ आधुनिक और अमेरिकन थी और कमरा हॉलीवुड सिनेमा से जुड़ी किताबों से भरा पड़ा था। अचानक पीली पैंट, नारंगी कमीज़, हरे स्वेटर और मफ़लर से सुसज्जित देव साहब धड़ाक-से कमरे में आये। गर्मजोशी और विनोदप्रियता के साथ उन्होंने हमारा स्वागत यह कहते हुए किया कि—"हॉय नौजवानों, तुम लोग बहुत अच्छे दिख रहे हो।" जब उन्हें हमारे आने का कारण पता चला तो और अधिक उत्साहित होकर बोल उठे—"अच्छा, तो चिम्पू शादी कर रहा है! बहुत अच्छा, बहुत अच्छा, अच्छी बात है शादी करो और खूब महिला मित्र बनाओ। नौजवानों, तुम्हारी महिला मित्र हैं या नहीं?" वे उत्साह और उमंग की लहर का साकार रूप थे, जो इतनी संक्रामक थी कि हम भी उस उमंग की लहर में बह निकले। बाद में यूसुफ़ साहब की 90वीं सालगिरह पर मेरी माँ यूसुफ़ साहब व सायरा जी से मिली थीं। दुर्भाग्य से तब तक वे बीमार होकर मानसिक कमज़ोरी का शिकार हो चुके थे।

वे बार-बार यह कह रहे थे कि राज नहीं आया और मेरी माँ से उनके बारे में पूछते रहे। रोते-रोते भी पहले मेरी माँ ने उनको सान्त्वना दी। जब मेरी माँ ने हमें यह प्रसंग बताया तो अस्पताल के बिस्तर पर लेटे मेरे मरणासन्न पिता का हाथ पकड़े दिलीप साहब का चित्र मेरी आँखों के सामने आ गया और मेरी आँखों से आँसू टपकने लगे।

इसके अतिरिक्त प्राण साहब भी वह महान कलाकार हैं जिनके लिए मेरे हृदय में गहरा और असीम सम्मान है। 1997 में हमारी घरेलू फ़िल्म **आ अब लौट चलें** में दादा की भूमिका के लिए उनसे आग्रह करने मैं और डब्बू गये थे। मैंने लगभग करबद्ध प्रार्थना की, क्योंकि मैं चाहता था कि मेरे द्वारा निर्देशित पहली फ़िल्म में वे अवश्य रहें। मेरा भावनात्मक कारण यह था कि नायक के रूप में मेरी पहली फ़िल्म में वह मेरे सह-कलाकार थे। मैंने उनसे कहा कि दिल्ली का मौसम इस समय बहुत प्यारा है और उन्हें केवल 6-7 दिन ही देना है। मैंने आर.के. बैनर के साथ लम्बे सम्बन्ध की याद दिलाते हुए उनसे यह भूमिका करने का अनुरोध किया, परन्तु उन्होंने स्पष्ट इनकार

कर दिया। उन्होंने कहा कि यदि फ़िल्म के दौरान उन्हें कुछ हो गया, तो वह राज कपूर का सामना नहीं कर पायेंगे। पहले तो मैं समझ नहीं पाया। फिर उन्होंने स्पष्ट किया कि बीमारी के कारण यदि वह शूटिंग के बीच में नहीं रहे, तो फ़िल्म की निरन्तरता भंग हो जायेगी और मैं अटक जाऊँगा। उन्होंने बताया कि इसी कारण वे कोई फ़िल्म नहीं ले रहे हैं, क्योंकि वह नहीं चाहते कि उनके कारण किसी निर्माता का नुकसान हो। उनका कहना था कि बढ़ती उम्र के साथ कभी भी कुछ भी हो सकता है। उनकी इस निष्ठा से मैं और डब्बू अभिभूत हो गये। आखिरकार यह भूमिका आलोकनाथ ने निभाई।

मैं सौभाग्शाली हूँ कि किंवदन्तियाँ बन चुके कलाकारों के सक्रिय कालखंड में मेरा जन्म हुआ और मुझे प्राण साहब जैसे महान सितारों के साथ काम करने का अवसर मिला। मुझे निरन्तर उनकी प्रतिबद्धता, समर्पण और कला के प्रति गहरा सम्मान रखने वाले सितारों की कहानियाँ अनवरत याद आती रहती हैं। ये वे गुण हैं जिनकी सामान्यत: सिने व्यवसाय में कमी मानी जाती है। परन्तु हममें से सभी की ज़िन्दगी झूठी और थोथी नहीं है। सिने जगत की सारी चमक-दमक के पीछे भी दिल और आत्मा पायी जाती है।

स्टार पुत्रों, जिसमें संजय दत्त, कुमार गौरव, सनी देओल शामिल हैं, के पर्दे पर आगमन के साथ मेरे इस कोष में और वृद्धि हो गयी। जल्द ही अनिल कपूर, शाहरुख खान, आमिर खान और सलमान खान का भी सिनेमा के आकाश में उदय हो गया। एक पूरी पीढ़ी ने मुझे चाचा कहना शुरू कर दिया। जीवनवृत्त अब पूरा घूम चुका था। मैंने अपनी भतीजियों—लोलो (करिश्मा कपूर) और बेबो (करीना कपूर)—को अपनी आँखों के सामने बढ़ते हुए देखा। इसी प्रकार अन्य कई नायिकाओं को भी बड़ा होते देखा जिनमें शामिल हैं—रवीना टंडन, जिसके पिता रवि टंडन ने मेरी सफलतम फ़िल्म **खेल-खेल में** (1975) का निर्देशन किया था। फिर पूजा भट्ट और आलिया भट्ट हैं, जिन्हें मैं जन्म से जानता हूँ और जिन्हें पूरी फ़िल्म बिरादरी ही अपनी बेटियाँ मानती है। मुझे लगता है कि शायद ही कोई अभिनेता इतना भाग्यशाली रहा है, जिसे इतनी अधिक पीढ़ियों के साथ काम करने

का सौभाग्य प्राप्त हुआ और फिर खुद मेरा वंशवृक्ष भी किसी क्रिसमस ट्री से कम नहीं है जिसकी हर डाल चमकते सितारों से जगमगा रही है।

अपनी चाची जेनिफ़र केंडल की अनेक भावविह्वल करने वाली स्मृतियाँ आज भी मेरे हृदय में संचित हैं। वह एक अंग्रेज़ अदाकारा थीं, जिनसे शशि चाचा ने शादी की थी। हर वर्ष का बड़ा दिन (क्रिसमस) हम आधे अंग्रेज़ और आधे कपूर भाई-बहनों का साथ-साथ उत्सव मनाने के लिए सुरक्षित रहता। हम वहाँ जाकर स्वादिष्ट व्यंजनों वाला क्रिसमस भोज करते और जेनिफ़र चाची हमारे लिए खजाने की खोज का एक खेल आयोजित करतीं जिसमें हम ढूँढ़-ढूँढ़कर अपने उपहार प्राप्त करते। 1984 में कैंसर से उनका देहावसान हो जाने के बाद शशि चाचा एकदम अपने में सिमट गये, तो उनके बेटे और मेरे चचेरे भाई कुणाल ने क्रिसमस की दावतों की कमान सँभाल ली। यही एक ऐसा अवसर होता, जब हमारा पूरा परिवार विशेषकर शशि चाचा भी उपस्थित रहते। मैं उनके साथ एक अभिनेता के रूप में काम कर चुका हूँ। एक भतीजे के रूप में भी मेरा उनसे नज़दीकी रिश्ता रहा और आज जब बीमारी के कारण उनका जीवन व्हील चेयर तक सीमित रह गया है, तब मुझे अपने समय के अति सुदर्शन युवा का इस प्रकार अपनी ही परछाईं में बदल जाना गहरी वेदना से भर देता है। कुणाल और मेरा रिश्ता बहुत अच्छा है। और हम अनेक बार साथ भोजन करते और परस्पर ढेर सारी बातें करते हैं।

मेरे पिता और शम्मी चाचा में उम्र का काफ़ी अन्तर है। मेरे पिता अपने छह भाई-बहनों में सबसे बड़े थे। शम्मी चाचा और उनके बीच दो भाई और हुए थे—देवी और बिन्दी। पर दोनों ही शैशवास्था में ही काल कवलित हो गये, एक मीज़ल्स से और एक भूल से चूहे मारने की दवा खा लेने के कारण। अन्त में पापा, जिनके कई भाई थे, एक मात्र बहन उर्मिला कपूर सयाल, जिनकी भी अनेक वर्ष पहले मृत्यु हो गयी, के साथ बड़े हुए। अपने मामाओं और चाचाओं से हमारी बहुत नज़दीकी रही। इनमें से प्रत्येक ने अपने-अपने विशिष्ट तरीके से हमें, विशेषतया डब्बू और मुझे, प्रभावित किया।

हम सबकी ख़ास पसन्द शम्मी चाचा थे। वे देवनार में हमारे घर के पास ही रहते थे। हम उन पर फ़िदा थे। पर्दे पर उनकी छवि एक ज़िन्दादिल सितारे और विद्रोही कलाकार की थी। साथ ही व्यक्ति के रूप में भी वे बड़े

जीवन्त थे। मेरे पिता हमारे लिए एक पिता थे, किन्तु सितारे के रूप में हम शम्मी चाचा से अधिक प्रभावित हुए। हम उनके गहरे प्रशंसक थे।

उनका खिलन्दड़ापन उत्साहवर्धक तो था ही, साथ ही वह संक्रामक भी था, जो चारों ओर फैले बिना नहीं रहता था। यदि मुझे ठीक से याद है, तो मुझे यही याद है कि एक समय उनके पास शेर के दो पालतू बच्चे थे जिन्हें पिंजरे में रखते थे, जिन्हें बड़े होने पर शायद चिड़ियाघर को सौंप देना पड़ा। शम्मी चाचा के घर जाना हमेशा एक दावत और उत्सव होता। वे अपने प्रोजेक्टर पर हमें अपनी फ़िल्म दिखाते। उनकी पत्नी गीता बाली बड़ी सुन्दर और प्रेमल थीं। उनके साथ हमारा समय बड़े मज़े से गुजरता। वे अपने भतीजे-भतीजियों के लिए मज़ेदार पिकनिक आयोजित करती रहतीं।

आज के सीमेंट कांकरीट के जंगल चेम्बूर और देवनार में उस ज़माने में घने वृक्षों और झाड़ियों की भरमार थी। उस निर्जन प्रदेश में केवल तीन बँगले थे, एक में हम और एक में शम्मी चाचा रहते थे और तीसरे बँगले में एक अन्य परिवार रहता था। मुझे याद है कि ऋतु की शादी के लिए मेरे पिता को बँगले तक पहुँचने के लिए सड़क बनवानी पड़ी थी।

शम्मी चाचा का व्यक्तित्व अपराजेय प्रभामंडल से युक्त था, जिससे हम बच्चे विस्मयाभिभूत थे। वे निरन्तर रोचक और जोखिमपूर्ण रोमांचक हरकतें करते रहते। वे दोनों हाथों से एक-एक बीयर की बोतल थामकर पैर से जीप को ड्राइव करते। यह तो पर्दे पर दिखाया जाने वाला दुस्साहसी नायक साक्षात् हमारे सामने उपस्थित था। उनके पास एक बन्दूक भी थी और जब-जब वे मुझे उसे पकड़ने देते, मुझे लगता कि मैं धन्य हो गया। एक बार वे हमें शिकार पर ले गये। उन्होंने डब्बू को अपने साथ आगे और मुझे पीछे वाली सीट पर बैठाया। कुछ ख़ास शिकार नहीं कर पाने के कारण हम कुछ निराश हुए, परन्तु कुल मिलाकर वह एक रोमांचक अनुभव रहा। एक और प्रसंग मुझे अभी तक याद है। एक दिन देर रात शूटिंग से लौटते समय वे चेम्बूर नाके के निकट दुर्घटनाग्रस्त हो गये। रात के करीब चार या पाँच बजे घबराई हुई आवाज़ में गीता चाची का फ़ोन आया। हम सब भागे। उनकी सफ़ेद पोशाक ख़ून से तरबतर थी, परन्तु उनके हाथ में उनकी प्यारी बीयर

की बोतल थी, जिसे वह डॉक्टर के आने तक थामे रहे। उनके इस अन्दाज़ और जीवन के प्रति जोश ने हमें चित्त कर दिया।

गीता चाची के देहावसान के बाद शम्मी चाचा तीन माह तक हमारे साथ रहे। उस समय वे **तीसरी मंज़िल** (1966) की शूटिंग कर रहे थे, अत: उन्हें वज़न कम करना था। परन्तु माँ की विभिन्न स्वादिष्ट व्यंजनों को बनवाने की आदत और खुद चाचा के भोजन के प्रति प्रेम के चलते यह कार्य दुष्कर था। बढ़िया भोजन देखकर वे खाए बिना नहीं रह सकते थे। टेबल पर भोजन देखकर ही उनकी लार टपकने लगती थी।

शम्मी चाचा अकेले ऐसे नायक रहे हैं, जिन्होंने अपने कैरियर के शिखर दिनों में ही उसे छोड़ दिया। वह तब चालीस से भी कम वर्ष के थे। उन्होंने 1971 में **अन्दाज़** की शूटिंग के समय ही वज़न बढ़ना शुरू होते ही नायक की भूमिका न करने का निश्चय कर लिया था। उनके इस निश्चय को आज के सन्दर्भ में देखें तो अहसास होगा कि तीनों खान सितारे पचास पार होते हुए भी नायक की भूमिका शान से किये जा रहे हैं और मैं स्वयं भी पैतालिसवें जन्मदिन तक नायक की भूमिका करता रहा हूँ।

बॉबी में मेरी अभिनय यात्रा प्रारम्भ करने के समय तक शम्मी चाचा फ़िल्मों से संन्यास लेने की कगार पर थे। तब तक रणधीर कपूर नायक बन चुके थे और टिकट खिड़की पर शशि कपूर की धूम और माँग थी। मैं शम्मी चाचा से जुड़े अनेक रोचक प्रसंग याद कर सकता हूँ। यह वह समय था, जब गीता चाची के निधन के बाद उनका मानसिक सन्तुलन बिगड़ चुका था। प्रतिवर्ष 14 दिसम्बर को मेरे पिता के जन्मदिन की दावत में वे देर रात पिए हुए अवतरित होते और खूब हंगामा करते। वे किसी-न-किसी महिला को प्रभावित करने की चेष्टा करते और मनोवांछित जवाब न मिलने पर या तो काँच के गिलास तोड़ने लगते या बिजली के सॉकेट में उँगलियाँ डालने की धमकी देते थे। एक अवाँछित घटना उस समय घटित हुई जब **बॉबी** का बनना प्रारम्भ हुआ और पापा ने लोअर परेल के एक स्टूडियो में 'मैं शायर तो नहीं' गीत की रिकॉर्डिंग के बाद नयी फ़िल्म के शुभारम्भ पर एक दावत दी थी। शम्मी चाचा और फिरोज़ खान भी निमन्त्रित थे, जो उसी समय **इंटरनेशनल क्रुक** (1971) की शूटिंग के बाद कैनेडा से लौटे थे। खान और

कपूर दोनों ही दबंग, खिलन्दड़, जोशीले और रंगीन मिज़ाज लोग थे और हमेशा घनिष्ठ मित्र रहे हैं। तब तक शम्मी चाचा का वज़न बढ़ चुका था और उन्होंने दाढ़ी भी रख ली थी। उनके समकालीन फिरोज़ खान काली पोशाक में सुसज्जित एकदम चुस्त-दुरुस्त लग रहे थे। वे मार्लिन ब्रेन्डो की फ़िल्म **गॉडफादर** से प्रेरित **धर्मात्मा** (1975) बनाना प्रारम्भ करने जा रहे थे। उन्होंने बिन्दास कह दिया कि शम्मी चाचा का यह स्वरूप **धर्मात्मा** में उनके पिता के लिए उपयुक्त है। अन्ततोगत्वा यह भूमिका प्रेमनाथ ने की। जल्दी ही यह बात टिप्पणी से बढ़कर गाली-गलौच और हाथापाई तक पहुँच गयी। जल्दी ही रणधीर कपूर शम्मी चाचा को और संजय खान फिरोज़ खान को एक-दूसरे से छुड़ाने लगे, परन्तु उन्हें अलग करने में समय लगा।

अपने आनन्द की दावत को इस तरह दुर्भाग्यपूर्ण मारपीट में बदलते देखकर मेरे पिता धक्क-से रह गये। अन्त में उन्हें अपनी-अपनी कारों में बिठाकर रवाना कर दिया गया, परन्तु पता चला कि वे वहाँ से हाजी अली पहुँचे, जहाँ उन्होंने कुछ और शराब पी तथा एक-दूसरे के गले लगकर रोने लगे।

हमारे **बॉबी** की शूटिंग के समय पहलगाम में शम्मी चाचा का निर्देशक के रूप में पहला कदम रखने के पूर्व पापा का आशीर्वाद प्राप्त करने के लिए टेलीग्राम आया। यह फ़िल्म **मनोरंजन** (1974) थी। वे दोनों एक-दूसरे को बहुत प्यार और आदर करते थे। हर बार मुलाकात पर मेरे चाचा मेरे पिता के चरण स्पर्श करते थे। हमारे परिवार में सभी अपनों से बड़ों के पैर छूते हैं और वर्तमान पीढ़ी ने भी इस परम्परा को कायम रखा है। उस दिन अपने छोटे भाई के द्वारा पाँव छूकर आशीर्वाद माँगने पर पापा का दिल भर आया।

शम्मी चाचा और मैं सह-कलाकार भी रह चुके हैं। पहली बार हम रवि टंडन द्वारा निर्देशित **आन और शान** (1984) नामक फ़िल्म में साथ-साथ आये। यह उन गैर महत्त्वपूर्ण फ़िल्मों में से थी, जो मैंने उस कालखंड में अभिनीत की थी। इसके निर्माण में अत्यधिक विलम्ब हुआ और प्रदर्शन भी कई वर्ष बाद हो पाया। तब तक वह दर्शकों की स्मृति से पूरी तरह लुप्त हो चुकी थी, परन्तु उस फ़िल्म के प्रथम दृश्य की शूटिंग के समय ही उनके द्वारा दी गयी सलाह मुझे आज तक याद है। वह एक चर्च का दृश्य था।

चाचा ने कहा था कि भूल जाओ कि हम रिश्तेदार हैं और केवल अपनी भूमिका की अदाकारी पर फ़ोकस करो। बाद में भी हमने कई फ़िल्में साथ में अभिनीत की। **प्रेम रोग** (1982) नारी मुक्ति के विषय पर बनी एक मील का पत्थर साबित हुई। **ये वादा रहा** (1982) एक साधारण-सी फ़िल्म थी, जो एक शर्मनाक हादसा सिद्ध हुई। **प्रेम रोग** में शम्मी चाचा पापा के साथ पहली बार काम रहे थे।

हम दोनों ने शशि चाचा द्वारा निर्देशित फ़िल्म **अजूबा** (1991) में एक बार फिर साथ में काम किया। उनके उछलकूद और धूमधड़ाके वाले अभिनय के दिन बीत गये, परन्तु उनका वही जोश बरकरार रहा। उनका साथ हमेशा मज़ेदार ही रहा। दुस्साहसी कार्यों के लिए वे सदैव तत्पर रहते। जब 1982 में मैं विश्व भ्रमण के लिए निकला, तब यात्रा के अमेरिका में पड़ाव के समय मैंने उन्हें आने का निमन्त्रण दिया जिसे उन्होंने स्वीकार कर लिया। वे तब पचास वर्ष के थे और नीला चाची से उनका विवाह हो चुका था। वह एक कभी न सुधरने वाले भोजनप्रेमी थे। नीतू उस समय गर्भवती थी, रणबीर का जन्म होने वाला था और रिद्धिमा दो वर्ष की शिशु थी। उस यात्रा में शम्मी चाचा की रिद्धिमा से गहरी दोस्ती हो गयी। उस समय का एक प्रसंग मुझे स्पष्ट रूप से याद है। एक शाम खूब पीने के बाद मैं टैक्सी से हारलेम जाना चाहता था। नीतू और नीला चाची रात में हमारे उस झोंपड़पट्टी में जाने का सुनकर घबरा रही थीं, परन्तु बिन्दास और निर्भीक शम्मी चाचा मेरे साथ चले गये। शशी चाचा के समान ही शम्मी चाचा के जीवन के सभी चरणों का मैं साक्षी रहा हूँ। उनके धमाकेदार याहू दिनों से लेकर उनकी गम्भीर बीमारी और उनके इस दुनिया से विदाई के अन्तिम क्षणों में भी मैं उपस्थित था।

मैं अपने मामा प्रेमनाथ के भी बहुत नज़दीक था। कोई उन्हें प्रेम चोपड़ा समझने की गलती न करें, क्योंकि वे मेरे मौसा हैं। उनकी शादी मेरी माँ की बहन उमा मौसी से हुई है। इसलिए वे भी एक-दूसरे के जीजा-साले हैं। **बॉबी** में हम सबने एक साथ काम किया था। **कल आज और कल** की तरह यह भी एक पारिवारिक फ़िल्म थी।

मैं प्रेमनाथ को एक पद्च्युत देवता मानता हूँ। उनके बाद के वर्षों में उनके सहकलाकार और अन्य लोग उनके साथ काम करते समय घबराए

हुए रहते थे। वे कुछ सनक गये थे और अप्रत्याशित व्यवहार कर सकते थे। मेरे पिता उन्हें ऐसा करने से लगातार रोकते रहते थे।

हमने तीन फ़िल्में **बॉबी**, **कर्ज़** (1980) और **धन-दौलत** (1980) साथ-साथ कीं। वे मुझे बहुत प्यार करते थे, इसलिए मुझे उनसे कभी डर नहीं लगा। उनकी पत्नी बीना मामी, जो बीना राय के नाम से श्वेत-श्याम फ़िल्मों की प्रसिद्ध अभिनेत्री रह चुकी थीं, अत्यन्त मृदुल स्वभाव की महिला थीं, परन्तु मेरे पास उनकी अधिक स्मृतियाँ नहीं हैं। बचपन में हमारी छुट्टियाँ मध्य प्रदेश के जबलपुर शहर में अपने नाना के घर बीतती थीं। मेरे मामा राय साहब करतार नाथ मल्होत्रा पुलिस के एक आला अफ़सर थे। प्रेम मामा भी यहीं रहते थे। हमारा सबसे बड़ा आकर्षण उनके एम्पायर थियेटर में जाकर वयस्क फ़िल्में देखने का था। रिचर्ड बर्टन और एलिज़ाबेथ टेलर जैसे सितारों की फ़िल्में हमने करीब चौदह-पन्द्रह बार देखीं। उस फ़िल्म के लम्बे चुम्बन दृश्य हमें अचम्भित कर देते थे। जबलपुर में घूमने का दूसरा उल्लेखनीय कार्य मटन चॉप खरीदना होता था, जो चार आने में एक मिलती थी।

प्रेम मामा 1940-50 के आखिरी दौर की फ़िल्मों के एक धाकड़ नायक थे और उनकी खूब माँग थी। **बरसात** में उन्हें राज कपूर के साथ समानान्तर भूमिका मिली थी। नायक के रूप में उनकी पारी खत्म होने पर वे चरित्र भूमिकाओं में लौटे और उनकी **तीसरी मंज़िल** तथा **जानी मेरा नाम** (1970) दोनों जबर्दस्त हिट फ़िल्में रहीं। चरित्र अभिनेता के रूप में इस भारी सफलता से उनके चरित्र भूमिका के नये दौर का शुभारम्भ हुआ। उन्होंने अनेक फ़िल्मों में खलनायक या नकारात्मक एवं सकारात्मक उल्लेखनीय और स्मरणीय चरित्र भूमिकाएँ सफलतापूर्वक कीं जिनमें **बॉबी, शोर** (1972), **रोटी कपड़ा और मकान** (1974) तथा **धर्मात्मा** शामिल हैं।

प्रेम मामा थोड़े सनकी भले ही हों, परन्तु अभिनेता के रूप में वे बड़े प्रभावशाली थे। वे अपनी पोशाक के प्रति सजग थे और स्वयं उसमें सुधार करवाते थे। मुझे अभी भी याद है कि **बॉबी** में उन्होंने स्वयं अपना सूट पहना। आर. के. स्टूडियो में फ़िल्माए एक दृश्य में उनका अभिनय इतना वास्तविक और सजीव लगा कि कुछ पलों के लिए मैं भयभीत होकर

विचलित हो गया। दृश्य की शूटिंग समाप्त होने के बाद मेरे पिता ने उन्हें बधाई देते हुए गले लगा लिया। पापा और प्रेम मामा की गहरी दोस्ती थी।

प्रेम मामा एक और अन्य फ़िल्म निर्माता सुभाष घई के भी बड़े पसन्दीदा कलाकार थे। उन्होंने अपनी फ़िल्म **कर्ज़** में उन्हें प्रमुख खलनायक जो अपने कर्मचारियों को तामलेट पर ध्वनि के द्वारा अपना निर्देश देता था, की अविस्मरणीय भूमिका में प्रस्तुत किया।

प्रेम मामा एक विलक्षण व्यक्ति थे—उदार और विशाल हृदय। वे फ़िल्म उद्योग के संघर्षरत नवोदित कलाकारों की सदा मदद करते रहते थे। वे काफ़ी धनी थे और उस समय की दक्षिण मुम्बई की स्वीमिंगपूल से युक्त जानीमानी शानदार इमारत दर्शन अपार्टमेंट में रहते थे। वे अपनी पूँजी से एक बड़ी धनराशि दान कर दिया करते थे।

माँ के दूसरे भाई राजेन्द्रनाथ ने काफ़ी बड़ी उम्र में जाकर शादी की थी। शायद इसीलिए वे मुझे पुत्रवत् प्यार करते थे। उन्होंने प्रारम्भ में नायक बनना चाहा, पर अन्त में एक हास्य कलाकार बन गये। उन्होंने हास्य की एक विशिष्ट शैली प्रारम्भ की, जो बड़ी लोकप्रिय हुई। उन्होंने 250 से भी ज़्यादा फ़िल्में कीं। 1960 के दशक के सर्वाधिक लोकप्रिय हास्य कलाकारों में उनकी गिनती होती थी। शम्मी कपूर और राजेन्द्र कुमार आदि की फ़िल्मों में नायक के सहायक हँसोड़ पुछल्ले की भूमिका में उन्होंने महारत हासिल कर ली थी। उनकी पोपटलाल की भूमिका मील का पत्थर बन गयी। मैक्सी या रात्रिकालीन वस्त्रों में उनके पर्दे पर आते ही सरल हास्य की एक लहर दौड़ जाती। इस प्रकार हास्य कलाकार के रूप में उनकी एक टिपिकल और अनूठी अलग पहचान बन गयी। **प्रेम रोग** और **रफ़ू चक्कर** में हम सह-कलाकार रहे। वास्तविक जीवन में उनका व्यक्तित्व पर्दे पर प्रस्तुत छवि से सर्वथा भिन्न था। वे दिवा स्वप्न देखने वाले शान्त, संकोची और अपनेआप में सिमटे जीव थे। मेरी उनसे जुड़ी पहली स्पष्ट स्मृति उस दिन की है, जब उनकी एक गम्भीर दुर्घटना हो गयी थी और उसी दिन उनकी बहन उमा का विवाह प्रेम चोपड़ा से होने वाला था।

प्रेम जी से मेरा समीकरण सबसे अलग ही था। वे मेरे लिए अंकल से बढ़कर भी कुछ थे। वे मेरे अन्तरंग मित्रों के उस घेरे में शामिल थे, जिसमें मेरे अभिन्न मित्र जितेन्द्र और राकेश रोशन आते हैं।

वे एक कुशल अभिनेता हैं, एक असाधारण व्यक्ति हैं और उनका हास्य बोध कमाल का है। वे एक अच्छे साथी हैं। हम लोगों ने साथ-साथ काफ़ी समय आमोद-प्रमोद में बिताया है। फ़ोन पर एक-दूसरे से बात करते समय हम एक कौतुकपूर्ण खेल करते थे। हम फ़ोन पर अपना परिचय किसी बड़ी हस्ती के रूप में देते। उदाहरण के लिए, वे फ़ोन पर ब्रेंडो बन जाते और मैं फ़ोन पर उनके सहायकों को बताता कि प्रेम साहब से कहना कि सोनिया गाँधी उनसे बात करना चाहती हैं।

प्रेम जी एक गैर फ़िल्मी परिवार से आये थे। कला के प्रति प्रतिबद्धता, कठोर परिश्रम और लगन के द्वारा उन्होंने स्वयं को फ़िल्म उद्योग में स्थापित किया। इक्यासी वर्ष में भी वे एक प्रभावशाली शख़्सियत हैं। सत्तर के दशक में राजेश खन्ना के महानायकत्व के दिनों में भी **दो रास्ते** (1969) फ़िल्म में प्रेम जी उन्हें कड़ी टक्कर देने में सफल रहे। फ़िल्म **उपकार** (1967) में भी उनका मुक़ाबला मनोज कुमार से हो चुका था। दोनों बार अपनी अभिनय कला का वे कायल बना चुके थे। स्वभाव से मिलनसार और व्यक्तिगत जीवन में नितान्त सज्जन होते हुए भी प्रेम जी पर्दे पर खलनायक की भूमिका बड़े प्रभावशाली और विश्वसनीय ढंग से निभाते थे। मेरे मतानुसार प्राण साहब के बाद वही सर्वश्रेष्ठ खलनायक हैं, मैं उन्हें अमजद खान से भी ऊँचा स्थान देता हूँ। प्रेम जी का सुदीर्घ कैरियर उल्लेखनीय और चमकदार रहा। उन्होंने अनगिनत चमत्कारी भूमिकाएँ निभायीं। हाल के वर्षों में हम ज़्यादातर साथ-साथ काम नहीं कर पाये हैं, परन्तु मेरे अच्छे अभिनय पर बधाई देने वाले हमेशा वही पहले व्यक्ति होते हैं। यदि मैं खराब अभिनय करता हूँ, तो उस बात को वह मज़ाकिया ढंग से बताते हैं।

रॉकेट सिंह (2000) में रणबीर के अभिनय पर उनकी भूरि-भूरि प्रशंसा ने मेरे हृदय को छू लिया। यदि मैं भूल नहीं कररहा हूँ, तो एक वही हैं जिन्होंने कपूर खानदान के सभी सदस्यों—पृथ्वीराज कपूर, राज कपूर, शम्मी कपूर, शशी कपूर, रणधीर कपूर, ऋषि कपूर, करिश्मा कपूर, करीना

कपूर और रणबीर कपूर और साथ ही कपूर बहुएँ—बबीता और नीतू कपूर के साथ भी काम किया है।

मेरी बहन ऋतु के बेटे निखिल से श्वेता बच्चन की शादी के बाद अमिताभ बच्चन के जुड़ने से हमारा परिवार और अधिक विशाल हो गया। गुज़रते वर्षों में मुझे अहसास हुआ है कि अमिताभ अपनी हर गतिविधि में अन्य लोगों से जुदा और असाधारण हैं। वे हरदम विशिष्ट और उपयुक्त ही रहते हैं। प्रतिवर्ष 2 जून को मेरे पिता की पुण्यतिथि पर उनके परिवार का हर सदस्य अलग-अलग फ़ोन पर मेरे पिता को आदरांजलि देता है। हर त्यौहार पर शुभकामना देने वाले वे पहले ही होते हैं। वे परम्पराओं में आस्था रखने वाले व्यक्ति हैं। वे मानते हैं कि बेटी वालों की हैसियत से ऐसा करना उनका धर्म है। कभी-कभी उनके समान कार्यकुशल और विचारवान बनने की इच्छा मुझमें जागती है, पर मैं जानता हूँ कि यह केवल खामोख़याली है, ये तो बस सपना ही है, मेरा उनके समान बन सकना मेरे लिए असम्भव ही है।

4

जीने का मतलब तो खोना और पाना है

फ़िल्म उद्योग में एक कहावत प्रचलित है, "जो फ़िल्म जिसके लिए होती है, वह उस ही के लिए होती है।" और मैंने बारम्बार इस कहावत को सत्य चरितार्थ होते हुए देखा है। कई फ़िल्मों को मेरे प्रारम्भ में अस्वीकार करने के बावजूद या शूटिंग के किसी चरण में उनके रद्द होने पर भी यदि वह फ़िल्म मेरे भाग्य में थी, तो अन्त में उसे मैंने ही किया।

शोले के गब्बर के पात्र को अभिनीत करना अमजद खान के ही भाग्य में था। यह भूमिका सर्वप्रथम प्रेमनाथ को और उसके बाद डैनी डेन्ज़ोंगपा को प्रस्तावित की गयी, पर अन्तत: यह अमजद खान की झोली में गयी, जिसने उसे अमर बना दिया। वह अमर भूमिका उसी की किस्मत में थी। इसी प्रकार यदि राजकुमार या देव आनन्द ने सलीम जावेद को स्वीकृति दे दी होती तो अमिताभ को **ज़ंजीर** (1973) में इस प्रकार जबर्दस्त ब्रेक नहीं मिला होता। पर नियति ने **ज़ंजीर** की भूमिका के लिए अमिताभ को ही चुन रखा था।

निर्माता के. सी. बोकाड़िया ने एक माह तक मुझसे अपनी फ़िल्म **प्यार झुकता नहीं** (1985) में नायक की भूमिका के लिए आग्रहपूर्वक ज़ोर दिया। उन्होंने मुझे राज़ी करने के लिए बाहर से कई तरह के प्रभाव डालने की कोशिश की। उन्होंने नीतू, जो उनकी एक फ़िल्म में नायिका थी, के द्वारा भी

मुझसे सम्पर्क करने की कोशिश की और मेरी सास के माध्यम से भी। परन्तु मैं वह फ़िल्म नहीं करना चाहता था, क्योंकि उसमें मेरी भूमिका एक 6 वर्षीय बच्चे के पिता की थी। मैं उस समय नासिर हुसैन की फ़िल्म का रोमांटिक हीरो था और जल्दी ही मेरी फ़िल्म **ज़माने को दिखाना है** (1981) प्रदर्शित होने वाली थी। इसलिए हालाँकि पाकिस्तानी फ़िल्म **आईना** (1977), जिस पर यह फ़िल्म आधारित थी, के अत्यधिक पसन्द आने पर भी मैंने यह फ़िल्म अस्वीकार कर दी। इस फ़िल्म की सफलता ने मिथुन चक्रवर्ती को शिखर सितारों की पंक्ति में सम्मिलित कर दिया।

ऋषिकेश मुखर्जी की अनेक सम्मान प्राप्त फ़िल्म **आनन्द** (1971) जिसने राजेश खन्ना की कीर्ति में चार चाँद लगा दिये और उनके सुपर स्टार की हैसियत को और अधिक मज़बूत किया, मूल रूप से मेरे पिता के लिए गढ़ी गयी थी। पापा ऋषिकेश मुखर्जी को प्यार से बाबू मोशाई कहते थे, परन्तु पापा **आनन्द** में काम नहीं कर सके। वे एक और फ़िल्म **मिलन** (1967) में भी काम नहीं कर सके। लक्ष्मीकान्त प्यारेलाल मुकेश की आवाज़ में इसके सारे गीत रिकॉर्ड कर चुके थे और रोमांचित थे कि अन्ततः उन्हें राज कपूर के साथ काम करने का सौभाग्य प्राप्त हो रहा है। पर **संगम** की शूटिंग में विलम्ब हो चुका था। **मिलन** के निर्माता एल.बी. प्रसाद मेरे पिता का इन्तज़ार कर रहे थे। मेरे पिता को उनको और अधिक अटकाना ठीक नहीं लगा, इसलिए उन्होंने फ़ोन पर उनसे किसी अन्य अभिनेता को लेने का आग्रह किया और तब सुनील दत्त का **मिलन** में प्रवेश हुआ। इस प्रकार मेरे पिता के लिए बनाया गया सदाबहार गीत 'सावन का महीना' जो बाद में दत्त साहब के कैरियर का सबसे प्रसिद्ध गीत बना, दत्त साहब को मिल गया।

इस प्रकार का खोना और पाना फ़िल्म उद्योग का हमेशा एक आवश्यक अंग रहा है। दाने-दाने पर लिखा होता है खाने वाले का नाम। कुछ भूमिकाएँ मेरे हाथ से फिसल गयीं, परन्तु कुछ अन्य मेरी झोली में आ गिरीं। परन्तु मुझे विश्वास है कि कुल मिलाकर भाग्य ने हमेशा मेरा साथ ही दिया है।

किसी ने मुझसे एक बार पूछा था कि क्या राज कपूर मुझे अन्य निमार्ताओं की तरह पारिश्रमिक देंगे। मेरा उत्तर था कभी नहीं। मेरे पिता की फ़िल्म में काम करना अपनेआप में सबसे बड़ा पुरस्कार है। मैंने अपने

पिता के साथ जो काम किया, उसकी इतनी अधिक प्रशंसा हुई है कि वह उस पारिश्रमिक से लाखों गुना ज़्यादा है, जो मुझे उन भूमिकाओं के लिए मिलता। मैंने अपने पिता के लिए जो भी कार्य किया, वह मेरे कैरियर में मील का पत्थर साबित हुआ। फ़िल्म उद्योग में मेरा प्रशिक्षण आर.के. स्टूडियो से ही प्रारम्भ हुआ है। जब मैंने **कल आज और कल** के सहायक निर्देशक के रूप में कार्य प्रारम्भ किया, वह दिन मेरे लिए अत्यधिक रोमांचकारी और प्रेरणास्पद था। राहुल रवैल, प्रेमनाथ के बेटे प्रेमकिशन और जे.पी. दत्ता जो सभी इस फ़िल्म में सहायक थे, के बीच से मुझे मुहूर्त शॉट का क्लैप देने के लिए चुना गया, वह भी एक ऐसे दृश्य का जिसमें मेरे दादा, मेरे पिता और मेरे भाई रणधीर कपूर एक साथ पर्दे पर थे।

परन्तु राज कपूर के बेटे होने का एक नुकसान भी था। **बॉबी** की शूटिंग करते समय कोई भी कमी रह जाने पर मेरे पिता बलि का बकरा मुझे ही बनाते। डिम्पल उस समय बिल्कुल नयी थी, जबकि मैं तो उनके परिवार का ही था। डिम्पल एक कुशल अभिनेत्री थी, परन्तु वह अभी अनगढ़ थी। यदि किसी शॉट में मैं, डिम्पल, प्रेमनाथ और प्राण साहब होते और दो या तीन रीटेक के बाद भी पापा को और रीटेक की ज़रूरत पड़ती, तो चाहे उनमें से किसी के कारण ऐसा हुआ होता, परन्तु दोष मुझ पर ही थोपा जाता। आलोचना दूसरों की बजाय मेरी ही होती क्योंकि ऐसा करने से वे सब लज्जित होने से बच जाते। यदि मैं बार-बार डाँट का पात्र बनता, तो पापा के पास इसकी क्षतिपूर्ति की भी एक योजना तैयार रहती। अपने टेक्नीशियंस के साथ उनकी एक गुप्त सांकेतिक भाषा निर्धारित थी। किसी शॉट से असन्तुष्ट होने पर वे अपने रिकॉर्डिस्ट अलाउद्दीन खान से पूछते कि खान साहब शॉट कैसा था। उनका जवाब हमेशा यह होता था कि सर एक टेक और ले लेते हैं। मेरे पिता अपने अभिनेताओं को बड़ी नरमी और कोमलता से सँभालते थे। वे धीरे-धीरे उनके आत्मविश्वास को बढ़ाते हुए उनका सर्वश्रेष्ठ बाहर ले आते। जब पापा **मेरा नाम जोकर** की शूटिंग कर रहे थे, तब यदि सिम्मी (ग्रेवाल) किसी विशेष शॉट को सही नहीं कर पाती, तो पापा उनसे कहते कि कल्पना करें कि यदि यह शॉट बढ़िया रहा, तो प्रीमियर की रात्रि पर सारा संसार इसे देख रहा होगा और सोचो क्या होगा,

जब हर व्यक्ति के मुँह से निकल जायेगा 'वाह! क्या शॉट है!' सिम्मी इस बात से उत्प्रेरित होकर इतना अधिक जोश में आ जाती कि प्राणपण से उसे बढ़िया करने में जुट जाती। पापा धीरे-धीरे अपने अभिनेताओं का हृदय जीतते और अत्यन्त नरमी से आगे बढ़ते जैसे कि वे कोई नाज़ुक चाइना की वस्तुएँ हों। वर्तमान काल में निर्देशकों की कई भयावह कथाएँ प्रचलित हैं कि वे अपने अभिनेताओं के साथ कठोर शब्दों, यहाँ तक कि अपशब्दों का भी प्रयोग करते हैं। पर पापा कभी कठोर या सख़्त नहीं हुए। वे अभिनेता के व्यक्तित्व और परिस्थिति के अनुसार अपना व्यवहार बदलते रहते। पर वह सभी के साथ विनम्र और सलीकेदार होता।

यद्यपि मैंने प्रारम्भ कुछ अलग तरीके से किया, परन्तु जल्दी ही अभिनय मेरा जुनून बन गया। अपने पसन्दीदा क्षेत्र में अपना कैरियर बनाने का अवसर मिलना एक बड़ा वरदान है। मैं नहीं जानता कि मैं कोई जन्मजात अभिनेता हूँ या नहीं, परन्तु मैं एक स्वाभाविक अभिनेता ज़रूर हूँ। मैं अन्तःप्रेरित और स्वतःस्फूर्त हूँ। दृश्य करते समय भावनाएँ अन्तःप्रेरणा से ही मेरे हृदय में जागृत हो जाती हैं और मैं कैमरे के सामने उन्हें विश्वसनीय तरीके से प्रस्तुत कर पाता हूँ। मेरा मन जल्दी ही उस मनोदशा से बाहर भी निकल जाता है। कैमरे के बन्द होते ही मेरी भावनाएँ पुनः वापस लौट जाती है। मैं कभी भी भावनाओं के बोझ को सेट से घर पर नहीं ले जाता।

मैं निर्देशकों का अभिनेता हूँ। निर्देशक की कल्पना के अनुसार ही चरित्र और कहानी को पर्दे पर उतारने के लिए मैं प्राणपण से कोशिश करता हूँ। **जोकर** के निर्माण के समय मैं आश्वस्त नहीं था कि मैं अभिनेता ही बनना चाहता हूँ पर **बॉबी** के निर्माण तक धुंध छंट चुकी थी। उस असमंजस का स्थान अब एक स्पष्ट दृष्टि ने ले लिया था और अब मैं एक उत्तेजित और रोमांचित नवोदित प्रशिक्षु था, जो जानता था कि वह क्या कर रहा है और वह क्या बनना चाहता है। **प्रेम रोग** (1982) के बनने तक और अपने पिता के साथ तीसरी बार काम करने में दस वर्ष का लम्बा वक़्त व्यतीत हो चुका था। इस बीच बाहर के अनेक निर्देशकों की कार्यप्रणाली से परिचित होने का अनुभव अब मेरे पास था। अतः अब मैं राज कपूर की असली कीमत समझने लगा था। **प्रेम रोग** में काम करना अत्यधिक आनन्ददायक था, किन्तु उस

भूमिका के लिए कठोर परिश्रम की आवश्यकता थी। उस फ़िल्म की कहानी, संगीत, फ़िल्म का हर पात्र यानी उसकी हर चीज़ मुझे पसन्द थी। यहाँ तक कि आज के कई निर्देशक; जैसे करण जौहर और उनके अन्य समकालीन बताते हैं कि वे **प्रेम रोग** से प्रेरित और प्रभावित हैं।

अब तक मेरे पिता के साथ मेरा बन्धन बहुत मज़बूत होता जा रहा था। बहुत कम लोगों को मालूम है कि मेरे पापा ने मुझे निर्देशन के क्षेत्र में भी प्रशिक्षित करने का प्रयास किया था। शायद ऐसा इसलिए, क्योंकि वे स्वयं अपने कैरियर के शुरुआत में ही और बहुत कम उम्र में निर्देशक बन चुके थे। वे मेरे लिए भी ऐसा ही चाहते थे। उन्होंने चाहा कि मैं ही **प्रेम रोग** का निर्देशन करूँ। वे फ़िल्म की कमान मेरे हाथ ही सौंपना चाहते थे, पर उस समय अभिनेता के रूप में मैं इतना व्यस्त हो चुका था कि अभिनय के साथ निर्देशन का सामंजस्य बिठाना असम्भव था। पापा ने हमारी फ़िल्म के लेखक जैनेन्द्र जैन को निर्देशन की कमान सौंपी। परन्तु आर.के. के प्रसिद्ध और पुराने कैमरामैन राधू करमाकर ने यह कहकर पापा का स्पष्ट विरोध किया कि जैनेन्द्र जी निर्देशन के प्राथमिक सिद्धान्त से भी अनभिज्ञ हैं, अत: वे इस कार्य के साथ न्याय नहीं कर पायेंगे। और तब मेरे पिता ने यह भार ग्रहण करते हुए अपनेआप को **प्रेम रोग** का अधिकृत निर्देशक घोषित कर दिया।

अभिनेताओं से सर्वश्रेष्ठ करवाने के लिए पापा का तरीका अद्वितीय था। **प्रेम रोग** के लिए उन्होंने मुझे सम्मोहित प्रेमी देवधर की भूमिका जीवन्त करने के लिए एक विशिष्ट बात कही। उन्होंने मुझसे कहा, "मैं तुम्हारी आँखों में यूसुफ़ को साँस लेते हुए देखना चाहता हूँ। मैं तुम्हारे चेहरे पर वह गहन और सघन भाव देखना चाहता हूँ, जो मैंने आज तक दिलीप के सिवाय किसी और अभिनेता के चेहरे पर नहीं देखा है।" उनका विश्वास था कि पर्दे पर प्रेमी की जो गहराई दिलीप कुमार ने पेश की, उसका सानी पर्दे पर आज तक नहीं आया। मुझे याद है कि मैंने यह कहानी बाद में यूसुफ़ साहब को सुनाई थी और वे अत्यधिक प्रसन्न हुए थे।

1970 के समय के दर्शक बड़े क्षमाशील थे। वे फ़िल्म निमार्ताओं के द्वारा खोने और पाने की अनगिनत कहानियों को खुशी से स्वीकार कर

लेते थे। बच्चे शुरू में ही अलग हो जाते और अन्त में सारे खलनायकों की समाप्ति के बाद उनका पुनर्मिलन हो जाता। दर्शक खुशी-खुशी इन बेसिर-पैर की बातों को देखते और ताली बजाते। आज ऐसे पुराने चलन की उबाऊ चीज़ों को कोई स्वीकार नहीं करेगा। परन्तु सत्तर के दशक में उनका जादू निरन्तर चला। मनमोहन देसाई और नासिर हुसैन इस खोने और पाने के फ़ार्मूला के उस्ताद थे और वे जबर्दस्त सफल फ़िल्म निर्माता थे। मुझे दोनों के साथ काम करने का सौभाग्य प्राप्त हुआ।

सच तो यह है कि 70-80 के दशक में लगभग सभी सफल निर्देशकों के साथ मैंने काम किया और उनकी सफलतम फ़िल्मों में मैं नायक रहा। मेरे द्वारा की गयी मल्टी स्टारर फ़िल्मों में सबसे प्रमुख थी **अमर अकबर एन्थोनी** (1977), परन्तु मेरे इसे स्वीकार करने का प्रसंग काफ़ी मज़ेदार है। मेरे उस दिन के अजीब व्यवहार को समझने के लिए यह जानना ज़रूरी है कि मनमोहन देसाई कितने सनकी निर्देशक थे। वे कल्पनातीत और तर्क से परे बेसिर-पैर के प्रसंगों को फ़िल्म-दर-फ़िल्म प्रस्तुत करते रहे और दर्शकों ने उनकी इन कल्पनातीत फ़न्तासियों को स्वीकार भी कर लिया। वे पूर्णत: अविश्वसनीय बातों को इतने आत्मविश्वास और आस्था के साथ फ़िल्माते कि दर्शक उन्हें पूरा हजम कर लेते। उनसे मिलने के पहले तक मैं उन्हें हास्यास्पद प्रसंगों में माहिर निर्देशक ही मानता था।

जब पहले पहल मुझे फ़ोन पर उनका सन्देश मिला, तब मैं बीकानेर में **लैला मजनूं** की शूटिंग कर रहा था। तब तक मोबाइल फ़ोन ईज़ाद नहीं हुआ था और अर्जेंट कॉल के लिए लाइटनिंग कॉल ही लगाने पड़ते, जो दो दिन बाद लग पाते। अपने कमरे से कॉल लगाने का तो आप सपना भी नहीं देख सकते थे और जेब में फ़ोन रखने का तो सवाल ही पैदा नहीं होता था। कॉल करने या कॉल लेने के लिए रिसेप्शन काउण्टर पर जाना पड़ता था।

एक शाम डैनी, रंजीत, असरानी, रंजीता और मैं टेबल पर बिलयर्ड खेल रहे थे, जब मुझे फ़ोन पर लाइटनिंग कॉल आने का सन्देश मिला, तो मैं हड़बड़ा कर रिसेप्शन की ओर भागा क्योंकि मुझे किसी के फ़ोन आने की आशा नहीं थी। फ़ोन पर मेरा सेक्रेटरी घनश्याम था। फ़ोन की लाइन बड़ी खराब थी। घनश्याम की आवाज़ एकदम अस्पष्ट थी। लाइन में इतनी

रुकावट और खड़खड़ाहट थी कि बड़ी कठिनाई से हम एक-दूसरे के दो-चार शब्द ही समझ पा रहे थे। दूर से उसकी 'हलो, हलो' ही मुझे सुनाई पड़ रही थी, पर उसकी बात नहीं। बड़ी मुश्किल से मैं यह शब्द पकड़ पाया कि मनमोहन साहब आपसे बात करना चाहते हैं और एक फ़िल्म में आपको लेना चाहते हैं और अगले ही पल मैंने अपनेआप को मनजी से बात करते पाया। मेरे कैरियर की तब शुरुआत ही थी और हमने एक-दूसरे का औपचारिक अभिवादन किया। फिर उन्होंने अपनी फ़िल्म **अमर अकबर एन्थोनी** में अकबर की भूमिका अभिनीत करने का प्रस्ताव दिया।

पर उस समय मैं यह सब कुछ सुन नहीं पाया। रिसेप्शन पर खड़े-खड़े एक अत्यन्त खराब फ़ोन कनेक्शन पर ज़ोर-ज़ोर से चिल्लाते हुए मैं केवल यही समझ पाया कि वे मुझे अकबर की भूमिका देना चाहते हैं। प्रत्युत्तर में मैंने धन्यवाद देते हुए पूछा कि देसाई साहब, पर मैं अकबर की भूमिका कैसे निभा सकता हूँ! यह भूमिका तो **मुग़ले आज़म** में मेरे दादा ने की थी। फ़ोन लाइन के दूसरी ओर मनजी परेशान लगे। उन्होंने अविश्वास के साथ गुजराती में कहा कि इस बेवकूफ़ के साथ क्या गड़बड़ है। उस समय तो उस बात को हमने वहीं छोड़ दिया और मैंने वचन दिया कि जल्दी मुम्बई लौटते ही मैं उनसे सम्पर्क करूँगा। मेरे फ़ोन रखते ही मेरे सभी साथी जिन्होंने मुझे फ़ोन पर चिल्लाते हुए सुना था, दौड़कर पूछने पहुँचे कि क्या मामला है। मैंने उन्हें आश्वस्त किया कि सब ठीक है। मनमोहन देसाई ने उनकी एक फ़िल्म **अमर अकबर एन्थोनी** में मुझसे अकबर की भूमिका करने का प्रस्ताव दिया है, परन्तु मैं अकबर जैसा कैसे दिख सकता हूँ, मैं तो अपने दादा जैसा बिल्कुल नहीं हूँ। वह अविस्मरणीय भूमिका मैं कैसे निभाऊँगा, जो मेरे दादा ने की थी। उस समय मुझे लगा कि फ़िल्म की कहानी अजीबोगरीब होगी जिसमें अमर बाँसुरी बजाता हुआ एक चिरन्तन प्रेमी होगा और **एन्थोनी, सीज़र** और **क्लियोपेट्रा** का प्रसिद्ध चरित्र होगा और अकबर **मुग़ले आज़म** का अकबर।

मैं मनमोहन देसाई द्वारा इससे हटकर कुछ अलग कल्पना करने के बारे में सोच नहीं पाया। उस समय मनमोहन देसाई **धरमवीर** (1977) जिसमें धर्मेन्द्र और जितेन्द्र छोटी-छोटी स्कर्ट पहनते थे, बना रहे थे। इसलिए मेरे

मानस पटल पर ऐसी छवियाँ कौंधी। मुम्बई पहुँचने पर मैं मनजी से बात करना ही भूल गया। जब मनजी मुझसे बात करने आर.के. स्टूडियो आये, तब मैंने उनसे एक बार और जिरह की कि मैं अपने दादा की भूमिका कैसे कर सकता हूँ । अब तक मनजी भी थक चुके थे। उन्होंने कहा कि अकबर उस पात्र का नाम है, जो तुम करोगे। तुम पृथ्वीराज कपूर की भूमिका नहीं कर रहे हो। और मैंने भूमिका स्वीकार कर ली। फिर हमने छः फ़िल्में साथ-साथ कीं। तीन उनके निर्देशन में **अमर अकबर एन्थोनी**, **नसीब** (1981) और **कुली** (1983) और तीन उनके बैनर तले। वे एक असाधारण व्यक्ति थे। उनके साथ काम करना अविस्मरणीय अनुभव था। उम्र में मुझसे काफ़ी बड़े होते हुए भी वे मुझसे काफ़ी बराबरी का व्यवहार करते थे।

वह एक स्वाभाविक और स्वतः स्फ़ूर्त निर्देशक थे, आत्मविश्वास और आस्था से परिपूर्ण अत्यधिक फ़ोकस वाले। वह किसी भी अभिनेता की स्टार छवि से अविचलित रहते। चाहे धर्मेन्द्र हों या अमिताभ बच्चन हों या मैं, उनके हिसाब से ही हम लोग काम करते और बाद में उनके बेटे का विवाह मेरी चचेरी बहन कंचन से होने पर वे हमारे परिवार में शामिल हो गये।

मेरे कैरियर की एक अत्यधिक उल्लेखनीय फ़िल्म **कभी-कभी** (1976) में मेरे शामिल होने की भी एक बड़ी रोचक कहानी है। मैंने इस भूमिका को सिरे से खारिज कर दिया था। मेरे कैरियर के प्रारम्भ में ही एक महानायक का हिन्दी के रजत पट पर उदय हो चुका था। लम्बी शख़्सियत वाला यह कलाकार **ज़ंजीर** नामक फ़िल्म में जबर्दस्त अभिनय करता हुआ धमाके से सिनेमा के पर्दे पर आया था और मेरे अनेक दोस्त जिनमें बिट्टू आनन्द, टीनू आनन्द और कैमरामैन सुदर्शन नाग शामिल हैं, उसका लोहा मानने लगे थे। उन सबने मुझे उससे दूर रहने की सलाह दी थी, परन्तु मुझे यह भय कभी भी नहीं लगा कि कोई कितना भी प्रभावशाली क्यों न हो, पर वह मुझे दबा सकता है; इसलिए मेरी **कभी-कभी** की अस्वीकृति का कोई लेना देना अमिताभ बच्चन के उस फ़िल्म में होने से नहीं था। मेरी **कभी-कभी** में रुचि ही नहीं थी और भूमिका भी मुझे पसन्द नहीं थी। पर तभी मेरे उस फ़िल्म में काम करने की ख़बर सुर्खियों में आ गयी। ख़बर में धर्मेन्द्र और राजेश खन्ना के सम्भावित नामों का भी उल्लेख था। जब यश चोपड़ा ने

मेरे सामने प्रस्ताव रखा, तो मैंने कहा कि मुझे नीतू वाली भूमिका में लेना चाहें तो ले लें। यह कहकर मैं प्रमोद चक्रवर्ती की **बारूद** की शूटिंग के लिए रवाना हो गया। यश जी भी परेशान हो गये। तब मैं नहीं जानता था कि उनके फ़ायनेंसर गुलशन राय विशेषत: मुझे ही इस भूमिका में लेना चाहते थे, ताकि युवा दर्शकों को आकर्षित कर सकें। शायद मैं नवयुवाओं का प्रतीक बन चुका था और उनका सोचना था कि अमिताभ बच्चन और शशि कपूर के होते हुए भी इस फ़िल्म में मेरा होना अनिवार्य था।

मैं मेट्रो थियेटर में **बॉबी** के एक वर्ष पूरे होने के जश्न में सम्मिलित होने पेरिस से मुम्बई लौटा। मेरे पिता के कहने पर प्रमोद चक्रवर्ती ने मुझे कुछ दिनों की छुट्टी प्रदान कर दी थी। जश्न के बाद मैं क्रिकेट मैच देखने दिल्ली चला गया। **कभी-कभी** का यूनिट उस समय कश्मीर में शूटिंग कर रहा था। शशि चाचा ने तब एक अभूतपूर्व कार्य किया। वे यश चोपड़ा के साथ मुझसे बात करने विमान से दिल्ली पहुँचे। मेरे कैरियर के किसी भी मोड़ पर उन्होंने कभी किसी भी प्रकार का हस्तक्षेप नहीं किया था। मैं अपने सभी बड़ों की तरह उनका असीम आदर करता था। अत: मैं उनके सामने झुक गया और इस तरह अन्तत: मैंने **कभी-कभी** का हिस्सा बनना स्वीकार कर लिया। फिर भी मैंने मन-ही-मन कहा कि एक-दो दिन उसमें काम करने के बाद मैं मैड्रिड चला जाऊँगा, जहाँ मेरी शूटिंग निर्धारित है। परन्तु मेरे श्रीनगर से दिल्ली और फिर मुम्बई होते हुए मैड्रिड की उड़ानों के बीच में ही यश चोपड़ा ने मुझसे बिना रुके काम करवा लिया और हमने एक बार में 12 से 13 तक सीन कर डाले। इस भीषण शुरुआत के बाद मेरा और यश जी का एक लम्बा और प्रेमपूर्ण साथ रहा।

कश्मीर में **कभी-कभी** की शूटिंग कई मायने में बड़ी घटनापूर्ण रही। **बॉबी** के बाद वहाँ शूटिंग होने वाली यह पहली फ़िल्म थी। अब मैं एक नवोदित कलाकार नहीं, बल्कि एक सितारा था और मुझे श्रीनगर के ओबेराय होटल में ठहराया गया था। **कभी-कभी** की पूरी शूटिंग दो माह के एक ही शेड्यूल में नियोजित की गयी थी, परन्तु शुरू में मेरे इनकार कर देने के कारण थोड़ा विलम्ब हुआ। सात अलग-अलग ट्रिप में जाकर मेरा काम पूरा हो पाया। इसी अवधि में राजनीतिक हलचल प्रारम्भ हो चुकी थी और कश्मीर में भारत

विरोधी भावनाएँ ज़ोर पकड़ने लगी थीं। **कभी-कभी** की शूटिंग के अन्तिम दिन एक अवांछित घटना घटित हो गयी। अन्तिम दिन गीत की शूटिंग में नसीम, नीतू और मैं पहलगाम में शूट कर रहे थे। इस दिन मेरा जन्मदिन था और यश चोपड़ा ने मेरे जन्मदिन के उपलक्ष्य में शाम को एक जश्न आयोजित किया था। पूरा यूनिट जिसमें दिल्ली से आये ढेर सारे जूनियर कलाकार, जिनमें बच्चे भी थे, उसमें शामिल थे। जब जश्न पूरे शबाब पर था और बहुत-से घोड़ों के मालिक और टैक्सी चालक होटल के बाहर खड़े थे, एक ड्राइवर अधिक शराब पी गया और घोड़े के एक मालिक से उसकी झड़प हो गयी। यश चोपड़ा के सहायक दीपक सरीन इस झगड़े को निपटाने के लिए पहुँचे, परन्तु जल्दी ही स्थिति असन्तुलित होकर नियन्त्रण से बाहर हो गयी। भगदड़ मच गयी। लगभग एक हज़ार की भीड़ हाथों में पत्थर और आग के गोले थामे होटल के बाहर खड़ी हो गयी। उनका निशाना मैं और दीपक सरीन थे। होटल के अन्दर हमको भेड़-बकरियों की तरह इकट्ठा कर सुरक्षा की दृष्टि से अपने-अपने कमरे में पहुँचा दिया गया और अपने-अपने पलंग के नीचे लेट जाने को कहा गया। हमारे कमरों को बाहर से बन्द कर दिया गया और पर्दे लगा दिये गये। परन्तु भीड़ ने खिड़कियों के काँच चूर-चूर कर दिये और होटल तहस-नहस कर दिया। मैं अपने जीवन में इतना भयभीत कभी नहीं हुआ। हमारे स्थानीय सम्पर्क अधिकारी नज़ीर बख्शी ने मुख्यमन्त्री शेख अब्दुला से सम्पर्क किया और उन्होंने सेना की मदद से हमें इस संकट से बाहर निकाला। यह एक दुर्भाग्यपूर्ण घटना थी और घोड़ा मालिकों के संघ ने बाद में मुझसे इसके लिए माफ़ी भी माँगी। फिर भी अपनेआप को पुन: पहलगाँव जाने के लिए तैयार करने में मुझे तीन साल लगे। इस घटना को छोड़ दें, तो उस समय का कश्मीर वास्तव में पृथ्वी पर एक जन्नत ही था। मैंने 17 या 18 फ़िल्में वहाँ की हैं, किन्तु कश्मीर के सम्पूर्ण वैभव को देखना अभी भी पूरा नहीं हो पाया है। हाऊसबोट पर आयोजित किये जाने वाले जश्न उस समय खूब चलन में थे। कश्मीर में शूटिंग करने वाले सभी सितारे ऐसे ही जश्न मनाते थे। मुझे अफ़सोस है कि दशकों पहले हमने इस स्वर्ग-सी स्थिति को खो दिया।

कभी-कभी उन अनगिनत फ़िल्मों में है, जिनमें मैंने अपनी मशहूर जर्सी पहनी है। उस दौर में मैं जर्सीमैन के नाम से जाना जाता था। 70-80 के दौर में मैंने अधिकांश फ़िल्मों में जर्सी पहनी हैं और वे सभी मेरे निजी संग्रह की थीं। तब जर्सी भारत में उपलब्ध नहीं थी। मैं दूर-दूर तक यात्राएँ करता और जहाँ भी जर्सी मिलती, खरीद लेता। एक समय ऐसा आया कि मेरे पास लगभग 600 जर्सियाँ इकट्ठी हो गयीं। लोग गुपचुप तरीके से मुझसे उनके खरीदने का स्थान पूछते और यह भी कि क्या वह विशेषतौर पर मेरे लिए ही बनायी जाती हैं। तब जर्सी चलन में थी और हर कोई उन्हें पहनना चाहता था। दु:खद पहलू यह है कि हेंगर पर लम्बे समय तक टँगे रहने के कारण खराब हो जाने से उन सभी को बाद में फेंक देना पड़ा। मेरी फ़िल्म तालिका में फ़िल्म **कभी-कभी** जिसे मैंने अनिच्छा से स्वीकार किया था, का सम्मिलित न किया जाना आज कल्पनातीत लगता है। पीछे मुड़कर देखने पर मैं आश्चर्य करता हूँ कि उस समय मैंने इसे करने से मना क्यों किया। इसकी शूटिंग 1974-75 के दौरान हुई और यह वही समय था, जब नीतू और मेरे बीच रोमांस बस शुरू ही हुआ था। वैसे भी इसमें काम करना एक अत्यन्त आत्मतुष्टि देने वाला अनुभव था।

मैं स्वीकार करता हूँ कि उस समय मेरे और अमिताभ बच्चन के बीच तनाव की एक मौन अन्तरधारा मौजूद थी। हमने कभी इसका निराकरण करने का प्रयास नहीं किया, परन्तु भाग्यवश समय के साथ यह तनाव अपनेआप समाप्त होता चला गया। फिर भी **अमर अकबर एन्थोनी** फ़िल्म के बाद ही हम एक-दूसरे से सहज हो पाये और हममें दोस्ताना सम्बन्ध हो गया। मुझे पूरा विश्वास है कि मैं किसी भी अभिनेता के सामने टिका रह सकता हूँ। प्रारम्भिक दिनों में भी इसका कारण मेरा अपनी प्रतिभा पर अतिरिक्त विश्वास या मेरा अहंकार नहीं था। मैं तो बस आत्मविश्वास से भरा हुआ था। ऐसा नहीं कि मैंने इस आत्मविश्वास के साथ मल्टी-स्टारर फ़िल्में ही कीं और उसमें अपनी छाप छोड़ी, बल्कि मैंने कई नायिका प्रधान फ़िल्में जिनमें कैमरे का ज़्यादा फ़ोकस उन पर ही रहता था, भी सफलतापूर्वक की। यहाँ तक कि **प्रेम रोग** भी एक नायिका प्रधान फ़िल्म ही थी, परन्तु वहाँ भी मैंने अपनी छाप छोड़ी। मेरे पिता कहा करते थे कि नायक ही ऐसी फ़िल्मों

का संकटमोचक होता है और जब कहानी प्रधानतया एक लड़की की हो, तो नायक की भूमिका में एक कुशल अभिनेता को लेना ज़रूरी होता है, क्योंकि फ़िल्म में सन्तुलन बनाने के लिए यह बहुत अहम होता है।

अमिताभ पर लौटते समय मैं स्वीकार करता हूँ कि मेरे मन में अमिताभ को लेकर एक मुद्दा अभी भी अटका हुआ है। उस समय की मल्टी-स्टारर फ़िल्म में काम करने का नुकसान यह था कि सभी एक्शन फ़िल्म बनाना चाहते थे। स्वाभाविकत: सबसे बढ़िया भूमिका उसी को दी जाती थी, जो एक्शन दृश्य सबसे अधिक सजीवता और सहजता से निभा सके। यही कारण है कि **कभी-कभी** जो एक रोमांटिक फ़िल्म थी, के अपवाद को छोड़कर अपनी किसी भी अन्य मल्टी स्टारर फ़िल्म में मुझे लेखक की पसन्दीदा भूमिका नहीं मिली। निर्देशक और लेखक सबसे मज़बूत और केन्द्रीय भूमिका अनिवार्य रूप से अमिताभ के लिए ही सुरक्षित रखते थे। मेरे साथ ही ऐसा नहीं हुआ बल्कि शशि कपूर, धर्मेन्द्र, शत्रुघ्न सिन्हा, विनोद खन्ना—सभी को इसका सामना करना पड़ा। अमिताभ निश्चय ही एक अप्रतिम और विलक्षण अभिनेता हैं। वे बहुत ही प्रतिभाशाली हैं और उस समय टिकट खिड़की पर उनका प्रथम स्थान था। वे एक एक्शन हीरो थे, उनकी छवि एक नाराज़ युवक (एंग्री यंग मैन) की थी, इसलिए विशेष भूमिकाएँ उनके लिए ही लिखी गयीं। यद्यपि हम उनसे छोटे सितारे थे परन्तु इसका यह अर्थ कदापि नहीं था कि हम कमतर अभिनेता थे। हमें कसकर मेहनत करके उनके स्तर तक उठना पड़ता था। उस समय संगीतमय या रोमांटिक नायक का कोई स्थान नहीं था। वह युग एक्शन फ़िल्मों का था और ऐसी फ़िल्में अमिताभ को मिलना लाजमी था और वही लेखकों के लाड़ले होते। अत: लगभग सभी फ़िल्मों में विशेष दृश्य उन्हें ही मिलना लाजमी था। यह बात उनको एक विशिष्ट स्थिति में रखती और हमें जो कुछ भी मिलता, उसी में हमें अपनी उपस्थिति दर्ज करानी पड़ती।

परन्तु यह बात अमिताभ ने सार्वजनिक रूप से किसी भी पुस्तक या साक्षात्कार में स्वीकार नहीं की है। उन्होंने अपने सह-कलाकारों को उनका वाजिब श्रेय कभी भी नहीं दिया। उन्होंने श्रेय हमेशा अपने लेखकों और

निर्देशकों जैसे सलीम-जावेद, मनमोहन देसाई, प्रकाश मेहरा, यश चोपड़ा और रमेश सिप्पी को दिया।

परन्तु सच तो यह है कि उनकी सफलता में उनके सह-कलाकारों की भूमिका का योगदान अनिवार्य रूप से था। **दीवार** (1975) में शशि कपूर, **अमर अकबर एन्थोनी** और **कुली** में ऋषि कपूर और अन्य फ़िल्मों की सफलता में विनोद खन्ना, शत्रुघ्न सिन्हा और धर्मेन्द्र का महत्त्वपूर्ण योगदान है, भले ही वे सहायक भूमिका में रहे हों। यह एक ऐसी सच्चाई है जिसे आज तक न तो पूरा-पूरा महसूस किया गया और न ही इसे सार्वजनिक रूप से मान्यता मिली।

बहरहाल यथार्थ स्थिति तो वही थी और हम सबने गरिमापूर्ण ढंग से इसे स्वीकार किया। इसका कारण यह नहीं था कि हम कोई कमतर अभिनेता थे, बल्कि वही उस युग का चलन था और उनका सिक्का चल रहा था। आज ऐसा नहीं हो सकता। आज कोई सितारा ऐसी असमान शर्तों पर काम नहीं करेगा। आज यदि शाहरुख खान की केन्द्रीय भूमिका हो तो सलमान, आमिर या ऋतिक कभी सहायक भूमिका स्वीकार नहीं करेंगे। **ख़ून पसीना** में विनोद खन्ना ने छाप छोड़ी थी। **काला पत्थर** में शत्रुघ्न सिन्हा उभर कर सामने आये। **कभी-कभी** में शशि चाचा का अभिनय लाजवाब था। परन्तु यदि वे अनदेखे रहे और उनको वाजिब सराहना नहीं मिल पायी, तो उसका कारण यह है कि उन्होंने एक नुकसान की स्थिति में काम किया था। फिर भी कुल मिलाकर हमने सौहार्दपूर्ण ढंग से काम किया।

बदलते समय के साथ अमिताभ और मेरे बीच पसरे तनाव से हम दोनों ने मुक्ति पा ली, परन्तु अमिताभ और राजेश खन्ना के बीच व्याप्त तनाव का समाधान नहीं हो पाया। जब राजेश खन्ना और अमिताभ ने **आनन्द** और **नमक हराम** में साथ-साथ काम किया, तब राजेश खन्ना पर्दे के बेताज बादशाह थे और अमिताभ तब एक नवोदित कलाकार थे, पर उसके बाद सारे समीकरण बदल गये। राजेश जिसे सब 'काका' के नाम से पुकारते थे, का सिंहासन अमिताभ ने छीन लिया और दोनों ने फिर कभी साथ काम नहीं किया। यद्यपि मैं अभी तक इसका सही-सही कारण विश्लेषित नहीं कर पाया हूँ, परन्तु सच यही है कि मैं भी काका जी के साथ कोई ख़ास सहज

नहीं हो पाया। वास्तव में, उन्होंने मेरा कुछ बिगाड़ा नहीं था और आज मैं समझ पाता हूँ कि उसका कारण मेरी ही गलतफ़हमी थी। मैंने क्यों उन्हें नापसन्द किया? एकमात्र कारण शायद यह रहा हो कि उन्होंने मेरी नायिका, जिस पर मैं अपना थोड़ा हक समझता था, को हमारी फ़िल्म के प्रदर्शन से पहले ही छीन लिया था। खैर जो भी हो, मैं काका जी के साथ काम करने के लिए हमेशा तत्पर रहा और मैंने उनके साथ तीन फ़िल्में कीं। आज तो मैं यह सब स्पष्ट कर रहा हूँ।

परन्तु उस ज़माने में **सत्यम शिवम सुन्दरम** के नायक के लिए कलाकार के चयन को लेकर हुए सबसे बड़े विवाद में फँस गया था। पापा काका जी को बहुत पसन्द करते थे और वे ही **सत्यम शिवम सुन्दरम** के सबसे प्रबल दावेदार थे, परन्तु जल्दी ही ऐसी कहानियाँ फैलनी शुरू हो गयीं कि पापा की पसन्द तो काका हैं और सारे कपूर खानदान ने एकजुट होकर उनके विरूद्ध मोर्चा खोल दिया है और अपने पापा के सामने अपनी नाराज़गी स्पष्ट कर दी है। अन्ततः यह भूमिका शशि चाचा को मिली। उन कहानियों में सच्चाई भी थी। मैं उनमें से एक था, जिन्होंने फ़िल्म में काका जी को लेने का विरोध किया था, पर आज मैं अपनी इस हरकत पर गर्वित नहीं, लज्जित हूँ और काका जी के निधन के पहले इस बात को उनके सामने स्वीकार भी कर चुका हूँ। मेरी निर्देशित फ़िल्म **आ अब लौट चलें** जिसमें मैंने उन्हें प्रमुख चरित्र भूमिका में लिया था, की शूटिंग के दौरान भी हमने इस बारे में चर्चा कर ली थी। मैं नहीं जानता था कि राजेश खन्ना के लिए हमारे सख़्त विरोध का पापा पर कोई प्रभाव पड़ा या नहीं। पापा ऐसे आदमी नहीं थे जो झुक जायें और भावनात्मक दबाव के सामने घुटने टेक दें, परन्तु यह भी सच है कि उस काल में शशि चाचा बहुत अधिक व्यस्त थे। वास्तव में, पापा तो उन्हें टैक्सी के नाम से पुकारते थे और कहते थे कोई भी व्यक्ति किराया चुकाकर उनसे काम करवा सकता था। दूसरी ओर, राजेश खन्ना राज कपूर की फ़िल्म करने के लिए एक पाँव पर तैयार और बेचैन बैठे थे। ऐसे परिदृश्य में पता नहीं किस बात ने पापा को उस भूमिका में एक कपूर को लेने के लिए उत्प्रेरित किया। पता नहीं कि इस चुनाव का सम्बन्ध हमारी तांडव समिति से था या नहीं।

मुझे नहीं लगता कि काका जी को लेकर मेरी आपत्ति का एकमात्र कारण डिम्पल ही थी। असल में उस दौर में कोई भी राजेश खन्ना को पसन्द नहीं करता था। मैंने **बॉबी** की आउटडोर शूटिंग के समय राजेश खन्ना को मेरे पिता की खिल्ली उड़ाते हुए सुना था। तब तक डिम्पल की उनसे शादी हो चुकी थी और फ़िल्म के बचे हुए दृश्यों के लिए पापा को राजेश खन्ना की अनुमति लेनी पड़ती थी। पापा तब राजेश खन्ना की कुछ ज़्यादा ही तारीफ़ करते थे।

उन दिनों की कुछ कसैली यादें मेरे मन में अटकी हुई थीं और मुझे **सत्यम शिवम सुन्दरम** में काका जी के लिए जाने पर वैसे ही दृश्यों की पुनरावृत्ति का भय था। वैसे भी मैं स्वीकार करता हूँ कि काका जी पापा को बहुत ज़्यादा पसन्द करते थे और उनकी फ़िल्म में काम करने के लिए वह किसी भी हद तक जा सकते थे।

वास्तव में, अमिताभ बच्चन के साथ प्रारम्भिक तनाव और काका जी के प्रति मेरी बेतुकी नापसन्दगी को छोड़कर किसी भी सह-कलाकार से मेरी कभी कोई प्रतिस्पर्धा नहीं रही। जितनी अधिक संख्या में और जितने विविध प्रकार के सह-कलाकारों के साथ मैंने काम किया, वह अद्वितीय है। मुझे विश्वास है कि अमिताभ बच्चन और जितेन्द्र तक ने कलाकारों की इतनी बड़ी शृंखला के साथ काम नहीं किया। '70 की अवधि में अनगिनत सह-कलाकारों के साथ काम करने के अलावा मेरी फ़िल्म तालिका में सारे खान, अक्षय कुमार, अजय देवगन, सैफ अली खान, अर्जुन रामपाल, नसीरुद्दीन शाह, परेश रावल और ओमपुरी के नाम भी सम्मिलित हैं। मैंने सितारों की नयी पीढ़ी के साथ भी काम किया है। इसमें अपवाद हैं रणवीर सिंह, बॉबी देओल और इमरान हाशमी। इमरान खान मेरे पसन्दीदा फ़िल्म निर्माता नासिर हुसैन के नाती हैं और मेरे बेटे रणबीर के समकालीन हैं। अभी तक उनके साथ काम करने का प्रस्ताव नहीं आया है। लोग मुझे अपनी फ़िल्मों में सर्वाधिक संख्या में नयी तारिका को नायिका बनने का प्रथम अवसर देने का श्रेय देते हैं। पर यह जानना भी रोचक होगा कि नायक के रूप में बाद में बहुत ज़्यादा सफल होने वाले सर्वाधिक अभिनेता भी पर्दे पर प्रथम बार मेरे साथ ही आये। यह रिकॉर्ड भी मेरे ही नाम है। मेरी फ़िल्म तालिका

में शाहरुख खान (**दीवाना**), इमरान खान (**इन्तिहा प्यार की**), अरबाज खान (**दरार**), लव सिन्हा (**सदियां**), जैकी भगनानी (**कल किसने देखा**) और वरुण धवन और सिद्धार्थ मलहोत्रा (**स्टूडेंट ऑफ़ द ईयर**) के नाम हैं। मलयालम महानायक ममूटी की भी पहली हिन्दी फ़िल्म **धरती पुत्र** मेरे साथ थी।

यह एक अजीब इत्तेफ़ाक है कि जैकी श्राफ़ के साथ तीन फ़िल्में करने के बावजूद किसी भी दृश्य में हम दोनों साथ में पर्दे पर दिखाई नहीं दिये। हम दोनों ने **आज़ाद देश के गुलाम** (1990) जिसमें रेखा भी थीं, **औरंगज़ेब** (2013) जिसमें अर्जुन कपूर भी था और **पाले खाँ**, जिसमें मैं अतिथि भूमिका में था—फ़िल्में साथ की थीं। स्वयं जैकी श्राफ ने अमिताभ बच्चन की 2013 की दीवाली पार्टी में इस बात का ज़िक्र किया था। राज कपूर, मनमोहन देवाई, नासिर हुसैन और एच. एस. रवैल जैसे महान निर्देशकों के साथ काम करने के बावजूद भी मुझे हार्दिक खेद है कि मेरे वर्ग की ही फ़िल्म बनाने वाले महान निर्देशकों—ऋषिकेश मुकर्जी, शक्ति सामन्त, गुलज़ार और बासु चटर्जी के साथ मैं काम नहीं कर पाया। यह संयोग भी मुझे परेशान करता है कि गुलज़ार के हमारे पड़ोसी होने के बावजूद भी हमारा कभी सामाजिक मेल-मिलाप नहीं हुआ। यहाँ तक कि हमने कभी साथ बैठकर ड्रिंक भी नहीं लिया। मेरे लिए कोई गीत भी उन्होंने नहीं लिखा और पूरे संवाद तो क्या कभी मेरे लिए एक पंक्ति तक नहीं लिखी। मेरे अधिकांश गीत गुलशन बावरा या आनन्द बख्शी द्वारा रचित हैं। यह एक रहस्य ही है कि क्यों गुलज़ार और मैं साथ काम नहीं कर सके, जबकि हम दोनों में काफ़ी साम्य है। गुलज़ार के चहेते आर.डी. बर्मन थे। वह दोनों साथ काम करके बहुत खुश होते थे और गहरे दोस्त भी थे। वास्तव में, गुलज़ार के सर्वश्रेष्ठ गीतों के लिए पंचम दा ने ही संगीत रचा। मुझे भी पंचम के साथ काम करना बहुत पसन्द था। गुलज़ार का विवाह राखी के साथ हुआ जिनके साथ मैंने **दूसरा आदमी** (1977), **कभी-कभी** और **ये वादा रहा** में काम किया। फिर भी गुलज़ार और मेरा कभी साथ नहीं हुआ।

गुलज़ार के साथ काम न कर पाना तो महज संयोग था, परन्तु शक्ति सामन्त, ऋषिकेष मुकर्जी और बासु चटर्जी के साथ काम न करने का कारण

मैं जानता हूँ। शक्ति सामन्त मेरे साथ काम करना चाहते थे, परन्तु उन्होंने मेरे सामने एक बंगाली फ़िल्म का प्रस्ताव रखा था, जिसे करने की मेरी इच्छा नहीं थी। ऋषि दा ने दो बार मुझसे सम्पर्क किया। एक बार वह **अनाड़ी** (1959) जिसमें मेरे पिता नायक थे, का पुनर्निर्माण करना चाहते थे, परन्तु मुझे यह विचार जँचा नहीं। दुर्भाग्य से, उन्होंने मेरी अस्वीकृति को दिल पर ले लिया। एक बार बाद में उन्होंने उनके बेटे के साथ **लाठी** नाम की एक फ़िल्म में काम करने का अनुरोध किया। फ़िल्म मूल रूप से धर्मेन्द्र पर केन्द्रित थी और मैं स्पष्ट था कि मैं **लाठी** टाइप की किसी फ़िल्म में काम नहीं करना चाहता था। उसके बाद ऋषि दा से मेरा सम्पर्क नहीं हुआ। बासु चटर्जी ने भी मेरे कैरियर के प्रारम्भिक काल में ही मौसमी चटर्जी के साथ एक फ़िल्म का प्रस्ताव रखा था, परन्तु बाद में वह भूमिका विनोद मेहरा ने की।

उस युग के एक विख्यात निर्माता मोहन कुमार के साथ भी मेरी कोई फ़िल्म नहीं हुई। उन्होंने 1945 में बनी फ़िल्म **द लास्ट वीकएण्ड** के हिन्दी संस्करण के कुछ दृश्य मुझे और रामेश्वरी को लेकर शूट भी कर लिए थे, परन्तु बाद में उन्होंने फ़िल्म को रद्द कर दिया। जब कोई फ़िल्म रद्द हो जाती है, तो हमें हँसकर आगे बढ़ना होता है। विजय आनन्द साहब के साथ कभी काम न कर पाने का भी मुझे अफ़सोस रहेगा।

कुछ संयोग विश्लेषण से परे होते हैं। मेरा और विजय आनन्द (गोल्डी) का समीकरण भी ऐसा ही संयोग था। मैंने उनके साथ 3 फ़िल्मों के मुहूर्त किये, एक अमिताभ बच्चन के साथ, एक रणधीर कपूर के साथ और एक विनोद खन्ना के साथ, एक और फ़िल्म में मैं और जितेन्द्र साथ में थे और एक फ़िल्म में मैं अकेला था। अनेक सिटिंग और फ़ोटो सेशन होने के बाद भी ये फ़िल्में नहीं बन सकीं। उनके बड़े भाई चेतन आनन्द के साथ भी मेरी सिटिंग हुई थी। वे **सलीम अनारकली** बनाना चाहते थे जिसमें वे मुझे और पद्मिनी कोल्हापुरे को लेना चाहते थे। शहंशाह अकबर की भूमिका में वे राजकुमार को लेना चाहते थे। उन्होंने शगुन के तौर पर मुझे पाँच गिन्नियाँ (सोने के ब्रिटिश सिक्के) भी भेंट की थीं। उनका स्वप्न था कि एक और **मुग़ले आज़म** बनायें, परन्तु फ़िल्म कभी बन न सकी और फिर जल्दी ही वे स्वर्ग सिधार गये।

वह एक सर्वथा भिन्न युग था, जब फ़िल्म प्रारम्भ करने के पहले ही निर्माता कलाकार को सौभाग्य चिह्न के तौर पर बहुमूल्य उपहार दिया करते थे। **राजा (1975)** फ़िल्म के प्रारम्भ पर निर्माता चिनप्पा देवर ने मुझे सोने का एक लॉकेट भेंट दिया था और हूबहू वैसा ही एक लॉकेट मेरे सहायक घनश्याम को भी दिया क्योंकि एक सेक्रेटरी ही सितारे की तारीखों की कुंजी होता है। यद्यपि मैं कुछ अत्यन्त कुशल निर्देशकों के साथ काम करने से चूक गया, परन्तु अपनेआप में किंवदन्ती बन चुके चोपड़ा बन्धुओं, बी.आर. चोपड़ा और यश चोपड़ा के साथ काम करने का सौभाग्य मुझे प्राप्त हुआ। खुद के बैनर के अलावा बी.आर. चोपड़ा ने केवल एक फ़िल्म **तवायफ़** (1985) ही की थी। रति अग्निहोत्री और मेरी यह फ़िल्म बहुत सफल रही। यश चोपड़ा ने मुझे कई स्मरणीय भूमिकाएँ दीं, जिनमें **कभी-कभी** और **चाँदनी** प्रमुख हैं। इसके अलावा उनके साथ **दूसरा आदमी** और कुछ अन्य फ़िल्में भी मैंने कीं।

5

सफलता में जीना तथा असफलता और अवसाद के अँधेरे

2010 के सितम्बर माह के किसी दिन शबाना आज़मी ने अपने जन्मदिन के जश्न में मुझे आमन्त्रित किया। मैंने अपनी शुभकामनाएँ इस सन्देश के साथ भेज दीं कि उस समय मैं बाहर रहूँगा। मैंने खुद ही हँसते हुए यह और जोड़ा कि मैं भी अब तुम्हारे क्षेत्र में प्रवेश कर रहा हूँ, क्योंकि मेरे कैरियर में पहली बार दक्षिण अफ्रीका में मेरी फ़िल्मों का पुनरावलोकन आयोजित किया गया है। उसके बाद अगस्त 2015 में भी मुझे मेलबोर्न फ़िल्म महोत्सव में आमन्त्रित किया गया, जहाँ जीवन भर के कार्य के लिए मुझे सम्मानित किया गया और **कपूर एंड संस** प्रदर्शित की गयी। पुनरावलोकन मेरे लिए एक सर्वथा अनूठा अनुभव था। यह 40 वर्षों के मेरे कैरियर की प्रोत्साहित करने वाली स्वीकृति थी। इस पूरी समयावधि में मैंने निरन्तर श्रेष्ठ अभिनय करने की प्राणपण से चेष्टा की थी। बहुधा मैंने भूमिका से ऊपर उठकर भी अभिनय किया। शबाना और उनके वर्ग के अन्य सितारों की अपेक्षा मुझे पहचान और प्रशंसा देर से मिली। प्रशंसा ने मुझसे बेरुखी बना रखी थी। मुझ पर व्यावसायिक फ़िल्म स्टार की छाप लग चुकी है और शायद इसीलिए किसी राष्ट्रीय पुरस्कार के लिए मेरा नामांकन नहीं किया गया।

एक ओर सामर्थ्यवान राज कपूर और दूसरी ओर यौवन से भरपूर रणबीर के बीच फँसा मैं इतना ही कह सकता हूँ कि मैंने अपनी ज़मीन कभी नहीं छोड़ी और हर हाल में अडिग रहा। ऐसा होना आकस्मिक नहीं था। ऐसा इसलिए हो सका क्योंकि मैंने अपने कैरियर को बहुत सावधानी से गढ़ा। मैं कुशलतम फ़िल्म निर्माताओं के साथ काम करना चाहता था और सदा उनकी तलाश में रहा। कभी-कभी मैंने उन निर्देशकों के साथ भी काम किया, जिनके सुनहरे दिन बीत चुके थे क्योंकि मैं अपनी फ़िल्म तालिका में उनका नाम जोड़ना चाहता था। मुझे अहसास था कि यह वह दस्तावेज़ है जो मेरे बाद भी कायम रहेगा।

मेरा सौभाग्य है कि मुझे राज खोसला और अभिनेता, निर्देशक मनोज कुमार जैसे निष्णात् फ़िल्म निर्माताओं के साथ काम करने का अवसर मिला। भले ही तब उनकी लहर उतार पर थी। जब वे फ़िल्में नहीं चलीं, तो मुझे निराशा तो हुई, पर आश्चर्य नहीं; क्योंकि तब तक दर्शकों की रुचि बहुत बदल चुकी थी और एक अलग किस्म का सिनेमा दर्शकों की पसन्द बन चुका था। परन्तु महान निर्देशकों, जो महान शिक्षक भी थे, के साथ काम करना खुद अपना पुरस्कार है। मैंने जिन निर्देशकों के साथ काम किया, उनमें से राज खोसला सबसे सुसंस्कृत, परिष्कृत और गरिमामय थे। वे स्वभाव से अंग्रेज़ थे। अपनी बातचीत और अपनी पोशाक को लेकर वे पूर्ण सजग रहते। वह एक सच्चे सज्जन व्यक्ति थे—निर्दोष विशिष्ट शैली, परिष्कृत तौर-तरीके और असाधारण रूप से सुस्पष्ट। उनके व्यक्तित्व की हर बात आकर्षक थी। एक दिन उन्होंने अपनी त्रुटिहीन अंग्रेज़ी में पूछा कि 'आखिर अभिनय क्या बला है?' "यह एक स्पंज की तरह सब कुछ सीखने और आत्मसात् करने के लिए बेचैनी है", मैंने बिना विचार करे तत्काल यह नि:संकोच जवाब दे दिया था। तब उन्होंने कहा, "अभिनय एक विशिष्ट शैली और अन्दाज़ है, आप जो कुछ भी करते हैं, वही आपकी पहचान बनकर आपका अभिनय कहलाता है।" उन्होंने पहला उदाहरण देव आनन्द का देते हुए कहा कि याद करो वे कैसे खड़े होते हैं, कैसे बोलते हैं, कैसे गाना गाते हैं, उनका निराला अन्दाज़ ही उनका अभिनय है।

उन्होंने आगे स्पष्ट किया कि राज कपूर और दिलीप कुमार से उनके अन्दाज़ कितने अलग थे और अन्त में निष्कर्ष दिया कि हर अभिनेता की विशिष्ट शैली उसकी पहचान होती है। ऐसा न होता तो हर ऐरा-गैरा अभिनेता बन जाता। अभिनेता की यही छाप दर्शकों का ध्यान खींचती है।

अभिनय के विषय में मेरे खुद के विचार सर्वथा भिन्न हैं। मैं विश्वास करता हूँ कि अभिनय का रिश्ता स्वाभाविकता एवं स्वत: स्फूर्ति से है। परन्तु राज खोसला भी सत्य से अधिक दूर नहीं थे। हिन्दी सिनेमा में विशिष्ट शैली में प्रस्तुतीकरण ही सबसे लम्बे समय तक अभिनय का आदर्श माना जाता रहा। राजकुमार का ध्यान कीजिए। अब हर कोई उनके अन्दाज़ पर नाक-भौं सिकोड़ता है और अभिनेता अपने प्रस्तुतीकरण में अधिक-से-अधिक सहज और स्वाभाविक दिखने की कोशिश करते हैं। राज खोसला अपने वक्त की बात कर रहे थे। मैंने उनके साथ दो फ़िल्में **दो प्रेमी** (1980) और **नसीब** (1989) कीं। **नसीब** विनोद खन्ना के भगवान रजनीश के ऑरेगॉन स्थित आश्रम से लौटने के बाद पहली फ़िल्म होनी थी, परन्तु अब वह अनियमित हो चुके थे और अन्त में वह फ़िल्म से बाहर निकल गये। अत: राज खोसला ने उनके स्थान पर मुझे लेने के लिए सम्पर्क किया और मैं उनको न नहीं कह सका।

जब मनोज कुमार ने अपनी फ़िल्म **जय हिन्द** (1999) में मुझे लिया, तब तक देशभक्ति जो उनकी फ़िल्मों का आधार थी, की लहर गुज़र चुकी थी। उनकी ताक़त देशभक्ति से परिपूर्ण शक्तिशाली संवाद लेखन थी, परन्तु देशभक्ति और नारेबाज़ी अब टिकट खिड़की पर कोई आकर्षण नहीं रह गये थे। फ़िल्मों को दर्शकों से जुड़ने के लिए प्रासंगिक विषयों को प्रतिबिम्बित करना आवश्यक था। नब्बे के दशक का हिन्दी सिनेमा एक्शन, भ्रष्टाचार और अपराध-जगत पर केन्द्रित था, इसलिए **जय हिन्द** को सही प्रदर्शन नहीं मिल पाया। परन्तु मुझे यह फ़िल्म करने का कोई पछतावा नहीं है। यद्यपि **जोकर** में मैं उनके साथ काम कर चुका था, फिर भी मनोज कुमार के निर्देशन में काम करना किसी सम्मान से कम नहीं था।

एक संग्रहकर्ता अपने खजाने से सन्तोष और आनन्द पाता है। मैं अपने निर्देशकों को अपने जीवन के बहुमूल्य उपहार मानता हूँ, क्योंकि उन्होंने ही

मेरे कैरियर को चमकाया। मनमोहन देसाई उन्हीं निर्देशकों में से एक थे। उनके छोटे कद में एक विराट व्यक्तित्व समाया था। वह बड़ी बेबाकी से किसी के भी सामने उसके सम्बन्ध में अपनी राय बता दिया करते थे। न तो वह किसी से डरते और न किसी को छोड़ते थे और उनका शब्द भंडार बड़ा रंगीन था। मुझे मालूम है, एक समय उन्होंने मेरे बारे में ऐसी हिकारत भरी टिप्पणी की थी—"4 फीट की हाइट से जैसे 7 फीट का एक्टर है साला।" आर.के. स्टूडियो में **बॉबी** की शूटिंग के समय ही वह भी डब्बू के साथ वहीं दूसरे स्टेज पर **रामपुर का लक्ष्मण** (1972) की शूटिंग कर रहे थे। वे हमें देखने आया करते और ऐसे उद्‌गार प्रगट करते कि 'राज साहब भी सठिया गये हैं। **जोकर** के बाद उन्हें भव्य सेटअप की आवश्यकता थी और उन्होंने एक चार फुटिया को नायक चुना है।' उनकी नापसन्दगी केवल मेरी लम्बाई तक ही सीमित नहीं थी, बल्कि वे मुँह बनाकर व्यंग्य से पूछते कि क्या ऋषि कपूर जैसा शख़्स नायक बनने के काबिल है। मनजी जैसा कि हम उन्हें पुकारते थे, अमिताभ का वर्णन भी 'टाँगें-टाँगें अमिताभ बच्चन' कहकर करते थे। विडम्बना देखिए कि उन्होंने अपनी निर्माण कम्पनी का प्रारम्भ विनोद खन्ना के साथ टाँगें-टाँगें और चार फुटिया को ही लेकर **अमर अकबर एन्थोनी** के साथ किया।

मैंने हमेशा अपनी अभिनय क्षमता पर ही भरोसा किया। भले ही मेरे विषय में नकारात्मक बातें करने वाले या मेरी खिल्ली उड़ाने वाले कुछ भी कहते रहें। ऐसा भी समय आया, जब लोगों ने मुझे अघोषित रूप से खत्म मान लिया, विशेषत: तब, जब-जब एक नया सितारा सिने आकाश पर उदित हुआ, पर मैं अविचलित रहकर सब सहन करता गया।

जब कमल हासन ने हिन्दी फ़िल्म **एक दूजे के लिए** (1981) से हिन्दी में प्रवेश किया, वह चेन्नई में बड़े सितारे के रूप में स्थापित हो चुका था। और भी बहुत से सितारों ने भी इसी समय अपनी-अपनी उपस्थिति दर्ज़ की थी : जैकी श्राफ, सनी देओल आदि। इस संसार में सबकी अपनी अलग जगह थी, पर जब भी कोई नया सितारा सफल होता, लोग मेरे लिए चेतावनी की घंटी बजा देते, और अख़बार की सुर्खियाँ होतीं—ऋषि कपूर परे हट जाओ और सबको विश्वास हो जाता कि मेरा वक्त बीत गया है। मुझे याद

नहीं कि कितनी बार उन्होंने मेरे प्रस्थान की भविष्यवाणी की, पर मैं जानता था कि मैं बिल्कुल सही जगह पर हूँ। मैंने शायद ही कभी अपनेआप को असुरक्षित महसूस किया, क्योंकि ऐसा वही करते हैं, जिन्हें अपनी कला नहीं आती। मैं अभिनय कला में सर्वश्रेष्ठ होने का दावा तो नहीं करता, पर मैं एक अच्छा और कुशल अभिनेता अवश्य हूँ और मैं एक अच्छा विद्यार्थी हूँ और अपनी कला को निखारने के लिए सतत प्रयत्नशील रहता हूँ। मैं कठिनाइयों से अनजान भी नहीं हूँ और उनसे मुकाबला करना सीख चुका हूँ। **लैला मजनूं** के लिए किया गया संघर्ष मैं कभी नहीं भूलूँगा। मैं नहीं जानता कि फ़िल्म को वाजिब सराहना क्यों नहीं मिली। पर वह अपने समय की बहुत बड़ी सफल फ़िल्म तो रही ही। यह वह क्रेन थी जिसने मुझे उस गड्डे से निकाला जिसमें मैं **बॉबी** के बाद गिर गया था।

आज मैं स्वीकार करता हूँ कि मेरी दूसरी फ़िल्म **ज़हरीला इनसान** एक भूल थी। खुशनुमा **बॉबी** के बाद उससे सर्वथा भिन्न लगभग विपरीत छवि और वर्ग की फ़िल्म की अपेक्षा उसी तरह की खुशनुमा फ़िल्म बनानी चाहिए थी। वह एक अत्यन्त सफल और प्रशंसित कन्नड़ फ़िल्म **नागराहबू** का हिन्दी संस्करण था और उसे मूल फ़िल्म के निर्देशक पुटन्ना कांगल ने ही निर्देशित किया था, परन्तु फ़िल्म की विषय वस्तु वैसी नहीं थी जैसी कि उस समय के हिन्दी दर्शक आदी थे। **ज़हरीला इनसान** की शूटिंग के समय की एक घटना मुझे आज तक याद है। मैं बेरुत से एक काली पतलून लाया था। मुझे अपनी पोशाक के लिए हर जगह शॉपिंग करने की आदत थी। फ़्लेयर वाली इस काली सुन्दर पतलून पर मेरा दिल आ गया। बाद में फ़िल्म के गीत "ओ हंसिनी" की शूटिंग के समय जब मैं उसे पहनने लगा, तो मेरे ड्रेसमैन ने बताया कि इसकी जिप सामने न होकर साइड में है। पोषाकों के मोह में मैं एक भीषण गलती कर चुका था और मर्दों की जगह महिलाओं की पतलून खरीद ली थी। मेरी तीसरी फ़िल्म **रफ़ू चक्कर** बहुत अच्छी बनी थी। कायदे से उसे 50 हफ़्ते चलना चाहिए था, परन्तु वह 100 दिन ही चल पायी। असल में दर्शक **बॉबी** वाले ऋषि कपूर को देखना चाहते थे। चौथी फ़िल्म **ज़िन्दादिल** (1975) तो थी ही बेकार। इसके बाद आयी फ़िल्म **खेल-खेल में** एक बहुत सफल फ़िल्म थी, परन्तु जिस फ़िल्म ने मेरी **बॉबी**

के कम उम्र रूमानी प्रेमी की छवि का पुनरुत्थान किया, वह थी एच.एस. रवैल की **लैला मजनूं।**

कर्ज़ भी मेरे कैरियर की बहुत महत्त्वपूर्ण फ़िल्म थी। सुभाष घई ने अभी तक केवल **कालीचरण** (1976) और **विश्वनाथ** (1978) नाम की दो सफल फ़िल्में बनायी थीं। वे दोनों ही एक्शन फ़िल्में थीं। अब वे एक पुनर्जन्म की कहानी बनाना चाहते थे। उन्होंने सन एन सैंड होटल में मुझे कहानी सुनाई। यह **रिइनकार्नेशन ऑफ़ पीटर प्राउड** (1975) का हिन्दी संस्करण था और सुभाष घई बहुत रोमांचित थे। टीना मुनीम के रूप में उन्हें एकदम उपयुक्त नायिका मिल चुकी थी, जिसके साथ मैं भी बहुत सहज था और हम उस समय अनेक फ़िल्मों में साथ काम भी कर रहे थे जिनमें **आपके दीवाने** (1980) और **क़ातिलों के क़ातिल** (1981) सम्मिलित थीं।

कर्ज़ के साथ सुभाष घई की अपनी निर्माण कम्पनी मुक्ता आर्ट्स का श्रीगणेश हुआ। मैं राकेश रोशन की फ़िल्मक्राफ़्ट और मनमोहन देसाई की एम.के.डी. फ़िल्म कम्पनियों की प्रथम फ़िल्म का भी नायक बना। पुणे के फ़िल्म इंस्टिट्यूट से अभिनेता का प्रशिक्षण लेकर आये घई निर्देशक बनना चाहते थे। वह एक स्वप्नदृष्टा थे और असीम उत्साह से भरे एक सृजनशील व्यक्ति थे और मैं उनके साथ और अधिक फ़िल्में करना पसन्द करता, परन्तु दुर्भाग्य से सुभाष जी ने **कर्ज़** के बाद मुझे कोई भूमिका नहीं दी। मैं नहीं जानता क्यों। परन्तु हम हमेशा सम्पर्क में रहे और हमारी दोस्ती आज भी कायम है। **कर्ज़** के सालों बाद 2014 में उन्होंने **काँची** में मुझे एक चरित्र भूमिका दी।

कर्ज़ का फ़िल्मांकन बहुत मज़ेदार रहा। सुभाष घई एक बहुत ही ज़िन्दादिल इनसान हैं और उनकी संगीत और धुन की समझ गजब की है। हम अकसर सेट के पार्किंग स्थल में बैठ जाते और उनकी कार के बोनट को ड्रम के समान बजाते हुए गाना गाते। फ़िल्म का पहला शॉट ही 'दर्द-ए-दिल दर्द-ए-ज़िगर' गाने का था। जब मैंने उनसे नृत्य निर्देशक के बारे में पूछा तो उन्होंने बताया कि यह कार्य वे खुद ही करेंगे। उन्होंने कहा कि यदि मुझे उनका फ़िल्मांकन पसन्द नहीं आया तो वह नृत्य निर्देशक बुला लेंगे। पर दो दिन की शूटिंग ने ही मुझे उनकी दक्षता से परिचय करा दिया। वह पूरी

तैयारी से आते थे, उनके मस्तिष्क में तस्वीर बिल्कुल सुस्पष्ट होती थी। वह लगभग नासिर हुसैन साहब जैसे थे।

तीसरे ही दिन मैं पीलिया से ग्रसित हो गया और फ़िल्म का सेट उखाड़ देना पड़ा। मुझे पूर्ण आराम की सलाह दी गयी और तीन माह तक शूटिंग न हो सकी। मेरे लौटने तक मेरा वज़न बहुत कम हो चुका था और मैं बहुत कमज़ोर दिखता था। परन्तु सुभाष जी ने ठीक उसी बिन्दु से प्रारम्भ कर दिया, जहाँ हमने उसे छोड़ा था। सुभाष जी ने पिछले दो दिन की शूटिंग दिखाई, जिसे देखकर मैं विस्मयाभिभूत हो गया। हमें खेद है कि **कर्ज़** को हमारी अपेक्षा के अनुरूप बड़ी सफलता नहीं मिली। उसने बस ठीक-ठाक व्यवसाय किया। कारण यह रहा कि फिरोज़ खान ने **कुर्बानी** (1980) को बड़े भव्य पैमाने पर बनाया था। और वह **कर्ज़** के एक हफ़्ते बाद प्रदर्शित हो गयी। दोनों ही फ़िल्मों में अति सुमधुर महान संगीत था। **कुर्बानी** का गाना 'आप जैसा कोई मेरा ज़िन्दगी में आये' जिसे पॉप गायिका नाज़िया हसन ने गाया था, बच्चे-बच्चे की ज़ुबान पर चढ़ गया। हमारे पास 'ओम शान्ति ओम' था। फिर **कर्ज़** में एक ही सितारा था, ऋषि कपूर जो कुर्बानी के सितारों से छोटा था और फ़िल्म भी उतनी भव्य नहीं थी। टीना मुनीम एक नवोदित कलाकार ही थी और निर्देशक भी तब तक महान और मशहूर सुभाष घई नहीं बना था। **कर्ज़** में दिग्गज सह-कलाकार अवश्य थे, जैसे कि प्रेमनाथ, प्राण, दुर्गा खोटे और सिम्मी ग्रेवाल। परन्तु लन्दन में शूट की हुई भव्य एक्शन प्रधान फ़िल्म **कुर्बानी** जिसमें विनोद खन्ना और ज़ीनत अमान जैसे सितारे हों, साथ ही जिसमें भरपूर सेक्स, लोकप्रिय संगीत, परिष्कृत छायांकन और जबर्दस्त सफलता के लिए आवश्यक सारे साज़ो-सामान हों, का मुकाबला करना **कर्ज़** को भारी पड़ा। आजकल एक फ़िल्म पहले तीन दिनों में भी अपना निवेश वापस ला सकती है, परन्तु 80 के दशक में व्यावसायिक परिदृश्य सर्वथा भिन्न था। फ़िल्म धीरे-धीरे ज़ोर पकड़ती और कई सप्ताहों में जाकर पैसा खींच पाती। जब तक दर्शकों की मुँह ज़बानी प्रशंसा भीड़ को हमारी फ़िल्म की तरफ खींचती, **कुर्बानी** की आँधी ने हमारे कदम उखाड़ दिये।

मेरी हिम्मत जवाब दे गयी और मैं गहरे अवसाद में डूब गया। मैं इतना पस्त हो गया कि कैमरे का सामना करने से भी डरने लगा। सेट पर मैं

काँपने लगता और कभी-कभी बेहोश होने लगता, अपनी कुर्सी में धँस जाता या पानी पीने अपने मेकअप रूम में चला जाता। **कर्ज़** और **कुर्बानी** की ये मुठभेड़ जून 1980 में हुई थी। मेरी और नीतू की शादी को अभी केवल 5 माह बीते थे। मैं अपनी कम होती लोकप्रियता का इल्ज़ाम अपनी शादी पर थोपने लगा। मुझे लगने लगा कि अभिनय क्षेत्र में मेरे अब बस कुछ ही दिन बाकी हैं और मैं पाताल में धँस चुका हूँ। आत्मविश्वास का आखिरी कतरा तक जैसे साथ छोड़ चुका था। **कर्ज़** से हमें बहुत ज़्यादा उम्मीद थी। मुझे तो लगता था कि वह मेरे कैरियर को नयी ऊँचाइयों तक पहुँचा देगी। इसमें सुमधुर सदाबहार संगीत था, कलाकारों और तकनीकी सहायकों का भी श्रेष्ठ कार्य था। मुझे पूरा विश्वास था कि यह जबर्दस्त सफलता पायेगी और प्रशंसात्मक समीक्षाएँ भी इसे मिलेंगी। इसलिए जब ऐसा नहीं हुआ तो मैं बुरी तरह हिल गया।

उसी समय मैं एक साथ चार फ़िल्में कर रहा था : **दीदारे यार, ज़माने को दिखाना है, नसीब** और **प्रेम रोग**। परन्तु मैं काम करने में असमर्थ था। फ़िल्म के सारे कलाकार और यूनिट मेरे आने का इन्तज़ार करते। निर्देशक एच.एस. रवैल, नासिर हुसैन, मनमोहन देसाई और उनके साथ मेरे पिता भी मेरी दशा देखकर चकित और दुखी होते कि चिंटू को क्या हो गया है। मेरे कारण अमिताभ बच्चन, हेमामालिनी और शत्रुघ्न सिन्हा जैसे बड़े सितारे रुके हुए थे क्योंकि **नसीब** का अन्तिम दृश्य रह गया था और मैं आ ही नहीं रहा था। एक दिन मैं **प्रेम रोग** के सेट पर जिस हाल में पहुँचा, उससे तो मेरा न जाना ही बेहतर होता। कैमरे का सामना करना तो दूर की बात, मैं तो खड़ा भी नहीं हो पा रहा था। मेरे पिता चिन्ता में पड़ गये। मेरे स्वास्थ्य के परीक्षण के लिए डॉक्टर बुला लिए गये और मनोचिकित्सकों की सलाह और मदद ली गयी। इस बीच मेरी निर्माणाधीण चारों फ़िल्मों के यूनिट ने धैर्य और विचारशीलता का परिचय दिया। वे मेरे ठीक होने का इन्तज़ार करते रहे।

मेरे पिता मुझे हमारे लोनी वाले फार्म हाउस ले गये। उन्होंने सोचा कि शायद स्थान और आबोहवा का परिवर्तन मुझे ठीक कर दे, साथ ही यहाँ एकान्त में वे मुझसे दिल खोलकर वार्तालाप भी कर सकेंगे। एच.एस. रवैल ने भी मेरी पिता की तरह देखभाल की। नासिर साहब को लगा कि शायद

मुझे कोई आर्थिक कठिनाई है और इसलिए उन्होंने विटामिन एम के तौर पर एक लाख रुपये की रकम भेज दी।

मेरी स्थिति से मनमोहन देसाई संकट में पड़ गये, क्योंकि **नसीब** की केवल एक ही दिन की शूटिंग रह गयी थी। उन्होंने केवल दो शॉट लेने के लिए मुझे सन एंड सैंड होटल में बुलाया, वे अपनी जगह बिल्कुल सही थे। मजबूरी में मैं फ़िल्म पूरी करने पहुँचा, पर उस दृश्य में मेरा भावहीन चेहरा गवाही दे देगा कि मेरा ध्यान कहीं और था। आर.के. स्टूडियो में **दीदारे यार** की कव्वाली शूट की जा रही थी जिसमें रीना रॉय की एक विशेष प्रस्तुति थी। उसने बदलकर दूसरी तारीखें दीं। पता चला कि उन्होंने कहा था कि पहले चिंटू की तबियत में सुधार हो लेने दो, मैं उसके अनुसार नयी तारीखें दे दूँगी।

बहुत बाद में मेरी समझ में आया कि मेरी हताशा और अवसाद सीधे-सीधे **कर्ज़** की दुर्भाग्यपूर्ण असफलता का परिणाम थी। शाम को एक-दो ड्रिंक्स लेने के बाद मुझमें कुछ आत्मविश्वास आ जाता, परन्तु दूसरे दिन सेट पर मैं फिर भय से काँपने लगता। भयाक्रान्त मनोदशा में मुझे लगने लगता कि बड़ी लाइट्स में से एक मुझ पर आ गिरेगी, परन्तु बीच-बीच में आने वाले स्पष्ट मनोदशा के संक्षिप्त अन्तरालों में मुझे लगने लगा था कि मुझे खुद ही अपनेआप को समेटकर सामान्य बनने का प्रयत्न करना होगा। यद्यपि मेरी मनोदशा में सुधार की प्रक्रिया की रफ़्तार बहुत धीमी थी, फिर भी मैं प्रयत्नपूर्वक उससे उबरने में सफल होकर सामान्य हो गया।

कई महीने बाद अमिताभ ने भी मेरे सामने स्वीकार किया कि वे भी इस दौर से गुज़र चुके थे। मेरे पिता ने बताया कि यूसुफ़ साहब भी एक बार इस पीड़ादायक यातना से गुज़र चुके हैं। उस मनोदशा में एक बार **दिल दिया दर्द लिया** की शूटिंग के समय उन्होंने खुद अपनी कमीज़ फाड़ डाली थी। इस यातना से खुद गुज़रने के पहले तक मुझे इस बात का ज़रा भी अन्दाज़ नहीं था कि अभिनेताओं के इस तरह के अवसाद का शिकार होने की काफ़ी सम्भावना रहती है।

यातना का यह दौर खुद मेरे लिए और सभी सम्बन्धित लोगों के लिए भी उतना पीड़ादायक होता था, पर मुझे भान हो गया कि यह स्थिति

काफ़ी हद तक खुद मेरी ही कल्पना की उपज थी। यथार्थ तो यह था कि मेरा जीवन एक बिल्कुल सही मोड़ पर था। मैं उस समय की सबसे बड़ी फ़िल्मों में सर्वश्रेष्ठ और सबसे मशहूर निर्देशकों के साथ काम कर रहा था। मेरे विवाह ने मेरी छवि को कोई क्षति नहीं पहुँचाई थी। इस अनुभव ने मुझे सबसे बड़ी शिक्षा यही दी कि वास्तव में समस्याएँ उससे कम विकराल होती हैं, जितना हमारा भयाक्रान्त मन कल्पना कर लेता है और वास्तव में तो उनको जन्म भी वही देता है। यद्यपि संकट के उस दौर में वह भय, यातना और पीड़ा असली ही होती है और उससे गुज़रते हुए आप स्वयं को पूरी तरह नि:सहाय और अपंग महसूस करते हैं।

जल्दी ही इस पीड़ादायक मनोदशा से उबरने की स्थिति भी बनने लगी। मेरी उस समय की फ़िल्मों के हमेशा की तरह मिश्रित परिणाम आये। कोई सफल तो कोई असफल रही। **प्रेम रोग** जबर्दस्त सफल रही और **नसीब** भी। **ज़माने को दिखाना है** ठीक नहीं गयी और **दीदारे यार** लुढ़क गयी। फिर आयी **कुली** जो काफ़ी चली। हालाँकि ये सच है कि उसका नायक मैं नहीं अमिताभ था।

अन्तत: हर्मेश मल्होत्रा की फ़िल्म **नगीना** (1986) मेरी एकल नायक के रूप में आयी जबर्दस्त सफल फ़िल्म बनी। यद्यपि यह एक नायिका प्रधान फ़िल्म थी और वह भूमिका श्रीदेवी ने असाधारण और गजब की कुशलता के साथ की थी। हर्मेश भले ही एक औसत निर्देशक हों, पर आदमी वे बहुत ही उम्दा थे। कभी-कभी शाम को वे मेरे पास आते और यह कहकर शूटिंग समाप्त करने की प्रार्थना करते कि उन्हें नींद आ रही है। सामान्यत: निर्देशक लगभग हमेशा ही शूटिंग की शिफ़्ट का समय बढ़ाने के ही चक्कर में रहते थे, ताकि काम समाप्त हो जाये। हर्मेश उनसे बिल्कुल ही विपरीत थे—वे निर्धारित समय से पहले ही पैकअप कर देते।

1970 के दशक के अन्तिम चरण में एक अत्यन्त सन्तुष्टि देने वाला रिश्ता फलीभूत हुआ। प्रारम्भ में एकदम व्यावसायिक रिश्ते से शुरू होकर यह धीरे-धीरे अत्यधिक घनिष्ठ और निजी होता गया। दोनों तरफ से एक-दूसरे के लिए भरपूर स्नेह और आदर की भावना थी, पर जिस तरह से यह खत्म हुआ; उसका मुझे आजीवन अफ़सोस रहेगा। मैं तो अपने चाचाओं—

शम्मी और शशि को लेकर नासिर हुसैन द्वारा बनायी गयी मनोरंजक मसाला फ़िल्मों को देख-देखकर पला बढ़ा था। इसलिए जब उन्होंने अपनी फ़िल्म **हम किसी से कम नहीं** (1977) में जिसमें वे एक नयी लड़की काजल किरण को मेरी नायिका लेना चाहते थे, उसकी केन्द्रीय भूमिका निभाने के लिए मुझे बुलाया, तो मैं रोमांचित हो उठा। मेरी तमन्ना पूरी हुई थी।

चुस्त पटकथाओं के साथ-साथ नासिर साहब में मधुर संगीत की भी गजब की क्षमता थी और गाने का हर फ्रेम सुविचारित होता था। पूरा संगीत, हर पंक्ति और अन्तर्संगीत कागज पर लिपिबद्ध होता। वह ठीक-ठीक जानते थे कि किस पल पर्दे पर अभिनेता क्या कर रहा होगा। शृंखला के पूरे प्रवाह पर उनकी सख़्त नज़र थी। नासिर साहब के इन्हीं नोट्स के आधार पर पंचम अपनी धुन तैयार करते।

मुझे **हम किसी से कम नहीं** के दौरान की गयी जानदार और अविस्मरणीय बैठकों की विस्तृत और सुस्पष्ट याद है। नासिर साहब पंचम को हर सीन असाधारण स्पष्टता से बताते चलते कि अब चिंटू साइकिल पर है, काजल दौड़ रही है। काजल का शॉल साइकिल पर छूट गया है और एक भैंसा उसे देखता है :

- चिंटू अब काजल को पकड़ रहा है।
- वह अपनी पीटी क्लास में है और वह धुन पर नाचने लगती है।
- क्लास बिगड़ जाती है।

पंचम दृश्यों की पूर्ण संगति रखते हुए उनकी धुन रच देते और इस सबसे सभी के लिए ज़िन्दगी बहुत आसान हो जाती।

नासिर साहब ने सीधी-सादी, हलकी-फुलकी खुशरंग फ़िल्में बनायीं। वे बिना दुराव-छिपाव के स्पष्ट बता दिया करते थे कि उनकी फ़िल्में हमेशा ही दो या तीन फ़ार्मूले पर आधारित रहीं। प्रशंसनीय बेबाकी से वे कहते कि मैं बस हर बार उन्हीं कहानियों को तोड़कर और भिन्न प्रकार से जोड़कर नयी फ़िल्म बना लेता हूँ। अपने कॉलेज के दिनों में उन्हें अपनी एक कहानी पर पुरस्कार मिला था। बाद में उन्होंने उस कहानी पर राजेश खन्ना और आशा पारिख को लेकर **बहारों के सपने** (श्वेत-श्याम) फ़िल्म बनायी। लगभग उसी

समय उन्होंने एक भव्य और रंगीन फ़िल्म **तीसरी मंज़िल** भी बनायी, जो ऊँचे स्तर की थी। बड़े सितारों और भव्य स्तर पर आकल्पित इस फ़िल्म को उन्होंने स्वयं करने की अपेक्षा विजय आनन्द (गोल्डी) को सौंपा। मेरे पास पक्की जानकारी है कि नासिर साहब के पास साधन भी थे और उनका इरादा भी दो फ़िल्मों को बनाने का था। एक वे स्वयं करते और दूसरे की कमान विजय आनन्द को सौंपना चाहते थे, क्योंकि दोनों के ही निर्माता वे खुद थे। सम्भावना यही थी कि बड़े सितारे वाली फ़िल्म वे खुद करते, परन्तु गोल्डी ने इस बात का बुरा मान लिया कि नवोदित कलाकारों की फ़िल्म उन्हें दी गयी। अत: उन्होंने इससे इनकार कर दिया। तब नासिर साहब ने बड़ी उदारतापूर्वक दोनों फ़िल्मों की अदला-बदली कर दी। **तीसरी मंज़िल** गोल्डी को मिल गयी और खुद उन्होंने नवोदित कलाकार राजेश खन्ना, जिनको 1960 का फ़िल्मफेयर यूनाइटेड प्रोड्यूसर प्रतिस्पर्धा का अवॉर्ड मिला था, को लेकर फ़िल्म शुरू कर दी।

नासिर साहब और मेरे बीच उम्र का करीब 20 वर्षों का फासला था, परन्तु वे सदैव मुझसे मित्रवत् व्यवहार करते और प्रत्युत्तर में मैं उनका असीम आदर करता था और सावधान था कि मैं कभी शिष्टता की लक्ष्मण रेखा को पार न करूँ। नीतू के साथ मेरे बढ़ते हुए रिश्ते के हर चरण में वे हमारे साथ रहे।

पंचम, मजरूह अंकल (गीतकार मजरूह सुल्तानपुरी), नासिर साहब और मेरे बीच बड़ी घनिष्ठता थी, भले ही हम लोगों की आयु असमान हो। नासिर साहब अपने घर अत्यधिक लज़ीज़ लखनवी व्यंजन मेज़ पर लगवाते और मुझे अकसर भोजन पर आमन्त्रित करते। मुझे यह खूब सुहाता, क्योंकि वे पाली हिल में रहते थे जहाँ कि नीतू भी रहती थी। मैं उनके साथ एक-दो ड्रिंक लेता और उन्हें डिनर के साथ एक और ड्रिंक लेते हुए देखता और खुद नीतू के घर की तरफ बढ़ जाता।

हम किसी से कम नहीं जो कि मेरे कैरियर की सर्वाधिक सफल फ़िल्मों में से एक है, के बाद नासिर साहब ने पद्मिनी कोल्हापुरे को लेकर **ज़माने को दिखाना है** बनायी। जिसमें एक बार फिर जबर्दस्त संगीत था। परन्तु यह फ़िल्म नासिर हुसैन—ऋषि कपूर—आर.डी. बर्मन की जबर्दस्त

टीम से की जाने वाली अपेक्षाओं पर खरी नहीं उतरी। इस फ़िल्म के निर्माण के दौरान ही नासिर साहब ने एक सितारा जड़ित बड़ी फ़िल्म का आकल्पन कर लिया था, जिसका सम्भावित नाम **ज़बर्दस्त** था। इसमें दिलीप कुमार, धर्मेन्द्र, शारदा, टीना मुनीम, ज़ीनत अमान और मैं खुद था। इस फ़िल्म को लेकर बड़ी उत्तेजक प्रत्याशा की लहर चारों ओर व्याप्त थी।

इस विशाल और भव्य सह निर्माण में भागीदार होने के लिए इतने अधिक लोग तत्पर थे कि नासिर हुसैन ने इसके ओवरसीज़ अधिकार एक करोड़ की अकल्पित धनराशि में बेच दिये। परन्तु इस ऊँची लहर के बावजूद भी फ़िल्म पूरी नहीं हो सकी, क्योंकि नासिर साहब और यूसुफ़ अंकल के बीच तकरार हो गयी। फ़िल्म को रद्द करना पड़ा। मुझे अपने कानों पर यक़ीन नहीं हुआ। नासिर साहब निरन्तर किसी-न-किसी बात पर मुझसे परिहास करते रहते थे, इसलिए जब उन्होंने बताया कि **ज़बर्दस्त** को रद्द कर दिया है, तो मैं यही समझा कि वे मज़ाक कर रहे हैं। बाद में मैं समझा कि वे गम्भीर थे और बात सच है। उन्होंने मुझे अपनी तारीखें दूसरे निमार्ताओं को दे देने तक का कह दिया। इसके तत्काल बाद ही **ज़माने को दिखाना है** प्रदर्शित होकर असफल घोषित हो गयी। यह एक कटु आघात था। मैं अभी भी नाज़ुक मनोदशा में था। **कर्ज़** के बाद के अवसाद से अभी-अभी निकला मैं इस असफलता को अपनी ही गलती मानने लगा।

अब तक मेरी शादी हो चुकी थी और मैं पाली हिल शिफ़्ट हो चुका था। नासिर साहब ने अनेक बार मुझसे सम्पर्क करने की कोशिश की। वे मुझसे मिलना चाहते थे, परन्तु **ज़माने को दिखाना है** की विफलता के सदमे के कारण मैं अपराधबोध से इतना ग्रस्त हो गया था कि एक और फ़िल्म के लिए उनका सामना नहीं कर पा रहा था।

नासिर साहब को लगा कि शायद मैं अब उनके साथ काम नहीं करना चाहता। वे आगे बढ़ गये और उन्होंने सनी देओल और डिम्पल को लेकर **मंज़िल मंज़िल** (1984) फ़िल्म शुरू कर दी। यद्यपि ये भूमिकाएँ उन्होंने मुझे और डिम्पल को ध्यान में रखकर लिखी थीं। उनके भतीजे आमिर खान, जो उस समय उनके सहायक थे और उनके बेटे मंसूर दोनों ने यह बात पक्की की है। इसी समय मैं निर्देशक रमेश सिप्पी, डिम्पल और कमल हसन

के साथ **सागर (1985)** में काम करना शुरू कर रहा था। शायद मैं रास्ता बदलकर अधिक सफल निर्देशकों की ओर चला गया था। नासिर साहब एक पठान थे। मेरे प्रत्युत्तर का इन्तज़ार किये बिना उन्होंने आगे बढ़कर सनी देओल को ले लिया। पंचम ने कई बार मुझसे पूछा कि मैं नासिर साहब से क्यों नहीं मिल रहा, परन्तु मैंने हमेशा अपनी व्यस्तता का बहाना बनाया और असली उत्तर को टाल गया। इस घटना ने हमारे सुदीर्घ व्यावसायिक रिश्ते का पटाक्षेप कर दिया और मुझे लगता है कि इसमें सारा दोष मेरा ही था।

मेरे कैरियर में जड़े बहुमूल्य रत्नों में एक जगमगाता रत्न है, यश चोपड़ा। वे राज कपूर के परम भक्त थे। मेरी उनसे बहुत जमती थी। यश जी की विशिष्ट शैली की फ़िल्में मुझे पसन्द थीं। मैं पहले ही उल्लेख कर चुका हूँ कि मैं **कभी-कभी** करने के लिए प्रारम्भ में अनिच्छुक था। क्योंकि मुझे अमिताभ के साथ फ़िल्म न करने के लिए सावधान किया गया था। दूसरा कारण था, नीतू की भूमिका का मुझसे अधिक प्रभावशाली होना। मैंने यश जी से कहा भी था कि यदि वे मुझे फ़िल्म में लेना चाहते हैं, तो मुझे नीतू वाली भूमिका दें। स्वाभाविक तौर पर यश जी परेशान हो गये। शशी चाचा के हस्तक्षेप के बाद मैंने सहमति दी और डेढ़ दिन की शूटिंग के बाद मैं फ़िल्म की ओर आकृष्ट हो गया। **कभी-कभी** मेरे लिए मील का पत्थर सिद्ध हुई। यह भले ही एक मल्टी-स्टारर फ़िल्म थी, पर यह मेरे कार्यकाल की सबसे खुशनुमा, जीवन्त और गर्मजोशी वाली फ़िल्मों में से एक रही। यश जी और मेरा साथ बड़ा सौहार्दपूर्ण रहा। हमने अपनी प्रतिभाओं और योग्यताओं को इकट्ठा करके कई अविस्मरणीय फ़िल्में बनाईं। 1970 के कालखंड में हमने **दूसरा आदमी** बनायी, जिसे रमेश तलवार ने निर्देशित किया और लगभग एक दशक बाद स्वयं यश चोपड़ा ने **विजय (1988)** बनायी। हालाँकि यह अच्छी नहीं गयी। **विजय** के निर्माण के दौरान यश जी कुछ आर्थिक संकट में फँस गये थे और उनका कैरियर भी कुछ डगमगा गया था। उनकी पहले बनायी फ़िल्म **त्रिशूल** का एक कमज़ोर संस्करण थी यह फ़िल्म और इसमें उस जैसी उच्च स्तरीय नाटकीयता भी नदारद थी। उसके बाद हमने साथ में काव्यमय रोमांस वाली प्रेमगाथा **चाँदनी (1989)** बनायी। उन्होंने मुझसे कहा था कि चिंटू मेरे दिल में श्वेत परिधान पहने एक लड़की की तस्वीर

है। श्वेत का ख़्याल बहुत राजकपूराना है। उसे **चाँदनी** नाम देना मेरी दिली लालसा है। **सिलसिला** (1981) में भी मैंने यह नाम रखा था, परन्तु अब मैं फ़िल्म का ही नाम **चाँदनी** रखना चाहता हूँ। उस समय तक यह केवल एक विचार और एक धुँधली-सी छवि मात्र तक सीमित था। वे चाहते थे कि मैं इस फ़िल्म में काम करूँ। यह सुनकर मैंने उन्हें 1981 की रिचर्ड ड्रैफिस की फ़िल्म **हूज़ लाइफ़ इज़ इट एनीवे** देखने की सलाह दी कि उसके कथाप्रसंग जोड़ने से मेरे लिए भी एक रोमांचक भूमिका उभर सकती है। फ़िल्म देखने के बाद उन्होंने उस फ़िल्म के नायक के लकवाग्रस्त होने के बाद अपनी मंगेतर का भविष्य नष्ट होने से बचाने के लिए उससे दूर जाने के निश्चय वाला भाग फ़िल्म में जोड़ने का सोचा। इस प्रकार **चाँदनी** की कहानी तैयार हुई।

चाँदनी के निर्माण के दौरान पापा का निधन हो गया। यश चोपड़ा, आर.के. के सबसे बड़े प्रशंसक थे। हमारी उस समय होने वाली बातचीत में वह बार-बार मेरे पिता द्वारा मात्र 25 वर्ष की आयु में स्टूडियो की स्थापना करने पर अपना विस्मय और सराहना अभिव्यक्त करते रहते। वह बड़े आनन्दातिरेक के साथ उनके फ़िल्म-निर्माण के फ़न की चर्चा करते।

चाँदनी के निर्माण के दौरान यश जी काफ़ी मानसिक तनाव में थे। उनके साले गुरदीपसिंह गावा से मेरी बड़ी दोस्ती थी। उन्होंने ही मुझे बताया था कि यदि **चाँदनी** अच्छी नहीं चली, तो यश जी को अपनी निर्माण संस्था वाई.आर. फ़िल्म्स बन्द करके टी-सीरिज के लिए लघु फ़िल्में बनाना प्रारम्भ करना पड़ सकता है। उन्होंने गुलशन कुमार के साथ तत्सम्बन्धी दस्तावेज़ों के स्वरूप की चर्चा तक कर ली थी। गावा ने कहा कि यश जी फिर मुख्य धारा की फ़िल्में नहीं बनायेंगे, क्योंकि समय ने करवट बदल ली है। एक्शन और हिंसा प्रधान फ़िल्मों के दौर में रूमानियत के लिए स्थान नहीं बचा है। सच तो यह है कि मुझे याद आता है कि एक दिन **चाँदनी** के प्रदर्शन से तुरन्त पहले मैं यश जी से मिलने उनके कार्यालय गया था। **चाँदनी** के प्रदर्शन की पूर्व लहर कोई ख़ास सकारात्मक नहीं थी और फ़िल्म पंडित इसके डूबने की भविष्यवाणी कर रहे थे। मैंने यश जी को एक डायरी में कुछ लिखते पाया। कुछ समय बाद वह उठकर वॉशरूम चले गये और मैं अपनेआप को डेस्क पर रखी उनकी डायरी में झाँकने से नहीं रोक पाया।

मैंने देखा कि उसमें पृष्ठ दर पृष्ठ ये शब्द 'हे ईश्वर मेरी मदद कर' बारम्बार लिखे हुए थे। मैं यह सोचकर स्तब्ध रह गया कि पता नहीं उस समय उनके दिल पर क्या बीत रही थी। **चाँदनी** की जबर्दस्त सफलता के बाद यश जी ने फ़िरोज़ नाडियाडवाला द्वारा निर्मित फ़िल्म परम्परा की भूमिका के लिए मुझसे सम्पर्क किया जिसके निर्देशक वह खुद थे, पर मेरी उस फ़िल्म में काम करने की इच्छा नहीं थी। उन्होंने मुझसे पूछा कि तुम मेरी फ़िल्म क्यों नहीं करना चाहते। मैंने बताया कि मैं एक पिता की भूमिका नहीं करना चाहता। मैं भला क्यों पिता की भूमिका करता? आमिर खान, सैफ़ अली खान, सुनील दत्त और विनोद खन्ना जैसे सितारों के होने के बावजूद भी यह फ़िल्म टिकट खिड़की पर एक हादसा सिद्ध हुई। शायद दर्शकों ने इसे इसलिए ठुकरा दिया क्योंकि यह यश चोपड़ा मार्का फ़िल्म नहीं थी।

कुछ समय बाद वह स्वयं के बैनर तले बनायी जाने वाली फ़िल्म **डर** (1933) की पटकथा लेकर मेरे पास आये। वह मुझे नकारात्मक भूमिका देना चाहते थे, परन्तु मुझे विश्वास नहीं था कि उस भूमिका के लिए मैं उपयुक्त हूँ। मुझे नहीं लगता था कि दर्शक मुझे खलनायक के रूप में स्वीकार करेंगे। मैंने उनसे कहा कि मैंने आपकी **चाँदनी** में रूमानी भूमिका निभाई और अब आप मुझे ऐसी भूमिका में लेना चाहते हैं। मैंने **खोज** (1989) में एक नकारात्मक भूमिका की थी और वह नहीं चली थी, अत: मुझे लगता था कि यह फ़िल्म भी शायद ही चले। हमारा साथ काम करने का अनुभव इतना अच्छा था कि वह **डर** में नकारात्मक भूमिका होते हुए भी मुझे ही लेना चाहते थे। बाद में उन्होंने सनी देओल द्वारा निभाई गयी नायक की भूमिका भी प्रस्तावित की, किन्तु मैं उस पर भी राज़ी नहीं हुआ क्योंकि इसका अर्थ था कि एक गौण भूमिका स्वीकार करना। फ़िल्म का केन्द्रीय पात्र खलनायक ही था।

यश जी किंकर्तव्यविमूढ़ हो गये। तब मैंने यश जी को इस भूमिका में शाहरुख को लेने की सलाह दी। मैं **दीवाना** (1992) में शाहरुख के साथ काम करके पहचान गया था कि वह एक गुणी और सक्षम अभिनेता है। पता नहीं उसके बाद क्या हुआ। मैंने सुना कि यश जी ने आमिर खान और अजय

देवगन को यह भूमिका प्रस्तावित की, किन्तु अन्त में वह शाहरुख के पास ही गये और बाकी सब तो अब इतिहास बन चुका है।

एक नायक के रूप में मेरा कैरियर इसके बाद समाप्त हो गया, परन्तु यशराज फ़िल्म्स के साथ मेरा रिश्ता पहले जैसा ही मज़बूत रहा। उनकी **हम-तुम** में मैंने सैफ़ अली के अलग हो गये पिता की भूमिका की और **फ़ना** (2006) में काजल के पिता की भूमिका की। तब तक यश जी के ज्येष्ठ पुत्र आदित्य चोपड़ा ने कमान सँभाल ली थी।

मेरा और यश जी का स्नेह बन्धन इतना गहरा था कि जब मुम्बई में विशाल वाई.आर.एफ. स्टूडियो के रूप में यश जी का स्वप्न साकार हुआ, तब उन्होंने उस स्टूडियो में शूट की जाने वाली पहली फ़िल्म में मुझे लेना अनिवार्य माना। वह फ़िल्म **फ़ना** थी और वाई.आर.एफ. स्टूडियो में ट्रेन के सीक्वेंस में उद्घाटन शॉट में मैं और किरण खेर ही थे। स्टूडियो में उस दिन चारों ओर उत्तेजना की लहर थी क्योंकि मुहूर्त्त पर यश जी पत्नी सहित आने वाले थे।

जब यश जी और मेरी नज़रें मिलीं, तो दोनों के आँसू छलक पड़े। वह हमेशा ही मेरे पिता के द्वारा कम उम्र में ही स्टूडियो प्रारम्भ करने को लेकर विस्मयाभिभूत होते रहते थे। और वही सपना उनके दिल में भी अंकुरित होने लगा था। वही स्वप्न आज साकार हुआ था। मैं बता नहीं सकता कि उस दिन यश जी के लिए मुझे कितनी आन्तरिक खुशी हुई थी। मैंने उन्हें गले लगाकर बधाई दी और कहा कि आपने एक लम्बी दूरी तय की है। एक समय आप अपनी निर्माण संस्था को बन्द करने के कगार पर थे और आज आप खुद एक स्टूडियो के मालिक हैं। मुझे विश्वास है कि मैं उन चन्द लोगों में से हूँ, जो जानते हैं कि वह सब कुछ छोड़ देने के कितने करीब थे और इसीलिए इस उपलब्धि का पूरा अर्थ और मूल्य मुझे मालूम था। मुझे बरबस याद आ गये थे वे शब्द जो एक दिन उन्होंने अपनी डायरी में लिखे थे। उस दिन भविष्य कितना अंधकारमय और अनिश्चित दिखाई देता था। और आज उनका बेटा आदि बड़ी कुशलता और सक्षमता से वाय.आर.एफ. को चला रहा है। पर मेरे हृदय में तो उसके पिता और मेरे बीच के गहरे रिश्ते की स्मृति हमेशा बनी रहेगी।

जैसा कि मैं पहले ही उल्लेख कर चुका हूँ कि मुझे यश जी के बड़े भाई बी.आर. चोपड़ा के साथ भी एक फ़िल्म करने का सौभाग्य प्राप्त हो चुका था। बी.आर. चोपड़ा की फ़िल्म **तवायफ़** मेरे जीवन की सरलतम फ़िल्म थी। एक निर्देशक के तौर पर बी.आर. चोपड़ा पूर्ण बारीकी से अपना पूर्वाभ्यास करते। वे सबसे सक्षम और सुनियोजित फ़िल्म निर्माता थे। वह पूर्णत: सुस्पष्ट होते कि उन्हें क्या करना है। एक दिन में किये जाने वाले कार्य का पूर्व निर्धारण हो जाता था। वह मुझसे पूछते कि बेटा, तुम कब आना पसन्द करोगे और मैं कहता कि सुबह 10 बजे और उनका जवाब होता 10 बजे बिल्कुल ठीक है। वह खुद 9.30 बजे काम शुरू कर देते और ठीक 1.15 पर लंच ब्रेक हो जाता और 2 बजे शूटिंग पुन: शुरू हो जाती। ठीक 4 बजे टी ब्रेक हो जाता। पूरे फ़िल्म उद्योग में 4 बजे टी ब्रेक करने वाले वे एकमात्र निर्माता थे। उनके यहाँ चाय पूर्ण औपचारिकता के साथ पेश की जाती थी। टेबल पर स्नेक्स सजे होते। उनके दोस्त और लेखक राही मासूम रज़ा नियमित रूप से चाय पर आते। ब्रेक के संकेत के तौर पर सेट की रोशनियाँ बुझा दी जाती थीं। मेज़ पर टेबल क्लॉथ बिछाया जाता और नेपकिन रखे जाते और एक प्यारी चायदानी से मैचिंग कप-प्लेट में चाय डाली जाती। यह सब सरंजाम एकदम अंग्रेज़ी संस्कृति के अनुरूप और सही होता। हम आराम से चाय के घूँट लेते, एकाध सेंडविच, बिस्किट या चटर-पटर लेते और ठीक बीस मिनट बाद पुन: कार्य प्रारम्भ करने का समय हो जाता था। तबसे 6.30 तक काम करने के बाद पैकअप हो जाता।

तवायफ़ सबसे कम अवधि में बनने वाली फ़िल्म थी। यह मेरे कैरियर की उन चन्द फ़िल्मों में से है, जिसमें किसी पैचवर्क या कटवर्क की ज़रूरत नहीं पड़ी। पैचवर्क या कटवर्क का अर्थ होता है, कहानी के प्रवाह के लिए शूटिंग समाप्त होने के बाद किसी क्लोज़अप या लिंक शॉट की शूटिंग। बी.आर. चोपड़ा का अपने सम्पादन विभाग से जबर्दस्त तालमेल था और हर शॉट उनके मस्तिष्क में पहले से ही ठीक-ठीक अंकित होता। उनके भाई धरम चोपड़ा ही कैमरामैन थे और दोनों भाइयों का पूरा तालमेल था। दोनों जानते थे कि वे क्या चाहते हैं। बी. आर. चोपड़ा और यश साहित्य

के जानकार और बुद्धिजीवी व्यक्ति थे। मेरे लिए उन जैसे रचनात्मक और साहित्यिक लोगों के साथ काम करना एक सम्मान था।

मेरी फ़िल्मों की कोई भी सूची मशहूर फ़िल्म निर्माता एच.एस. रवैल का नाम जोड़े बिना पूरी नहीं हो सकती। मैंने दो फ़िल्में **लैला मजनूं** और **दीदारे यार** उनके साथ की। **बॉबी** के बाद **लैला मजनूं** ही मेरी सबसे बड़ी सफलता थी। रवैल साहब का बेटा राहुल और मैं, बचपन से साथ-साथ खेलकर ही बड़े हुए थे। मैं अकसर उनके घर में ही खेलता रहता था, इसलिए रवैल साहब मुझे सन्तानवत् ही प्यार करते। राहुल **मेरा नाम जोकर** में और बाद में **बॉबी** में भी मेरे पिता का सहायक रहा। **मेरे महबूब** (1963) जैसी सुपर हिट फ़िल्म बनाने के बाद रवैल साहब मुस्लिम सामाजिक फ़िल्मों के उस्ताद निर्देशक माने जाने लगे थे। परन्तु **मेहबूब की मेहँदी** (1977) के बाद टिकट खिड़की पर उनका जादू कम होता चला गया। फिर भी अपनी रचनात्मकता के लिए उनका सम्मान आज भी कायम है। **रोमियो एंड जूलियट** और **लैला मजनूं** को जोड़कर एक फ़िल्म का विचार उनके मन में आया जिसकी कल्पना बेजोड़ थी। आज तक किसी ने मजनूं के हाथ में गुलाब के बदले तलवार की कल्पना नहीं की थी। यद्यपि मूल कथा में मजनूं पहले क़ैस के रूप में चित्रित था, जो तलवारबाज़ी भी करता था। बाद में क़ैस से उसका रूपान्तरण अमर प्रेमी मजनूं में होकर रह गया। 1973-74 की कालवधि में रवैल साहब की यह कल्पना क्रान्तिकारी थी। रवैल साहब ने मजनूं के लोकगाथा में चित्रित स्वरूप में रोमियोनुमा विशिष्टिताएँ जोड़ीं और साथ ही ढेर सारी तलवारबाज़ी और द्वन्द्व युद्ध भी। फ़िल्म ने सफलता के झण्डे गाड़ दिये।

लैला की भूमिका के लिए रवैल साहब को एक नये चेहरे की ज़रूरत थी। अत: एक देशव्यापी तलाश प्रारम्भ हो गयी। एक बड़ी रकम इस मुहिम पर खर्च की गयी। चंदीगढ़ और अन्य कई शहरों के समाचार पत्रों में पूरे-पूरे पेज के विज्ञापन छपवाए गये। लखनऊ और कलकत्ता में भी घोषणा की गयी कि लैला के लिए एक लड़की की तलाश है, जिसका ऑडिशन ऋषि कपूर के साथ होगा। पर सारे प्रयास निष्फल रहे, वह नहीं मिली। अन्त में हमारी नाक के नीचे ही पुणे फ़िल्म इंस्टिट्यूट में हमें रंजीता कौर मिल गयी, जो

इस भूमिका के लिए एकदम उपयुक्त थी। पर वह थोड़ी खाये-पीये घर की लगती थी, अत: भूमिका के लिए उसे अपना वज़न घटाना पड़ा, जिसे करने में उसे काफ़ी समय लगा। जब वह यहाँ आ गयी, तब उन्होंने मेरी तारीखें लीं और शूटिंग प्रारम्भ की। इसलिए प्रारम्भिक चरण में आप लैला को थोड़ी मोटी पायेंगे। रवैल साहब एक बहुत व्यवस्थाप्रिय निर्देशक थे। बारीकी के लिए तो वे लगभग पागल से थे। वह किसी अभिनेता के क्लोज़अप के पहले उसकी पोषाक की जाँच करने में करीब 10 मिनट लेते थे। पृष्ठभूमि में यदि ऊँट होते और उनके साथ किसी मुख्य कलाकार का क्लोज़अप लेना होता, तो वह ऊँट की भी जाँच करते। मैं कह उठता कि लड़की पर ध्यान दीजिए, ऊँटों को कौन देखेगा, पर उनके कान पर जूँ तक नहीं रेंगती। हर चीज़ की बारम्बार जाँच की जाती। भले ही उस समय इस सबसे थोड़ी परेशानी होती, पर जब हमने पर्दे पर उनका अन्तिम रूप देखा, तो हम इनकार नहीं कर सके कि सूक्ष्म जाँच का उनका हर मिनट सार्थक था। उन्होंने कुछ स्वप्निल और कल्पनातीत रच डाला था।

मेरी अभी तक की गयी फ़िल्मों से **लैला मजनूं** के सेट सर्वथा भिन्न थे। आर.के. स्टूडियो में लगे हुए रेगिस्तानी तम्बू थे, रेगिस्तान की छोटी-से-छोटी चीज़ की प्रस्तुति बड़ी ही कष्टसाध्य थी। रेगिस्तान बहुत सारा प्रकाश जज्ब कर जाता था, इसलिए कैमरामैन को अतिरिक्त प्रकाश की व्यवस्था करनी पड़ी। इसने हमारी चिन्ताओं में और इजाफ़ा कर दिया, जो पहले ही कम न थीं। हम मुम्बई की गरमी और उमस में चमकदार रेशम और ब्रोकेड के परिधान पहने होते थे और विग लगाए होते थे। रवैल साहब हर शॉट के पहले अन्तिम परीक्षण के लिए अपने हिसाब से समय लेते, तो हम सब बेचैन हो उठते। शॉट चाहे जितना भी बढ़िया हो, एक और रीटेक, एक और रीटेक का अन्तहीन सिलसिला चालू रहता। परन्तु अन्त में सारी मेहनत रंग लायी और मैं अपने जीवन की इस अमर भूमिका के लिए रवैल साहब का चिर ऋणी रहूँगा।

लैला मजनूं एक वर्ष तक शूट की जाती रही और उसकी शूटिंग में 130 दिन लगे। एक विशद और जटिल पीरियड की फ़िल्म खचीर्ली भी बहुत होती है। इतनी बड़ी परिकल्पना में एक भरोसेमन्द आजमाई हुई अभिनेत्री

का न होना एक अनिश्चितता को जन्म देता था। **लैला मजनूं** की विशेषताएँ थीं एच.एस. रवैल, ऋषि कपूर और मदन मोहन का ऐतिहासिक सुमधुर संगीत। हमारे निवेशक निर्माता शंकर बी.सी. को इस पर पूरा विश्वास था। वे आश्वस्त थे कि हमारा यह संगम चलेगा ही। **बॉबी** के बाद मेरी कोई हिट फ़िल्म नहीं आयी थी। **महबूब की मेहँदी** में उस युग के महानायक राजेश खन्ना के होने के बावजूद असफल होने के कारण रवैल साहब के कैरियर का भी बुरा दौर चल रहा था। अत: **लैला मजनूं** जैसी बड़ी फ़िल्म बनाना जुआ खेलने जैसा था।

हालाँकि जैसे-जैसे शूटिंग आगे बढ़ती गयी और हमने फ़िल्म के रशेस देखे, हम इसकी विषय वस्तु को लेकर आश्वस्त होते गये। संगीत, नृत्य, गहरी भावनाएँ, प्रस्तुतीकरण सभी ऐतिहासिक और दर्शनीय प्रतीत हुए। फ़िल्म में एक्शन प्रसंगों का जोड़ा जाना मेरे कैरियर में मील का पत्थर साबित हुआ। **लैला मजनूं** ने सफलता के झंडे गाड़ दिये—विशेषत: उत्तर भारत में। यह वह दौर था, जब अमिताभ को लेकर दर्शकों के पागलपन ने पूरे देश को तूफ़ान की चपेट में ले लिया था और जिसके अँधड़ ने शेष सभी चीज़ों को उखाड़ दिया था। प्रशंसक अमिताभ को पर्दे पर देखते नहीं थकते थे। उन्हें वह और-और चाहिए था। इस अमिताभ रूपी तूफ़ान का सामना करना सभी के लिए कठिन था, ख़ासकर एक रोमांटिक नायक के लिए। अमिताभ सभी को निर्मूल करते हुए आगे बढ़ रहा था। उस समय का महानायक राजेश खन्ना सिंहासनच्युत हो चुका था। लोग केवल अमिताभ को देखना चाहते थे। यदि अमिताभ नहीं तो धर्मेन्द और वह भी नहीं, तो विनोद खन्ना, वह भी नहीं तो शत्रुघ्न सिन्हा। एक्शन नायकों का स्वागत था। जितेन्द्र जैसे सामाजिक फ़िल्मों के नायक भी इस एक्शन नामक चलती गाड़ी में बैठ गये। सारे नये कलाकार मिथुन चक्रवर्ती, सनी देओल, जैकी श्राफ और संजय दत्त भी इस पंक्ति में लग गये। मैं उन चन्द कलाकारों में था, जो इस प्रवाह से अलग रहा।

लैला मजनूं के साथ मैं **हम किसी से कम नहीं**, **खेल-खेल में**, **सरगम**, **कभी-कभी**, **अमर अकबर एन्थोनी**, **क़ातिलों के क़ातिल** और **नसीब** भी कर रहा था। यह सूची लम्बी थी और इसमें एकल नायक वाली सफल

और मल्टी-स्टारर वाली जबर्दस्त सफल फ़िल्में, दोनों ही शामिल थीं। कुछ भूमिकाएँ जैसे **प्रेम रोग** ख़ासकर अलग और कठिन व जटिल थी। **दामिनी** (1993) भी ऐसी ही थी। मैं मुम्बई में फ़िल्मालय स्टूडियो में शूटिंग कर रहा था, तब दामिनी के निर्माता मोरानी बन्धु और राजकुमार सन्तोषी ने मुझसे सम्पर्क किया और मुझे फ़िल्म में भूमिका करने का प्रस्ताव रखा। फ़िल्म की कहानी असाधारण और मेरी भूमिका वास्तव में चुनौतीपूर्ण थी। मुझे एक ऐसे संरक्षक पति की भूमिका निभानी थी, जिसकी पत्नी एक बलात्कार की साक्षी हो जाती है और वह सम्बद्ध दोषियों को सामने लाकर दंडित करने के लिए अड़ जाती है। पति तब परिवार और पत्नी के बीच चुनाव के अंर्तद्वन्द्व में फँस जाता है। परन्तु फ़िल्म देखने के बाद मुझे लगा कि इस फ़िल्म की सफलता का सारा श्रेय सनी देओल, जो वकील की भूमिका में था, ले गया। निर्देशक के रूप में राजकुमार सन्तोषी निश्चय ही एक गुणी व्यक्ति हैं, एक अच्छे लेखक और कुशल निर्देशक भी। बहुत बाद में जाकर उसने मेरे बेटे रणबीर के साथ **अजब प्रेम की गजब कहानी** (2009) के रूप में एक सफल फ़िल्म बनायी। जब **दामिनी** की कहानी मुझे पहली बार सुनाई गयी थी तब उसमें दो नायक थे—एक वकील की भूमिका में और एक पियक्कड़ की। बाद में दोनों भूमिकाओं को मिला दिया गया, जिसे सनी देओल ने निभाया। स्पष्ट है कि उस दौर में सनी मेरा अपेक्षाकृत अधिक भरोसेमन्द अभिनेता था। इसके अतिरिक्त सनी मोरानी बन्धुओं का दोस्त भी था और राज का भी, जिसने अपने कैरियर की शुरुआत सनी देओल को लेकर **घायल** (1990) से की थी। यूँ तो **दामिनी** का नायक मैं ही था और सनी एक अतिथि कलाकार था, परन्तु अन्त में सारी वाहवाही और तालियाँ वही लूट ले गया। असल में दर्शक एक बड़बोले पात्र के साथ ज़्यादा नज़दीकी महसूस करते हैं। खामोश तरीके से चरित्र निभाना और फिर भी चमकना थोड़ा कठिन होता है। या शायद सनी मुझसे बेहतर था या उसकी भूमिका से दर्शकों के दिल के तार बेहतर तरीके से जुड़ पाये थे। जो भी हो, पर मेरी भूमिका की अदायगी अधिक कठिन थी। मैं अभी भी यही मानता हूँ कि मेरी अभी तक की भूमिकाओं में **दामिनी** ही कठिनतम थी और मैंने उसे बढ़िया ढंग से निभाया। यदि आप फ़िल्म के दूसरे चरित्रों पर गहराई से ध्यान दें, तो पता चलेगा कि हर चरित्र के पास एक सुस्पष्ट उत्प्रेरक है। दामिनी के पास

संघर्ष का एक निश्चित लक्ष्य है और उसके जेहाद की यह भावना इतनी तीव्र है कि उसके लिए वह अपने प्यारे पति को भी संकट और दुविधा में डालने से नहीं हिचकिचाती। वकील भी एक योद्धा है। उसे स्वयं को अपनी नज़रों में उठाकर आत्मग्लानि से खुद को मुक्त करना है। दोनों के चरित्र की रूपरेखा सुस्पष्ट और सुपरिभाषित थी। मेरा चरित्र दो पाटों के बीच फँसा है एक ओर परिवार है, दूसरी ओर पत्नी। दोनों के प्रति निष्ठा में से वह किसे चुने? इस असमंजस और अन्तर्द्वन्द्व को पर्दे पर लाना एक चुनौती था। खैर मैंने अपने चरित्र के विविध रंगों को आनन्द और आत्मविश्वास से निभाया। मेरा पात्र एक धर्मसंकट में फँसा है जैसा कि जीवन में आये अति कठिन मोड़ पर व्यक्ति कई बार फँस जाता है। दुविधा उसे किंकर्तव्यविमूढ़ कर देती है। पर्दे पर इसे सम्प्रेषित करना भी उतना ही कठिन होता है।

संसार में सफलता और विफलता, ऊँच और नीच की आँख-मिचौली निरन्तर चलती रहती है। यही बात फ़िल्म जगत पर भी पूर्णतया लागू होती है। परन्तु इस कारण हम स्वार्थी होकर केवल सफल व्यक्तियों से ही जुड़े रहें, यह तो न सम्भव है न ठीक। ईश्वर न करे, यदि कभी मैं कठिनाई से घिर जाऊँ तो मैं अपने मित्रों से सहायता की अपेक्षा करूँगा। उसके लिए आभार भी महसूस करूँगा और अपने मित्रों के समस्याग्रस्त होने पर मैं खुद भी ऐसा ही करूँगा। मेरे मित्र बिट्टू आनन्द ने मुझे नायक के रूप में लेकर दो फ़िल्में—**दुनिया मेरी जेब में** (1979) और **ये इश्क नहीं आसां** (1984) का निर्माण किया, दोनों को ही दर्शकों ने नकार दिया। बिट्टू के भाई टीनू आनन्द को इनमें निर्देशन का पहला अवसर मिला। परन्तु एक बार टीनू आनन्द को अमिताभ की फ़िल्म **कालिया** को निर्देशित करने का अवसर मिला, तो ऋषि कपूर उनके जीवन का एक भूला हुआ अध्याय बन गया। इसके बाद अमिताभ ही उनके लिए सब कुछ बन गया। सफलता से बढ़कर कोई चीज़ नहीं होती। यह रिश्तों के सारे समीकरण बदल डालती है। टीनू

यह नहीं समझ पाये कि अमिताभ के शिखर दिनों में आप यदि श्वेत-श्याम की जगह केवल श्वेत नेगेटिव का भी प्रयोग करते, जिस पर छवियाँ नहीं उभरतीं, तो भी फ़िल्म सफल ही रहती। फ़िल्म की सफलता का पूरा श्रेय अकेले अमिताभ को ही था।

मैंने अपने मित्र निर्माता रवि मल्होत्रा के साथ भी दो एकल नायक प्रधान सफल फ़िल्में की थीं—**खेल-खेल में**, जिसे रवि टंडन ने निर्देशित किया था और **झूठा कहीं का** (1971)। फिर हमने तीसरी फ़िल्म साथ की—**राही बदल गये** (1985) जो असफल रही और फिर चौथी फ़िल्म थी—**हम दोनों** (1995), जो नाना पाटेकर और शफ़ी इनामदार को साथ लेकर की। मैंने हर बार फ़िल्म दोस्तों के प्रति मेरी निष्ठा की भावना के कारण की थी, क्योंकि मेरी भी इच्छा थी कि मैं अपने दोस्तों के कुछ काम आ सकूँ तो आऊँ। जीवन और संसार में अपना मुकाम पाने पर मैं उन्हें भी अपने-अपने मुकाम पाने के प्रयास में मदद करना चाहता था।

विफलता और सफलता फ़िल्म व्यवसाय के अनिवार्य भाग हैं। मैंने अपने पिता को दोनों दौर से गुज़रते हुए देखा है और मैं भी दोनों अनुभवों से गुज़र चुका हूँ। यदि मुझे अति सफल **लैला मजनूं** मिली, तो मैंने पूर्णतया असफल फ़िल्म भी दी है। **लैला मजनूं** की सफलता के प्रवाह में बहते हुए एच.एस. रवैल और मैंने एक और फ़िल्म **दीदारे यार** भी की, जिसके निर्माता मेरे दोस्त जितेन्द्र थे और फ़िल्म की नायिका टीना मुनीम थी। शूटिंग के प्रथम दिन ही जितेन्द्र की रवैल साहब से कुछ तकरार हो गयी। अति व्यवस्थाप्रिय रवैल साहब अपने स्वभावनुसार रीटेक पर रीटेक लेने लगे। एक विशेष शॉट के उन्होंने इतने रीटेक लिए कि जितेन्द्र थक गया और बड़बड़ा दिया कि 'मेरा सर्वश्रेष्ठ यही है। यदि इससे आप काम चला सकते हैं, तो ठीक है अन्यथा आप फ़िल्म को यहीं रोक दें क्योंकि मैं इससे बेहतर और बढ़कर और कुछ नहीं कर सकता।'

यत्नपूर्वक मैंने जितेन्द्र को थोड़ा धैर्य रखने को राज़ी किया। मैंने उसे जताया कि वे कितने गुणी और प्रतिभाशाली हैं और वे अपने फ़न में कितने माहिर हैं। जितेन्द्र का प्रश्न था कि मैं अपने सर्वश्रेष्ठ से बेहतर कैसे कर सकता हूँ। रवैल साहब को इसी से काम चलाना पड़ेगा। एक असहज

समझौता हो गया जिसके बाद कम-से-कम बाहरी तौर पर तो कुछ नहीं घटित हुआ। हमारे प्राणपण से किये प्रयत्नों के बावजूद फ़िल्म एक हादसा सिद्ध हुई। निर्देशक और निर्माता की परस्पर मनोमालिन्य और मतभेद ने फ़िल्म का वातावरण प्रदूषित कर दिया था। फ़िल्म की असफलता ने जितेन्द्र को अपना भाग्य दक्षिण भारत में आज़माने के लिए उत्प्रेरित किया। उसने मुझे बताया था कि पाँच वर्षों में उसने साठ फ़िल्में कीं और उस कमाई से **दीदारे यार** का पूरा घाटा और कर्ज़ा पाट दिया। यह कालखंड उनके कैरियर का सुनहरा काल सिद्ध हुआ, जैसा कि नियति द्वारा पूर्व निर्धारित था।

नियति इसी प्रकार लीला करती है। वह आपको अपने निर्धारित स्थान और कार्य तक पहुँचा देती है। ठीक इसी तरह मेरे लाख मना करने के बावजूद नियति ने मुझे **कभी-कभी** का हिस्सा बना दिया था। इंग्लैण्ड जाकर व्यवसाय प्रबन्धन या चार्टर्ड अकाउंटेंसी मेरे भाग्य में था ही नहीं। मेरी नियति तो मुझे यहीं रहकर **बॉबी** करने के लिए बुला रही थी। इसी प्रकार जितेन्द्र के भाग्य में **दीदारे यार** का भारी घाटा लिखा था, जिसने उसे दक्षिण भारत की ओर धकेला। जब हम दोनों ने इस पर चर्चा की, तो हमने महसूस किया कि **दीदारे यार** एक काला बादल था और दक्षिण भारत का पड़ाव उसकी रजत-रेखा और पहले (**दीदारे यार** का घाटा) ने उसे दूसरे (दक्षिण में बनने वाली फ़िल्मों) के पाले में अपनेआप पहुँचा दिया।

6

संगीत के सम्राट

हिन्दी फ़िल्मों में संगीत के महत्त्व को आँका ही नहीं जा सकता। अनेक बार फ़िल्म का साउंडट्रैक फ़िल्म से भी अधिक लोकप्रिय हो जाता है और फ़िल्म के गीत अमर होकर कालातीत हो जाते हैं। फ़िल्म की सफलता भी संगीत निर्धारित कर सकता है।

रोमांटिक नायक जिसकी फ़िल्मों की सफलता बहुत हद तक संगीत और नृत्य के सीक्वेंस पर निर्भर हुआ करती थी, इनके लिए पैर थिरक जाने पर मजबूर करने वाला और अति लोकप्रिय संगीत अनिवार्य था। सौभाग्य से, मेरे पास ऐसे गीतों की एक लम्बी सूची है, जिसमें उस समय के अनेक सर्वाधिक लोकप्रिय गीत शामिल हैं। एक युवा फ़िल्मी सितारे के रूप में मेरे सफल दौर में इन स्मरणीय धुनों का बहुत बड़ा योगदान है।

मुझे रेडियो सुनने का व्यसन है। मैं हर समय रेडियो सुनता रहता हूँ, शयन कक्ष में, स्नान कक्ष में, यहाँ तक कि मेरे पुस्तकालय में भी संगीत हर पल चलता ही रहता है। बाहर के रेडियो स्टेशनों, विशेषत: मुम्बई से प्रसारित होने वाले अनेक केन्द्र मेरी एकल नायक फ़िल्मों अथवा मेरे और नीतू की साथ की गयी फ़िल्मों पर आधारित गीतों का आधे घण्टे का कार्यक्रम प्रसारित करते रहते हैं और हर बार उन गीतों के बजते ही मेरा

हृदय खुशी और पुराने समय की मधुर यादों से भर जाता है। मुझे लगता है कि सचमुच में मैं बड़ा भाग्यशाली था।

हालाँकि मैं स्वीकार करता हूँ कि इन अति लोकप्रिय सदाबहार गीतों के बारे में मेरा अन्दाज़ और प्रथम प्रतिक्रिया अकसर गलत ही साबित हुई। मुझे याद है, एक दिन बोनी कपूर **कर्ज़** के 'ओम शान्ति ओम' गाने की रिकॉर्डिंग को लेकर मेरे पास आये थे। वह बहुत ही उत्साहित थे। संगीतकार लक्ष्मीकान्त प्यारेलाल और निर्देशक सुभाष घई भी गाने से पूर्णत: विस्मयाभिभूत थे और इसीलिए उन्होंने उसे मेरे पास पंचगनी भेजा था, जहाँ मैं शूटिंग कर रहा था। मैंने बोनी को खूब खरी-खोटी सुनायी। मैंने कहा कि यह तो बिल्कुल बेकार गाना है और समझ नहीं आता कि मेरे लिए लक्ष्मी-प्यारे ने ऐसी धुन कैसे बना दी। पंचम के संगीत को लेकर भी मैं ऐसी गड़बड़ कर चुका था। जब उन्होंने **ये वादा रहा** के शीर्षक गीत की धुन मुझे सुनाई थी, तो उनसे भी मैंने यही पूछा था कि मेरे लिए ऐसी धुन क्यों बनायी? इसी प्रकार **सरगम** के 'डफ़लीवाले' और 'पर्वत के उस पार' दोनों गीतों पर भी मैंने ऐसी ही प्रतिक्रिया व्यक्त की थी। ख़ासकर डफ़लीवाले की खिल्ली उड़ाते हुए मैंने कह दिया था कि 'यह डफ़ली बजा, डफ़ली बजा' क्या होता है। हाँ, यह सच है कि बार-बार की बैठकों में उसको सुनते हुए मुझे यह महसूस हो गया कि यह कितनी ज़ोरदार धुन है।

नायक के रूप में मेरी पहली फ़िल्म **बॉबी** का संगीत जीवन्त और यौवनोचित जोश से भरपूर था। संगीत लक्ष्मीकान्त प्यारेलाल का था और निष्णात गीतकार आनन्द बक्षी ने गीत लिखे थे। उन दोनों का मेरे पिता के साथ काम करने का यह पहला अवसर था। मेरे सारे गीत एक नवोदित गायक शैलेन्द्रसिंह (शैलू) की आवाज़ में थे, जिसे **बॉबी** में ही पहली बार पार्श्वगायक के रूप में प्रस्तुत किया जा रहा था। यह फ़िल्म लक्ष्मीकान्त और प्यारेलाल के साथ एक शानदार लम्बी पारी की शुरुआत थी। लक्ष्मी-प्यारे के साथ हमने 30 से भी ज़्यादा फ़िल्में कीं, जिनमें संगीत की दृष्टि से अति समृद्ध **कर्ज़** और **सरगम** भी शामिल हैं।

मुझे अपने कैरियर के एकदम प्रारम्भिक दौर में ही अति गुणी संगीतकार आर.डी. बर्मन के साथ काम करने का असाधारण सम्मान भी प्राप्त है। **बॉबी**

के प्रदर्शन के पहले ही मैंने कुछ फ़िल्में साइन कर ली थीं। वीरेन्द्र सिन्हा की **ज़हरीला इनसान** उन्हीं में से एक थी। मुझे हार्दिक प्रसन्नता हुई थी, जब मुझे पता चला था कि संगीत आर.डी. बर्मन का होगा। तब मेरा उनसे परिचय नहीं था, परन्तु 17 या 18 फ़िल्में एक साथ करने के दौरान हम एक-दूसरे के बहुत नज़दीक आ गये थे। लोगों ने **बॉबी** के संगीत को हाथोंहाथ लिया था, इसलिए मैं दूसरी फ़िल्मों में भी शैलू को ही अपना पार्श्वगायक लेना चाहता था। फ़िल्म निर्माता और संगीतकारों ने भी प्रारम्भ में मेरा साथ दिया, इसलिए शुरू के अनेक गीतों में शैलू की ही आवाज़ है। पंचम ने भी सहमति दे दी और **ज़हरीला इनसान** के दो गीत और **खेल-खेल में** का अति लोकप्रिय गीत 'हमने तुमको देखा' शैलू की ही आवाज़ में रिकॉर्ड कर लिए। परन्तु जल्दी ही उन्होंने अपना मत स्पष्ट कर दिया और घोषणा कर दी कि शेष तीन मुख्य गाने 'ओ हंसिनी' (**ज़हरीला इनसान**), 'एक मैं और एक तू' और 'खुल्लम खुल्ला प्यार करेंगे हम दोनों (**खेल-खेल में**) वह केवल किशोर कुमार की आवाज़ में ही रिकॉर्ड करेंगे। उन्होंने कह दिया कि बिना किशोर के मैं ये गाने रिकॉर्ड नहीं करूँगा। जब निर्देशक और निर्माता ने मुझे सूचना दी कि पंचम अड़ गये हैं, तो मैंने भी ज़िद छोड़ दी और पंचम को उसकी इच्छानुसार कार्य करने की पूरी आज़ादी दे दी। बाद में मैं समझ गया कि पंचम ने ऐसा अड़ियल रुख क्यों अपनाया था। उन गीतों की प्रस्तुति के लिए किशोर कुमार जैसे असाधारण गुणी, बहुमुखी और परिष्कृत गायक की ही आवश्यकता थी। उनके जैसा बनने में शैलू को अभी काफ़ी वक्त लगेगा।

पंचम ने मेरी सत्रह या अठारह फ़िल्मों में संगीत दिया और अधिकतर का संगीत स्मरणीय ही रहा। वे गीत आज भी रेडियो चैनलों के पसन्दीदा गीत हैं। दुर्भाग्य से, पंचम के जीवन के अन्तिम चरण में हम साथ काम नहीं कर पाये। 1993 के अन्त में उसने मुझे बुलाया था और औपचारिक अभिवादन के बाद मुझसे पूछा था कि ऐसा क्यों है कि वह मेरी फ़िल्मों का संगीत नहीं कर रहा है। उसने मुझसे मेरी आगामी फ़िल्मों में उसका संगीत लेने पर ध्यान देने को कहा। उसने जोड़ा कि आर्थिक दृष्टि से वह एकदम मज़बूत है, परन्तु काम की कमी उसकी सृजनशीलता को परेशान कर रही है। लौटते समय हम लम्बे समय तक साथ थे, तब उसने मुझसे पूछा कि

क्या मैं अपनी निर्माणाधीन फ़िल्मों के निर्माताओं से उसका संगीत लेने को कह सकता हूँ।

यह बात 1990 के दशक की है। जिसका पहला चरण वह समय था, जब मैं संगीतकारों की एक बिल्कुल नयी पीढ़ी; जैसे कि नदीम-श्रवण, आनन्द-मिलिन्द और अन्य युवा संगीतकारों के साथ काम कर रहा था। निर्माता मुझसे सम्पर्क करने से पहले ही संगीतकार तय कर चुके होते, अत: यह विषय मेरे अधिकार क्षेत्र के बाहर चला जाता। मैं इतने महान संगीतकार की इस स्थिति पर बड़ा खिन्न हुआ और मैं इस बात पर विचार कर ही रहा था कि इस विषय में मैं क्या कर सकता हूँ कि इतने में ही उस महान संगीतकार की असामयिक मृत्यु की सूचना मिल गयी। मुझे आजीवन इसका खेद रहेगा कि मैं अपने दोस्त की उस समय मदद न कर पाया, जब शायद उसे उसकी सबसे ज़्यादा ज़रूरत थी।

और फिर कुछ ऐसे संगीतकार भी हैं, जिनके साथ मुझे एक बार ही काम करने का अवसर मिला, परन्तु जिनके संगीत ने मेरे कैरियर पर अपनी छाप छोड़ी है। ऐसे असाधारण प्रतिभाशाली व्यक्तियों में हैं मदनमोहन और जयदेव, जिन्होंने संयुक्त रूप से **लैला मजनूं** का संगीत रचा, एस.डी. बर्मन (**बारूद**), खय्याम (**कभी-कभी**) और रवि (**तवायफ़**)। मैंने राजेश रोशन—जिसे हम राजू कहते हैं—के साथ **दूसरा आदमी** और विस्मयकारी संगीत वाली **आपके दीवाने**, कल्याण जी आनन्दजी (**क़ातिलों के क़ातिल, रफ़ू चक्कर**) आनन्द मिलिन्द **बोल राधा बोल** (1992) **ईना मीना डीका** (1994) और **हम दोनों**। ऐसे विलक्षण संगीतकारों के रचनात्मक दल का परिणाम यह हुआ कि मुझे गीतों की एक विविधतापूर्ण श्रृंखला मिल पायी।

मुझे ओ. पी. नैयर साहब के साथ काम न कर पाने का आजीवन अफ़सोस रहेगा। उन्होंने मेरे चाचा शम्मी कपूर की अनगिनत सफल फ़िल्मों के लिए संगीत रचना की। पर मेरे इस परिदृश्य में आने के पहले ही उनका कैरियर समाप्तप्राय हो चुका था। मुझे इसका भी अफ़सोस रहेगा कि शंकर जयकिशन, जिनके साथ मैंने अपना फ़िल्मी सफ़र प्रारम्भ किया था, के साथ काम करने का बाद में सुयोग ही नहीं हुआ। वास्तव में, मेरे आगमन के साथ ही संगीत की कमान नैयर साहब, शंकर जयकिशन और एस.डी. बर्मन

जैसे संगीत के उस्तादों के हाथ से निकलकर नयी पीढ़ी के संगीतकारों के हाथ में चली गयी थी। प्रसिद्ध नदीम-श्रवण जोड़ी के नदीम ने एक बार मुझे बताया था कि अपने कैरियर के प्रारम्भ में वह जब भी संगीत रचना करते, तो उनके मस्तिष्क में हमेशा मैं या राजेश खन्ना होते। उन्होंने मुझे कहा था कि 'हमारी आँखों के सामने उस समय तुम ही होते और हम अपनेआप से ही पूछते कि कैसा लगेगा जब जर्सी पहने हुए ऋषि कपूर वादियों में इसे गायेंगे।' उनके शब्द थे कि 'हमने हर गाना आपको मद्देनज़र रखते हुए ही बनाया।'

मेरी निर्देशित पहली फ़िल्म **आ अब लौट चलें** से नदीम-श्रवण आर.के. के दल में शामिल हो गये। उन्होंने बताया कि वह ज़्यादा ही खुश हैं, क्योंकि इस फ़िल्म में राजेश खन्ना भी एक छोटी भूमिका में हैं और वह अपने दो प्रेरणा पुरुषों के साथ एक ही फ़िल्म में काम कर रहे हैं। काका जी भी एक ऐसे नायक रहे हैं, जिन्हें अति सुमधुर और महान संगीत मिला। यद्यपि बहुत-से लोग मानते हैं कि महान संगीत सदा अमिताभ बच्चन से मुँह छुपाता फिरा, पर मैं तो मानता हूँ कि कुछ अति सुमधुर और फड़कते हुए ज़ोरदार संगीत और गाने का सुयोग उनको भी प्राप्त हुआ। पर हाँ, मैं अधिकतर सितारों से इस मामले में अधिक सौभाग्यशाली रहा हूँ। मुश्किल से ही मेरे आयुवर्ग या मुझसे बाद की पीढ़ी के कलाकारों में ऐसा कोई सितारा मिलेगा, जिसने महान संगीतकारों की इतनी विशाल श्रृंखला के साथ काम किया हो। न अमिताभ, न शाहरुख खान, न जितेन्द्र या कोई भी सितारा मेरी पहली फ़िल्म **मेरा नाम जोकर** के गीत 'तीतर के दो आगे तीतर' के किंवदन्ती बन चुके शंकर जयकिशन से लेकर आज के उस्ताद ए.आर. रहमान (**दिल्ली-6**) और यहाँ तक कि **अग्निपथ** और **काँची** के इक्के-दुक्के गीत जैसी लम्बी और निरन्तर पारी का कोई दावा नहीं कर सकता।

इस सबका श्रेय वास्तव में मेरे निर्देशकों को जाता है। एक संगीत प्रधान अति सफल फ़िल्म में निर्देशक का महत्त्व सर्वोपरि होता है। हिन्दी सिनेमा ऐसे महान गानों और संगीत रचनाओं से भरा पड़ा है, जहाँ फ़िल्म निर्माताओं और निर्देशकों के पास वह अन्तर्दृष्टि नहीं थी, जो उन फ़िल्मों को हिट बनाती। मेरा खुद का रिकॉर्ड इतना सम्पन्न इसीलिए है, क्योंकि मैंने राज कपूर, मनमोहन देसाई, नासिर हुसैन और सुभाष घई जैसे विलक्षण

निर्देशकों के साथ काम किया, जिनके पास वह अन्तर्दृष्टि थी और जो उत्कृष्ट संगीत प्रेमी थे और इसीलिए अपने संगीतकारों से सर्वश्रेष्ठ निकलवा लिया करते थे। वे बिना भटके हर बार अपनी फ़िल्म के लिए ज़ोरदार संगीत पा लिया करते थे और प्रकारान्तर से मेरी अति सफल फ़िल्मों की इतनी लम्बी सूची उनके कारण ही बन सकी।

मेरा अभिनय अनेक लोगों को भ्रमित कर देता है कि मैं अनेक वाद्ययन्त्र बजाना जानता हूँ। परन्तु यह तो अभिनय के लिए मेरा जुनून ही है जिसने मुझसे इतनी मेहनत करवाई कि वह पूर्ण विश्वसनीय, सजीव और स्वाभाविक लगा; जैसे मैं सचमुच गिटार, पियानो और डफ़ली बजा सकता हूँ। मुझे इनमें से कुछ भी बजाना नहीं आता। अभिनेता के रूप में यह मेरे फ़न का तकाज़ा था कि मैं **सरगम** में डफ़ली वाला या **खेल-खेल में** और **ये वादा रहा** में गिटार बजाने वाला लगूँ।

मैंने इतनी अधिक फ़िल्मों में गिटार बजाने का अभिनय किया कि लोगों को विश्वास हो गया कि वास्तविक जीवन में भी मैं इसे बजाता हूँ। उन्हें यह बताने में मुझे हार्दिक प्रसन्नता हुई कि मैंने आपको भ्रमित किया था। मैं एक अभिनेता हूँ। मैं पियानो बजाना नहीं जानता, परन्तु मैंने आपको विश्वास दिला दिया कि मैं इसे बजाना जानता हूँ। और इसका श्रेय तो मुझे ही मिलेगा, क्योंकि एक अभिनेता के तौर पर यही मेरा धर्म है कि मैं अपने फ़न से अपनी प्रस्तुति को आपको असली समझने पर मजबूर कर दूँ। ऐसा मायाजाल रचना ही तो फ़िल्म का काम है। गायन के क्षेत्र में किंवदन्ती बन चुके गायक मोहम्मद रफ़ी ने मुझे शाबाशी दी, जब उन्होंने कहा कि मुझे उनकी आवाज़ में गाते देखकर उन्हें अपार खुशी होती है। उन्होंने देखा है कि मैं अपने गीतों के प्रस्तुतीकरण के लिए कितनी मेहनत करता हूँ और इसीलिए पर्दे पर मुझे देखकर उन्होंने मेरी सराहना की। उनके निधन (1980) के पूर्व मेरी प्रमुख फ़िल्मों—**लैला मजनूं**, **अमर अकबर एन्थोनी**, **क़ातिलों के क़ातिल**, **ज़माने को दिखाना है**, **कर्ज़**, **सरगम**, **नसीब** में मेरे गाने रफ़ी जी ने ही गाये। असल में जो लोग मेरी संगीत प्रधान फ़िल्मों की सफलता का श्रेय किशोर कुमार की देते हैं, वे रफ़ी जी के योगदान के साथ बड़ा अन्याय करते हैं। हाँ, ये सच है कि फ़िल्म दृश्य पटल पर मेरे आगमन

तक रफ़ी साहब संगीतकारों की पहली पसन्द नहीं रह गये थे। मेरे जैसे युवा नायक के लिए किशोर कुमार का पार्श्व गायन पसन्द किया जाने लगा था। मुझे बताया गया है कि इस फ़िल्म में उनका प्रवेश कैसे हुआ और वे **लैला मजनूं** में मेरी आवाज़ कैसे बने। यह **हीर रांझा** (1970) की शूटिंग का अन्तिम शैड्यूल था और **लैला मजनूं** की योजना बन रही थी। एच.एस. रवैल ने फ़िल्म के लिए मदन मोहन से सम्पर्क किया। पता लगा कि उन्होंने कहा था कि मैं फ़िल्म करने को राज़ी हूँ, बशर्ते सारे गीत साहिर के लिखे और रफ़ी के स्वर में हों। रवैल साहब चकित रह गये, साहिर तो ठीक है, पर रफ़ी कैसे ऋषि के लिए गा सकते हैं। परन्तु मदन मोहन अपनी बात पर अड़े रहे। इस प्रकार रफ़ी का मेरे लिए गाना शुरू हुआ और उसके बाद अनगिनत फ़िल्मों में वह मेरी आवाज़ बने।

हमने साथ में अनेक सफल गाने किये; जैसे 'तेरे दर पर आया हूँ' (**लैला मजनूं**), 'चल-चल मेरे भाई तेरे हाथ जोड़ता हूँ' (**नसीब**), 'दर्दे दिल' (**कर्ज़**) 'डफ़ली वाले' (**सरगम**) और 'पर्दा है पर्दा' (**अमर अकबर एन्थोनी**)। उन्होंने 'पर्दा है पर्दा' इतनी मस्ती और जोश भरे अन्दाज़ में गाया कि उससे पर्दे पर मेरा उत्साह और जोश दुगुना हो गया। वास्तव में इस गाने और **हम किसी से कम नहीं** शीर्षक गीत की उनकी गायकी का अन्दाज़ ही था जिसने मुझे पर्दे पर कव्वाली किंग (कव्वाली का बादशाह) के रूप में मशहूर कर दिया है। सही है कि मैंने इन गानों के लिए काफ़ी तैयारी भी की थी, और बाबू जानी कव्वाल जैसे लोगों की भावभंगिमाओं और अन्दाज़ का अध्ययन भी किया। यद्यपि मैं उनके समान घुटने पर बैठना नहीं सीख सका हूँ, पर आधा काम तो रफ़ी जी की आवाज़ ने पहले ही कर दिया था। 'पर्दा है पर्दा' की रिकॉर्डिंग का वह दिन मुझे स्पष्ट रूप से याद है। मैं इतना उत्तेजित था कि द्वार के निकट खड़ा हो गया और उनको गाने का पूर्वाभ्यास करते हुए देखने लगा। हमारी आँखें मिलीं। उन्होंने रिहर्सल रोक दी और रोमांचित होकर पंजाबी में मुझे पुकार उठे, 'अरे लाले पुत्तर, की हाल है? ओ यार बड़ा मज़ा आन्दा है तू जदों गान्दा है ना। एक थे लाले शम्मी कपूर, एक थे दिलीप कुमार, एक थे जॉनी वाकर और एक तू है। तुम सबका अभिनय मेरी आवाज़ को जादुई बना देता है। लगता है, सचमुच हीरो ही गा रहा है।'

मुहम्मद रफ़ी को बहुमुखी प्रतिभा का वरदान प्राप्त था। उनमें विविध पीढ़ी के भिन्न-भिन्न कलाकारों के लिए विश्वसनीयता के साथ गा सकने की क्षमता व योग्यता थी। दुर्भाग्यवश, मेरे आने तक उनके पुराने दिग्गज संगीतकारों की तरह रफ़ी साहब का स्वर्णकाल भी समाप्त हो चुका था। सौभाग्य से मेरे लिए एक अन्य दिग्गज इस दौर में भी उपलब्ध थे जिन्होंने मेरे लिए बहुत से गीतों को अपनी आवाज़ दी।

किशोर कुमार के साथ **झूठा कहीं का** फ़िल्म का एक गाना रिकॉर्ड करना अद्भुत आनन्ददायक था। वह एक प्रकार का प्रश्नोत्तर गाना था जिसमें मैं बोलता और वे गाते थे। रिकॉर्डिंग रूम में किशोर दा ने मुझसे कहा कि, 'तुम्हारा समय संयोजन इतना बढ़िया है कि मैं ठीक वहीं से पकड़ लेता हूँ, जहाँ तुमने छोड़ा था और अपने हिस्से का गाना गाने लगता हूँ।' संवाद बोलने में समय का संयोजन सरल नहीं होता। यह एक कला है। जब तक मैंने उसे कर नहीं लिया, तब तक मैं नहीं जानता था कि यह कला मुझमें छिपी है। जब उन्होंने मेरी वाहवाही की, तभी मैं जान पाया कि मैंने उसे अति कुशलता से किया था। किशोर दा बहुत ही प्रोत्साहक थे और हमारा तालमेल इतना सही था कि उन्होंने मुझे और अधिक सुधार के लिए उत्प्रेरित किया। मुझे लगता है कि मैंने उसी जज़्बे के साथ गाने को पेश किया, जिसके साथ उन्होंने उसे गाया था। इसी कारण मेरे द्वारा गाये गाने श्रोताओं के दिल में जगह बना पाये। ऐसी जुगलबन्दियों ने मेरे आत्मविश्वास को बहुत ऊँचा उठा दिया। एक दूसरी फ़िल्म **नसीब** के मशहूर गाने 'चल मेरे भाई' में मेरे संवाद थे। यहाँ अमिताभ बच्चन और मुझे अपनी पंक्तियाँ बोलनी थी और रफ़ी साहब को गाना था।

मुकेश, महेन्द्र कपूर और कुमार शानू व अन्य जानेमाने महान पार्श्व गायक हैं, जिन्होंने मेरे लिए गीत गाये हैं। दुर्भाग्य से, संगीतकार शैलू के अधिक पक्ष में नहीं थे जबकि मेरे कैरियर की शुरुआत उसकी आवाज़ के गाने के साथ ही हुई थी। शुरू में मैंने अपनी मनवाने की कोशिश की। अन्त में मुझे ही पीछे हटना पड़ा। फिर भी मैं कुछ बहुत ही लोकप्रिय गाने शैलू की आवाज़ में रिकॉर्ड करवाने में सफल हो गया। जिनमें 'होगा तुमसे प्यारा कौन' **(ज़माने को दिखाना है)** सम्मिलित था। एक उस्ताद पार्श्वगायक जिन्होंने

मेरे लिए कभी नहीं गाया, वे थे मन्ना डे। वास्तव में, जब उन्होंने पार्श्व गायन छोड़ दिया, तब एक पुस्तक में इसका उल्लेख भी किया है। उन्होंने कहा कि अपने आश्चर्यजनक कैरियर में उन्हें ऋषि कपूर को छोड़कर हिन्दी सिनेमा के शेष सभी नायकों की आवाज़ बनने का सौभाग्य प्राप्त हुआ था। उन्हें पता नहीं कि ऐसा क्यों हुआ और न ही मुझे पता है। उनके द्वारा किये गये इस उल्लेख ने मुझे जहाँ और विनम्र बनाया, वहीं दूसरी ओर मुझे दुःख भी हुआ। क्योंकि उन्होंने मेरे पिता के लिए कुछ सदाबहार अमर गीत गाए थे।

कुमार शानू एकमात्र ऐसे गायक हैं, जिनकी शैली से मैं असहज महसूस करता था और उस पर लिप सिंक करना मुझे मुश्किल लगता था। अपने शब्दों के साथ वे अनावश्यक मोड़ ले लेते थे और धुन को इधर-उधर कर देते। **दीवाना** में उनके द्वारा गाए गीत 'सोचेंगे तुम्हें प्यार करें कि नहीं' के साथ संगति बिठाना मेरे लिए बहुत कठिन हुआ था। मैंने संगीतकार से इस बारे में शिकायत भी की थी। उस समय तक कुमार शानू की कोई ख़ास पहचान नहीं बन पायी थी। वह ज़्यादातर उस गाने को ध्वनि देने के लिए बुलाए जाते जो अन्तिम संस्करण में किसी दूसरे पार्श्व गायक की आवाज़ द्वारा गाए जाने होते। 'सोचेंगे तुम्हें प्यार करें कि नहीं', उन प्रथम कुछ गीतों में से है, जिसमें उनकी आवाज़ को कायम रखा गया और यदि मैं भूल नहीं करता, तो उन्हें इस गाने के लिए एक फ़िल्मफेयर अवॉर्ड भी मिला।

जहाँ मैं संगीतकारों, निर्देशकों के प्रति अपनी हार्दिक कृतज्ञता अभिव्यक्त करता हूँ, वहीं मैं उन नृत्य निर्देशकों को भी सलाम करता हूँ जिन्होंने बहुत ही जानदार नृत्य सिक्वेंस रचे, जिनके कारण मैं नृत्य में माहिर सितारा माना गया। दर्शकों ने पर्दे पर मेरी जिन प्रस्तुतियों की सराहना की, उनके पीछे मास्टर कमल, सुरेश भट्ट और पी.एल. राज जैसे महान नृत्य निर्देशकों की सुनियोजित और दक्ष मेहनत छिपी हुई थी। यह मेरे नृत्य निर्देशकों की ही बड़ी उपलब्धि थी, क्योंकि मैं तो दो उलटे पैरों के साथ पैदा हुआ था और नृत्य कला में बिल्कुल ही अनाड़ी था। परन्तु हाँ, यह तो है कि मैं बहुत ही परिश्रमी था। मेरे चेहरे की अभिव्यक्ति पूरी तरह मेरे नियन्त्रण में थी। वास्तव में नीतू के ही यह संज्ञान में आया और उसने मुझसे कहा कि तुम नर्तक तो एकदम औसत हो, परन्तु तुम्हारे चेहरे की अभिव्यक्ति

बेमिसाल है और ऐसा कोई और नहीं कर सकता। शायद यही कारण है कि **कर्ज़** और **हम किसी से कम नहीं** ने मेरे द्वारा प्रस्तुत नृत्य गीतों ने एक नये कल्ट का चलन प्रारम्भ कर दिया।

मेरे कठोर परिश्रम और अभिनय कुशलता के बावजूद भी फ़िल्म **सरगम** की भूमिका मुझे चुनौतीपूर्ण लगी। इसमें मुझे नाचना-गाना और डफ़ली बजाना था। इन तीनों का एकसाथ तालमेल बिठाना काफ़ी कठिन था। परन्तु निर्देशक के. विश्वनाथ ने मुझे इसके विश्वसनीय प्रस्तुतीकरण में मदद की और नृत्य निर्देशक पी.एल. राज ने इसमें कड़ी मेहनत की।

नीतू और मेरी नृत्य जोड़ी बहुत ही अच्छी लगभग आदर्श मानी जाती थी, परन्तु वह इसलिए कि उस समय दृश्य पटल पर कोई और था ही नहीं। जितेन्द्र और श्रीदेवी का प्रवेश काफ़ी बाद में हुआ। **फ़र्ज** (1967) में जितेन्द्र और बबीता ने नृत्य को अच्छे ढंग से प्रस्तुत किया था, परन्तु जब मैं और नीतू दृश्य पटल पर आये, तो एक नयी परम्परा की युवा जोड़ी के रोमांस करने और मोहक ढंग से नाचने-गाने के सिलसिले का शुभारम्भ हो गया। **खेल-खेल में** फ़िल्म ने हम दोनों की नृत्य जोड़ी को स्थापित कर दिया। मैं निर्देशक रवि टंडन, आर.डी. बर्मन और पी.एल. राज का चिर ऋणी रहूँगा, जिन्होंने दर्शकों के दिल में हमारी यह छवि अंकित की। यह छवि यौवन से छलकते हुए नवयुवाओं की थी और हिन्दी सिनेमा ने किसी नायक और नायिका को इतने मुक्त और स्वच्छन्द आनन्द के साथ नाचते-गाते नहीं देखा था। हमारा ही तरीका जितेन्द्र और दूसरे अभिनेताओं ने भी अपनाया। परन्तु राजेश खन्ना कभी नाच नहीं सके, न ही धर्मेन्द्र, शत्रुघ्न सिन्हा, विनोद खन्ना या मेरे भाई रणधीर कपूर। उन्होंने इक्का-दुक्का नृत्य इधर-उधर भले ही किये, परन्तु नियमित नृत्य प्रस्तुति के लिए वे कभी लोकप्रिय नहीं हुए और न नृत्य कुशल सितारे के रूप में मशहूर मेरे चाचा शम्मी कपूर। वास्तव में, वे नाचना ज़रा भी नहीं जानते थे। यदि आप उनके गीतों की सिक्वेंस ध्यान से देखेंगे, तो पायेंगे कि सभी में पद संचालन एक समान ही है और वह भी कोई ख़ास नहीं। पर उनकी विशिष्ट शैली और दबंग व्यक्तित्व इतना प्यारा था जिसकी बराबरी आज तक कोई नहीं कर सका। अपने नृत्य निर्देशक का परिश्रमपूर्वक अनुकरण करने के कारण मैं नृत्य के क्षेत्र

में काफ़ी पहचान बनाने में सफल हो गया। मैं ईश्वर को धन्यवाद देता हूँ कि गोविन्दा और मेरा शिखर सितारा समय एक साथ नहीं आया। क्योंकि जो गोविन्दा कर पाया, वह मैं कभी नहीं कर पाता। मेरा क्षेत्र रोमांटिक और थिरकते हुए गाने थे और कव्वाली शैली के अंग संचालन में भी मैं कुशल था। हिन्दी फ़िल्मों की दो सर्वश्रेष्ठ कव्वालियाँ मेरे ऊपर फ़िल्माई गयी थीं। वो थीं **हम किसी से कम नहीं** की 'है अगर दुश्मन-दुश्मन', **अमर अकबर एन्थोनी** की 'पर्दा है पर्दा' और इसके अतिरिक्त **ज़माने को दिखाना है** की कव्वाली—'परी हो आसमानी तुम' भी थी।

परन्तु गुलशन बावरा और आनन्द बख्शी के योगदान के बिना संगीत और नृत्य भी खोखले सिद्ध होते। गुलशन बावरा की विचार प्रक्रिया युवा लोगों जैसी थी और इसीलिए उनके शब्द फड़कते हुए होते थे और जवाँ दिल उन्हें हाथोंहाथ लेते थे। बहुमुखी प्रतिभा वाले बख्शी साहब ने राजेश खन्ना के लिए **अमर प्रेम** (1972) में 'चिन्गारी कोई भड़के' जैसा गम्भीर चिन्तन युक्त गीत रचा, तो मेरे लिए 'पर्दा है पर्दा' जैसा यौवन से परिपूर्ण फड़कता हुआ गीत भी लिखा। मजरूह साहब ने भी **हम किसी से कम नहीं, ज़माने को दिखाना है** और इसी प्रकार के कई थिरकने पर मजबूर करने वाले गीत लिखे। संगीतकारों और गीतकारों को मेरी फ़िल्मों के लिए काम करने में बड़ा मज़ा आता था, क्योंकि मैं दबंग युवा प्रेमी की एक मिसाल बन गया था और प्राय: शहरी क्षेत्र से आने वाला पात्र होता। मेरे लिए लिखते समय भारी-भरकम शब्दों और उर्दू की नाज़ुक शायरी की आवश्यकता नहीं पड़ती थी क्योंकि मेरा चरित्र साधारणत: हलका-फुलका होता था। इसलिए गुलशन बावरा मेरे लिए फ़िल्म **खेल-खेल में** 'खुल्मखुल्ला प्यार करेंगे', 'एक मैं और एक तू', और फ़िल्म **रफ़ू चक्कर** में 'किसी पे दिल अगर' और 'तुमको मेरे दिल ने' जैसे खिलन्दड़ी गीत लिख पाये। जब **लैला मजनूं** में मैंने इससे काफ़ी हटकर चरित्र की भूमिका निभायी, तो साहिर लुधियानवी जैसे महान शायर ने 'तेरे दर पे आया हूँ' जैसे तदनुरूप सुन्दर गीत लिखे। मैं जब भी पलटकर पीछे देखता हूँ तो अनेक किंवदन्ती बन चुके व्यक्तियों, गुणी कलाकारों, जिन्होंने मेरे यशस्वी कैरियर को बनाने में योगदान दिया था, की स्मृति मुझे भावाभिभूत कर देती है। मेरे स्मृति पटल पर कोई भी अन्य

कलाकार नहीं उभरता, जो मेरे समान बेजोड़ तरीके से ऐसा भाग्यशाली रहा हो। केवल मेरे समकालीन ही नहीं वरन् अपने वरिष्ठ या पापा के या मेरे समकालीन में भी ऐसा कोई भाग्यशाली नज़र नहीं आता। मैं चाहूँ तो भी ईश्वर और उन विभूतियों को पर्याप्त धन्यवाद नहीं दे सकता, जिनके साथ काम करने का सौभाग्य और सम्मान मुझे प्राप्त हुआ।

मैंने एक ऐसे युग में काम किया था, जब अभिनेता संगीत रचना की बैठकों में सक्रिय भाग लेते थे। राज कपूर, शम्मी कपूर, राजेन्द्र कुमार, दिलीप कुमार और देव आनन्द अपने द्वारा अभिनीत किये जाने वाले गीतों पर भी उतना ही ध्यान देते थे, जितना वे अपने दृश्य पर देते थे। वे ऐसा इसलिए करते थे, क्योंकि वे भलीभाँति जानते थे कि पर्दे पर उनकी छवि को उठाने में संगीत की बहुत बड़ी भूमिका होती है। कलाकारों और संगीतज्ञ टीम का यह तालमेल प्रत्येक के अन्दर छिपा उनका सर्वश्रेष्ठ बाहर ले आता। जब कभी शम्मी चाचा शंकर जयकिशन के साथ बैठक करते या रफ़ी साहब के साथ रिकॉर्डिंग के लिए जाते, तो वे सब ढेर सारा समय और शक्ति इस चर्चा में खर्च करते कि वह गाना कैसे फ़िल्माया जायेगा। शम्मी चाचा, रफ़ी साहब से कहते कि मैं ऐसा करूँगा तो आप उसको तरन्नुम में लाइए, इधर गिरूँगा नीचे, ऐसा करूँगा ...।

ये वो दिन थे, जब संगीत रचना हार्मोनियम पर होती थी। तब परम्परागत वाद्ययन्त्रों का स्थान सिंथेसाइज़र ने नहीं लिया था। मुझे ऐसी संगीत बैठकें बहुत पसन्द थी। एक गीत को जन्म लेते हुए देखना सम्मोहक होता था। प्रत्येक संगीतकार की धुन रचने की एक विशिष्ट शैली होती थी। **आ अब लौट चलें** की संगीत बैठकों में नदीम-श्रवण एक वाद्य यन्त्र को लय बनाये रखने के लिए बजाते रहते। यह बोंगो से मिलता-जुलता साज़ था।

रवि मल्होत्रा या रमेश बहल जैसे दोस्तों के लिए पंचम द्वारा रचित संगीत की बैठकें मौजमस्ती से भरे हुए प्रसंगों से भरी रहतीं। थोड़ी-थोड़ी देर में अजीबोगरीब वाकये होते रहते। एक दिन देव साहब, जिनकी पंचम के साथ बैठक मेरे बाद निर्धारित थी, कुछ जल्दी आ गये। पंचम उस समय एक फड़कता हुआ गीत रचने में तल्लीन थे। देव साहब ने भी उस फड़कते गीत को सुन लिया। और पूछ बैठे—'गाना बहुत अच्छा है, किसके लिए बनाया?' पंचम ने उन्हें नहीं बताया कि उसने वह गाना मेरे लिए बनाया था। उसने केवल कन्धे झटके और कहा कि इसको तो बस मैं अभी बना ही रहा था। देव साहब ने तत्काल वह गाना अपने लिए सुरक्षित कर लिया। उन्होंने पंचम से कहा कि, 'यह गाना मुझे बहुत पसन्द आया, कृपया यह मुझे दे दो।' पंचम अपने वरिष्ठ कलाकारों से तर्क करने वालों में से नहीं था। उसने तत्काल गाना देव साहब को दे दिया। वह गाना 'रुक जाना ओ जाना' को देव साहब ने **वारण्ट** (1975) में काम में लिया।

इसी प्रकार नासिर हुसैन को संगीत बैठकों में पंचम के साथ काम करते देखना बड़ा ही खुशनुमा होता था। वे हर फ्रेम और दृश्य के छोटे-से-छोटे बिन्दु की भी पूर्ण व्याख्या करते चलते और पंचम तदनुसार एक के बाद एक धुन रचते जाते, जब तक कि नासिर साहब सन्तुष्ट नहीं हो जाते। उनके द्वारा अस्वीकृत की हुई धुनें भी इतनी बढ़िया होतीं कि उन्हें सोने में भी तोला जा सकता था। परन्तु अपने फ़न के प्रति निष्ठावान और समर्पित वे दोनों सर्वश्रेष्ठ के न आने तक चैन से नहीं बैठते।

हिन्दी फ़िल्म संगीत की एक विशिष्ट बात यह है कि गायक की आवाज़ कलाकार के लिए उपयुक्त प्रतीत होनी चाहिए। आप आँखें बन्द करके भी मोहम्मद रफ़ी का गीत सुन लें, तो बता सकते हैं कि वे किस सितारे के लिए गा रहे हैं। रफ़ी साहब की आवाज़ का शम्मी कपूर और दिलीप कुमार के साथ पूरा तालमेल बैठता था। और मुकेश जी तो मेरे पिता की आवाज़ थे ही। राजेश खन्ना और अमिताभ बच्चन के पार्श्व गायक के रूप में किशोर कुमार को छोड़कर किसी गायक की कल्पना नहीं की जा सकती। प्राथमिक तौर पर मुझे किशोर दा की आवाज़ मिली, परन्तु फिर रफ़ी साहब की। आज के पार्श्व गायक और संगीतकार नहीं जानते कि उनका गाना फ़िल्म में

किसके ऊपर फ़िल्माया जायेगा, परन्तु उन दिनों में अभिनेता अपने गायक को एक विशिष्ट तरीके से गाने के लिए उत्प्रेरित करते थे। शैलेन्द्र सिंह हमेशा गाने से पहले मुझसे बात करते और मैं उन्हें बताता कि ऐसे गाना। '**बॉबी** में जो तूने किया वैसा करना वो अच्छा लगता है, मुझे ऐसा करने में मज़ा आता है।' अपने शिखर दिनों में राजेश खन्ना संगीत बैठकों में जाया करते थे। लक्ष्मीकान्त-प्यारेलाल की जोड़ी के लक्ष्मी जी अपनी रिकॉर्डिंग में मुझे बुलाते विशेषकर ऐसे जीवन्त गानों के लिए। मैं **अमर अकबर एन्थोनी** के 'पर्दा है पर्दा' और **फूल खिले हैं गुलशन गुलशन** (1978) के गीत 'मुन्ना भाई मोटर चली पम-पम' की संगीत बैठकों में मैं शामिल रहा था। गीत इस प्रकार एक पूरी टीम की सृजनशीलता की उपज होता।

कोई संगीतकार से तटस्थ रहकर औपचारिकता से यूँ ही नहीं कहता था कि कुछ बना दो। यह तो ऐसा हुआ जैसा किसी हास्य कलाकार से कहो कि कुछ कॉमेडी करो। उस समय ऐसी उदासीनता से काम नहीं चलता था। आपको पूरा प्रसंग और सन्दर्भ देना होता था। यदि आप आर.डी. बर्मन से अपनी फ़िल्म के लिए संगीत रचना करवाना चाहते हैं, तो आपको उनके साथ रचना में पूरा सहभागी होना पड़ता और उनकी बनायी रचना को समझकर उनकी सराहना करनी पड़ती। **लैला मजनूं** की संगीत बैठकों में मैं उपस्थित नहीं हो सका, परन्तु उन संगीतमय रत्नों की रचना करते समय मदन मोहन साहब मुझे ध्यान में रखकर ही गीत बनाते थे। **दूसरा आदमी** और **दुनिया मेरी जेब में** के लिए राजेश रोशन द्वारा की हुई संगीत बैठकों में मैं शामिल हुआ। उसने उन फ़िल्मों में बहुत जल्दी ज़बान पर चढ़ने वाला संगीत बनाया।

आपके दीवाने तो उनके भाई राकेश रोशन की ही फ़िल्म थी, इसलिए इसके संगीत की रचना करते समय राजू (राजेश रोशन) अपनी ही ज़मीन पर थे। यदि एक अभिनेता अपनी टीम से पूरी तरह जुड़ता और अपने सह-कलाकारों को उत्प्रेरित करता है, तो बड़ा भारी अन्तर पड़ता है। परन्तु आज मुझे यह देखकर दुख होता है कि यह आत्मीय सम्बन्ध गुम हो गया है। मैं रणबीर को आज अपने संगीतकारों के साथ मेरे समान जुड़ा हुआ नहीं पाता। वैसे भी गीतों की रिकॉर्डिंग, उनके फ़िल्मांकन और फ़िल्म में

उनके प्रयोग के तरीके में क्रान्तिकारी परिवर्तन आ चुका है। अब पहले वाली पहचान ही मानो गुम हो गयी है। बहुत कम गानों का होंठों से सही तालमेल (लिपसिंक) किया जाता है। आजकल एक ही फ़िल्म में अलग-अलग गानों के लिए अलग-अलग संगीतकार ले लिए जाते हैं। वे दिन गुज़र गये, जब एक ही संगीतकार फ़िल्म के सारे गानों की रचना करता और एक ही पार्श्व गायक फ़िल्म के सितारे को आवाज़ देते थे। आजकल फ़िल्म निर्माता फ़िल्म में कहानी को आगे बढ़ाने के लिए गीतों को एक अविभाज्य अंग बनाने में नज़रंदाज़ करते से दिखाई देते हैं। यथार्थवाद और प्रामाणिकता की तलाश के चक्कर में हम हिन्दी सिनेमा के एक अति महत्त्वपूर्ण पहलू को खोते जा रहे हैं।

हिन्दी सिनेमा अपने नृत्य और गीतों के लिए पूरे संसार में मशहूर है और सभी इनसे आनन्दित हुए हैं। आज कहानी कहने का पाश्चात्य ढाँचा प्रचलन में है, जिसमें संगीत पृष्ठभूमि में ही रहता है। यह बात मेरी समझ में नहीं आती। मुझे नहीं लगता कि ऐसा करने से कथा का प्रवाह गतिमान होता है। मैं विश्वास करता हूँ कि जब एक अभिनेता, अभिनेत्री को एक लोकप्रिय गीत के द्वारा मनाने और रिझाने का प्रयास करता है, तो दर्शक उसे बार-बार देखना चाहते हैं। ऐसा करने से हम सपनों के संसार की रचना करते हैं, जो हमारे दर्शकों को मोह लेती है। हो सकता है कि आज यह पुराना चलन माना जाये, परन्तु मेरा दृढ़ विश्वास है कि एक गीत के फ़िल्मांकन का सर्वश्रेष्ठ तरीका अभिनेता द्वारा उस पर सही अधरोष्ठन (लिपसिंकिंग) करना ही होता है। यह क्रिया गीत के आकर्षण और सम्मोहन को और अधिक बढ़ाती है। गीत की पृष्ठभूमि में रहने पर वैसा जादू पैदा नहीं होता।

रणबीर ने एक बार मुझसे कहा कि वह गीत का अधरोष्ठन (लिपसिंकिंग) नहीं कर पाता। मुझे ऐसा सदमा लगा कि मेरे मुँह से निकल पड़ा कि ऋषि कपूर का बेटा होकर तेरे ऐसे ख़्याल हैं? अपने बेटे की इस समस्या के निराकरण के लिए मैंने उसे ये संकेत सूत्र दिये कि तुम कितने भी बेसुरे हो, परन्तु कैमरा शुरू होने पर अपनी पंक्तियाँ ज़ोर से ही गाओ, हीरोइन को बधिर हो जाने दो इससे कोई फ़र्क नहीं पड़ेगा। तुम्हें तो पार्श्वगायन के हिसाब से गाते चलना है क्योंकि कैमरों को तुम्हारी हर माँसपेशी शब्दों के

अनुसार ऊँची-नीची होती दिखनी चाहिए। पार्श्वगायन के सुर-में-सुर मिलाने की कोशिश करो। उसके उतार-चढ़ाव संगीत की गति और वाद्ययन्त्रों से तालमेल बिठाओ, तभी पर्दे पर ये प्रभाव उत्पन्न होगा कि तुम गा रहे हो।

मैंने यही तकनीक अपनायी थी, जब भी मुझे पर्दे पर कोई साज़ बजाने का अभिनय करना होता था। इसी ने मेरे दर्शकों को यह विश्वास दिलाया कि मैं उस वाद्ययन्त्र को बजाना जानता हूँ। मैं बचपन में मिले प्रशिक्षण का आभारी हूँ। मैंने बरसोंबरस महान अभिनेताओं को अपने फ़न के बारे में बातचीत और चर्चाएँ करते सुना और उनको आत्मसात् किया है। मैं अपने वरिष्ठ कलाकारों को पियानो या गिटार के उतार-चढ़ाव पर बात करते सुनता और उस पर उनकी टिप्पणी या प्रस्तुतीकरण की कमी पर की जाती आलोचना सुनता; जैसे कि वे कहते कैसा बजाता था पियानो, वो गिटार कैसे पकड़ा था, गाना कैसे गा रहा था, ड्रम कैसे बजा रहा था—न सुर में न ताल में। मैं अपने मस्तिष्क में उन शब्दों को दर्ज़ करता जाता और सही समय पर उनको याद कर प्रयोग कर लेता। यदि पंचम या रफ़ी साहब ने किसी विशिष्ट अन्दाज़ में गाना गाया या बनाया होता, तो मैं उसकी बारीकियों को पर्दे पर उतारने की पूरी कोशिश करता। एक गीत को ऐसा ही आदर पाने का हक है और यह दृश्य को जीवन्त बनाने में भी बहुत मदद करता है।

मैं बड़ी निष्ठा के साथ अपने गीतों का पूर्वाभ्यास भी करता था। यदि आप **प्रेम रोग** में सुरेश वाडकर का मेरे लिए गाया हुआ गीत 'मेरी किस्मत में तू नहीं शायद' सुनिये तो आपको यही लगेगा कि मैं खुद ही गा रहा हूँ। **लैला मजनूं** में मुझ पर फ़िल्माये गीत को मैंने जिया है। रवैल साहब जैसे हठीले उस्ताद हर शॉट के 15-20 रीटेक लिए बिना मान ही नहीं सकते थे। वे कभी भी सन्तुष्ट नहीं होते। ओके टैक भी कम-से-कम 3 या 4 होते, जबकि दूसरे निर्देशकों का काम एक ओके टैक से ही चल जाता था।

आर.के. फ़िल्म्स में रिकॉर्डिंग बहुत बड़ी पार्टी की तरह होती। सारे समकालीन और मित्रबन्धु जादू रचने के लिए इकट्ठे होकर अपनी-अपनी कला लगा देते। दो-दो दिनों के लम्बे-लम्बे दौर चलते। 12 घण्टे काम और उसके बाद 12 घण्टे का आराम होता। शंकर-जयकिशन, लता जी, शैलेन्द्र, मुकेश और राज कपूर—सबको जुनून और रचनाशीलता संचालित करती।

उनका यह जज़्बा उनके काम करने के तरीके में तो झलकता ही था, साथ ही इसका अन्तिम परिणाम उनकी चमत्कारी उपलब्धियों में आप स्पष्ट देख सकते थे। मुझे नहीं मालूम कि रचनाशीलता का वह वातावरण आज क्यों कायम नहीं है, क्यों हम उस तरीके से संगीत नहीं बना सकते जिस तरीके से वह पहले बनाया जाता था। आजकल आप अकसर ऐसे वाकये पाते हैं, जहाँ निर्देशक मिस्र में बैठा है, संगीतकार अमेरिका में, गीतकार मुम्बई में और स्काईप पर एक गीत की रचना हो रही है। शायद यही कारण है कि पुराना संगीत आज भी मधुर लगता है और दिल को छूता है। जब कभी अन्ताक्षरी खेल होता है, तो पुराने गीत ही गाये जाते हैं। आनन्द से छलकते हुए गीत जैसे 'मेरा नाम चिन चिन चू' आपको खड़े होकर नाचने के लिए मजबूर कर देते हैं। उनका गीतात्मक महत्त्व भी कम नहीं होता, और इनका सदाबहार आकर्षण अक्षुण्ण ही रहता है। क्या आप इस पर विचार करते हैं कि **खेल-खेल में** और **हम किसी से कम नहीं** के गीत 40 वर्ष पुराने होते हुए आज भी प्रसारित होते और उत्कंठा एवं चाव से सुने जाते हैं, यहाँ तक कि असफल फ़िल्म **ज़माने को दिखाना है** का गीत 'होगा तुमसे प्यारा कौन' भी अपनी मधुरता के कारण 40 वर्ष बाद भी सुना जाता है। क्या आप कल्पना कर सकते हैं कि 40 वर्ष बाद कोई 'बेबी डॉल' को सुनेगा?

डब्बू और मैं अकसर 1960 को याद करते हैं, जब रचनाशीलता अपने चरमोत्कर्ष पर थी और हर संगीतकार का स्वर्ण काल चल रहा था और यहाँ मैं केवल रोशन, मदन मोहन, ओ.पी. नैय्यर, शंकर जयकिशन, नौशाद, एस.डी. बर्मन जैसे दिग्गज संगीतकारों की ही बात नहीं कर रहा। कई अन्य अपेक्षाकृत कम जाने-माने परन्तु प्रतिभाशाली संगीतकार भी थे, जैसे पुरुष प्रधान संगीत क्षेत्र की एकमात्र महिला संगीतकार उषा खन्ना, एस.एन. त्रिपाठी और इकबाल कुरैशी जिन्होंने अनेक स्मरणीय गीत रचे। यहाँ तक कि **महुआ** (1969) जैसी छोटी फ़िल्म में भी सोनिक ओमी की जोड़ी विरचित अति लोकप्रिय गीत थे। तब फ़िल्में एक से बढ़कर एक सात-आठ गानों से सुशोभित होती थीं, जिनमें से कम-से-कम छह गाने सुपर हिट होते थे। उदाहरणार्थ, **गाइड** (1965) और **अभिमान** (1973) को याद कीजिये। दोनों में आठ-आठ गाने थे और हर गाना पहले से बढ़कर ही था।

115

पचास वर्ष बाद भी इन फ़िल्मों का प्रत्येक गाना श्रोताओं के दिल के तार झनझना देता है। साधारणतया सत्तर के दशक के संगीत को अपेक्षाकृत कमतर गुणवत्ता वाला माना जाता है, पर मेरी व्यक्तिगत राय है कि उस कालखंड में भी कुछ महान संगीत रचनाएँ हुईं, जो काल की सीमा पार करती हुई आज भी लोगों की पसन्द बनी हुई हैं। परन्तु हाँ, गीतों की भाषा और शैली अवश्य बदल गयी थी—शास्त्रीय संगीत और उर्दू की नाज़ुक शब्दावली का स्थान पाश्चात्य ध्वनि और रोज़ाना की बोलचाल के शब्दों ने ले लिया था। फिर भी सत्तर के दशक में भी जब लक्ष्मीकान्त-प्यारेलाल, आर.डी. बर्मन और राजेश रोशन का इस क्षेत्र पर शासन था, तब संगीत रचना करना एक अनुपम अनुभव होता था। **दूसरा आदमी** फ़िल्म के दौरान मेरा और नीतू का रोमांस चल रहा था और वह मुझे बाबा के नाम से सम्बोधित करती थी। फ़िल्म के निर्देशक रमेश तलवार से हम दोनों की ही बड़ी घनिष्ठता थी। उसने जब 'बाबा' शब्द सुना तो उसके एक गाने 'नज़रों से कह दो प्यार में मिलने का मौसम आ गया' में यह शब्द जोड़ दिया जिसने गाने को एक व्यक्तिगत स्पर्श दे दिया। 'चल कहीं दूर चले जायें' गीत सुनते ही उसके फ़िल्मांकन की कल्पना आँखों के सामने आने लगती है। आज का कौन-सा गीत सुनते ही ऐसी अनुभूति होती है?

यह 1980 का दशक था, जब फ़िल्म संगीत मार खा गया। कर्कशता और सस्तेपन और अश्लीलता का इस क्षेत्र में प्रवेश हो गया। 1990 के दशक में आनन्द मिलिन्द की **क़यामत से क़यामत तक**, नदीम-श्रवण की **दिल है कि मानता नहीं** और **दीवाना** ने मधुरता को फ़िल्म में लाकर संगीत का कुछ हद तक पुनरुत्थान किया। मैं नहीं जानता कि भविष्य के गर्भ में क्या छिपा है, पर लगता है कि हमने सम्मिलित प्रयास से रचित ऐसी संगीत प्रधान फ़िल्में हमेशा के लिए खो दी हैं, जिनमें अनेक ऐसे गीत होते थे, जो तुरन्त ज़ुबान पर चढ़ जाते और हम सब उन्हें साथ-साथ गुनगुनाते लगते। आज तलाश और ज़ोर है, लोकप्रियता में प्रथम पायदान पाने वाले महज एक गीत की, जो फ़िल्म की टिकट खिड़की पर अच्छी शुरुआत को पक्का कर दे, भले ही वह फ़िल्म के प्रवाह का अनिवार्य हिस्सा न भी हो।

प्रेम रोग के बनने के दौरान राज कपूर और लक्ष्मीकान्त-प्यारेलाल के बीच कुछ तकरार हो गयी। मतभेद मूलरूप से 'मेरी किस्मत में तू नहीं शायद' को लेकर था। मेरे पिता ने दोनों संगीतकारों को तत्सम्बन्धी संकेत सूत्र दिये और उन्हें गाने का अपना-अपना संस्करण बनाने को कहा। उनमें से एक ने वह धुन बनायी, जो अन्तत: हमने फ़िल्म में प्रयुक्त की, पर दूसरे संगीतकार को वह धुन ज़रा भी नहीं जमी और उन्होंने यह कहकर उसे ठुकरा दिया कि नहीं ये गाना नहीं रखेंगे, ये नहीं चलेगा। इस पर मेरे पिता का विचार कुछ और था। उनका विचार था कि वह धुन बढ़िया है और ज़रूर चलेगा और वे अपनी बात पर अड़े रहे। गीत रिकॉर्ड हो गया। लक्ष्मीकान्त ने उसमें करिश्मा कर दिया और मेरे पिता ने अति शानदार ढंग से उसका फ़िल्मांकन किया। हमने मैसूर में एक सेट लगाया था और आधी रात तक उसकी शूटिंग करते थे। महल के चारों ओर कोहरा दिखाने के लिए मशीन से लाखों लिटर पानी इस्तेमाल किया जाता। उन दिनों की कोहरा बनाने वाली मशीन इतनी अधिक शोर करती थी कि उस कोलाहल में गाने की आवाज़ हम तक मुश्किल से ही पहुँच पाती। कड़ाके की सर्दी पड़ रही थी। सौभाग्यवश, दृश्य में मैं शाल ओढ़े था, पर पद्मिनी मात्र एक साड़ी में ही थी। एक या दो शॉट में हमने हालीवुड फ़िल्मों की तरह आर्क लाइट का भी प्रयोग किया। यह सब विलासिता और लगभग दावत जैसा ही लगा। प्रकाश व्यवस्था दोगुनी और रात की शिफ़्ट में तीन गुनी करनी पड़ी। हमने यह शूटिंग अनेक बाधाओं और ढेर सारी सीमाओं के बीच की, परन्तु उसका हर क्षण हमें आनन्दित कर गया। आज के अभिनेताओं का इस तरह के सिनेमा से परिचय ही नहीं है। वे नहीं जानते कि बिना आधुनिक तकनीकी के श्रेष्ठ और सजीव कल्पना को नयनाभिराम बनाकर दृश्य को पर्दे पर उतारने के लिए कितना संघर्ष करना पड़ता है। आज सारी चीज़ें डिजिटल हैं और अब सेल्यूलाइड का प्रयोग नहीं होता। यदि मेरी याददाश्त सही है, तो 'मेरी किस्मत में तू नहीं शायद' गाने के फ़िल्मांकन के दौरान नीतू ने रणबीर को गर्भ में धारण किया था, अत: यह गाना हमारे लिए हमेशा और भी विशिष्ट रहेगा।

जब मेरा सितारा बुलन्दियों पर था, उन्हीं दिनों एक शाम आर.डी. बर्मन ने अपने घर एक दावत दी, उस दावत में उसने अपने सारे निर्माता, निर्देशक और उन मुख्य सितारों, जिनके साथ वह काम कर रहा था, को आमन्त्रित किया था। उस समय शम्मी चाचा के बुलन्दी के दौर में उनके बहुत नज़दीक रहे अनेक फ़िल्म निर्माता और निर्देशकों ने मेरे लिए लम्बी कतार लगा ली और उन्हें अधिक तवज्जो नहीं दी। कुछ पैग गले के नीचे उतारने के बाद मेरे चाचा ने, जब पंचम उनके बिल्कुल नज़दीक ही थे, मुझे बुलाया और कहा, “ये लोग जो आज तुम्हारे पीछे-पीछे हैं ना, ये कभी मेरे पीछे-पीछे फिरते थे, यह वक़्त-वक़्त की बात है चिंटू। यह तो वक़्त का फेर है। वक़्त बदलते ही ये लोग तुम्हारे साथ भी ऐसा ही करेंगे चिंटू।” इनसे ज़्यादा सत्य वचन शायद ही कभी बोले गये हों।

राकेश रोशन ने मुझे एक बार बताया था कि जब उनके पिता संगीतकार रोशन का कमज़ोर दौर चल रहा था, और अन्य संगीतकार उस समय एक के बाद एक बड़ी हिट दिये चले जा रहे थे, तब उस दौर में एक दिन रोशन साहब ने मदन मोहन को बुलाया और उनसे कहा, “आपके गाने बहुत अच्छे बज रहे हैं, एक काम कीजिए ... अपनी पेटी ज़रा मेरे पास भेज दीजिए कुछ दिनों के लिए। मेरी पेटी से कुछ निकल नहीं रहा है।” इस प्रसंग ने मेरे दिल को छू लिया। वे दोनों संगीतकार प्रतिस्पर्धी थे, परन्तु यह बात भी उन दोनों को एक-दूसरे की प्रतिभा की प्रशंसा करने से नहीं रोक पायी।

बदलते वक़्त के साथ दोस्ती के रिश्ते की तरह ध्वनि के क्षेत्र में भी क्रान्तिकारी परिवर्तन आ गया है। महेश भट्ट के द्वारा निर्देशित एक फ़िल्म **नया दौर** (1978) थी। उसमें आनन्द बक्षी का लिखा एक गीत था, ‘पानी के बदले पीकर शराब, काँटों पर हम तुम ढूँढ़ें गुलाब।’ यह गीत डैनी डेन्ज़ोंगपा और मुझ पर फ़िल्माया जाना था। आर.डी. बर्मन मेरी आवाज़ में कुछ संवाद और डैनी की आवाज़ में गीत रिकॉर्ड करना चाहते थे। इस गीत की संगीत बैठक में अपनी शूटिंग के लिए बाहर रहने के कारण मैं उपस्थित नहीं हो सका था। पता चला कि जब वे लोग ‘बोतल खाली तो होने दो’ वाली पंक्ति पर पहुँचे, तो पंचम का हाथ अपनेआप एक खाली बोतल की तरफ बढ़ गया और उसने उसमें फूँक मारना शुरू कर दिया और उसी आवाज़ से उसने

धुन बना ली। फ़िल्म असफल रही और शायद ही किसी ने इस गीत को सुना, परन्तु इस गीत की रचना के समय की सृजनशीलता तो स्मरणीय थी। आज ऐसी निष्ठा से कोई काम नहीं करता। आज तो बस कहते हैं रिद्म डालो कर्कश रिद्म। यह यन्त्र रिद्म बॉक्स कहलाता है और सारी चीज़ें इसी से निकलती हैं।

आजकल कोई भी व्यक्ति गायक हो सकता है, क्योंकि वॉइस ट्यूनर होते हैं, जो आपके बेसुरे होते ही अपनेआप आपको सुर में ले आते हैं। करीब 120, 160 यहाँ तक कि 200 ध्वनिपथ (ट्रेक्स) होते हैं। इसलिए आपको रीटेक या गलत ध्वनि को लेकर फ़िक्र करने की कोई ज़रूरत ही नहीं है। यह सब तो बाद में रिकॉर्डिस्ट सुधार लेगा या मिश्रित कर लेगा। परन्तु पहले के दिनों में किसी वाद्ययन्त्र के द्वारा तनिक-सी भी असामयिक या अवांछित टिंग की ध्वनि को भी निरस्त करते हुए फिर से रिकॉर्ड करना पड़ता था। इसलिए हर व्यक्ति का कुशल और सचेत होना ज़रूरी था। और इन सारी बाधाओं के बावजूद इससे काम में जो गुणवत्ता आती थी, वह तो सब देखते ही थे।

सिंथेसाइजर के आगमन के साथ ही हमारे वाद्ययन्त्र बेमौत मर गये और किसी ने उनके लिए शोकगीत भी उच्चारित नहीं किया। एक बार जब मैं मुम्बई के राजकमल स्टूडियो में था, तो नौशाद साहब ने मुझे एक विशिष्ट वाद्यवादक के बारे में बताया कि उसका वाद्ययन्त्र तार शहनाई घराने का था और इस विरासत के वाद्ययन्त्र की जड़ें मुग़लकाल में थीं।

एक गीत को रिकॉर्ड करते समय नौशाद साहब ने इसके वादक से उसके हालचाल पूछे और उन्हें कोई आश्चर्य नहीं हुआ, जब उत्तर मिला कि जीवन बहुत कठिन हो रहा था। उसे 3 या 4 महीने में जाकर एक रिकॉर्डिंग के लिए बुलाया जाता और इतने कम काम से जीविका चलाना बहुत कठिन था। चारों तरफ सिंथेसाइजर की ही धूम और माँग थी। संगीत निर्देशकों की ज़रूरत की सारी ध्वनियाँ उसी से निकल जाती थीं। संगीतकारों को वादकों और वाद्ययन्त्र की ज़रूरत ही नहीं थी, इसलिए उस वादक ने अपने बेटे को कम्प्यूटर साईंस की पढ़ाई शुरू करवा दी। वह जानता था कि अब संगीत से जीविका चलाने का प्रश्न ही नहीं उठता। नौशाद साहब यह जानकार

बहुत खिन्न हुए, क्योंकि इसका अर्थ था कि कलाकार के साथ वाद्ययन्त्र की भी मौत हो जायेगी।

मुझे बताया गया कि सारंगी का चलन भी अब कम होता जा रहा है, मुझे लगता है कि हमारे सारे पारम्परिक वाद्ययन्त्र धीरे-धीरे मौत की ओर बढ़ रहे हैं।

मुझे बिसमिल्लाह खाँ की शहनाई सुनना बहुत पसन्द है, परन्तु नयी पीढ़ी की इसमें कोई रुचि नहीं है। यदि हमने तत्काल ही अपने विरासत के वाद्ययन्त्रों का महत्त्व नहीं पहचाना, तो वे सदा के लिए गुम हो जायेंगे। सितार और तबला शायद कुछ ध्यान खींच सकें। परन्तु क्या पता कि कब हम उनके प्रति भी उदासीन हो जायें? मुझे बहुत खुशी होगी यदि आजकल के संगीतकार अपनी संगीत रचनाओं में इन वाद्ययन्त्रों के प्रयोग को प्रोत्साहन दें और हमारी इस असाधारण विरासत का सम्मान करते हुए उसे संरक्षित रखने का प्रयास करें।

एक दो और ऐसे चलन हैं, जिन्हें मैं फ़िल्म उद्योग के लिए शुभ संकेत नहीं मानता। ख़ासकर मुझे सच्चे पार्श्व गायकों की एक बिरादरी के गायब हो जाने का बड़ा अफ़सोस है। हमारे पास गायक और रॉक स्टार हैं परन्तु विशुद्ध और प्रामाणिक पार्श्वगायक नहीं। लगभग हर व्यक्ति और बड़ा, अधिक धनवान और अधिक मशहूर होना चाहता है। सब खुद के गाने गाना चाहते हैं और खुद की पहचान बनाना चाहते हैं। मुझे लगता है कि एक अभिनेता 'दग़ाबाज रे' की तरह का गाना कैसे गा सकता है? नि:सन्देह राहत फतह अली खाँ जिन्होंने इसे गाया है या सोनू निगम तथा अन्य नये लड़के गुणी और अपने फ़न में माहिर गायक हैं, परन्तु एक सच्चा और प्रामाणिक पार्श्वगायक तो वही है, जिसका गायन के अतिरिक्त अन्य कोई मकसद ही न हो और जो अपनी आवाज़ को अभिनेता के अनुसार समायोजित कर सके। मोहम्मद रफ़ी, किशोर कुमार, मन्ना डे, लता मंगेशकर, आशा भोंसले ऐसे ही सच्चे पार्श्व गायक थे। मैं रफ़ी साहब का पर्दे पर एक जवाँ चेहरा था, किन्तु उन्हीं रफ़ी साहब ने ही जॉनी वाकर के लिए 'सर जो तेरा चकराये' जैसा गाना भी गाया।

हो सकता है कि आजकल के संगीतकारों के पास गायकों को व्यावसायिक तौर पर सँभालने का ज्ञान और योग्यता ही न हो। ये सभी एक एलबम चाहते हैं, जो स्वतन्त्र रूप से चले। किसी के पास ठहरकर यह विचार करने का समय नहीं है कि गीत फ़िल्म के लिए रिकॉर्ड किया गया है। एक गायक को पर्दे पर अभिनेता के चरित्र से संगति मिलाते हुए गाना चाहिए। अपरम्परागत आवाज़ें, जैसे **इश्कज़ादे** (2012) के गाने में 'परेशां परेशां परेशां' में शाल्मली खोलगड़े की आवाज़ उच्छृंखल है। कोई नायक ऐसी आवाज़ में किसी लड़की के सामने कैसे प्रणय निवेदन कर सकता है? मैं सोनू निगम की ऊँचे स्वरवाली आवाज़ में अपनी प्रेमिका से मनुहार कैसे कर सकता हूँ? और आजकल के गीत की रचना के बारे में तो टिप्पणी भी व्यर्थ है। यूँ तो मैं भी पेन उठाकर तुकबन्दी कर गीत के रूप में पकड़ा सकता हूँ।

मुझे विश्वास नहीं होता कि आजकल गीतकार कॉपीराइट अधिकार के कार्यान्वयन पर ज़ोर दे रहे हैं। वे चाहते हैं कि लाभ में उनको भी हिस्सा मिले। अरे भई, वे कोई निजी एलबम नहीं बना रहे हैं, वे तो एक फ़िल्म के लिए गीत लिख रहे हैं, जो पूर्णतया निर्माता की निजी सम्पत्ति है और संगीतकार भी फ़िल्म के लिए रचित संगीत की आय पर आजीवन रायल्टी के हिस्सों पर हक कैसे जता सकते हैं। उनको कैसे पता चला कि गीत की लोकप्रियता का कारण फ़िल्म का निर्देशक या उस गीत को प्रस्तुत करने वाला अभिनेता नहीं है? वो कैसे तय करते हैं कि वह गीत अभिनेता के करिश्मा या निर्देशक के फ़न की वजह से हिट नहीं हुआ है? मुझे तो यह पूरा वाद-विवाद ही तर्कहीन लगता है।

हम भारतीय फ़िल्मी गीतों की तुलना पश्चिम में रचे जा रहे गीतों से नहीं कर सकते। यहाँ आप एक फ़िल्म के लिए संगीत बना रहे हैं, एक निजी एलबम या निजी संगीत नहीं। निजी एलबम पर ऐसी माँग न्यायोचित ठहराई जा सकती है। फ़िल्म के लिए गीत बनाते समय आपका स्रोत फ़िल्म का प्रसंग और एक विशेष स्थिति है और उसकी लोकप्रियता या बाज़ार मूल्य उस अभिनेता के कारण घटता-बढ़ता है, जो पर्दे पर गीत को अदा करता है। गीत के संगीत की सफलता इन सभी आधार स्तम्भों के सम्मिलित

प्रयास का प्रतिफल है। अत: लेखकों, गीतकारों, संगीतकारों और गायकों के रायल्टी में हिस्से वाले मुद्दे पर मैं पूरी तरह निर्माताओं के पक्ष में हूँ।

हालाँकि एक अन्य लम्बे समय से चली आ रही परम्परा को बदलने के लिए मैंने कड़ा संघर्ष किया। किसी फ़िल्म की असाधारण सफलता पर संगीतकार टीम को ट्राफी या पट्टिका दी जाती है, पर अभिनेता को कभी नहीं। मेरा इस सन्दर्भ में पहला विवाद **कभी-कभी** के समय यश चोपड़ा और एच.एम.वी. से हुआ। मैंने दलील दी, आपको कैसे यक़ीन है कि फ़िल्म के संगीत की सफलता में मेरा भी योगदान नहीं है? उसके बाद से एच.एम. वी. ने अभिनेताओं को भी ट्राफी देने का चलन प्रारम्भ कर दिया। **बॉबी** के संगीत की अभूतपूर्व सफलता की शील्ड मुझे नहीं मिली और न **हम किसी से कम नहीं** की। परन्तु **कभी-कभी** में शील्ड पाकर मैं रोमांचित हो उठा।

एक अन्य उपलब्धि के लिए भी मैं रोमांचित हुआ और इसका सम्बन्ध पर्दे की परियों से है।

7

रजतपट पर सुनहरी परियों का साथ

- क्षेनिया रबिनकीना (रूसी, *मेरा नाम जोकर*, 1970)
- डिम्पल कपाड़िया (*बॉबी*, 1973)
- सुलक्षणा पंडित (*राजा*, 1975)
- शोमा आनन्द (*बारूद*, 1976)
- नसीम (*कभी-कभी*, 1976)
- काजल किरण (*हम किसी से कम नहीं*, 1977)
- भावना भट्ट (*नया दौर*, 1978)
- रंजीता कौर (*लैला मजनूं*, 1979)
- जया प्रदा (*सरगम*, 1979, हिन्दी में प्रथम अभिनय)
- पद्मिनी कोल्हापुरी (*ज़माने को दिखाना है*, 1981) *सत्यम, शिवम सुन्दरम* और *गहराई* में बाल कलाकार के रूप में काम कर चुकी थी, पर नायिका के रूप में पहली बार इस फ़िल्म में आयी।
- राधिका (*नसीब अपना-अपना*, 1986, हिन्दी में पहली फ़िल्म)
- सोनम (*विजय*, 1988)
- विनीता गोयल (*जनम-जनम*, 1988)
- संगीता बिजलानी (*हथियार*, 1989)

- ज़ेबा बख़्तियार (*हिना*, 1991)
- अश्विनी भावे (*हिना*, 1991)
- रुख़्सार (*इन्तहा प्यार की*, 1992)
- वर्षा उसगाँवकर (*हनीमून*, 1992)
- तब्बू (*पहला-पहला प्यार*, 1994) हम नौजवान में बतौर बाल कलाकार काम कर चुकी थी और एक तेलगू फ़िल्म में भी अभिनय कर चुकी थी।
- जिसेली मोंटीरो (ब्राजीलियन, *लव आजकल*, 2009)
- वैशाली देसाई (*कल किसने देखा*, 2009)
- मेलटीम कंबुल (तुर्की, *टेल मी ओ खुदा*, 2009)
- आलिया भट्ट (*स्टूडेंट ऑफ़ द ईयर*, 2012)
- वानी कपूर (*शुद्ध देसी रोमांस*, 2013)
- पल्लवी शारडा (*बेशरम*, 2013)
- साशा आगा (*औरंगजेब*, 2013)
- तापसी पन्नू (*चश्मे बद्दूर*, 2013)
- मिष्टी (*काँची*, 2014)
- अंशुका रंजन (*वेडिंग पुलाव*, 2015)
- पायल घोष (*पटेल की पंजाबी शादी*, आने वाली फ़िल्म)

नीतू बेबी सोनिया के नाम से बचपन में ही फ़िल्मों में बाल कलाकार के रूप में काम कर चुकी थी और **बॉबी** नायिका की भूमिका के लिए वह एक गम्भीर प्रतिस्पर्धी थी, परन्तु यह भूमिका डिम्पल की झोली में गयी और वह मेरी प्रथम नायिका बनी। भाग्य ने एक बार फिर हस्तक्षेप किया और नीतू मेरी जीवन संगिनी बनी। जीवन के रंगमच पर वह मेरी सह-कलाकार बनी। मेरे पिता को **बॉबी** में डिम्पल को लेने की सिफ़ारिश मुन्नी आंटी (जो चरित्र अभिनेता किशन धवन की पत्नी हैं और मेरे माता-पिता के बहुत नज़दीक थीं) ने की थी। हालाँकि मुझे याद है कि नीतू **बॉबी** का गाना 'हम तुम एक

'गाल पर गाल चढ़ा हुआ है' मेरा परिवार कहा करता था। मुझ पर फब्ती कसी जाती थी कि मैं एक इरानी लड़का हूँ, मैं इतना गोल-मटोल था।

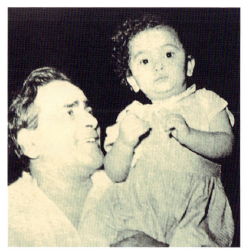

मेरे दादा पृथ्वीराज कपूर के साथ।

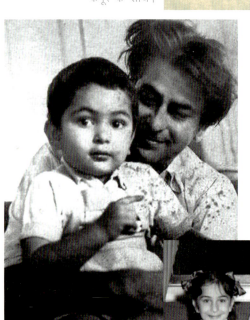

पापा के साथ

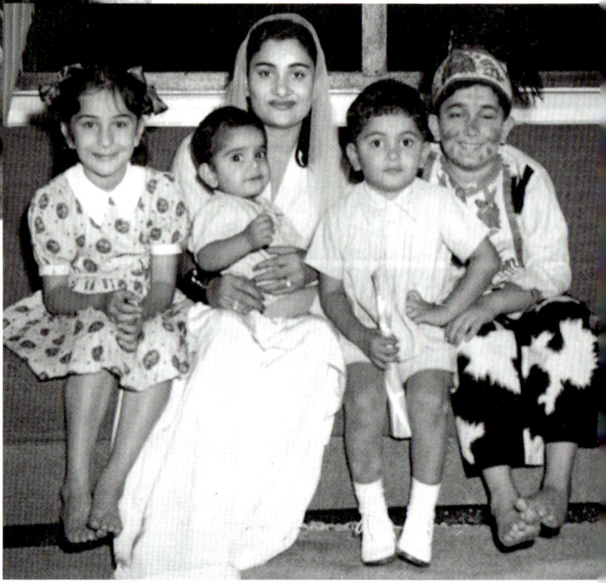

परिवार की एक फैंसी-ड्रेस पार्टी: मेरा कज़िन मेरी माँ की गोद में।

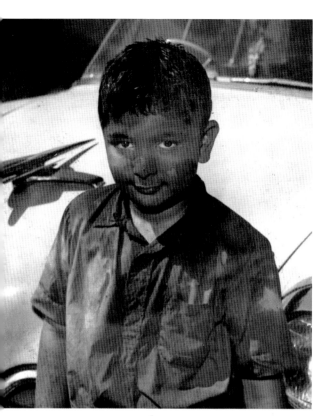

होली मुबारक! इस उत्सव का मुझे पूरे साल इंतज़ार रहता था।

डब्बू, ऋतु, मम्मी, पापा और रीमा के साथ दिवाली उत्सव।
(फ़ोटो इंडियन एक्सप्रेस आर्काईव्ज़ द्वारा)

ऊपर : जब पापा को 'जागते रहो' के लिए बेस्ट पिक्चर पुरस्कार मिला। कार्लोवी वैरी, शेक रिपब्लिक

(फ़ोटो इंडियन एक्सप्रेस आर्काईव्ज़ द्वारा)

बायें : मम्मी–पापा के साथ पहली जापान यात्रा

बायें : राजू नन्दा, मिहिर
चिनाई, राहुल रवैल और
हमारा बैंड – 'द नट्स'

नीचे : वलसिंघम स्कूल में
मंच पर पहली बार

Shrimati Rajee Singh

Cordially Invites you to attend the wedding

ceremony and reception of Barat of her daughter

Neetu

with

Rishi

Son of Mr. & Mrs. Raj Kapoor

at Bharat Petroleum Co. Ltd.

Sports Club and Staff Colony

Vasi Naka Chembur, Bombay-400074.

on Tuesday the 22nd January 1980 at 7-00 p. m.

Compliments From :

RAMESH BEHL	S. HARBANS SINGH	S. AMRIK SINGH
GULSHAN BAWRA	S. BALWANT SINGH	Relatives & Friends

R.S.V.P.

BILLU

604, Shailja Apartments 50, Pali Hill, Bandra. BOMBAY 400 050.

Phone : 54 16 78

बायें : मेरे विवाह में आये महत्त्वपूर्ण मेहमान, सुनील दत्त एवं नरगिस दत्त

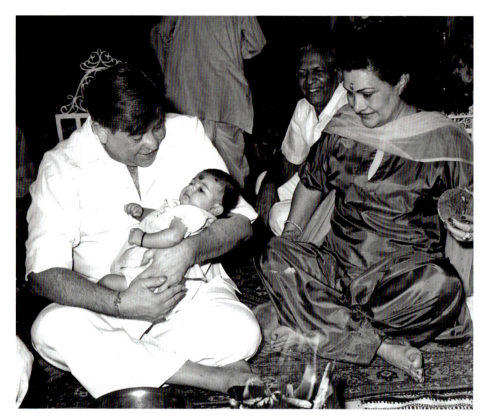

रिद्धिमा का मुंडन समारोह

रणबीर के साथ

करिश्मा के साथ

मेरी प्रथम संतान रिद्धिमा, और पत्नी नीतू
के साथ

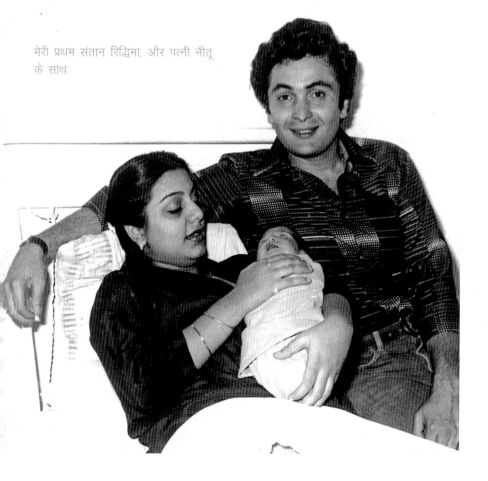

बच्चों के साथ बिताए कुछ
आनन्दमय लम्हे

मेरे दादा पृथ्वीराज कपूर अपने दादा
किशोरीमल कपूर के साथ

दायें : पापा, शम्मी चाचा और
शशि कपूर चाचा के साथ

ऋतु की बारात के इंतज़ार में दादा, पापा, शशि चाचा और मैं

दायें : 'बॉबी' का मुहुर्त
(फ़ोटो इंडियन एक्सप्रेस
आर्काईव्ज़ द्वारा)

दशहरा 1991
'कृष्णराज' गृहप्रवेश
(फ़ोटो इंडियन एक्सप्रेस
आर्काईव्ज़ द्वारा)

मुझे सबरीमाला यात्रा करने
का सौभाग्य प्राप्त हुआ और
यह बहुत ही संतुष्टि देने
वाला अनुभव था।

दायें : बिट्टू आनन्द के साथ
नीचे : रणबीर के साथ

मम्मी–पापा, शम्मी चाचा और डब्बू के साथ

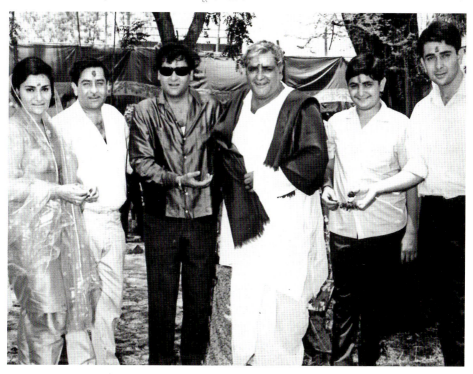

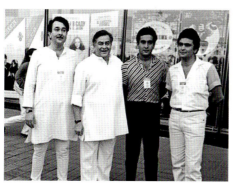

पापा, डब्बू और चिम्पू के साथ

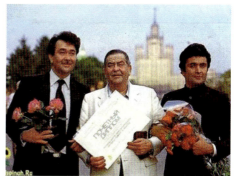

पापा और डब्बू के साथ

दायें : (बैठें) मम्मी और
ऋतु, (पीछे खड़े)
डब्बू रीमा, चिम्पू मनोज और मैं

डब्बू चिम्पू और
मम्मी–पापा के साथ

ताज पैलेस होटल के वसाबी रेस्टोरेंट में नीतू का जन्मदिन मनाते हुए

बायें : नीतू रिद्धिमा, भरत
एवं समारा के साथ लंदन में

दायें : शशि चाचा के घर
क्रिसमस उत्सव के समय कपूर
खानदान का जमावड़ा

राजीव, रीमा, ऋतु और
डब्बू के साथ

मेरी नातिन समारा के साथ

दुबई में अपना साठवां जन्मदिन मनाते हुए दामाद भरत, रिद्धिमा, रणबीर और नीतू के साथ

नीतू और रणबीर के साथ

नीतू, मेरी सास के साथ – वे एक उत्कृष्ट स्त्री थीं

मेरी मम्मी के साथ

निखिल नन्दा, डब्बू, निताशा नन्दा, रीमा जैन, मनोज जैन, राजीव कपूर, नीतू, राजन नन्दा, रीमा नन्दा व श्वेता नन्दा के साथ

आर. के. स्टूडियोज़ में लगे चित्र
(फ़ोटो इंडियन एक्सप्रेस आर्काईव्ज़ द्वारा)

मेरे घनिष्ट मित्र – राजू नन्दा, बिट्टू आनन्द और राहुल रवैल

द थ्री मस्केटियर्स – जीतेन्द्र, मैं और राकेश रोशन

मेरे लंगोटिया यार – (L–R): घनश्याम रोहरा, राहुल रवैल, राजू नन्दा, मैं, नवविवाहित सादिक और बन्नी पीरभाई, बिट्टू आनन्द और हरविंदर सिंह कोहली

नासिर हुसैन, शम्मी
चाचा, पंचम, डब्बू
रणजीत एवं राजेन्द्रनाथ
के साथ मस्ती और मज़ा

राजेश खन्ना, विनोद खन्ना, जीतेन्द्र,
मिथुन चक्रवर्ती, सतीश शाह और
राकेश रोशन के साथ

राकेश रोशन, जीतेन्द्र,
प्रेम चोपड़ा, नीतू एवं
सुजीत कुमार के साथ
नव-वर्ष मनाते हुए

मेरी जीवनसाथी नीतू – सैंतीस
वर्ष का स्वप्न समान साथ

MADE
FOR
EACH OTHER
SONGS FROM HINDI FILMS
OUR SONGS—OUR DREAMS

फिल्म 'श्री 420' के गीत 'प्यार हुआ इकरार हुआ' से एक दृश्य – पंक्ति 'मैं न रहूंगी, तुम न रहोगे, फिर भी रहेंगी निशानियां' के दौरान डब्बू, ऋतु और मैं नज़र आते हैं

'मेरा नाम जोकर' जिसमें मेरा प्रारम्भ अभिनय हुआ, और जिसके लिए मुझे नेशनल अवार्ड से सम्मानित किया गया

सिमी ग्रेवाल और पापा के साथ

कई कारणों से मेरे लिए
यादगार फिल्म
'कभी-कभी' से एक दृश्य

फिल्म 'रफू चक्कर' के लिए
विशेष वेशभूषा

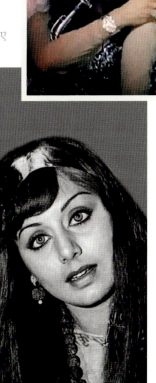

नीचे : 1972 में डिम्पल के साथ

ऊपर : 'बॉबी' के लिए एक टेस्ट फोटो

कलकत्ता में 'बॉबी' के प्रथम प्रदर्शन
पर नफ़ीसा अली के साथ। नफ़ीसा
अपनी पहली फिल्म आर. के. फिल्म्स
के साथ करने वाली थी पर बात
नहीं बन पाई

'बॉबी' की शूटिंग का प्रथम दिन, प्राण साहब के बाद अपने शॉट का इंतजार करते हुए

लक्ष्मीकांत, प्यारेलाल, शैलेन्द्र सिंह, डिम्पल कपाडिया, पापा और मैं, एक गीत के रिकॉर्डिंग के दौरान

दिल्ली में 'बॉबी' के प्रीमियर के दौरान

'कल आज और कल' का मुहुर्त

रणबीर 'प्रेमग्रन्थ' की शूटिंग में प्रारंभ होने से पहले क्लैप देते हुए
(फ़ोटो इंडियन एक्सप्रेस आर्काईव्ज़ द्वारा)

'आ अब लौट चलें' का निर्देशन करते समय

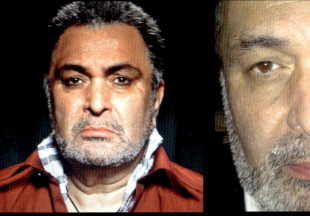

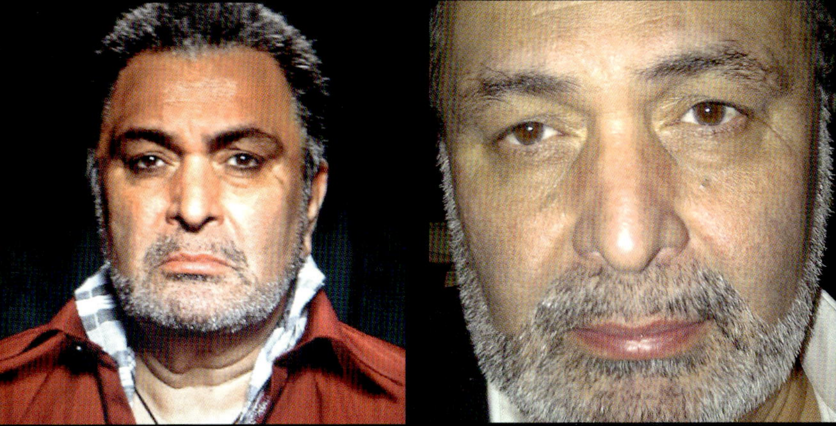

'अग्निपथ' के लिए लुक टेस्ट जिसे देखकर मैं फिल्म करने को राज़ी हुआ

विभिन्न भूमिकाओं का कोलाज

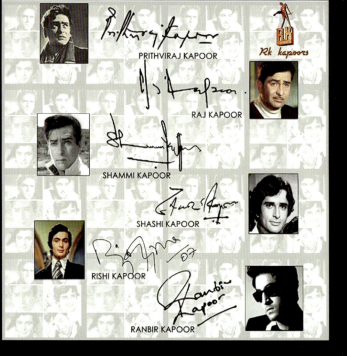

Rk kapoors
PRITHVIRAJ KAPOOR
RAJ KAPOOR
SHAMMI KAPOOR
SHASHI KAPOOR
RISHI KAPOOR
RANBIR KAPOOR

Daflis

Every cool kid had one in the 80s.

'कपूर एंड सन्स' के लिए लम्बी एवं कष्टदायक मेकअप प्रक्रिया। अमेरिका से आए मेकअप मैन ग्रेग कैनोम ने कमाल कर दिया

FLATHEAD 80

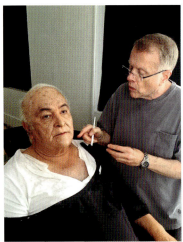

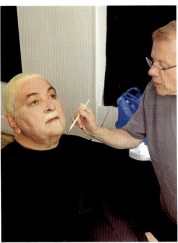

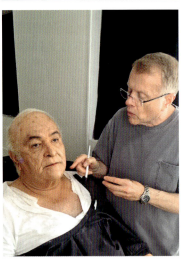

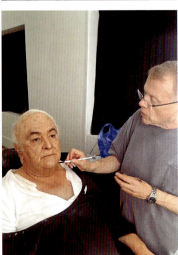

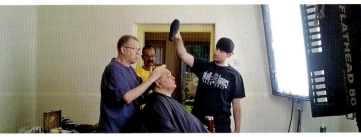

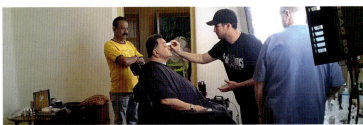

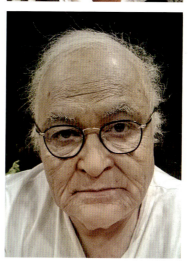

ऊँची उड़ान

कमरे में बन्द हों' के फ़िल्मांकन के समय अपनी माँ के साथ सेट पर आयी थीं।

मैं उन चन्द भाग्यशाली व्यक्तियों में से हूँ, जिनको स्टार बनने या पहचान बनाने के लिए संघर्ष नहीं करना पड़ा। मेरे पास रेलवे प्लेटफॉर्म पर सोने और दो वक़्त की रोटी न मिल पाने से सम्बन्धित कहानियाँ नहीं हैं। परन्तु मेरी भी कुछ समस्याएँ थीं। मेरी प्रथम फ़िल्म ने ही मुझे रातोंरात स्टार बना दिया, परन्तु फ़िल्म निर्माताओं ने पाया कि मेरे जैसे नये अति लोकप्रिय सितारे, जिसकी उम्र बहुत कम थी, के साथ नायिका की भूमिका कर सकने वाली अभिनेत्रियों की बड़ी कमी थी। मैं बड़ी दुविधा में पड़ गया। डिम्पल विवाह कर चुकी थी और अपनी पहली फ़िल्म के प्रदर्शन के पूर्व ही फ़िल्म न करने का निर्णय ले चुकी थी। अन्य सभी अभिनेत्रियाँ मुझसे आयु में बड़ी थीं और बड़ी दिखती भी थीं। मेरे प्रथम प्रवेश के समय शर्मिला और मुमताज अपने-अपने समय में उफान पर थीं। स्वाभाविक था कि मेरी उनके साथ जोड़ी नहीं बन सकती थी। हेमा मालिनी, ज़ीनत अमान और रेखा ने अपनी छाप छोड़ना प्रारम्भ कर दिया था, परन्तु मेरी **बॉबी** में प्राप्त की गयी छवि के कारण फ़िल्म निर्माताओं का विचार था कि इनमें से किसी के साथ भी मेरी जोड़ी नहीं जमेगी। अब दृश्य पटल पर दो ही भरोसेमन्द नायिकाएँ थीं जिनके साथ मेरी जोड़ी बनायी जा सकती थी। वे थीं, नीतू सिंह और मौसमी चटर्जी और वे मेरी नायिकाएँ बनी भीं। परन्तु मात्र दो नायिकाओं के साथ मैं कितनी फ़िल्में कर सकता था? आवश्यकताएँ फ़िल्म निर्माताओं को एक तीसरा विकल्प चुनने के मार्ग पर ले गईं। वह था—नये चेहरों को नायिका बनाकर पेश करना। ऐसा करने से उन्होंने मुझे एक ऐसा नायक बना दिया, जिसने लगभग तीस नयी नायिकाओं के साथ काम किया है और यह रिकॉर्ड आज तक टूटा नहीं है।

इन नये चेहरों वाली नायिकाओं की सूची में एक नाम और जुड़ जाता यदि **बॉबी** के तुरन्त बाद ही नफ़ीसा अली मेरे साथ काम करने के लिए राज़ी हो जातीं। हम केवल एक बार नहीं बल्कि दो बार लगभग काम करने को ही थे कि किसी-न-किसी कारण दोनों ही अवसरों पर ऐसा नहीं हो पाया। उससे

मिलने से पहले ही मैं नफ़ीसा के बारे में पढ़ चुका था और उस समय की एक लोकप्रिय पत्रिका 'स्टेट्समैन' में उसका चित्र भी देख चुका था।

'स्टेट्समैन' कालेज के युवा छात्रों में बड़ी लोकप्रिय थी। नफ़ीसा एक तैराकी चैम्पियन थी और 'वॉटर बेबी' के नाम से जानी जाती थी। वह अपूर्व सुन्दरी थी।

1970-80 के दशक में फ़िल्में पूरे भारत में एक साथ प्रदर्शित नहीं की जाती थीं। **बॉबी** पहले पहल मुम्बई में प्रदर्शित की गयी और कुछ समय बाद हम **बॉबी** के प्रीमियर के लिए कलकत्ता (कोलकाता) गये। जहाँ भाग्य ने अचानक मेरी मुलाकात नफ़ीसा अली से करा दी। मेरे पिता और मैं, दोनों ही तुरन्त उसकी तरफ आकर्षित हो गये। पापा ने मानसिक तौर पर **बॉबी** के बाद बनायी जाने वाली अगली फ़िल्म की सम्भावित नायिका के रूप में उसे चुन लिया था। उस समय उनके मन में **हिना** बसी हुई थी। उन्होंने तुरन्त सम्भावनाएँ तलाशने के लिए उससे बात करने के लिए मुझे भेजा कि, क्या वह मेरे साथ फ़िल्म करना पसन्द करेगी। अत: मैं वहाँ गया (उस अवसर का फ़ोटो भी है मेरे पास)। मुझे खुशी हुई क्योंकि नफ़ीसा का उत्तर था, हाँ, ज़रूर। मुझे बहुत पसन्द होगा। परन्तु जब उसने अपने पिता से बात की, तो उन्हें अपनी बेटी के फ़िल्म व्यवसाय में शामिल होने को लेकर कुछ शंकाएँ थीं। इसके बाद जब भी पापा उससे मिले, उन्होंने परिहास में यह कहना नहीं छोड़ा, 'अच्छा, तुमने मेरी पिक्चर नहीं की' उसका उत्तर तैयार था। वह पलटकर जवाब देती, 'मैंने आपके भाई की पिक्चर की'। किसी बिन्दु पर जाकर उनके पिता ने ज़िद छोड़ दी और नफ़ीसा फ़िल्म उद्योग में शामिल हो गयी। उसकी पहली फ़िल्म मेरे चाचा शशि कपूर के साथ **जुनून** (1978) थी। **जुनून** के ही कालखंड में नासिर हुसैन ने **ज़माने को दिखाना है**, में मेरे साथ नफ़ीसा को लेना तय किया। उसके साथ कांट्रेक्ट भी तैयार कर दिया था, जिसकी सारी औपचारिकताएँ भी पूरी हो चुकी थीं और सारी बातें तय हो चुकी थीं। परन्तु एक बार फिर उनके पिता ने अड़ंगा लगा दिया, वे कांट्रेक्ट की कुछ शर्तों से सहमत नहीं थे। फिर नासिर साहब भी किसी नये चेहरे को पर्दे पर पहली बार पेश करने को आतुर थे और तब तक नफ़ीसा **जुनून** में काम कर चुकी थी।

इसलिए बात स्वत: समाप्त हो गयी। अत: अब साथ काम करने के लिए फिर वही विकल्प बचें—या तो नीतू या मौसमी या फिर कोई नयी लड़की। विवाह से पहले मैंने नीतू के साथ ग्यारह फ़िल्में कीं। यह वरदान भी था और प्रकारान्तर से एक बोझ भी, क्योंकि दर्शक भी कभी-कभी वही-वही चेहरे देखकर उकता जाते हैं और किसी नयी जोड़ी की तमन्ना करने लगते हैं।

उस समय पर्दे पर राज कर रही अधिकांश अभिनेत्रियों के साथ मेरी जोड़ी अच्छी नहीं जमती थी। हेमा मालिनी मुझसे थोड़ी बड़ी थीं और मैं उनके साथ केवल **एक चादर मैली-सी** (1980) जैसी लीक से हटकर बनी फ़िल्म में ही काम कर सका। यह फ़िल्म पंजाब की एक पुरानी परम्परा पर आधारित थी, जिसके अनुसार एक नवयुवा देवर को अपनी विधवा भाभी से विवाह करना पड़ता है। रेखा, परवीन बाबी और ज़ीनत अमान मेरी समवयस्क थीं, किन्तु मेरी अल्हड़पन की छवि की तुलना में वे भी अपेक्षाकृत बड़ी ही प्रतीत होती थी। कम उम्र में कैरियर प्रारम्भ करने वाले सभी अभिनेताओं को इस समस्या का सामना करना पड़ता था। शाहिद कपूर और इमरान खान को भी अपने लिए उपयुक्त नायिका पाने में यही मुश्किल आयी। यह भी एक कारण है कि मैंने रणबीर को फ़िल्म उद्योग में प्रवेश करने के लिए उसे छब्बीस वर्ष के होने तक इन्तज़ार करवाया।

उपयुक्त नायिकाओं के अकाल का अर्थ यह भी था कि मैं स्थापित प्रमुख नायिकाओं के साथ काम करने से लाभान्वित होने से हमेशा वंचित ही रहा। मैंने ज़ीनत अमान के साथ **हम किसी से कम नहीं** में काम किया पर फ़िल्म में मेरी नायिका एक नयी लड़की, काजल किरण, थी। मौसमी ने तो फ़िल्म उद्योग में विवाह के बाद ही प्रवेश किया था। **ज़हरीला इनसान** की शूटिंग के दौरान ही वह माँ भी बन गयी। वे पुन: काम करने आयी, परन्तु अपना तरुण लावण्य, युवाओं की ऊर्जा, ताज़गी व कमनीयता अधिक समय तक कायम नहीं रख सकी।

इस समय तक शबाना आज़मी और परवीन बाबी शशि चाचा और विनोद खन्ना जैसे नायकों के साथ अपना सुनहरा दौर बिता कर वरिष्ठ वर्ग में शामिल हो गयी थीं। परवीन बाबी के साथ मैंने चन्द फ़िल्मों में काम

भी किया, किन्तु उनमें से अधिकांश फ़िल्में **रंगीला रतन** (1976) और **गुनाहगार** (1981) पूरी तरह भुला देने योग्य ही थीं। एक सुपरहिट फ़िल्म **अमर अकबर एन्थोनी** में हम साथ थे, किन्तु उसमें उनकी जोड़ी अमिताभ के साथ थी।

मैंने राखी को पहली बार **कल आज और कल** के ऑडीशन के समय देखा। मेरी एक आंटी उन्हें उनके कलकत्ता से मुम्बई आने के कुछ समय बाद ही आर.के. स्टूडियो लायी थीं। मुझे नहीं पता कि हमने उनको क्यों नहीं लिया। **शर्मीली** (1971) के साथ राखी स्टार बन गयीं। परन्तु उनकी जोड़ी भी मुझसे कुछ बड़ी उम्र के अभिनेताओं के साथ ज़्यादा जमती थी। हालाँकि वह उम्र में मुझसे केवल चार वर्ष ही बड़ी थीं, परन्तु उन्होंने अपनी असली उम्र से अधिक परिपक्व अभिनेत्री की छवि हासिल कर ली थी। हम केवल **दूसरा आदमी** जैसी फ़िल्म में विश्वसनीय लगे, क्योंकि यह एक थोड़ी बड़ी उम्र की महिला की कहानी है, जो एक कम उम्र के युवा के मोहपाश में होकर प्रेम में पड़ जाती है क्योंकि उस नवयुवक में उसे अपने मृत प्रेमी (शशि कपूर) की झलक दिखाई देती है। यहाँ भी नीतू ही एक बार फिर से मेरी नायिका थी। **दूसरा आदमी** के लिए निर्देशक रमेश तलवार, राखी, नीतू और मुझे समालोचकों की भरपूर प्रशंसा मिली। कई मायने में यह अपने समय से आगे के कालखंड की फ़िल्म थी। आज भी जब-जब यह टेलीविज़न पर प्रसारित की जाती है, लोग मुझे फ़ोन अथवा मैसेज द्वारा बताते हैं कि उन्हें फ़िल्म बहुत पसन्द आयी। **दूसरा आदमी** की शूटिंग के दौरान राखी हम सबके लिए मछली पकाती थीं। बहुत पुरानी बात है, परन्तु मुझे आज भी याद है कि वे तुनकमिज़ाज और मनमौजी (मूडी) थीं।

मैं उनके साहस का प्रशंसक हूँ। उन्होंने **शक्ति** (1982) में अमिताभ बच्चन की माँ की भूमिका अभिनीत की, जबकि केवल छह वर्ष पहले **कभी-कभी** में वे उनकी प्रेमिका बनीं थी और **शक्ति** से केवल एक वर्ष पहले **बरसात की एक रात** में भी। यद्यपि वे मुझसे कुछ वर्ष ही बड़ी थीं, पर **कभी-कभी** में वे मेरी माँ बनीं और बाद में **ये वादा रहा** में भी। मेरा आज भी यह मानना है कि अपने कैरियर की दृष्टि से उनका यह एक बड़ा ही दुस्साहसिक कदम था। **ये वादा रहा** में मेरी जोड़ी टीना मुनीम और पूनम ढिल्लों के साथ

थी और दोनों ने ही उद्योग में बस कदम ही रखा था। फ़िल्म डेनियल स्टील के उपन्यास 'प्रामिस' पर आधारित थी। राखी की भी इसमें एक महत्त्वपूर्ण और नाटकीय भूमिका थी। यह खेदजनक है कि फ़िल्म नहीं चली। मेरे पिता ने उस फ़िल्म को देखकर कहा था कि काश इस फ़िल्म में एक ही लड़की होती। उनका मत था कि निर्देशक को या तो पूनम या टीना पर ही कायम रहना चाहिए था। निर्देशक रमेश बहेल ने दुर्घटना में पूनम ढिल्लों का चेहरा बिगड़ जाने पर उसे टीना का चेहरा देने की स्वतन्त्रता लेकर जोखिम उठाया था। मेरे पिता को लगा कि दर्शकों को यह हज़म नहीं हुआ। ऐसा नहीं होता तो यह फ़िल्म बहुत सफल रहती। मेरे उस दौर की फ़िल्मों के समान इस फ़िल्म में भी पंचम का फड़कता हुआ संगीत और रेडियो पर आज भी इसके गाने की फरमाइश की जाती है।

मुझे वहीदा रहमान के साथ काम करने में भी बहुत आनन्द आया। यद्यपि स्वाभाविक है कि मेरी उनके साथ रोमांटिक जोड़ी नहीं बन सकती थी। उनका साथ मेरे लिए भाग्यशाली रहा। **कभी-कभी, कुली** और **चाँदनी** तीन-तीन फ़िल्मों की ज़बर्दस्त सफलता का यह बेदाग़ रिकॉर्ड केवल **दिल्ली-6** जैसी असफल फ़िल्म ही तोड़ सकी। वहीदा जी के व्यक्तित्व में बहुत ही अभिजात्य और गरिमामय जैसा कुछ है। अभी भी वे ईद पर मुझे बिरयानी भेजना कभी नहीं भूलतीं। पाली हिल के उतार पर उनका बँगला था, जिसमें हमने **दुनिया** की शूटिंग की थी, परन्तु उनके साथ मेरा कोई दृश्य नहीं था। हेलेन के साथ भी मैंने दो गीत किये थे, उनमें से एक **फूल खिले हैं गुलशन-गुलशन** नामक फ़िल्म थी।

मैंने **सरगम** में शशिकला के साथ काम किया और यह एक कठिन अनुभव था। शायद वे उस समय किसी भीषण भावनात्मक संकट के दौर से गुज़र रही थीं। मुझे याद है कि फ़िल्म में एक बिन्दु पर उन्हें एक भावनात्मक दृश्य करना था, जो एक प्रकार का विरेचन सिद्ध हुआ और वे फूट पड़ीं। निर्देशक के. विश्वनाथ, निर्माता एन.एन. सिप्पी और मैंने उन्हें सान्त्वना देने की भरपूर कोशिश की, पर वे दृश्य के समाप्त होने के बाद भी देर तक रोती ही रहीं।

अत: कमोबेश मेरे लिए फ़िल्म जगत में साथ के लिए या तो नवागन्तुक लड़कियाँ ही थीं, या पर्दे पर पहला कदम रखने वाली नायिकाएँ। नये चेहरे के साथ काम करने का एक लाभ भी था, विशेषतया यदि वह लड़की भाग्यशाली सिद्ध होती और फ़िल्म सफल हो जाती, जैसे रंजीता कौर के साथ **लैला मजनूं**, जयाप्रदा के साथ **सरगम** और काजल किरण के साथ फ़िल्म की, तो लड़कियों के नयी होने के कारण सारा यश और गौरव का हकदार मुझे माना गया और इन फ़िल्मों पर ऋषि कपूर हिट की छाप लग गयी। मेरे साथ नायिका के रूप में फ़िल्मी कैरियर शुरू करने वाली नयी लड़कियों में से कुछ ने तो आगे जाकर यश और गौरव प्राप्त किया, परन्तु कुछ केवल एक ही सफल फ़िल्म की हीरोइन बन कर रह गयी।

वे जल्दी गुमनामी के अँधेरे में गुम हो गयीं। मुझे नहीं पता कि मुमताज़ की भतीजी नसीम जो **कभी-कभी** में मेरे साथ पहली बार पर्दे पर आयी थी, का क्या हुआ। देवेन्द्र गोयल की बेटी ने भी मेरे साथ एक फ़िल्म **जनम-जनम** की थीं, पर वे भी कुछ उल्लेखनीय नहीं कर पायीं।

अजीब इत्तेफ़ाक है कि हर बार जब किसी नयी अभिनेत्री के साथ मेरी फ़िल्म सुपर हिट हुई, जैसे **बॉबी, सरगम, लैला मजनूं** या **हम किसी से कम नहीं**, तो उसके बाद एक लम्बे अर्से तक मुझे उसके साथ काम करने का अवसर नहीं मिला। **सरगम** द्वारा हिन्दी फ़िल्म उद्योग में जयाप्रदा के प्रवेश के पहले ही वह चार या पाँच तेलुगु फ़िल्मों में काम कर चुकी थीं, पर उसके बाद किसी ने हमें **घर-घर की कहानी** (1988) तक पुन: एक साथ नहीं लिया। रंजीता के साथ भी मैंने अनेक वर्ष बाद जाकर **ज़माना** (1985) में काम किया और डिम्पल के साथ तो मैंने **बॉबी** के बारह वर्ष बाद **सागर** में काम किया। **हम किसी से कम नहीं** के बाद काजल किरण के साथ काम कभी किया ही नहीं।

परन्तु जिन अभिनेत्रियों ने मेरे साथ अपनी दूसरी फ़िल्म की, वे आगे भी कई और फ़िल्मों में मेरी नायिका बनीं। देव आनन्द के साथ **देश-परदेश** में पहली बार पर्दे पर प्रवेश करने वाली टीना मुनीम अपनी दूसरी फ़िल्म **आपके दीवाने** में मेरी नायिका बनीं। नीतू ने पहली फ़िल्म **रिक्शावाला**

(1973) रणधीर कपूर के साथ की थी और उसकी दूसरी फ़िल्म **ज़हरीला इनसान** मेरे साथ रही और फिर कई और का सिलसिला शुरू हो गया।

सुन्दर चेहरों को पर्दे पर पहली बार परिचय कराने के विषय पर चर्चा करते समय मैं ज़िक्र करना चाहता हूँ सुष्मिता सेन को, जब मिस इंडिया यूनिवर्स और ऐश्वर्या राय को मिस इंडिया वर्ल्ड का खिताब मिला, तो उस निर्णायक मंडल में मैं भी शामिल था। दोनों सुन्दरियाँ अन्तरराष्ट्रीय ताज लेकर लौटीं।

जूही चावला और टीना मुनीम, दोनों का मेरे कैरियर निर्माण में बहुत योगदान रहा। नीतू के बाद सबसे अधिक बार सहकलाकर नायिका टीना रही और हममें घनिष्ठ मित्रता हो गयी। वह देव आनन्द की **खोज** थी और 1978 में ही स्टार बन गयी थी। हमारी सफलतम फ़िल्में **आपके दीवाने, कर्ज़** और **क़ातिलों के क़ातिल** रहीं। ऐसी भी फ़िल्में थीं, जो बॉक्स ऑफिस पर कोई धमाका नहीं कर पायीं; जैसे **बड़े दिलवाला, दीदारे यार** और **ये वादा रहा।**

अभिनय कुशलता के मामले में टीना का दायरा कुछ कम हो सकता है, पर पर्दे पर वह एक परियों वाली मोहनी बिखेरती है, जो उस समय के हिसाब से बहुत दिल खुश करने वाली ताजगीपूर्ण युवा ऊर्जा से परिपूर्ण होती थी। मैंने इससे पहले किसी ऐसी आधुनिका के साथ काम नहीं किया था, जिसका मेरी छवि से एकदम सही तालमेल बैठता था। हम दोनों की छवियाँ परस्पर पूरक लगती थीं। लोग कहते थे कि हम दोनों साथ-साथ बहुत अच्छे लगते हैं। **कर्ज़** में हमने साथ काम किया या मेरे लिए विशिष्ट है और वह फ़िल्म मेरे दिल के बहुत करीब है। मुझे नहीं मालूम कि इस विषय में वह क्या महसूस करती हैं। परन्तु जहाँ तक मेरा सम्बन्ध है, बहुत बड़ी सफल फ़िल्म न होने के बावजूद यह मेरी पसन्दीदा फ़िल्म है।

डब्बू और मेरा कैरियर समानान्तर चल रहा था और हम दोनों की अनेक नायिकाएँ भी वही थीं। उनमें से दो थीं नीतू और टीना मुनीम। एक बार मैं आर.के. स्टूडियो के स्टेज नम्बर 1 पर **प्रेम रोग** की और स्टेज नं. 4 पर टीना मुनीम के साथ **ये वादा रहा** की शूटिंग कर रहा था। उसी समय टीना रमेश की फ़िल्म **हरजाई** के लिए डब्बू के साथ काम कर रही थी।

क़ातिलों के क़ातिल वह अन्य फ़िल्म थी, जो पच्चीस हफ़्ते तक चली और जिसमें टीना और मैं साथ थे। रणधीर और ऋषि कपूर टीना के लगातार नायक बनते रहे और बाद में राजेश खन्ना उनके नायक बने, जिनके साथ उनके रिश्ते का व्यक्तिगत समीकरण बना। जितेन्द्र के साथ उसने एक ही फ़िल्म की, जिसमें जितेन्द्र की खुद की फ़िल्म **दीदारे यार** शामिल है, जिसमें भी उनका दूसरा नायक मैं ही था।

हमारी बढ़ती दोस्ती और एक कतार में लगातार साथ की जाने वाली फ़िल्मों का स्वाभाविक और अवश्यम्भावी परिणाम हुआ कि हमारे बीच नज़दीकियों और विशिष्ट रिश्ते की उच्छृंखल ख़बरों और अफ़वाहों का बाज़ार गर्म हो गया। मीडिया उस समय आज जैसा प्रभावशाली और आक्रामक तो नहीं था, पर उस समय भी निर्लज्जतापूर्वक झूठी-सच्ची कहानियाँ गढ़ ली जाती थीं। तब तक मेरा विवाह नहीं हुआ था और टीना संजय दत्त की ख़ास दोस्त थी। एक दिन संजू और गुलशन ग्रोवर नीतू से मिलने पाली हिल उसके घर पहुँचे। अफ़वाहें नीतू तक पहुँच चुकी थीं। गुलशन, जो **रॉकी** में संजू के साथ काम कर रहा था, ने बाद में मुझे बताया कि संजू उस दिन नीतू के घर मुझसे झगड़ने के इरादे से आया था। परन्तु नीतू ने इतनी कुशलता से इस कठिन परिस्थिति को सँभाला कि उग्र तेवर जल्दी ही ठंडे हो गये, नहीं तो कुछ अवांछित घटित होने में देर नहीं लगती और बड़ा खराब दृश्य बनता। नीतू ने शान्तिपूर्वक संजू को समझाया, 'टीना और चिंटू के बीच कोई चक्कर नहीं है। वे तो बस सह-कलाकार और दोस्त भर हैं और तुम्हें यदि इस उद्योग में रहना है, तो विश्वास करना सीखना ही होगा।' बाद में इस घटना पर संजू और मैं कई बार हँसते रहते थे।

उन दिनों वह ड्रग्स का सेवन जमकर कर रहा था और नीतू के घर आने वाले दिन भी उसका सेवन कर चुका था। सच्चाई स्वत: ही प्रमाणित हो गयी, जब मेरा और नीतू का विवाह हुआ और मेरी सारी नायिकाओं ने विवाहोत्सव में शिरकत की।

विवाह के अनेक वर्ष के बाद नीतू ने अपने दिल की बात मुझ पर खोली कि जब मैं और डिम्पल **सागर** में काम कर रहे थे, वह हमारे रिश्ते को लेकर भयभीत हुई थी। परन्तु उसे यह चिन्ता नहीं करनी चाहिए थी।

डिम्पल अब मेरी केवल एक दोस्त थी, जबकि हो सकता है **बॉबी** की शूटिंग के समय वह मेरे लिए दोस्त से कुछ बढ़कर हो। इस बात को दस वर्ष का सुदीर्घ अन्तराल बीत चुका था, अब वह विवाह से बाहर आ रही थी और उसके स्वयं के दो बच्चे थे और मैं भी दो बच्चों का बाप बन चुका था और अपनी गृहस्थी से बहुत खुश था।

मैंने अपने वैवाहिक जीवन में नीतू को आघात पहुँचाने का कोई काम नहीं किया। आज मैं एक खुशहाल शादीशुदा व्यक्ति हूँ और मेरे साथ नीतू जैसी एक प्यारी और भरोसेमन्द पत्नी है। नीतू केवल मेरी पत्नी ही नहीं, बल्कि एक दोस्त भी है। यदि हमारे रिश्ते में कभी कोई ऊँची-नीची लहरें उठीं हों, तो भी उसका कारण हमेशा मैं ही रहा, नीतू नहीं। और उस ऊँच-नीच का कारण मेरा किसी अन्य महिला से जुड़ाव नहीं था। वह मेरे नाज़ुक क्षणों में हमेशा चट्टान की तरह मेरे पीछे खड़ी रही। यदि सर्वश्रेष्ठ जीवन संगिनी के लिए कोई ऑस्कर सम्मान होता कि कोई पत्नी हर अच्छे-बुरे में एक पति का कितना अधिक साथ दे सकती है, तो मुझे विश्वास है कि वह अवॉर्ड नीतू को ही मिलेगा।

बॉबी की शूटिंग के दौरान डिम्पल उस युग की सबसे शानदार गाड़ी इम्पाला में बैठकर आती थी। अमिताभ बच्चन जो उस समय **बँधे हाथ** (1973) की शूटिंग कर रहे थे, एक फिएट गाड़ी में आते थे। डिम्पल एक धनाढ्य उद्योगपति, चुन्नी भाई कपाड़िया, की बेटी थी और हमेशा इसका रुतबा जमाती भी रहती थी। वह डींग हाँकती थी कि यदि **बॉबी** ठीक नहीं चली, तो भी वह मज़े से ही रहेगी, जबकि मुझे अपना स्थान बनाने के लिए संघर्ष करना पड़ेगा।

वह बेबाक, शरारती और बिन्दास थी। वह लड़कों के साथ क्रिकेट खेलती, परन्तु वह गेंदबाज़ी और क्षेत्ररक्षण कभी नहीं करती। वह तो बैटिंग ही करती और दूसरे लोग उसे करने भी देते।

यद्यपि **बॉबी** के बाद वह मिसेज राजेश खन्ना हो गयी और अभिनय के क्षेत्र से उसने प्रस्थान कर लिया। ठीक दस वर्ष बाद वह फ़िल्मों में लौटी ओर हमने **सागर** में साथ-साथ काम किया।

डिम्पल और मैं सामाजिक तौर पर चन्द बार ही मिले, जब वह राजेश खन्ना से विवाहित थी। पर यह एक बेमेल विवाह था। उसके फ़िल्मों में लौटने तक परिदृश्य पूरी तरह परिवर्तित हो चुका था। हम दोनों ही अब सर्वथा भिन्न व्यक्ति बन चुके थे। वह अभी भी अपूर्व सुन्दरी थी। परन्तु वह पहले वाली उग्रता, भड़कीलापन, दबंगई और आत्मविश्वास अब उसके व्यक्तित्व से गायब हो चुके थे। उसे अब यह जताने की ज़रूरत थी कि वह एक महान कलाकार है। मैं यह देख सकता था कि वह अपनी **बॉबी** वाली छवि के अनुरूप दिखने के लिए बहुत परिश्रम कर रही थी, जबकि इसकी ज़रूरत नहीं थी। उसकी आयु केवल 25 वर्ष थी। वह अभी भी बहुत सुन्दर थी। इस प्रसंग में मैं उल्लेख करना चाहूँगा कि डिम्पल के नाज़ुक क्षणों में उसकी बहन सिम्पल उसके लिए एक बहुत बड़ा सहारा और शक्ति का स्रोत रही। वह डिम्पल को निरन्तर उत्प्रेरित करती रहती और उस नाज़ुक दौर से उसके उबरने में सिम्पल की बहुत बड़ी भूमिका है। अनेक वर्ष बाद हमने एक और फ़िल्म **प्यार में ट्विस्ट** (2005) भी की। इस फ़िल्म में हम युवा अवस्था में प्रेमी थे, जिनका रिश्ता टूट जाता है और वे अलग-अलग लोगों के जीवन साथी बन जाते हैं, माता-पिता बन जाते हैं और बरसोंबरस बाद वे फिर एक-दूसरे के प्यार में पड़ जाते हैं। काश! यह फ़िल्म बेहतर तरीके से बनती। इस कहानी और इसके कलाकारों में सफल होने की काफ़ी सम्भावनाएँ थीं।

जब जूही चावला और मेरी कई फ़िल्में बॉक्स ऑफ़िस पर अति सफल रहीं, तो फिर एक बार मेरा और उसका नाम जुड़ने की अफवाहें फैल गयीं। **चाँदनी** एक बड़ी सफल फ़िल्म रही थी और उसमें जूही अतिथि भूमिका में थीं। **बोल राधा बोल** एक व्यावसायिक सफलता थी, **ईना मीना डीका** नहीं चल पायी, परन्तु एक अत्यन्त रूढ़िवादी फ़िल्म **साजन का घर** (1994) ने काफ़ी धन अर्जित किया। परन्तु इस बार भी उन अफवाहों में कोई दम नहीं था।

समय के करवट लेने के साथ, मेरे साथ काम करने वाली अभिनेत्रियाँ उम्र में मुझसे कमतर होती गयीं। 1990 के दशक में मेरे साथ नायिका बनने वालों में मनीषा कोइराला (**अनमोल**) उर्मिला मातोंडकर (**श्रीमान आशिक**)

मीनाक्षी शेषाद्री जिसके साथ मैंने कई घर-परिवार वाली सामाजिक फ़िल्में और प्रसिद्ध फ़िल्म **दामिनी** सम्मिलित थीं, मेरी नायिकाओं और मेरी आयु के अन्तर को देखते हुए अब हमारे बीच कोई रोमांटिक रिश्ते का विचार ही अब अकल्पनीय था।

टीना मुनीम और डिम्पल कपाड़िया को छोड़कर मेरी किसी भी नायिका से घनिष्ठता नहीं रही। परन्तु उन सभी के लिए मेरे हृदय में असीम आदर रहा और मेरी सफलता का बहुत कुछ श्रेय मैं उन्हीं को देता हूँ। उन नायिकाओं के साथ यदि मेरा पर्दे पर सही तालमेल नहीं मिलता, तो नाचने-गाने और प्रणय निवेदन करने वाले सितारे ऋषि कपूर की छवि वैसी नहीं बन पाती। मैं कभी भी एक्शन हीरो नहीं रहा और रोमांटिक हीरो की फ़िल्म की सफलता में नायिका की भी उतनी ही बड़ी भूमिका होती है। मैं उन सभी नायिकाओं का आभारी हूँ, जिन्होंने पर्दे पर मुझे चमकदार और लोकप्रिय बनाने में मेरी मदद की।

केवल एक ही नायिका मेरे साथ काम करने के प्रति थोड़ी अनिच्छुक दिखाई देती थी। हो सकता है कि ऐसा इसलिए हुआ हो कि उस तारिका की स्टार हैसियत मुझसे बड़ी थी। श्रीदेवी की उस समय धूम मची थी और मेरा कैरियर उस समय थोड़े उतार पर था, जब मैंने उसके साथ **नगीना** में काम किया। वह बड़ी एकान्त पसन्द थी और बाद में मुझे बताया गया कि वह बड़ी संकोची और वर्जनाओं से घिरी महिला थी।

उसके साथ सबसे असहज कर देने वाला क्षण आर.के. स्टूडियो में एक गाने में फ़िल्मांकन के दौरान आया। जब शूटिंग के दौरान आप टेक के बीच में हो और सहायक कैमरामैन अचानक कह बैठे कि मैग्ज़ीन समाप्त हो गयी है। कैमरे में रोल डालने के दौरान के ये पल कलाकारों के लिए बहुत भारी और उलझनपूर्ण और असहज होते हैं, क्योंकि लाइट्स ऑन रहती हैं और उन्हें दृश्य के अनुसार एक विशेष मुद्रा और स्थिति में देर तक स्थिर बने रहना पड़ता है, जो बड़ा अजीब लगता है। **नगीना** की शूटिंग के दौरान ऐसा ही वाकया हुआ और हमने अपनेआप को एक बहुत ही असहज स्थिति में पाया, जब हमें इन्तज़ार करते हुए बस केवल उसी स्थिति में खड़े रहना था। अचानक उसने मुझसे कहा, 'सर मैंने **खेल-खेल में** को चार बार देखी

है।' मुझे बहुत ताज्जुब हुआ। बड़ी मुश्किल से मैं उसकी एक फ़िल्म के बारे में बता पाया, जो मैंने देखी थी। **नगीना** के फ़िल्मांकन के दौरान हम दोनों के बीच कुल जमा इतनी ही बातचीत हुई। बाकी पूरे समय तो हमेशा 'नमस्ते जी' और 'गुडनाइट जी' ही चलता रहा। **चाँदनी** के निर्माण के समय हममें दोस्ती हो गयी। वह मेरे साथ थोड़ा-थोड़ा खुली और हम दोनों के बीच असहजता कम होने का प्रभाव हमारे अभिनय पर भी पड़ा और वह सुधर गया। यश जी ने हमें फ़िल्म में अभिनय के तरीके को लेकर पूरी छूट दी हुई थी। इस कारण प्रस्तुति को सेट पर ही सुधारने का अवसर होता था। श्रीदेवी भी ऐसा करती। दृश्य को बेहतर बनाने के लिए उसने भी काफ़ी योगदान दिया। उदाहरणार्थ 'कॉग्नेक शराब नहीं होती' वाला सीक्वेंस दृश्य में सुधार करते-करते ही सम्भव हुआ था, क्योंकि मूल पटकथा में यह नहीं था। यश जी, श्रीदेवी और मैंने मिलकर वहीं-के-वहीं उसे बनाया था।

श्रीदेवी एक असाधारण अभिनेत्री थी, जो अभिनय की सहज शैली और मेथड शैली (जो उन्होंने कमल हासन से सीखी थी) का सुन्दर सन्तुलन और समन्वय कर लेती थी। समय बीतने के साथ वह और भी ज़्यादा परिपक्व होती गयी। **इंग्लिश विंग्लिश** (2012) में उनका अभिनय देखकर तो मैं चित्त हो गया। उसके बाद **मॉम** में उनका अभिनय देखकर मुझे एहसास हुआ कि वह कितनी सूझबूझ वाली और परिष्कृत अभिनेत्री बन चुकी थीं। बेहद दुख की बात है कि वह इतनी जल्दी हमें छोड़ कर चली गयीं।

मैं शायद उन चन्द लोगों में से हूँ, जिन्हें पहले-पहल बोनी कपूर से उनके रिश्ते की भनक लगी। पहली बार यह आभास मुझे तब हुआ, जब हम गोवा में एक गीत की शूटिंग कर रहे थे। श्रीदेवी शूटिंग स्थल से मेरे पहले ही जा चुकी थी और मैं ताज में लंच के लिए जा रहा था। तभी एक व्यक्ति को दूर से देखकर मुझे लगा कि वह बोनी कपूर है, परन्तु मुझे इसका पूरा विश्वास नहीं था कि वह बोनी ही था। भाग्य से होटल का मैनेजर मेरा सहपाठी रह चुका था। मैंने उससे फ़ोन पर पूछा कि क्या बोनी यहाँ ठहरा हुआ है, उसने कहा कि कौन बोनी, मैंने उत्तर दिया बोनी कपूर। उसने कम्प्यूटर पर नाम की जाँच की और बताया कि नहीं। तब मुझे ध्यान आया कि शायद उसने अपने को दूसरे नाम से दर्ज़ किया हो, मैंने जब पूछा कि

क्या अचल कपूर तुम्हारे यहाँ ठहरा है और उत्तर 'हाँ' में था। अचल कपूर ही बोनी का असली नाम है और तब मुझे अन्दाज़ लग गया कि हो न हो, इन दोनों के बीच कुछ तो है। तीन या चार महीने बाद ही उन्होंने शादी कर ली और कानाफूसियाँ थीं कि श्रीदेवी माँ बनने वाली थी। ड्रेसमैन ने बताया कि उनके सभी कपड़ों में फेरबदल किया जा रहा था और उनके ट्राउजर्स ढीले किये जा रहे थे। निर्देशक को भी कमर से नीचे के शॉट न लेने के लिए कहा गया था। पर अधिकतर श्रीदेवी ने अपने निजी जीवन को लोगों की नज़रों और जाँच से परे ही रखा था। व्यावसायिक तौर पर सह कलाकार के रूप में वह एक असाधारण अभिनेत्री थी। मेरे साथ उसकी दो फ़िल्में सुपरहिट रहीं—**नगीना** और **चाँदनी**। हमने साथ-साथ **बंजारन** (1997) भी की, जो एक औसत फ़िल्म थी।

पूनम ढिल्लों दूसरी वह अभिनेत्री थी, जिसके साथ मैंने बहुत बार काम किया। वह बहुत सुन्दर लड़की थी और उसके साथ काम करना बहुत सहज था। हमने एक साथ **ये वादा रहा, एक चादर मैली-सी** और **सितमगर** (1985) की। मैं माधुरी दीक्षित के साथ अभिनय करके भी बहुत खुश हुआ हालाँकि हमारी कोई फ़िल्म सफल नहीं रही। अवसर मिले तो मैं इस रिकॉर्ड में सुधार करना चाहूँगा। हमने चार फ़िल्में साथ कीं। सब-की-सब बुरी तरह असफल रहीं। माधुरी एक बहुत प्यारी लड़की है, एकदम सीधे चलने वाली, खुशमिज़ाज और एक अत्यन्त कुशल अभिनेत्री। **प्रेम रोग** के निर्माण के दौरान पद्मिनी कोल्हापुरे में बहुत बचपना था। पर्दे पर उसे रोते देखकर मुझे बड़ा मज़ा आता। वह उसे बड़ी कुशलता से करती। पद्मिनी एकमात्र ऐसी नायिका थी, जो रोते हुए अच्छी लगती थी और उसकी आवाज़ तो कमाल की थी। अभिनेत्री के रूप में उसने अपनी आवाज़ का बड़ा ही प्रभावशाली इस्तेमाल किया। बीतते समय के साथ तब्बू अभिनेत्री के रूप में काफ़ी परिष्कृत हो गयी। हमने पहली फ़िल्म **पहला-पहला प्यार** (1994) की। इसके निर्माण के दौरान वह पूरे समय असहज रही। निर्देशक मनमोहन सिंह बार-बार उसे ठीक ढंग से खड़ा न रहने के कारण डाँटते। मुझसे अधिक लम्बी होने के कारण वह असहज होकर थोड़ा झुककर खड़ी रहती। उसके साथ लम्बाई का सन्तुलन बनाने के लिए और उससे थोड़ा ऊँचा दिखने के

लिए मुझे ऊँची एड़ी के जूते पहनने पड़ते और उसे सपाट चप्पल पहनाई जाती। कुछ समय पहले जब मैं उससे मिला, तो उसने मुझे उन दिनों की याद दिलाते हुए कहा कि याद करो कि तुम किस प्रकार चिल्लाकर मुझे ऐसे खड़े रहो, वैसे खड़े रहो का निर्देश देते रहते थे। और मैंने उससे कहा कि अच्छा ही हुआ, मेरा चिल्लाना तुम्हारे काम आया ना, आज देखो, तुम्हारे कैरियर में तुम्हारा कद कितना ऊँचा है। हमने दो और फ़िल्में साथ कीं, दोनों कम महत्त्वपूर्ण। तब्बू, माधुरी, और मनीषा कोइराला के साथ एक भी सफल फ़िल्म नहीं बना पाया। मीनाक्षी शेषाद्री के साथ मेरी लगभग सभी फ़िल्में साधारण सफल ही रहीं। एक अति उल्लेखनीय फ़िल्म **दामिनी** थी। वह उसके जीवन की सर्वश्रेष्ठ भूमिका थी और उसके पति के रूप में वह मेरे जीवन की सबसे जटिल और कठिनतम भूमिका थी।

तकनीकी रूप से मीनाक्षी एक उत्कृष्ट अभिनेत्री थी, किन्तु उसका भाव सम्प्रेषण कमज़ोर था। जब वह नृत्य करती तो हर कदम एकदम सही होता, कभी कोई कदम तनिक भी इधर-उधर नहीं होता। सच पूछो तो वह उस समय की सर्वश्रेष्ठ नर्तकियों में थी, परन्तु उसमें जान नहीं थी। उसके अभिनय में जीवन्तता की कमी थी। उर्मिला मातोंडकर, जिसके साथ मैंने **तहज़ीब** (2003), **श्रीमान आशिक** (1993) फ़िल्में कीं, में भी यही कमी थी। मेरी राय में उर्मिला हमारे समय की सर्वश्रेष्ठ नृत्यांगना थी, यहाँ तक कि श्रीदेवी और माधुरी से भी बढ़कर। उसे नाचते देखकर मुझे लगता कि वाह! क्या कमाल की लड़की है! लेकिन उसमें बड़े सितारों वाली आग और आक्रामकता की कमी थी। कहीं एक जो ख़ास बात होती है, उसकी भी कमी थी। **रंगीला** (1995) में वह अपने चरम पर थी।

रेखा के साथ मेरी जोड़ी केवल एक बार बनी : **आज़ाद देश के गुलाम** परन्तु हम दोनों के बीच सही केमेस्ट्री नदारद रही। हमने कुछ अन्य फ़िल्में भी साथ कीं : **शेषनाग** (1990) और **अमीरी-गरीबी** (1990)। परन्तु उसकी जोड़ी मेरे साथ नहीं थी। नीतू के साथ रेखा की ज़्यादा जमी। वे जब मिलतीं तो टूटकर मिलतीं और वे लोग तमिल में गिटपिट करने लगतीं क्योंकि बाल कलाकार के रूप में नीतू ने मद्रास में थोड़ी बहुत तमिल सीख ली थी।

शायद आज यह कुछ अजीब-सा प्रतीत हो, पर यह सच है कि मेरी जया बच्चन के साथ भी एक फ़िल्म की योजना बनी थी। यह मेरे कैरियर के प्रारम्भिक दौर की बात है। परन्तु यह फ़िल्म बीच में ही रुक गयी, क्योंकि उसी समय उनकी शादी हुई थी और लोगों को लगा कि उनके साथ में मैं थोड़ा कम उम्र लगता हूँ।

चरित्र अभिनेता के रूप में अगली पीढ़ी की अभिनेत्री, जिसके साथ मैंने सबसे पहले काम किया, वह काजोल थी। स्वाभाविक है कि रोमांटिक जोड़े के रूप में नहीं। काजोल बेजोड़ है। वह कभी भी किसी के साथ कोई भी फ़िल्म कर सकती है और उसे विश्वसनीय बना सकती है। यहाँ तक कि वह रणबीर के समान किसी एकदम नवयुवा के साथ भी काम करके उसके साथ उपयुक्त लग सकती है। **फ़ना**, जिसमें किरण खेर और मैंने उसके माता-पिता की भूमिका की थी, एक सफल फ़िल्म थी। **राजू चाचा** (2000) और **कुछ खट्टी कुछ मीठी** (2001) वे अन्य फ़िल्में थीं, जिनमें हमने साथ काम किया।

मैं उसकी वह प्रशंसा कभी नहीं भूलूँगा, जो उसने एक विशेष कठिन शॉट के बाद मेरे लिए की थी। उसने कहा था कि आपके साथ काम करना कितना आनन्ददायक है। आप नहीं जानते कि आपसे मुझे कितनी प्रेरणा मिलती है। मेरे जीवन का सर्वाधिक आत्मतुष्टि देने वाला कालखण्ड मेरे कैरियर का दूसरा दौर है और उसमें मैंने काजोल के साथ सहजता से कदम रखा। यह जीवन का वह दौर है, जिसमें मुझे विशेषाधिकार, सम्मान और बेजोड़ भूमिकाएँ मिलीं।

8

नीतू, मेरी हमदम, मेरी दोस्त

नीतू से मेरी संक्षिप्त-सी मुलाकात **बॉबी** के सेट पर हुई थी, जहाँ वह अपनी माँ के साथ आयी थी। **ज़हरीला इनसान** के बाद वह मेरी फ़िल्मी यात्रा में मेरी लगभग निरन्तर सहयात्री बन गयी। वह खुद भी एक सफल अभिनेत्री बन गयी थी। किसी एक मोड़ पर हम एक-दूसरे से मिलने लगे और **अमर अकबर एन्थोनी** की शूटिंग समाप्त होते-होते हम एक-दूसरे के बहुत नज़दीक आ चुके थे। उस समय किसी लड़की से मिलने का अर्थ था दावत में जाना, हाथों में हाथ थामना और उसके साथ धीमे-धीमे नृत्य करना। उस समय इससे आगे बढ़ने का चलन नहीं था। हमारे सामाजिक समूह में मैं सर्वाधिक उपयुक्त कुँआरा था। मेरे 21 वर्ष का होते-होते घर-घर मेरी चर्चा होने लगी। मैं कल्पना से परे धनराशि अर्जित कर रहा था और मैं एक दिग्गज फ़िल्म निर्माता का पुत्र भी था, जिसका अनिवार्यत: यह अर्थ था कि मुझ पर मरने वाली प्रशंसिकाओं की कोई कमी नहीं थी।

मुझे जो (ज्योति) नाम की एक पन्द्रह वर्षीय चुलबुली लड़की का स्मरण है। मेरे पिता, जो हमेशा दिल्ली में अपनी फ़िल्मों के लिए नये चेहरे की तलाश में जाते रहते थे, ने उसे कनाट प्लेस में देखा था और उससे पूछा था कि क्या वह मेरे साथ काम करना पसन्द करेगी। यह **बॉबी** के तुरन्त

बाद की बात है। वह इस बात पर खुशी से उछल पड़ी। अत: पापा ने स्क्रीन टेस्ट के लिए उसे मुम्बई बुलवा लिया, परन्तु वांछित प्रभाव नहीं पड़ सका और काम नहीं बना। आँखों से देखने और कैमरे के लेंस से पर्दे पर उभरने वाली छवि में कभी-कभी कितना अधिक अन्तर हो सकता है, इसकी हमें कल्पना भी नहीं हो सकती। फिर भी मैं उससे कई बार मिला। वह मेरी बड़ी प्रशंसिका थी और अकसर मेरी शूटिंग देखने आने लगी। वह इतनी खूबसूरत थी कि मैं भी उसकी ओर आकृष्ट हो गया, परन्तु चूँकि मैं उस समय किसी स्थायी रिश्ते के बारे में सोच ही नहीं रहा था, इसलिए हम दोनों के बीच अधिक घनिष्ठता नहीं पनप सकी और जल्दी ही वह चली गयी और उसका विवाह भी हो गया। मैंने उसे फिर कभी नहीं देखा। नीतू अकसर मेरी खिंचाई करती रहती और कहती कि मेरी उससे ज़रूर अन्तरंगता होगी, परन्तु नीतू का अनुमान गलत था। जो मेरी अभिनय यात्रा के प्रारम्भिक दौर की मधुर स्मृतियों का ही एक हिस्सा मात्र थी।

विवाह होने तक मेरे माता-पिता के पास मेरे विवाह के लिए प्रस्ताव आते रहे। उनमें से कुछ अति विशिष्ट परिवारों से थे। जब मैं नीतू के साथ डेट पर जाने लगा, तो मैंने उन लोगों से कभी औपचारिक बात नहीं की, परन्तु वे समझ गये थे कि मैं किस दिशा में जा रहा हूँ। मेरे पिता ने बड़ी कुशलता से, उन परिवारों को यह बताकर कि मेरा मेलजोल किसी ख़ास लड़की से है और उन्हें लगता है कि उनका बेटा उसी से शादी करना चाहेगा, उन सबको इनकार कर दिया। यद्यपि मैं नीतू के साथ अपने रिश्ते को लेकर खामोश ही रहा, परन्तु मेरा परिवार यह बात जानता था और उन्होंने सहृदयता और खुले दिल से इस रिश्ते को स्वीकार किया।

इसमें कोई सन्देह नहीं कि मैं प्रेम में पूरी तरह से डूबा हुआ था और यदि ऐसा प्रतीत हुआ कि नीतू मुझ पर दिलोजान से न्योछावर है और मैं नहीं, तो ऐसा लगने के भी कुछ कारण हैं। मैं जब यास्मिन के साथ रिश्ते में था, तब मैं भयभीत था कि कहीं मेरे पिता को पता न चल जाये। पकड़े जाने का वही डर बड़े होने पर भी मेरे दिल में बना रहा। जब मैं नीतू को डेट करने लगा, तब भी मैं अपने माता-पिता को यह बताने का साहस नहीं जुटा पाया। पता नहीं क्यों मैं अभी भी इतना भयाक्रान्त था कि मेरे पिता को मेरे

किसी लड़की के साथ समय बिताने की बात मालूम न पड़ जाये। मैं शंका-कुशंका और अनजानी मनोग्रन्थियों से इतना ग्रस्त था कि यदि कभी मेरे माता-पिता मुझे किसी लड़की के साथ घूमते हुए भी देख लेते, तो मैं तुरन्त उसे छोड़कर भाग खड़ा होता। मुझमें पुरुषोचित शौर्य का लेशमात्र भी नहीं था। पीछे मुड़कर देखता हूँ तो मुझे आश्चर्य होता है कि अपनी भावनाओं का विश्लेषण करने और उसमें मदद पाने के लिए मैं किसी मनोवैज्ञानिक के पास क्यों नहीं गया। हालाँकि मेरे भाई जानते थे, मेरे माता-पिता जानते थे, यहाँ तक कि पूरा संसार जानता था, परन्तु खुद मैं न तो नीतू और न ही अपने माता-पिता के सामने अपनी इच्छा ज़ाहिर कर पाया। मैं खुद अपने मन को भी पूरा पहचान नहीं पाया था, कि क्या मैं सचमुच विवाह के लिए तैयार हूँ। मैं तब 27 वर्ष का था और अपने माता-पिता के साथ चेम्बूर में ही रहता था। आज यह आयु एक पुरुष के विवाह के लिए कम लग सकती है, परन्तु 1980 के दौर में बहुत कम पुरुष इस वर्ष तक अविवाहित रहते थे। परन्तु मैं अभी भी निर्णय नहीं कर पा रहा था। हमारी पारस्परिक प्रतिबद्धता देखकर कोई भी यह समझ नहीं पा रहा था कि मैं क्यों यह प्रश्न नहीं उठा रहा हूँ। वे कैसे जानते कि मैं हर वक्त अपने दिमाग में लाखों राक्षसों से लड़ रहा था! मुझे किसी भी अभिनेता के फ़िल्मी जीवन की लम्बी पारी पर पड़ने वाले उसके विवाह के प्रभाव को लेकर भारी गलतफ़हमी थी। ख़ासकर राजेश खन्ना के विवाहोपरान्त गिरते हुए कैरियर ग्राफ ने मेरी इस गलतफ़हमी को और बढ़ाया। मैं भी एक रोमांटिक हीरो था और एक अभिनेत्री से विवाह करने जा रहा था। अत: मैं भयभीत था कि राजेश खन्ना की कहानी मेरे जीवन में भी दोहरायी गयी तो मेरा क्या होगा!

मैं अकसर सोचता हूँ कि अगर मेरी बहन ऋतु न होती, तो मैंने शायद कभी नीतू से शादी नहीं की होती या शायद मैं कई वर्ष बाद उससे शादी करता। मैं खुद कभी अपने रिश्ते को अन्तिम पड़ाव तक नहीं ले जा पाता। परन्तु हम ख़बरों में सुर्ख़ियाँ बने, जब मैं अपनी बहन के परिवार में किसी की सगाई के उत्सव में शामिल होने पहुँचा और खुद अपनी सगाई की अँगूठी पहनकर मुम्बई लौटा। मुझे सपने में भी गुमान न था कि मेरी बहन ऋतु ने मेरे दोस्त गोगी (फ़िल्म निर्माता) और रवि मल्होत्रा (2012 की फ़िल्म **अग्निपथ**

के युवा निर्देशक करण मल्होत्रा के पिता) के साथ मिलकर एक गुप्त योजना बना ली थी। दिल्ली रवाना होते समय मुम्बई एअरपोर्ट पर उड़ान की प्रतीक्षा करते वक़्त मेरी भेंट सायरा बानो और दिलीप कुमार से हुई थी और उन्होंने मुझसे इस यात्रा का सबब पूछा। जब मैंने उन्हें बताया कि मैं एक सगाई में शिरकत करने दिल्ली जा रहा था, तो उन्होंने दिल्लगी की कि मुझे बेवकूफ़ मत बनाओ, सच बताओ कि क्या तुम खुद सगाई करने वहाँ नहीं जा रहे हो। दिलीप साहब के मुँह से निकले वे शब्द कितने सत्य सिद्ध हुए। उनके शब्द तो सच्ची भविष्यवाणी निकले।

खुद मैं, अपनी बहन की योजना की सच्चाई से पूरी तरह अनभिज्ञ था। मैं बेख़बर था कि ऋतु ने नीतू और उसकी माँ को भी दिल्ली बुलवा लिया था। इसलिए जब मेरे माता-पिता और घनिष्ठ मित्रों ने नीतू और मुझे सगाई मंडप में निर्धारित स्थान पर बैठने और अँगूठी एक-दूसरे को पहनाने के लिए कहा, तो मैं भौंचक्का रह गया। वह मंडप तो किसी और जोड़ी के लिए बनाया और सजाया गया था!

मेरे परिवार ने निश्चय कर लिया था कि मुझे बन्धन में बाँधने का सही वक्त आ चुका है, परन्तु क्योंकि यह सब अनियोजित था, अत: हमारे पास एक-दूसरे को पहनाने के लिए अगूँठियाँ नहीं थीं और अन्तत: नीतू ने मुझे जो अँगूठी पहनाई, वह रवि मल्होत्रा की थी और उस पर आर. अक्षर खुदा था।

मेरे पिता ने असीम दुलार से नीतू को अपने परिवार में सम्मिलित कर लिया। मेरे लिए यह बहुत बड़ी राहत की बात थी। मुझे नहीं मालूम कि मैं क्यों इससे भिन्न प्रतिक्रिया से भयभीत था।

जब मैंने नीतू को डेट करना शुरू किया था, तो उसकी माँ हमें बाहर तभी जाने देती थीं जब उसकी चचेरी बहन लवली भी हमारे साथ होती। हम तीनों कार में साथ बैठकर रवाना होते, परन्तु हमने इस बाधा को पार करने के लिए भी एक मासूम-सी युक्ति निकाल ली थी। नीतू के घर से थोड़ी दूर जाकर वहाँ के दृष्टिपथ से ओझल होते ही लवली अपनी सहेली से मिलने चली जाती और नीतू और मैं आगे बढ़ जाते।

जब मैं पहली बार नीतू से मिला था, मैं यास्मिन से प्रेम करता था। चित्रदुर्ग में **ज़हरीला इनसान** की शूटिंग के दौरान यदि मेरा यास्मिन को

फ़ोन नहीं लगता, तो मैं पागल हो जाता और नीतू से मेरी तरफ से यास्मिन से बात करने का अनुरोध करता। समय के साथ एक-दूसरे के साथ काम करते-करते हम दोनों एक-दूसरे के प्रति आकर्षित होते गये। मैं उस समय बड़ा दबंग और स्वभाव से काफ़ी आक्रामक था। हमारी दोस्ती के प्रारम्भिक वर्षों में मैं उसे परेशान कर देता और उसका मेकअप बिगाड़ देता था। नीतू हमेशा से एक अच्छी परवरिश प्राप्त सुसंस्कारित लड़की थी। हमें उन दिनों एक दिन में दो-दो शिफ़्ट शूटिंग करना पड़ती और इस कारण हम निरन्तर साथ-साथ रहते। हमारे लिए यह समय बड़ा शानदार रहा क्योंकि हम उस समय पूरी तरह प्यार में डूबे हुए थे। हमारी शादी तक हम 11 फ़िल्में साथ में कर चुके थे। क्योंकि अधिकांश फ़िल्में अच्छी चली थीं, इसलिए हमें एक सफल जोड़ी माना जाता है।

नीतू की माँ राजी सिंह एक प्यारी महिला थीं और मेरी उनसे अच्छी जमती थी। वह एक सीधी-सादी जाट महिला थीं, जो उच्च शिक्षित तो नहीं थी किन्तु उदार और सच्चे दिलवाली थीं। नीतू एक ऐसी बाल-कलाकार थी, जो बहुत कम उम्र में ही नायिका भी बन गयी। **ज़हरीला इनसान** और **रफ़ू चक्कर** में मेरे साथ काम करते समय वह मुश्किल से 15 वर्ष की थी। शूटिंग पर उसकी माँ या मामा उसके साथ आते थे। परिवार का कोई-न-कोई सदस्य उसके साथ अवश्य होता क्योंकि वह एक बच्ची ही थी और उसके चारों ओर घटित होने वाली बातों को समझने के लिए उसकी उम्र बहुत कम थी। उस समय मेरा उससे कुछ ख़ास लेना-देना नहीं था। हमारा नज़दीकी रिश्ता काफ़ी समय बाद प्रारम्भ हुआ। जब मैं उसे खूब पसन्द करने लगा, तो इस बात का अहसास मेरी सास को सबसे पहले हुआ और तब मैंने उन्हें विश्वास में ले लिया। मैंने उन्हें बता दिया कि मैं नीतू को बहुत पसन्द करता हूँ और किसी दिन उसी से शादी करना पसन्द करूँगा। वह भी इस विषय में स्पष्ट थीं कि यदि तुम दोनों का आपस में विवाह करने का इरादा हो, तो ही आपस में मेलजोल बढ़ाओ।

मैं उन दिनों दिन की शूटिंग के बाद हर शाम नीतू के घर चला जाता और उसकी माँ खुले दिल से मेरा स्वागत करतीं। पूरे उद्योग को मालूम था कि मेरा नीतू के साथ मेलजोल था। नीतू भी जहाँ कहीं भी और जिस किसी

के साथ भी शूटिंग कर रही होती, रात 8 बजे तक अपना काम समेट लेती और मुझसे मिलने के लिए अपने घर भागती चली आती। मेरे सह-कलाकार और दोस्त, जिनमें अमिताभ बच्चन और जितेन्द्र भी थे, मुझे चिढ़ाते कि जैसे ही घड़ी 8 का टनकारा करती, नीतू घर जाने की जल्दी मचाती। मैं खुद भी 8 बजे तक ही काम करता, ताकि 8.30 तक उसके पास पहुँच जाऊँ। हम दोनों ही बहुत व्यस्त कलाकार थे, वह तो मुझसे भी अधिक क्योंकि मैं एक समय में एक ही फ़िल्म करता, जबकि वह दो-दो शिफ़्ट में काम करती थी। 8 बजे तक काम निपटाने से ही हम एक-दूसरे के साथ समय बिता सकते थे। उस समय तक न तो रंगीन टेलीविज़न, न केबल और न ही वीडियो था। तब तो हमारे पास श्वेत-श्याम टीवी सेट ही होता, जिस पर दूरदर्शन के सरकार द्वारा प्रायोजित कार्यक्रम ही आते। अत: टीवी का तो ख़ास आकर्षण था ही नहीं और न ही बाहर जाने के कोई ख़ास विकल्प थे। हम जब मिलते, तो बस दिन कैसे बिताया की ही बातें करते। कभी-कभी हम कार में ड्राइव पर या डिनर के लिए चले जाते। बाहर जाकर अफ़वाहों में फँसने का तब उतना डर नहीं होता था, क्योंकि मीडिया में तब आज जैसी राक्षसी प्रवृत्ति विकसित नहीं हुई थी। तब आज जैसी पीत-पत्रकारिता का चलन भी नहीं था। हर चीज़ आज की तुलना में बहुत कम स्तर पर होती थी। पत्रकारों की संख्या भी बहुत कम थी और उनमें से भी अधिकांश हमारे दोस्त थे।

1975 में कश्मीर में **कभी-कभी** की शूटिंग के दौरान हमारा प्रेम परवान चढ़ा। मैं वहाँ से एक शूटिंग के लिए पेरिस गया था और वहाँ से तुरन्त ही मैंने एक टेलीग्राम भेजा, 'सिक्खनी बहुत याद आती है।' टेलीग्राम पाकर वह बहुत खुश हुई और सेट पर यह कहते हुए कि देखो, उसे मेरी याद आ रही है, सबको यह बताती फिरी।

कश्मीर ने हमारे प्रेम को बढ़ाने में एक बड़ी भूमिका अदा की। हमने अलग-अलग फ़िल्मों में कश्मीर के अलग-अलग हिस्सों में अनगिनत बार शूटिंग की है। नीतू के साथ मेरी डेटिंग करने के समय से ही हम एक-दूसरे को बाबा कहकर पुकारने लगे, जो आगे जाकर घटकर बॉब ही रह गया। आज भी वह मुझे बॉब ही पुकारती है और कभी नाम से सम्बोधित नहीं करती।

मुझे यह सोचकर अच्छा लगता है कि यह सब सदियों पुरानी उस परम्परा के अनुरूप ही है जिसके अनुसार पति को 'ऐ जी' या 'सुनिये जी' कहकर बुलाते हैं और कभी भी नाम से नहीं बुलाते हैं।

उदाहरण के लिए, मेरी माँ ने मेरे पिता को हमेशा 'ए जी' और 'सुनिये जी' ही कहा। उनके समय की औरतों के लिए परम्परा की इन बेड़ियों को पार कर पाना कल्पनातीत ही था। पापा के गुज़र जाने के बाद भी मम्मी-पापा का नाम लेते हुए असहज हो उठती है। पर प्रेस से अथवा किसी और से बात करते समय वह पापा के लिए 'राज जी' का इस्तेमाल करती हैं।

सेट पर मेरा और नीतू, दोनों का व्यवहार एकदम व्यावसायिक होता। भले ही हम एक-दूसरे को डेट कर रहे थे, परन्तु प्रेम के सार्वजनिक प्रदर्शन का तो कभी सवाल ही पैदा नहीं हुआ। हमारे विवाह के पश्चात् जब उसने फ़िल्मों से किनारा करने का मन बना लिया, तब भी उसने अपनी स्वभावगत विशिष्ट गरिमा और व्यावसायिक दृष्टिकोण को बनाये रखा और अपने सभी निर्माताओं को पूर्व सूचना दी। 22 जनवरी, 1980 की हमारी विवाह की तारीख तक उसने अपने सारे निर्धारित कार्य पूरे कर लिए थे।

अधिकांश जोड़ों की तरह हमारे विवाहित जीवन में भी उतार-चढ़ाव आते रहे और हमारे आपस में नोंकझोंक, झगड़े व गलतफ़हमियाँ होती रहीं। शुरुआत में मेरे लिए विवाहित जीवन बिताने में कठिनाई हुई, क्योंकि मुझे इसके पहले कभी भी किसी के प्रति उत्तरदायी नहीं होना पड़ा था। परन्तु हमने पति और पत्नी के रूप में अविश्वसनीय सैंतीस वर्षों की सुदीर्घ अवधि साथ-साथ गुज़ारी है और मेरे लिए अपने जीवन में उसकी उपस्थिति एक वरदान ही है।

प्रारम्भ में हम चैम्बूर में मेरे माता-पिता के साथ ही रहे और वहीं 15 सितम्बर, 1980 को रिद्धिमा का जन्म हुआ। 2 वर्ष पश्चात् 28 सितम्बर, 1982 को रणबीर के जन्म होने तक हम पाली हिल के केशरविला, जो मेरी सास का घर था, में शिफ़्ट हो चुके थे। विवाह के पश्चात् रोमांटिक हीरो के रूप में मेरी छवि को असुरक्षा की भावना ने घेरे रखा। इसलिए यह शक और डर सच होता लगा जब **कर्ज़**, जिससे मुझे बहुत ज़्यादा अपेक्षा थी और जो मेरे विवाह के वर्ष में ही प्रदर्शित हुई, टिकट खिड़की पर मनोवांछित

सफलता नहीं दे पायी। **कर्ज़ के पीछे-पीछे** जल्दी ही **ज़माने को दिखाना है** भी पिट गया। मैं इसके लिए नीतू को दोष देने लगा। मुझे लगा कि विवाह के कारण सितारे के रूप में मेरा आकर्षण कम हो गया है। मैं गहरे अवसाद में चला गया और जनता और कैमरा के सामना करने की कल्पना मात्र से घबराने लगा। मैं पहले ही काफ़ी विस्तार से अपने जीवन के इस दौर के बारे में लिख चुका हूँ। परन्तु यहाँ मैं संक्षेप में इस दौरान नीतू की भूमिका पर प्रकाश डालना चाहूँगा। स्वाभाविकत: वह और मेरे माता-पिता, जो मुझे लोनी के फार्म हाऊस और शिरडी ले गये, चिन्तित हुए। पापा भगवतगीता के उदाहरण मुझे सुनाते, ताकि मैं इस परिस्थिति को स्वीकार कर सकूँ। परन्तु मैं उस समय इतने अवसाद में डूबा हुआ था कि उनकी बात समझ नहीं पा रहा था। नीतू को रिद्धिमा होने वाली थी। उस नाज़ुक अवस्था में ही उसे मेरे इस ब्रेकडाउन को सहन करना और सम्भालना पड़ा। अत: अपने मददगार सह-कलाकारों, परिवार और दोस्तों की मदद से मैं इस स्थिति से बाहर निकला, पर मैं अब कल्पना कर सकता हूँ कि नीतू के लिए इस अनुभव से गुज़रना कितना पीड़ादायक रहा होगा।

सच तो यह है कि मैं उस अवसाद की मन:स्थिति से कभी उबर नहीं पाता, अगर नीतू की निष्ठा मेरे साथ न होती। हमारे सहजीवन की पूरी अवधि में वही मेरी शक्ति का आधार स्तम्भ रही है। मैं एक जटिल व्यक्ति हूँ, सनकी और भयाक्रान्त भी। मेरी बहनें और मेरी माँ हमेशा कहती रही हैं कि मेरे साथ विवाहित बने रहने के लिए नीतू को एक मेडल मिलना चाहिए और मुझे भी उनके इस कथन को स्वीकार करना पड़ता है। भले ही यह अविश्वसनीय लगे, पर यह सच है कि उसने मुझे बदलने के लिए मेरे पीछे पड़े बिना चुपचाप यह सब किया। उसने मेरी सनक और मूड परिवर्तन को अत्यन्त धैर्य और शान्ति से सहन किया।

इन सारे वर्षों में हमारी काफी समस्याएँ रहीं, परन्तु मैंने विवाह के घेरे के बाहर कभी कदम नहीं रखा और न ही कभी नीतू ने। हमने साथ में एक असाधारण और अविस्मरणीय समय गुज़ारा और हमारे दो प्यारे-प्यारे लाड़ले बच्चे भी हैं। हम कभी एक-दूसरे से जुदा नहीं हुए। हम हमेशा एक

ही छत के नीचे रहे और एक दम्पती के रूप में मिलकर सारी समस्याओं का भार उठाया।

बरसों-बरस से मुझसे जुड़े दोस्तों ने हम पर आदर्श दम्पति का लेबल लगा दिया है और यदि इस स्वर्ग में ज़रा-सी भी गड़बड़ का उन्हें अन्देशा या भनक लगती है, तो वे एकदम विचलित हो जाते हैं, परन्तु थोड़ी बहुत ऊँच-नीच तो हर वैवाहिक जीवन में अपरिहार्य है।

नीतू और मेरे बीच लम्बी-लम्बी झड़पें और संवादहीनता की स्थिति भी रही है। हम दोनों ही बहुत अहंवादी हैं और हमारे बीच ऐसे भी झगड़े हुए हैं जिसमें हमने 6-6 महीने आपस में बात नहीं की। हमारे परस्पर झगड़ों में अकसर मेरा ही दोष रहता है, क्योंकि मेरी शक करने की आदत है, मैं ही मुँह लटका लेता हूँ और यह जानते हुए भी कि मेरी ही गलती है, मैं उससे बात नहीं करता और हम किसी तीसरे व्यक्ति की आड़ में बात करते हैं। घर में सामान्य स्थिति तभी लौट पाती है, जब हम दोनों वह झगड़ा अपने मन से अलग कर उसे निकाल फेंकते हैं। विवाह से पहले प्रेमियों के बीच में चलने वाली नोंक-झोंक चलती ही रहती थी। **झूठा कहीं का** के गीत 'जीवन के हर मोड़ पर' के समय भी हम बात नहीं कर रहे थे। वह अपने मेकअप रूम में अपनी माँ के साथ बैठी रोती रहती और मैं यूँ ही कुछ करता हुआ अपने को बहलाता रहता। यहाँ तक कि हाल ही में यश जी की फ़िल्म **जब तक है जान** (2012) जिसमें हमारी अतिथि भूमिका में हमारी रोमांटिक जोड़ी थी, के फ़िल्मांकन के दौरान भी हम बातचीत नहीं कर रहे थे।

हमारे झगड़ों का ज़्यादातर कारण हैं अनेक मुद्दों पर हमारे अलग-अलग विचार। कभी-कभी हम अपने दोस्तों को लेकर झगड़ पड़ते हैं। नीतू ने अकसर कहा है कि मैं अपरिपक्व हूँ, जिससे मैं ज़रा भी सहमत नहीं हूँ। मुझे याद है कि हमारे जीवन के एक विशिष्ट झंझट के दौर को डब्बू ने मध्य आयु में होने वाले संकट की संज्ञा दी है। यह वह दौर था, जब नायक के रूप में मेरा कैरियर समाप्त हो रहा था। यह ऐसा समय था, जब मैं **आ अब लौट चलें** का निर्देशन करने वाला था। ठीक उसी समय नीतू के साथ मेरी अनबन भी चल रही थी। यह एक खौलती हुई कड़ाही जैसी स्थिति थी, जिसे उफनना ही था। इस सबके बावजूद हम एक-दूसरे से प्रगाढ़ प्रेम करते

हैं और एक-दूसरे के बिना नहीं रह सकते, न एक-दूसरे के बिना हमारा काम चलता है। जनवरी 2015 में हमारी शादी की 35वीं सालगिरह थी। यह तथ्य खुद इस बात का प्रमाण है। यद्यपि हम इसका उत्सव नहीं मना पाये, क्योंकि मैं परेश रावल की **पटेल की पंजाबी शादी** की शूटिंग में व्यस्त था और दूसरे दिन भी मैं न तो नीतू को डिनर पर ले जा सका और न ही कुछ ख़ास कर सका, क्योंकि हम झगड़ पड़े थे और अपनी रणनीति के अनुसार हमने एक-दूसरे के साथ संप्रेषणहीनता कायम कर ली थी। परन्तु मैं केवल सनक और नाज़ नख़रा ही नहीं करता हूँ, बल्कि मेरे व्यक्तित्व के अन्य पहलू भी हैं और नीतू उन्हें जानती भी है एवं उनकी प्रशंसक भी है। वह इस बात को पसन्द करती है कि मेरी भगवान में प्रगाढ़ आस्था है और कर्म में मेरा अटूट विश्वास है। मुझे मन्दिर और पवित्र स्थानों पर जाना भी बहुत पसन्द है। मुझे पूजा स्थलों की पवित्र शान्ति, खामोशी और नीरवता में बहुत सुकून मिलता है। श्रद्धा भी मुझे बहुत है। मैं हर दिन एक छोटी-सी पूजा करता हूँ। **बॉबी** के दिनों के समय से ही, जब मैं केवल इक्कीस वर्ष का था, मैं सोमवार को आधे घण्टे तक शिव जी की पूजा करता हूँ। इस सबका श्रेय मेरी माँ को जाता है। मैंने दो बार केरल के सबरीमाला की वार्षिक तीर्थयात्रा भी की है। उसके लिए मैंने इक्तालीस दिनों तक सामिष भोजन और मद्यपान को त्याग कर व्रत भी रखा है। उस दौरान मैंने अपने कपड़े खुद धोये और पहाड़ी पर चढ़ते हुए पम्बा से मन्दिर तक की पदयात्रा भी की। व्रत पूर्ण होने पर मुझे आत्मशुद्धि की अनुभूति हुई और मुझे संसार में लौटकर जीवन की चुनौतियों को और अधिक साहस से सामना करने की शक्ति मिली।

परन्तु मैं एक बात नहीं करता। मैं अपने खान-पान को अपने धर्म और आस्था से जोड़कर नहीं देखता। मैं हिन्दू हूँ, पर मैं हर प्रकार का सामिष भोजन कर लेता हूँ और खान-पान में वर्जनाएँ नापसन्द करता हूँ। इसाई स्कूल में अध्ययन करने के कारण मुझ पर इसाई विश्वास और रीति-रिवाज़ों का भी प्रभाव हैं। उनका क्रॉस और देवदूतों की छोटी-छोटी मूर्तियों मेरे पास रहें, मैं राहत और आश्वस्ति अनुभव करता हूँ। मैं सारी दुनिया से उन्हें बटोर लाता हूँ। कभी-कभी मेरे घनिष्ठ मित्र मुझे ऐसी चीज़ें उपहार में देते हैं। मेरे घर की एक दीवार पर इन चीज़ों के लिए एक विशिष्ट स्थान सुरक्षित है।

मैं एक कैथोलिक स्कूल में पढ़ा हूँ, इसलिए गिरजाघर के सामने सें गुजरते हुए मैं आज भी हेल मैरी कहकर क्रॉस का चिह्न बनाता हूँ और अंग्रेज़ी भाषा में प्रार्थना करता हूँ। अपनी हर न्यूयार्क ट्रिप में मैं फिफ्त एवेन्यू स्थित सेंट पैट्रिक गिरजाघर ज़रूर जाता हूँ। मैंने एक बार अपने दोस्त धुरन्दर बल्लेबाज सुनील गावस्कर के साथ कन्धे-से-कन्धा मिलाकर लन्दन में एक मन्दिर को बचाने का भरसक प्रयास किया था। वह मन्दिर जॉर्ज हैरीसन द्वारा हरे रामा हरे कृष्णा संस्था को दिये गये एक प्रासाद में स्थित था। परन्तु उसकी स्थानीय प्रशासन के साथ कुछ समस्या चल रही थी और उनके पास इस मामले को लड़ने के लिए आवश्यक धनराशि नहीं थी। अत: यह राशि एकत्रित करने के लिए सनी और मैंने एक पदयात्रा आयोजित की। अन्तत: वे केस जीत गये और उन्हें वहीं बने रहने का अधिकार मिल गया। मन्दिर के ट्रस्टी हमारी कोशिशों से इतने अधिक प्रसन्न हुए कि उन्होंने हमें वहाँ की मानद सदस्यता प्रदान की और मन्दिर की अन्दरूनी दीवार पर हमारा नाम भी उत्कीर्ण किया।

मैं इस पुस्तक में नीतू को कई अध्याय समर्पित कर सकता हूँ, क्योंकि मेरे पास सुहावनी, सुनहरी यादों का एक पूरा पिटारा है। हमारे साथ बिताए अगणित पल मेरे हृदय के लिए अनमोल हैं; पर मुझे एक ख़ास अवसर याद आ रहा है, जब पापा ने **प्रेम रोग** के एक गाने को विश्व प्रसिद्ध ट्यूलिप की फुलवारी में फ़िल्मांकन के लिए हमें एम्सटरडम ले जाने का निर्णय लिया। उन्होंने यूनिट के बहुत कम सदस्य लिए और नीतू और मेरी माँ हमारे साथ थीं। कोई स्पॉट बॉय या ड्रेसमैन न होने के कारण मेरी माँ सबके लिए चाय बनाया करतीं और नीतू परोसती। इतना ही नहीं, नीतू शाम की शूटिंग खत्म करने के बाद मेरी सफ़ेद कमीज़ और पद्मिनी की सफ़ेद साड़ी को बड़ी निपुणता से धोकर साफ़ कर देतीं, क्योंकि पूरे गीत के दौरान हमें वही परिधान पहनने थे।

मात्र इक्कीस वर्ष की उम्र में जब उसने अपना जमा-जमाया अभिनय कैरियर छोड़ा, तब वह उस समय की शीर्ष नायिकाओं में से थी। आज के सन्दर्भ और परिदृश्य में इसे रखकर देखें, तो आज की अभिनेत्रियाँ इस उम्र में तो अपनी अभिनय यात्रा प्रारम्भ करती हैं। यह निर्णय, जैसा कि मैं

अकसर बता भी चुका हूँ, खुद नीतू का ही था कि वह विवाहोपरान्त काम नहीं करेगी। मेरी अन्तर-आत्मा इस सन्दर्भ में पूर्ण निर्दोष है, क्योंकि मैंने कभी उससे काम छोड़ने के लिए नहीं कहा और दबाव डालने का तो सवाल ही पैदा नहीं होता है। शादी से पहले हम दोनों की इस बात पर सहमति बन गयी थी कि बच्चें होने के बाद एक कमायेगा और दूसरा बच्चों की परवरिश का उत्तरदायित्व लेगा। परन्तु पूर्ण ईमानदारी से कहूँ, तो मैंने उससे काम करते रहने का आग्रह भी नहीं किया। मुझमें कहीं-न-कहीं एक पुरुषवादी तत्व छुपा हुआ था, जो संस्कारगत पुरानी पुरुष प्रधान व्यवस्था का हिमायती था, जिसे अपनी पत्नी का बाहर जाकर काम करना नामंजूर था। मैं चाहता था कि विवाह से पहले वह अपने सारे काम पूरे कर ले। अपने बचाव में मैं यही कह सकता हूँ कि उस समय की तुलना में इस समय मेरे विचार काफ़ी बदल चुके हैं।

नीतू का यह त्याग अनदेखा नहीं गया। उसने हर किसी के दिल में अपने लिए आदर और प्रशंसा की भावना अर्जित की। यहाँ तक कि मीडिया ने भी उसकी इस निष्ठा का गुणगान किया। मेरा ख़्याल है कि इसका श्रेय काफ़ी हद तक उसकी माँ को भी देना चाहिए, क्योंकि उन्होंने ऐसा कठिन निर्णय लेने में उसकी सहायता की।

हमारी शादी के थोड़े समय बाद ही हमारे चेम्बूर के घर में बहुत ज़्यादा हेर-फेर और पुनर्निर्माण करना पड़ा। परिणामस्वरूप मेरे माता-पिता को उनके एक दोस्त के चेम्बूर यूनियन पार्क स्थित बँगले में स्थानान्तरित होना पड़ा और मैं और नीतू पाली हिल, बाँद्रा स्थित मेरी सास के घर केसरविला में रहने चले गये। मैं आपको बता सकता हूँ कि इस ख़बर ने हमारे मित्र दलों का बड़ा मनोरंजन किया। फ़िल्म उद्योग में यह एक बड़ा मज़ाक बन गया। क्योंकि प्रेम चोपड़ा और मेरे दूसरे दोस्त यह कहकर मुझे चिढ़ाने लगे कि पाली हिल में दो बड़े अभिनेता रहते हैं, जो दोनों घर जमाई हैं। दूसरी महान हस्ती से उनका इशारा दिलीप कुमार से था, जो अपनी सास नसीम बानो के घर में रहते हैं।

केसरविला में रहते हुए हमने पाली हिल में एक प्लाट खरीदा। उस पर कृष्णा राज बँगला बनाना चालू कर दिया था। इन दस वर्षों के दौरान

हम नीतू की माँ के साथ ही रहे। वहीं 1982 में रणबीर का जन्म हुआ और हमारे वहाँ रहते हुए ही मैंने अपने पिता को खोया। हम कृष्णा राज में बहुत बाद में आये।

अपनी सास के साथ रहते हुए मैंने घर चलाने में उनकी हर प्रकार से मदद करने की कोशिश की। हम उनके साथ तो रहते थे, परन्तु उन पर हम अपना सारा भार नहीं डालते थे। अन्ततः जब हम अपने घर में शिफ़्ट हो गये, तो वे हमारे साथ रहने आ गयीं। वह हमारे लिए एक बहुत बड़ी सहारा थीं, क्योंकि मुझे काफ़ी यात्राएँ करनी पड़ती थीं और इसका अहसास कि मेरी अनुपस्थिति में नीतू और बच्चों को सहारा देने के लिए कोई है, मुझे बड़ा सुकून देता था। मम्मी (जैसा कि मैं उन्हें जिस सम्बोधन से पुकारता था) ने बच्चों की देखभाल करने में बड़ी सहभागिता की। मेरे उनसे सम्बन्ध बहुत अच्छे रहे और जब तक चिकित्सकीय कारणों से उन्हें शराब पीना वर्जित नहीं हो गया, तब तक अनेक शाम को मैं उनके साथ एक ड्रिंक लेता रहा।

2009 में **लव आज कल** के साथ नीतू का फ़िल्मों में दूसरा दौर प्रारम्भ हुआ। इस फ़िल्म के अन्त में नीतू के दो शॉट थे। अपने स्वैच्छिक अज्ञातवास के बाद पर्दे पर आने में नीतू बहुत घबरा रही थी। नीतू इतना घबरा रही थी कि बार-बार उसे ढाढ़स बँधाना पड़ा। उसके नैतिक साहस को बढ़ाने के लिए मेरी बहन रीमा को अपने परिवार सहित शूटिंग के समय लन्दन आना पड़ा। **दो दुनी चार** (2010) में नीतू को फ़िल्म में पूरी भूमिका करनी पड़ी क्योंकि निर्देशक की पहली पसन्द जूही चावला ने माँ की भूमिका करने से इनकार कर दिया था। मैं नीतू के साथ काम करने के लिए बहुत आतुर था, परन्तु उसे इसके लिए तैयार करने में मुझे बहुत मेहनत करनी पड़ी। मैंने उसे समझाया कि अब जब बच्चे बड़े हो गये हैं और अपनी-अपनी ज़िन्दगी में सैटल हो गये हैं, तो उसके पास पर्याप्त समय है और कभी-कभी कोई फ़िल्म करने में कोई हर्ज़ नहीं है। इसके अतिरिक्त उस फ़िल्म की भूमिका के लिए वह बहुत उपयुक्त थी। वह भूमिका उसे अपने अभिनय कौशल का प्रदर्शन करने का अवसर देती थी। उसने इनकार कर दिया, परन्तु वह निर्देशक हबीब फ़ज़ल से 20 मिनट की एक संक्षिप्त बातचीत के लिए राज़ी हो गयी। मुझे बड़ी राहत महसूस हुई, जब मैंने देखा कि वह

संक्षिप्त बातचीत लम्बी अवधि तक चली, जिसमें पूरी कहानी पर चर्चा हो गयी। नीतू को अपनी भूमिका पर्याप्त पसन्द आ गयी और उसने फ़िल्म में काम करने के लिए सहमति दे दी।

परन्तु शूटिंग के पहले दिन मुझे लगा कि क्या सचमुच वह इसे कर पायेगी, क्योंकि वह बार-बार अपनी पंक्तियाँ भूल रही थी। नीतू अपने संवादों को याद करने की योग्यता के लिए प्रसिद्ध थी और वह अपनी डबिंग भी दूसरे सह-कलाकारों की तुलना में अधिक तेज़ी से कर लेती थी। मैं सोचने लगा कि क्या इतने वर्षों के अन्तराल में वह जादुई स्पर्श गुम हो गया है! थोड़ी देर के बाद मुझे वह एक तरफ ले गयी और उसने मुझे बताया कि उसे पढ़ने में दिक्कत है और इसके कारण संवाद याद करने में कठिनाई हो रही है। क्योंकि वह पढ़ते समय चश्मा लगाने में अनिच्छुक थी। मैंने तुरन्त चश्मा पहनने और अपने संवादों को आगे बढ़ाने का कहा। जैसे ही उसने ऐसा किया, वह पुन: पहले जैसी अच्छी विद्यार्थी बन गयी, जैसी कि वह हमेशा से थी।

मैं नीतू को निरन्तर और फ़िल्मों के लिए प्रोत्साहित करता रहा हूँ, परन्तु वह कहती है कि अब वह इस कार्य के लिए स्वयं को उपयुक्त नहीं पाती। वह ज़ोर देती है कि 37 वर्ष पहले उसने उसे छोड़ दिया और इस दीर्घ अन्तराल के बाद वह अभिनय कौशल का जादू भूल चुकी है। हाल के वर्षों में उसने केवल एक फ़िल्म **दो दुनी चार** ही की और **जब तक है जान** में एक अतिथि की भूमिका की है। दोनों में ही उसकी जोड़ी मेरे साथ थी। **बेशरम** (2013) में उसके पति और बेटे थे। नीतू के काम करने का एकमात्र कारण यही था कि वह हम दोनों के साथ समय बिता पायेगी। वह अब मुझसे कहती है कि अब मुझे जीविका के लिए फ़िल्मों पर निर्भर रहने की आवश्यकता नहीं है। अत: मैं अब इसे नहीं करना चाहती। मैं अपने वर्तमान स्वरूप और जीवन से सन्तुष्ट हूँ। मैं अब जल्दी उठकर काम पर जाने की ज़िम्मेदारी फिर से नहीं करना चाहती।

एक सामान्य दिन नीतू 9.30 बजे उठती है और काम की भागदौड़ न होने का आनन्द लेती है। वह कहती है कि अब मैं जल्दी नहीं उठ सकती और रात को देर तक शूट भी नहीं कर सकती, क्योंकि आप उस समय घर

पर होते हैं और वह समय मैं आपके साथ ही बिताना चाहती हूँ। इसलिए दूसरे लोगों के साथ काम करना अब मुझे नहीं चल सकता। उसको बहुत से प्रस्ताव आते हैं, परन्तु जब तक कि कोई भूमिका उसे बहुत अधिक उत्तेजित और रोमांचित नहीं कर रही हो, वह उसे नहीं करेगी। परन्तु मैं इतना ज़रूर जानता हूँ कि यदि वह किसी काम को करने के लिए ठान लेती है, वह उसे अन्त तक अच्छी तरह से निष्पादित करेगी। हाल ही में जब रणबीर, नीतू और मैंने पूरी तरह भुला दिये जाने वाली फ़िल्म **बेशरम** में हरियाणवी लहजा सीखने के लिए उसने जीतोड़ परिश्रम किया। नीतू ऐसी ही है। वह जो भी करती है, पूर्ण निष्ठा और समर्पण से करती है।

हमारे विवाह के प्रति भी उसका रवैया यही रहा और वह एक कमाल की माँ, पत्नी और रसोइया बनी। हमारे विवाह के प्रारम्भिक कुछ वर्षों में उसने कमाल के व्यंजन बनाये। वह सर्वश्रेष्ठ लोबस्टर थर्मीडोर बनाती थी और तरह-तरह के सुस्वादु भोजन बनाकर उसने मुझे बिगाड़ दिया। वह मुझे उसे खुद खान-पान के समय के शिष्टाचार सिखाने और नफ़ासत और विशिष्ट शैली में भोजन परोसने की कला सिखाने का श्रेय देती है।

नीतू ने हमारे घर, हमारे परिवार, हमारे बच्चें और खुद मेरी देखभाल बहुत ही प्यार और ध्यान से की है। वह अति अनुशासनप्रिय है और मेरे खाने-पीने की आदतों का कठोर नियन्त्रण रखती है। मेरे नाजनखरे दिखाने पर भी वह घुटने नहीं टेकती। हमारे घर में केवल ब्राउन ब्रेड, ब्राउन राइस और होल व्हीट ग्रेन ही इस्तेमाल होता है क्योंकि यह मेरी मधुमेह की बीमारी के लिए उपयुक्त है। जब तक कोई पार्टी न हो, हमारे खाने की मेज़ पर व्हाइट राइस नहीं पायेंगे। प्रोसेस्ड भोजन से भी हम दूर ही रहते हैं। परन्तु हर बार मेरे माता-पिता के डिनर पर आने के समय नीतू उनकी पसन्द के अनुसार भोजन बनाती थी, क्योंकि वह जानती थी कि उन्हें वही मसालेदार भोजन पसन्द था जिनसे नीतू मेरा पीछा छुड़ाने की कोशिश करती रहती थी। पेशावरी खाने के प्रति मेरे मोह को ध्यान में रखते हुए जब मैं चेम्बूर में रहता हूँ, तो नीतू कभी-कभी वैसा भोजन जी भर खाने की अनुमति दे देती है। मैं जिम जाने वाली पीढ़ी का नहीं हूँ, यह भी जानता हूँ कि मैं रितिक रोशन नहीं हूँ और मैं कभी भी उसके जैसा शरीर नहीं बना सकता। मेरे

डॉक्टरों ने मुझे बताया है कि मुझे इस उम्र में अधिक वज़न कम करने की भी आवश्यकता नहीं है। 15 किलोग्राम कम करना पर्याप्त होगा। यदि मैं शराब छोड़ दूँ तो ऐसा होना सम्भव है। दुर्भाग्य से, निकट भविष्य में मैं अपनेआप को ऐसा करते हुए नहीं देख पाता हूँ। हाँ, यदि ऐसी कोई विशिष्ट भूमिका मिले जिसमें मुझे वज़न घटाना पड़ा, तो मैं ऐसा कर सकता हूँ।

नीतू के साथ वर्षों बिताने के दौरान मैं यह समझ गया हूँ कि नीतू के पास अविश्सनीय संकल्प शक्ति है। उसे भी एकाध ड्रिंक लेना पसन्द है, परन्तु वह नियमित पीना कभी चालू नहीं करेगी। रणबीर ने अपनी माँ के सर्वश्रेष्ठ गुण विरासत में पाये हैं। वह भी भोजन का शौकीन है, परन्तु वह अपने को बहुत अनुशासन में रखता है। रिद्धिमा भी कभी अधिक मात्रा में नहीं खाती। भोजन और पीने के सन्दर्भ में मैं ही पूरी तरह कपूर हूँ, जो अपनेआप पर नियन्त्रण नहीं रख पाता। मैं उन तीनों का भी कोटा पूरा कर लेता हूँ ख़ासकर के तब, जब नीतू की नज़र मुझ पर न हो।

9

यार-दोस्त, साथी और समकालीन

मैं एक द्वीप के समान हूँ, अपनेआप में सिमटा हुआ जो अपनी ही बिरादरी में सहज महसूस करता है। इसका अर्थ है कि मेरे लगभग सारे घनिष्ठ मित्र हिन्दी फ़िल्म जगत से ही हैं। फिर भी स्टार हैसियत ने मुझे सिनेमा उद्योग के परे संसार की भी झलक पाने और जीवन के विभिन्न क्षेत्रों के बहुत-से रोचक व्यक्तियों से परिचित होने का अवसर दिया।

सिनेमा के अलावा मेरे जीवन का दूसरा स्थायी जुनून क्रिकेट है। मैं इस खेल के पीछे लगभग पागल-सा हूँ और बड़े ध्यान से इसकी सारी गतिविधियों पर नज़र रखता हूँ। क्रिकेट के प्रति मेरा यह सम्मोहन ही मुझे क्रिकेट के क्षेत्र में मिसाल बन गये सुनील गावस्कर के समीप ले आया। हमारे रास्ते उस समय टकराए, जब वह क्रिकेट जगत के शिखर पर थे और मैं केवल एक नवोदित सितारा। उनका ध्यान अपनी तरह आकर्षित करने के लिए प्रशंसकों की भारी भीड़ उमड़ती थी, परन्तु राज कपूर का पुत्र होने की हैसियत ने उस भीड़ में मुझे अलग स्थान पाने में मदद की।

पापा ने एक बार गावस्कर को टेलीग्राम भेजा था, 'तुम्हारी बल्लेबाज़ी के लिए तुम्हारी पीठ पर शाबाशी की एक थपकी।' मोबाइल फ़ोन के पहले के दिनों में निजी सन्देशों को जल्दी भेजने का एकमात्र साधन टेलीग्राम ही

थे। सनी ने वह तार सँभालकर रखा था और इसने मेरी ज़िन्दगी में एक नयी दोस्ती पनपने का पथ प्रशस्त किया। सनी, उसकी पत्नी मार्शनील और मैं जल्दी ही गहरे दोस्त बन गये। सनी असाधारण रूप से सुव्यवस्थित और साहसी व्यक्ति है और बेबाक भी, निर्भीकता से अपनी बात कहने वाला। उसने खूब यात्राएँ की है और उसके पास रोमांचक अनुभवों और कहानियों का एक बड़ा खजाना है। उसके साथ बिताया समय बहुत ही आनन्ददायक होता है और हममें इतनी आत्मीयता भी आ गयी है कि हम किसी भी विषय पर बात कर सकते है। हर साल मेरे जन्मदिन पर वह शुभकामनाएँ भेजता है और बताता है कि वह उस दिन चाहे कहीं भी रहे, पर उस दिन मेरे नाम पर एक गिलास रेड वाइन ज़रूर पीता है।

सनी के ज़रिए ही मैं ढेर सारे पाकिस्तानी खिलाड़ियों से मिला। एक विशेष अवधि में वसीम बारी के साथ मेरा बड़ा याराना था। वह तब पाकिस्तानी टीम का विकेट कीपर था। अब वह पाकिस्तानी क्रिकेट बोर्ड में है। मैं लन्दन में वसीम अकरम से भी मिला और सोहेल अख़्तर और अन्य खिलाड़ियों से भी मेरा परिचय हुआ। जब वसीम की पत्नी हुमा का 2009 में निधन हुआ, तो मैंने उसे शोक संवेदना भेजी और मैं जानता हूँ कि मेरे इस सद्भावना व्यक्त करने से उसके हृदय को तसल्ली मिली होगी।

परन्तु सब कुछ हमेशा ही अच्छा-अच्छा और भाईचारा मात्र ही नहीं था। मुझे स्मरण है कि एक बार जावेद मियाँदाद के साथ मेरी गम्भीर तक़रार हो गयी थी। उसने और मैंने अपने-अपने कैरियर लगभग एक ही समय में प्रारम्भ किये थे। 1973 में वह क्रिकेट मैच खेलने मुम्बई आया था। **बॉबी** हाल ही में प्रदर्शित हुई थी। उस समय बिना किसी ख़ास कारण के मुझे सारे पाकिस्तानी परेशान करने वाले ही लगते थे। और मियाँदाद इतनी तीखी आवाज़ में बोलता था कि मुझे सहन ही नहीं होता था। और फिर एक साल मेरे पिता के जन्मदिन के जश्न के समय वे मुम्बई में ही थे और उसने उसी दिन पाकिस्तानी टीम को दावत दी। वास्तव में, सार्वजनिक रूप से मुझे अपना व्यवहार सर्वोत्तम रखना था, परन्तु मेरा दिमाग तो गरम हो ही चुका था और शाम ढलते-ढलते मैं अपना संयम और सन्तुलन खोने लगा। जल्दी ही मियाँदाद और मैं सड़ी-सी बात पर उलझ पड़े। आज मैं उस घटना

को अति साधारण और तुच्छ समझकर हँस सकता हूँ और उसे अपनी युवावस्था की नादानी कह सकता हूँ, परन्तु मुझे याद है, उस दिन मैं ज़रूर काफ़ी अशिष्ट हो गया था। मियाँदाद, मुदस्सर नज़र और ज़हीर अब्बास भारत अकसर आते रहते थे। ज़हीर अब्बास नियमित रूप से दिल्ली आता था। उसका एक दिल्ली वाली लड़की से मेलजोल था। मेरे ख़्याल से बाद में उसने उसी से शादी की। मुझे याद है कि उस समय उन सभी के साथ मेरा काफ़ी मेलजोल रहा, क्योंकि उस समय वे सब मेरे जीवन के महत्त्वपूर्ण भाग थे।

पटियाला हाऊस (2011) एक क्रिकेट पर केन्द्रित नाटकीय फ़िल्म थी। इसके फ़िल्मांकन के दौरान मेरी आस्ट्रेलियाई क्रिकेट खिलाड़ी एंड्र्यू साइमन्डस के साथ घनिष्ठता हो गयी, क्योंकि उसकी भी इस फ़िल्म में एक भूमिका थी। मुझे याद है कि उसकी आदतें हमसे बहुत भिन्न थीं। वह शाम के 7.30 बजे ही डिनर कर लेता था और हमारे दिन का अन्त करते-करते लगभग 8 बजे वह हमारे दल में पीने के लिए शामिल हो जाता और आधी रात तक बना रहता। हम उससे ठीक उलटा करते थे। हम शाम 7.30 से 10 बजे तक पीते, फिर डिनर करते। मैं उसके अनुशासन की प्रशंसा करता हूँ, जो उसके खिलाड़ी कैरियर के लिए आश्चर्यजनक ही नहीं वरन् उपयुक्त भी है। हालाँकि मैं उसका अनुसरण नहीं कर सकता।

पटियाला हाऊस फ़िल्म ने ढेर सारे खिलाड़ियों को स्टेज पर आते और जाते देखा है। बलविन्दर सिंह सन्धू, जो मुझसे आयु में दो वर्ष छोटा है, फ़िल्म में बॉलिंग का कोच था। वह उस भारतीय क्रिकेट टीम का सदस्य था, जिसने 1983 में विश्व कप जीता था और वह उस समय की कहानियाँ मुग्धकारी अन्दाज़ में सुनाता। कपिल देव, जिसने ऐतिहासिक विश्व कप जीत का नेतृत्व किया था, से मैं एक उत्सव में मिला था और वह मुझे तुरन्त ही पसन्द आ गया। उसकी ताज़गीपूर्ण स्पष्टवादिता ने ही राष्ट्र को समझाया कि निर्दोष अंग्रेज़ी बोलना अनिवार्य नहीं है और प्रभाव जमाने के लिए उच्च शिक्षा भी ज़रूरी नहीं है। वह ऐसा व्यक्ति है, जो दिल से बोलता है और बड़े दिलवाले जाट की हू-ब-हू मिसाल है।

कुछ अच्छी चीज़ों को लाने के साथ-साथ प्रसिद्धि मुझे कुछ सन्दिग्ध चरित्रों के सम्पर्क में भी लायी, उनमें से एक था दाऊद इब्राहीम। वह 1988 का साल था और भारत मोबाईल फ़ोन से अनजान था। मैं अपने अभिन्न मित्र बिट्टू आनन्द के साथ 'आशा भोंसले—आर.डी. बर्मन नाईट', जिसमें शैलेन्द्र सिंह को प्रस्तुति देनी थी, में सम्मिलित होने दुबई पहुँचा। असरानी और मैं, हम बस दो ही अभिनेता इसमें आये थे। दाऊद का एक आदमी हमेशा एअरपोर्ट पर वी.आई.पी. हस्तियों की गतिविधियों और उनके आवागमन की सूचना देने के लिए तैनात रहता था। उन दिनों मुम्बई और दुबई के बीच बहुत कम उड़ाने थीं। अगर मुझे ठीक से याद है, तो गल्फ एअर और एअर इंडिया, बस ये दो ही उड़ानें उस मार्ग पर क्रियाशील थीं।

मेरे एअरपोर्ट से प्रस्थान करते समय एक अजनबी मेरी ओर बढ़ा और उसने एक फ़ोन मुझे थमाया और कहा कि दाऊद साहब बात करेंगे। स्पष्ट है कि यह 1993 के मुम्बई ब्लास्ट के पहले की बात है। और मैं दाऊद के भगोड़ा होने के बारे में सोच भी नहीं सकता था। अभी तक वह भारत सरकार का दुश्मन घोषित नहीं हुआ था, कम-से-कम मैं तो यही समझता था। दाऊद ने दुबई में मेरा स्वागत करते हुए कहा कि यदि तुम्हें किसी चीज़ की ज़रूरत हो, तो बस मुझे बता देना। उसने मुझे अपने घर भी आमन्त्रित किया। मैं चकित हुआ, परन्तु मैंने उसे आश्वस्त किया कि मैं सोचूँगा।

मैं उस ट्रिप में दुबई की हयात रेजेंसी में ठहरा हुआ था और दाऊद का एअरपोर्ट वाला आदमी नियमित रूप से वहाँ की जिम में आता था। फिर मुझे एक मोटे, नाटे और अत्यधिक गोरे व्यक्ति, जो ब्रिटिश लगता था, से परिचित कराया गया था, जो बाबा था। बाबा दाऊद के पदाधिकारियों में सेकण्ड इन कमांड था। वह दाऊद का दाहिना हाथ था। उसने मुझसे कहा कि दाऊद साहब आपके साथ चाय लेना चाहते हैं। मुझे उसमें कुछ गलत नहीं लगा, इसलिए मैंने इसे स्वीकार कर लिया। उस शाम बिट्टू और मुझे एक चमकती हुई रोल्स रॉइस में होटल से ले जाया गया। दाऊद के घर जाने के रास्ते में हमारे चारों ओर वहाँ की स्थानीय भाषा कच्छी में बात होती रही। मैं वह भाषा नहीं समझता था, पर मेरा दोस्त समझ लेता था।

उसे समझ आ गया कि हमें दाऊद के घर सीधे ले जाने के बजाए गोल-गोल घुमाया जा रहा है।

हम दाऊद के घर का सही-सही पता नहीं जान सके। कार में एक फ़ोन था, जिस पर हमें ले जाने वाले को लगातार निर्देश दिये जा रहे थे और यह क्रम तब तक जारी रहा, जब तक उन्हें हम को घर पहुँचाने की हरी झंडी नहीं मिल गयी।

जब हम घर में प्रवेश कर रहे थे, तब मैंने खिड़की में से झाँकते हुए किसी व्यक्ति की झलक पायी। वह दाऊद था। इटालियन शैली के एक लिबास, जो सूट से मिलता-जुलता था, में सुसज्जित दाऊद ने हमारा गर्मजोशी से स्वागत किया और क्षमा माँगते हुए कहा कि मैं पीता नहीं हूँ और न ही शराब पेश करता हूँ।

अत: हमारा चाय और बिस्किट का सेशन लगभग 4 घण्टे चलता रहा। उसने अनगिनत विषयों पर बात की, जिनमें से कुछ उसकी अपराधी गतिविधियों के विषय में थीं, किन्तु जिसका उसे कोई खेद नहीं था। उसने कहा कि मैंने छोटी-मोटी चोरियाँ की हैं, पर मैंने किसी की हत्या नहीं की है, हालाँकि मैंने किसी को मरवाया अवश्य है। उसने दावा किया कि मुम्बई कोर्ट में उसने किसी को झूठ बोलने पर मरवा दिया था। मुझे उसके शब्द अब अक्षरश: याद नहीं हैं, पर यह कुछ इस प्रकार थे कि किसी व्यक्ति के अल्लाह के हुकुम के विरुद्ध जाने के कारण उसे ऐसा करना पड़ा। उसने उद्‌गार प्रकट किये कि मैं अल्लाह का दूत हूँ और इसलिए हमने उसे जीभ पर गोली मारी और फिर उसके भेजे को गोली से उड़ा दिया। निर्देशक राहुल रवैल ने इस सत्य घटना को अपनी फ़िल्म **अर्जुन** में कोर्ट रूम हत्या के दृश्य के आधार के रूप में इस्तेमाल किया।

दाऊद ने यह भी बताया कि उसे **तवायफ** फ़िल्म में मेरा पात्र और भूमिका पसन्द आयी, क्योंकि उसमें मेरा नाम दाऊद है। मैं उस फ़िल्म में एक पतित स्त्री का पुनरुद्धार करता हूँ। दाऊद इस बात से खुश था कि अनजाने में ही मैं उसके नाम को गौरवान्वित करने का निमित्त बना। वर्षों बाद निखिल अडवानी के **डी-डे** (D-Day) में मैंने पर्दे पर एक बार फिर दाऊद की भूमिका अदा की।

चाय और बिस्किट के दौरान दाऊद मेरे पिता, मेरे चाचाओं, दिलीप कुमार, महमूद, मुकरी और उनके पसन्द के अन्य अभिनेताओं के बारे में बड़ी गर्मजोशी से बात करता रहा। मुझे याद हैं, वहाँ आने के बाद पहले मैं कुछ भयाक्रान्त था, परन्तु जैसे-जैसे शाम ढलती गयी, मेरी चिन्ता कम होती गयी और मैं सहज हो गया। और चार घंटों में न जाने कितने कप चाय हमने साथ-साथ पी। उसने फिर से एक बार मुझसे पूछा कि क्या मुझे किसी चीज़ जिसमें रुपये भी सम्मिलित थे, की आवश्यकता है। उसने यह कहा कि यदि तुम्हें किसी भी चीज़ की ज़रूरत हो, रुपयों अथवा किसी भी अन्य चीज़ की, तो तुम मुझसे माँग सकते हो। मैंने उसे धन्यवाद दिया और कहा कि आयोजकों द्वारा हमारी पर्याप्त देखभाल की जा रही है।

दाऊद के साथ यह मुलाकात 1988 में हुई थी और उसी वर्ष दो जून को मेरे पिता का दिल्ली में निधन हो गया। हम दिल्ली से 3 जून को मुम्बई आ गये और दूसरे ही दिन दाऊद का ख़ास आदमी बाबा सुबह 6.30 बजे हमारे घर चेम्बूर आ गया। हमारे घरेलू सहायक ने डब्बू और मुझे यह कहकर जगाया कि कोई आप से मिलने आया है दुबई से। वह व्यक्ति बाबा था, जो दाऊद के प्रतिनिधि के रूप में मेरे पिता के देहावसान पर संवेदनाएँ प्रस्तुत करने के लिए आया था। उसने बताया कि उसे गुप्त रूप से आना पड़ा है और उसे तुरन्त वापस जाना है। उसके बाद दाऊद से मैं केवल एक बार दुबई में मिला। मुझे जूते खरीदने का बहुत शौक है। मैं रेड-शू कम्पनी नामक एक विशाल लेबनीस स्टोर में नीतू के साथ खरीददारी कर रहा था, वहाँ दाऊद भी था। उसके हाथ में मोबाइल फ़ोन था और 8 या 10 अंगरक्षक उसे घेरे थे। उन सभी के हाथ में मोबाइल दिख रहे थे। जैसा कि हमारी पिछली मुलाकात में हुआ था, इस बार भी उसने मुझसे कहा कि आप जो चाहें, मेरी ओर से खरीद लें। मैंने विनम्रतापूर्वक यह कहकर इनकार कर दिया कि मैं आपकी इस भावना की कद्र करता हूँ, परन्तु मैं अपनी खरीददारी खुद अपने रुपयों से करना पसन्द करता हूँ। उसने मुझे अपना मोबाइल नम्बर भी दिया, परन्तु बदले में मैं उसे अपना मोबाइल नम्बर नहीं दे सका, क्योंकि यह 1988 की बात है, जब भारत में मोबाइल फ़ोन नहीं आये थे। अन्त में दाऊद ने कहा कि मैं एक भगोड़ा हूँ, क्योंकि मुझे भारत में न्याय

नहीं मिलेगा। बहुत सारे लोग ऐसे हैं, जो मेरे विरुद्ध हैं। भारत में ऐसे भी बहुत-से लोग हैं, जिनको मैं खरीद चुका हूँ। मैं कई राजनीतिज्ञों को रकम दे चुका हूँ और वे सब लोग मेरी जेब में हैं। मैंने उससे कहा कि दाऊद, कृपया मुझे इस सबसे बाहर ही रखो यार। मैं एक अभिनेता हूँ और मैं इस तरह की बातों में शामिल नहीं होना चाहता। वह समझ गया। वह मेरे साथ बहुत शिष्ट था और मेरे प्रति उसने बहुत गर्मजोशी दिखाई।

परन्तु जल्दी ही सब कुछ बदल गया। मैं नहीं जानता कि मेरे देश के इस बुरे तरीके से पीछे पड़ने का उसका क्या कारण था। जूते की दूकान में अकस्मात् मुलाकात के बाद मेरा उससे कोई सम्पर्क नहीं हुआ, परन्तु उनके परिवार के कुछ सदस्यों से मेरी कुछ बार मुलाकात हुई। मैंने **श्रीमान आशिक** नाम की एक फ़िल्म बनायी थी, जिसके संगीतकार नदीम-श्रवण थे। उसके गीतकार नूरा थे, जो दाऊद के भाई थे, जिन्हें लिखने का शौक था। मैंने सुना था कि दाऊद के आदमी नदीम को रात के दो बजे भी उठाकर कहते थे कि नूरा आपसे बात करना चाहता है।

नूरा उस समूह का भी एक भाग था, जिसने 1991 में **हिना** के फ़िल्मांकन के समय हमारा स्वागत किया था। उन्होंने जेबा बख़्तियार और सम्पूर्ण यूनिट को एक दावत दी और हमारा अभिनन्दन करते हुए **हिना** की यूनिट को एक लाख दिरहम भी भेंट स्वरूप दिये। डब्बू ने यह कहकर उसे स्वीकार करने से इनकार कर दिया कि हम इस पार्टी में इस धनराशि के लिए नहीं, बल्कि आपकी भावना और प्यार के कारण आये हैं। भारत-पाक मित्रता के विषय पर बनायी जाने वाली यह पहली फ़िल्म थी। राज कपूर का स्वप्न था कि दोनों देश एक हो जायें। मुझे याद है कि नूरा ने लगभग सारी शाम किरण कुमार के साथ बातचीत में बिताई, जिससे उनकी खूब दोस्ती हो गयी थी।

रतन खत्री दूसरा सन्दिग्ध चरित्र था, जिसे मैं जानता था। एक समय रतन खत्री को मुम्बई में मटका किंग के नाम से जाना जाता था। उसने **रंगीला रतन** नाम की एक फ़िल्म भी बनायी, जिसमें मैं और परवीन बाबी नायक-नायिका और अशोक कुमार सह-अभिनेता थे। मटका उस समय के मुम्बई के मज़दूर वर्ग की ज़िन्दगियों पर शासन करता था। रतन खत्री

सारे जुए के अड्डों का डॉन था। मुझे याद आता है कि आर.के. स्टूडियो में हो रही शूटिंग के वक्त वह दादामुनि (अशोक कुमार) या मुझे एक कॉर्ड निकालने के लिए कहता, जिसका नम्बर तुरन्त पूरी मुम्बई में फैल जाता। वही उस दिन का भाग्यशाली नम्बर होता।

मुझे उस समय रतन खत्री से जुड़े एक प्रसंग सुनने की याद है। मैंने सुना था कि एक बार रतन खत्री बैंगलोर से मुम्बई की उड़ान में था और उड़ान में विलम्ब हो जाने के कारण वह उस दिन का मटका नम्बर निर्धारित समय पर घोषित नहीं कर पाया था, इसलिए उसने विमान चालक से कंट्रोल टॉवर के साथ सम्पर्क करके मटका नम्बर की घोषणा करने के लिए कहा, क्योंकि यदि ऐसा नहीं किया जाता, तो पूरी मुम्बई में भगदड़ और अशान्ति फैल जाती। पुलिस को भी ऐसा करने में कोई आपत्ति नहीं थी, क्योंकि वे भी कानून व्यवस्था को बनाये रखना चाहते थे। मुझे विश्वास है कि खत्री साहब अभी भी वहीं कहीं होंगे, पर मुझे तो दशकों हो गये, जब से मैं उनसे नहीं टकराया। वह एक सीधे-सादे निराभिमानी व्यक्ति थे और हमेशा पाजामा, कुर्ता और उस पर एक स्कार्फ पहनते थे।

मैं हमेशा ही फ़िल्म उद्योग के मेरे सर्कल के पुरुष दोस्तों के साथ ही सबसे अधिक सहज और घनिष्ठ रहा था और रहूँगा। उनमें से गुड्डू (राकेश रोशन), शम्भु (जितेन्द्र) की गिनती मैं सच्चे यारों के रूप में करता हूँ। इन्हीं के साथ मैंने दावतें की, छुट्टियाँ बितायीं और एक ऐसे मज़बूत बन्धन की साझेदारी हममें रही, जो साथ काम करने की मित्रता से कहीं बहुत ऊपर थी। प्रेम चोपड़ा भी हमारे इस आन्तरिक समूह के अंग थे, परन्तु उस विषय में मैं पहले ही विस्तार से बता चुका हूँ।

गुड्डू और मैं वास्तव में बहुत नज़दीक तब आये, जब **खेल-खेल में** फ़िल्म की एक लम्बी शूटिंग पहलगाम में हो रही थी। उन दिनों टेलीविज़न

नहीं होता था और मनोरंजन के भी बहुत कम साधन थे। हम पी-पीकर मदहोश नहीं होना चाहते थे, इसलिए हमेशा कुछ रोचक करने की तलाश में रहते थे। मुझे याद है कि एक शाम जब मनोज कुमार की **रोटी कपड़ा और मकान** प्रदर्शित हुई थी, तब हम उसे देखने पहलगाम से यात्रा करके श्रीनगर पहुँचे थे। गुड्डू और मैंने काफ़ी फ़िल्में एक साथ की और हमारा बन्धन तब अधिक मज़बूत हो गया जब हमारी पत्नियाँ भी हमारे समूह में शामिल हो गयीं। तब हम सबका एक घनिष्ठ समूह बन गया।

मैं जितेन्द्र से 1969 में किसी समय मिला था, जब मैं लन्दन में था। मैंने स्कूल छोड़ दिया था और पापा चाहते थे कि मैं **मेरा नाम जोकर** की शूटिंग के बाद किये जाने वाले काम को देखूँ। इस काम के लिए मुझे वहाँ आठ महीने व्यतीत करने पड़े। मैं सबसे पहले जितेन्द्र के भाई प्रसन्न कपूर से हमारे किसी कॉमन दोस्त के जरिए मिला, फिर उससे मेरा अच्छा परिचय हो गया और फिर मैं जितेन्द्र से भी मिला। जितेन्द्र और मेरी आयु में 10 साल का अन्तर था, जबकि गुड्डू और मैं समवयस्क थे। इसलिए मैं उसे नाम से सम्बोधित न करते हुए जीतू जी या शम्भु नाम से सम्बोधित करता, जितेन्द्र ने मुझे कई बार याद दिलाया कि प्रारम्भ में तुम कितने औपचारिक होते थे और झुककर अभिवादन करते हुए 'सर' नाम से सम्बोधित करते हुए मेरा हालचाल पूछते थे। आयु में मुझसे अधिक होने के कारण यह स्वत: प्रेरणा से होता, परन्तु उसने अपनी गर्मजोशी और मित्रता से जल्दी ही इस औपचारिकता की खाई को पाट दिया।

जितेन्द्र ने मेरे कैरियर के भविष्य का नक्शा बनाने में भी मेरी मदद की। यद्यपि अन्तिम निर्णय हमेशा मेरे ही होते थे, परन्तु कैरियर के कुछ कठिन मोड़ों पर उसने मेरा मार्गदर्शन किया। ऐसा नहीं था कि मैं उनकी राय का अन्धानुकरण करता। कुछ बातों में उनके काम करने के तरीकों के बारे में मेरी अपनी शंका और दुविधा होती थी। उदाहरण के लिए, जिस प्रकार की फ़िल्म दक्षिण भारत में वह करते थे, यद्यपि वह उन फ़िल्मों में अत्यधिक सफल रहे थे, परन्तु मैं स्वयं उस वर्ग की फ़िल्मों से जुड़ने की कल्पना नहीं कर पाता था। मुझे याद है कि राजेश खन्ना ने एक बार एक फ़िल्म, जिसमें राजेश खन्ना, जितेन्द्र, श्रीदेवी और जयाप्रदा थे, जो उस

युग की दक्षिण भारतीय फ़िल्मों में प्राय: हुआ करते थे, की चर्चा की थी। शायद वह फ़िल्म **मकसद** (1984) थी। राजेश खन्ना ने बताया था कि वह फ़िल्म मात्र 18 दिनों में तैयार हो गयी थी। 18 दिन में एक फ़िल्म बना लेना कल्पनातीत था। परन्तु कुछ क्षेत्र ऐसे थे, जिसमें मैंने जितेन्द्र के मार्गदर्शन का अनुसरण किया—ख़ासकर के तब, जब फ़िल्म में हम दोनों ही नायक होते थे। मैं उसकी पूर्व तैयारी और अनुशासन का कायल था। वह अपनी स्टार हैसियत से बहुत खुश था और अभिनेता अथवा निर्माता के रूप में उसके उत्साह की मैं बहुत सराहना और कद्र करता था।

जितेन्द्र ने बड़ी सफलता अर्जित की, विशेषत: दक्षिण भारत में जहाँ काफ़ी अर्से तक फ़िल्म निर्माताओं की पहली पसन्द वही था। एक लम्बा समय ऐसा भी आया, जब वह मुम्बई की अपेक्षा दक्षिण भारत में अधिक शूटिंग करता था। जब कभी वह दक्षिण भारत के चैन्नई या भारत के किसी अन्य शहर से मुम्बई वापस आता, तो वह अपनी पत्नी शोभा से कह देता कि हमें अपनी पत्नियों सहित ड्रिंक पर बुला ले। उसके घर पाली हिल, गौतम अपार्टमेंट के बार में हमने अनेकानेक स्मरणीय शामें गुज़ारी हैं। जब हमारी आयु कम थी, तब हम डटकर काम करते और डटकर दावतें उड़ाते। हमने कुछ शानदार छुट्टियाँ भी साथ-साथ बिताईं। शोभा और जितेन्द्र हमेशा ही बड़े ज़िन्दादिल मेहमाननवाज़ थे और बड़ी सफलता के बावजूद भी बड़े विनम्र, निरभिमानी और ज़मीन से जुड़े हुए लोग थे।

मुझे याद है कि बहुत साल पहले जब मेरे सबसे घनिष्ठ मित्र बिट्टू आनन्द के जीवन का कुछ खराब दौर चल रहा था जिससे उसे बाहर निकालना था, तो मैंने दो फ़िल्में उसके लिए कीं, पर दोनों असफल रहीं। 1980 के प्रारम्भ में शम्भु (जितेन्द्र) एक बहुत बड़ा स्टार था, यहाँ तक कि नामावली में उसका नाम अमिताभ बच्चन के तुरन्त बाद आता था। जब **कुली** के सेट पर अमिताभ दुर्घटनाग्रस्त हो गये, तब बिट्टू और उसके भाई टीनू आनन्द अमिताभ को लेकर **शहंशाह** (1988) बनाने की योजना बना रहे थे। अब वे एक संकट में थे, इसलिए मैं उन्हें शम्भु के पास ले गया। परन्तु शम्भु ने उनका प्रस्ताव यह कहकर ठुकरा दिया कि यह ठीक नहीं लगता। वह किसी अन्य कलाकार के लिए सोचे हुए प्रोजेक्ट को करने में

सहज महसूस नहीं करेगा। ख़ासकर तब, जब वह कलाकार बीमार हो। यही वह एक बात है जिसके कारण शम्भु मेरी नज़रों में और ऊँचा उठ गया। वह हमेशा अपने आदर्शों पर डटा रहता था। हालाँकि एक छोटी-सी समयावधि ऐसी भी आयी, जब हम दोनों के बीच मनमुटाव हो गया। मैं उसके लिए उसको दोष नहीं देता, परन्तु उसमें मेरा भी कोई कसूर नहीं था।

यह सारा बखेड़ा जीतू की बेटी एकता कपूर की फ़िल्म **कुछ तो है** (2003) के निर्माण से शुरू हुआ, जिसमें मेरी 10 दिनों की अतिथि भूमिका थी। मेरी भूमिका **खेल-खेल में** के देव कुमार के समान थी, जहाँ दर्शक उस पात्र को खलनायक समझते हैं और अन्त में वह एक पुलिस वाला निकलता है। मेरे पास उस समय कोई अधिक काम नहीं था। अत: मैंने इस फ़िल्म में काम करना स्वीकार कर लिया। फ़िल्म की निर्माण व्यवस्था और फ़िल्मांकन में घोर अव्यवस्था का आलम था। उन्होंने निर्धारित से बहुत ज़्यादा शूटिंग की और किये हुए भाग को भी फिर से शूट किया। उन्होंने निर्देशक अनुराग बसु तक को फ़िल्म के बीचों-बीच ही बदल डाला और फिर जल्दी ही कैमरामेन भी बदल डाला। और फिर उन्होंने मेरे चरित्र को ही बदल डाला। उन्होंने मुझे खलनायक बना डाला और उसमें भी बार-बार उलटा-पुलटा करते रहे। वे पात्रों के चरित्र से और पटकथा के साथ ऐसा खिलवाड़ करते रहे, जैसा वे टेलीविजन के लिए करते थे। मैंने एकता कपूर से बात की और उसे सलाह दी कि फ़िल्में इस तरह से नहीं बनायी जातीं। आप चरित्रों के साथ इस तरह मनमाने ढंग से खेल नहीं कर सकते और कहानी में दिन के मूड के समान तोड़-मरोड़ नहीं कर सकते। मैंने बता दिया कि सेट पर न तो कोई अनुशासन है और न ही कार्य करने की कोई सुस्पष्ट रूपरेखा। सारे कलाकार भी अँधेरे में रहते हैं। उनको अपने कार्य का कोई स्पष्ट संकेत नहीं दिया जाता। जब तक किसी दृश्य में अपने चरित्र की विशेषताओं पर मेरी पकड़ बनने लगती है, तभी मुझे बताया जाता है कि मेरा चरित्र एक खलनायक बन चुका है और मेरे पिछले किये गये दृश्य निरस्त कर दिये गये हैं और कुछ नया बनाया जा रहा है। मैं पूरी तरह किकर्तव्यविमूढ़ हो गया। जो हो रहा था, वह मेरी समझ से परे था। मेरे लिए यह सर्वथा नवीन अनुभव था। मैं एक निष्ठावान और ज़िम्मेदार अभिनेता हूँ। अपने काम के

प्रति मेरा हमेशा यही रवैया रहा है। मैं इस बात के लिए कटिबद्ध था कि फ़िल्म कैसी भी हो, किन्तु मेरा अभिनय हमेशा अच्छा ही हो। मुझे तो बस एक ही काम आता है और वह है अभिनय और उसमें तनिक-सी भी कमीबेशी मैं बर्दाश्त नहीं कर सकता। इसलिए सेट की अव्यवस्था मुझे बड़ी उलझन और परेशानी में डाल देती है।

इसी दौरान राहुल रवैल के भतीजे रजत रवैल (गोंगली) के विवाह की घटना हो गयी। मैं एकता की फ़िल्म के लिए मेहताब स्टूडियो में शूटिंग कर रहा था, जो मेरे घर के पास ही है। शूटिंग शाम के 6.30 या 7.00 बजे तक समाप्त होना तय थी, ताकि मुझे घर जाकर तैयार होकर विवाह के स्वागत समारोह में पहुँचने का पर्याप्त समय मिल सके। फ़िल्मोद्योग में हर कोई जानता है कि रवैल परिवार और मैं परस्पर कितने करीब हैं। मुझे हर हाल में विवाह में उपस्थित होना ही था। पूरा उद्योग मेरे काम करने के तरीके से भी परिचित था। वह जानता था कि मैं मुम्बई में स्टूडियो में सुबह 10.30 तक आ ही जाता हूँ और शाम के 8.30 के बाद शूट नहीं करता। परन्तु उस दिन सेट पर ही अचानक मुझे बताया गया कि मुझे नाइट शिफ़्ट भी करना है और वह भी सुदूर स्थान मड आईलैंड में और यह शूटिंग रात्रि के 2.00 बजे तक चलनी है। यह सब मुझ पर थोप दिया गया, बावजूद इसके कि मैं एक हफ़्ते पहले ही स्पष्ट बता चुका था कि मुझे गोंगली के विवाहोत्सव में अनिवार्य रूप से जाना है। मुझे पता चला कि एकता की भविष्यवक्ता सहेली सुनीता मेनन ने फ़िल्म के प्रदर्शन के लिए एक निश्चित तिथि भाग्यशाली बताई है, इसलिए हर प्रकार के अन्तिम समय के परिवर्तन करते हुए शूटिंग के इन्तज़ाम की भागमभाग चल रही है। जब मैंने इस नवीन प्लान का विरोध किया, तो जितेन्द्र ने हस्तक्षेप करते हुए मुझसे शूटिंग करने का ज़ोर देकर आग्रह किया और कहा कि पंजाबी विवाहोत्सव तो सारी रात चलते हैं। अत: तुम वहाँ से सीधे विवाह कार्यक्रम में चले जाना और मैं अपने मित्र का अनुरोध टाल नहीं सका।

परन्तु मैं खुश नहीं था। मुझे लगा कि जितेन्द्र का इस तरह हस्तक्षेप करना अनुचित था। इस प्रकार काम में दोस्ती का घालमेल ठीक नहीं है। मुझे यह पसन्द नहीं आया, फिर भी मैं मड आइलैंड पहुँचा और वहाँ

पहुँचकर हर चीज़ को घोर अव्यवस्था में देखकर मेरा माथा ठनक गया। 11 बजे तक तो पहला शॉट ही नहीं हो पाया और मुझे रात के 2.30 तक शूट करना पड़ा। मैं चिड़चिड़ाया भी कि मुझे जाना है, पर किसी ने मेरी बात पर कान नहीं दिया। इसलिए अन्तत: जब मैं निकला, तो रात के 2.30 बज चुके थे। मैं वैनिटी वैन में शॉवर लेकर समारोह की तरफ भागा, परन्तु जब तक मैं वहाँ पहुँचता, तब तक समारोह समाप्त हो चुका था। रवैल परिवार ने मेरे समय पर वहाँ न पहुँचने पर बहुत उपेक्षित महसूस किया और मैं जितेन्द्र से मन-ही-मन बहुत रुष्ट था, क्योंकि इस विलम्ब का कारण वही था। आखिरकार मड आइलैंड में उस दिन शूट किया गया दृश्य भी सम्पादन टेबल पर निकाल दिया गया।

जब फ़िल्म असफल हुई, तो एक साक्षात्कार में किसी ने मुझसे प्रश्न किया कि आप जैसे ज़िम्मेदार कलाकार ने ऐसी अजीबोगरीब भूमिका क्यों की? मैंने उत्तर दिया, 'आप बिल्कुल ठीक कहते हैं कि ऐसी अकल्पनीय नकारात्मक भूमिका मैंने कैसे की।' मैंने पत्रकार के सामने उल्लेख कर दिया कि मूल रूप से भूमिका ऐसी नहीं, बल्कि कुछ और थी और यह भी बता किया कि मुझे सकारात्मक भूमिका बताई गयी थी परन्तु फ़िल्म निर्माण के दौरान इतनी बार और इतने अधिक बदलाव किये गये कि बाद में वह भूमिका बिल्कुल ही भिन्न हो गयी।

इंटरव्यू मैं मैंने बिना झिझक सब कुछ ईमानदारी से ही कहा कि यह बड़ी ही गड़बड़झाला वाली पटकथा थी, निर्देशक को फ़िल्म के बीच में से निकाल दिया गया और मुझे अपने चरित्र को निभाने के लिए मार्गदर्शन करने वाला कोई नहीं था। मैंने यह स्पष्ट किया कि फ़िल्म **कुछ तो है** के साथ जुड़े सारे ही लोग टेलीविजन उद्योग से आये थे और मैं ऐसे नये निर्देशकों एवं उनकी दृष्टि से तालमेल नहीं बिठा सकता था। यह विधा केवल टेलीविजन के लिए ही उपयुक्त थी।

जब साक्षात्कार प्रकाशित हुआ तो जितेन्द्र आग-बबूला हो गया और वह फ़ोन पर चिल्लाया, 'तुम एकता के बारे में ऐसा कैसे कह सकते हो? तुम सोचो, जब एकता पढ़ेगी तो उसे कितना आघात लगेगा।' मैंने जीतू को बताया कि मैंने तो केवल सच्चाई ही बयान की थी और एक अभिनेता के

रूप में मेरा स्वयं का बचाव करना ज़रूरी था। सम्भवत: मैं इस सन्दर्भ में मौन नहीं रह सकता था, क्योंकि जनता को यह जानकारी भी देनी थी कि मेरे अभिनय जीवन के इस दौर में मैंने ऐसी भूमिका क्यों की और पूरे निर्माण के दौरान क्या-क्या घटित हुआ।

मैं जीतू को मुझ पर इतना अधिक क्रोधित होने के लिए दोषी नहीं ठहराता, क्योंकि वह अपनी बेटी का पक्ष ले रहा था, लेकिन मैं खुद को भी दोषी नहीं मानता क्योंकि मैंने तो मीडिया को केवल तथ्यों से अवगत कराया था। मैं उस समय विशेष रूप से आहत हुआ, जब वार्तालाप के दौरान उसने ताना मारते हुए कहा कि 'क्या बड़ा हीरो बन गया है तू। क्या हो गया है तुझे?' मेरी राय थी कि उसे दोस्ती और काम का घालमेल नहीं करना था। इसके अतिरिक्त मुझे उसका मेरे साथ इस तरह बात करना भी अशोभनीय लगा। बहरहाल, मैं चाहे जितना भी आहत हुआ, पर मैंने उसकी टिप्पणी पर उतनी उग्र प्रतिक्रिया देने से अपनेआप को रोका।

परन्तु तनाव तो बढ़ता ही गया और हमारी दोस्ती भी इससे अप्रभावित नहीं रह सकी। एक दिन मैंने गुड्डू के सामने सब कुछ उगल दिया, जो इस बात से सहमत हुआ कि जीतू को ऐसा व्यवहार नहीं करना चाहिए था। पूरा उद्योग जानता था कि एकता ने अनुराग बसु, कैमरामैन और फिर अनगिनत मुख्य सहायकों को बाहर निकाल फेंका था। उस समय एकता का डंका बज रहा था। आज की आत्मविश्वासी और परिपक्व महिला से 13 वर्ष पहले की एकता एकदम भिन्न और अपरिपक्व थी।

आज जितेन्द्र और मैं जब भी मिलते हैं, हमारे बीच कोई मनोमालिन्य नहीं होता है। वह मुझे और नीतू को अभी भी दावतें देता है। परन्तु अब हम उतनी अधिक बार नहीं मिल पाते जितना पहले मिलते थे। हमारी दुनिया अब एक-दूसरे से जुदा हो गयी है। मैं पीना पसन्द करने वाला व्यक्ति हूँ और जितेन्द्र अब बिल्कुल नहीं पीता, वह पूर्णत: शाकाहारी हो चुका है तथा मद्यपान त्याग चुका है। उसके अतिरिक्त 12 वर्ष पहले वह अपने जुहू के बँगले में शिफ़्ट कर चुका है और मैं अभी भी बान्द्रा में रहता हूँ। जब मैं शूटिंग नहीं कर रहा होता, तो मैं चेम्बूर के अपने आर.के. स्टूडियो के कार्यालय

चला जाता हूँ। दोनों ही स्थान जितेन्द्र के घर से बहुत दूर हैं। परन्तु जितेन्द्र का मेरे दिल में स्थायी निवास है।

जितेन्द्र के विपरीत, अमिताभ से मेरे रिश्ते का प्रारम्भ अधिक सौहार्दपूर्ण नहीं हुआ। प्रारम्भ में हम थोड़े असहज रहे, कभी गरम कभी नरम। 1970 की समयावधि में मैं अपरिपक्व था और थोड़ा उद्दण्ड और उग्र भी। वह मुझसे 10 वर्ष बड़े थे, परन्तु मूर्ख के समान मैं उन्हें अमिताभ ही पुकारता था, न कि अमित जी। सौभाग्य से बाद में दूरी की इस खाई को पाटने में मैं सफल हो गया और हमारे बीच सहयोगियों वाली सौहार्दपूर्ण भावना विकसित हो गयी, जो बाद में पारिवारिक रिश्ते में भी बदल गयी, जब अमित जी की बेटी श्वेता का विवाह मेरे भानजे निखिल (ऋतु के बेटे) से हो गया। **कभी-कभी** फ़िल्म के दौरान हमारे बीच शीत युद्ध के संकेत मिलते थे। उन्होंने मुझसे कभी बात नहीं की और मैं भी उनसे कभी नहीं बोला। मुझे लगता है कि अमिताभ इसलिए खिंचे-खिंचे से थे, क्योंकि एक प्रसिद्ध सिने पत्रिका द्वारा प्रायोजित सर्वश्रेष्ठ अभिनेता का अवॉर्ड **बॉबी** के लिए मुझे मिल गया था। मुझे यक़ीन है कि उन्हें लगता था कि इस अवॉर्ड पर **ज़ंजीर** के लिए उनका दावा था।

मैं यह कहते हुए शर्मिन्दगी महसूस कर रहा हूँ कि मैंने यह अवॉर्ड खरीदा था। मैं तब एकदम नौसिखिया था। हमारा पी.आर.ओ. तारकनाथ गाँधी मेरे पास आया और कहा कि सर, तीस हज़ार दे दो, तो मैं आपको अवॉर्ड दिला दूँगा। मैं मूलत: इस प्रकार हेराफरी करके किसी चीज़ को हासिल करने वालों में से नहीं हूँ, परन्तु मैं स्वीकार करता हूँ कि मैंने बिना सोचे-समझे वह राशि दे दी। मेरे सेक्रेटरी घनश्याम ने भी कहा कि सर, दे देते हैं, मिल जायेगा अवॉर्ड, इसमें क्या है। आज मैं केवल इतना कह सकता हूँ कि वह सन् 1974 का काल था और उस समय मैं केवल 22 वर्ष का नितान्त नौसिखिया और नादान युवक था। ढेर सारा धन मेरे हाथों में

कुलबुला रहा था और मैं क्या कर रहा हूँ, इसको पूरा समझने की बुद्धि और परिपक्वता मुझमें बिल्कुल नहीं थी। बाद में जाकर अपने इस मूर्खतापूर्ण आचरण की भूल मैं पकड़ पाया। **कभी-कभी** के दौरान अमिताभ के ठण्डे रुख का एक कारण यह भी हो सकता है कि उस फ़िल्म में उनकी भूमिका एक न मुसकराने वाले गम्भीर शख़्स की थी, जो मेरी भूमिका से भिन्न थी और शायद वे अपने चरित्र के अनुसार ही बने रहना चाहते थे और इसीलिए पूरी फ़िल्म के दौरान अलग-थलग बने रहे। या शायद सच्चाई यह हो कि ऐसा कुछ भी नहीं हो और मेरे अवॉर्ड खरीदने के अपराध बोध ने मुझे वह भी पढ़वा दिया, जो वास्तव में कहीं लिखा ही नहीं था।

अमिताभ और मैंने अनेक फ़िल्में साथ कीं। उसमें **अमर अकबर एन्थोनी, कुली** और **नसीब** शामिल हैं। फिर धीरे-धीरे हमारे बीच की बर्फ़ पिघल गयी। **अमर अकबर एन्थोनी** के दौरान हमारे रिश्ते का समीकरण एकदम सहज हो गया था। यह मनमोहन देसाई की एक फ़िल्म थी और हमें अनेकानेक अजीबोगरीब हरकतें करनी थीं। मुझे याद है कि हम दोनों ऐसे अभिनय के लिए संकेत सूत्रों को पाने के लिए प्राण साहब को तंग किया करते थे। हमारी साथ की हुई फ़िल्मों में से किसी भी फ़िल्म में हम प्रतिस्पर्धी नहीं थे। फ़िल्म में किसी महिला को लेकर भी हमारा कोई विवाद नहीं था। अमिताभ बच्चन के व्यवसायी प्रतिस्पर्धी हमेशा विनोद खन्ना, शत्रुघ्न सिन्हा, शशि कपूर या धर्मेन्द्र हुआ करते थे। मैं उम्र में काफ़ी छोटा था और अधिकतर उनके छोटे भाई की भूमिका करता था। **कुली** का गाना 'लम्बू जी, टिंगू जी' पर्दे पर हमारे समीकरण को बहुत सुन्दरता और उपयुक्तता से पेश करता है।

कुली का जिक्र मुझे 26 जुलाई, 1982 के दुर्भाग्यपूर्ण दिन की ओर लौटा ले जाता है। वह हम दोनों के लिए ही एक बुरा दिन था। उस दिन बैंगलोर में हम दोनों की दो अलग-अलग यूनिट के साथ शूटिंग थी। सुबह मुझे एक एक्शन दृश्य करना था, जिसमें काफ़ी ऊँचाई से कूदना था। कूद के बीच में व्यवधान के लिए स्टंट दृश्य के नियमानुसार कुछ डब्बे और तारपोलिन बिछाये गये थे। दृश्य की शूटिंग के तुरन्त पहले ही अमिताभ वहीं आ पहुँचे, जहाँ मैं खड़ा हुआ था। वे दृश्य के प्रबन्ध की जाँच करने लगे। उन्हें लगा कि

सावधानियाँ अपर्याप्त हैं। उन्होंने मुझसे पूछा कि क्या मैंने सब जाँच लिया था। मैंने कहा कि हाँ, सब ठीक है। तभी एक स्टंटमैन ने मुझसे फुसफुसाकर कहा कि आपको साधारण तरीके से कूदने के बदले गोता लगाना है, जो कि इस दृश्य की नाटकीयता में वृद्धि करेगा। मैं पता नहीं किस ध्यान में था कि मैंने गोता लगा लिया। मैं बक्सों पर सुरक्षित तो पहुँच गया, पर मेरे चेहरे और हाथों पर रगड़ लगने से वे बुरी तरह ज़ख्मी हो गये। मेरी इस उदासीनता और असावधानी पर अमिताभ ने मुझे जम कर झाड़ा। उन्होंने मुझे समझाया कि यदि स्टंट खुद ही करना हो, तो बेहतर तैयारी करनी चाहिए। यहाँ तुम्हें डाइव करने के स्थान पर कूदने पर ही कायम रहना चाहिए था। वे मेरे लिए सच्चे दिल से चिन्तित थे, जिसे देखकर मेरा दिल भर आया। यही सलाह मैं अभिनय में कैरियर बनाने के आकांक्षी नवोदित कलाकारों को देना चाहता हूँ कि यदि खुद स्टंट करना चाहते हो, तो पूरी सावधानी रखो। मैं अपनी चोटों की चिकित्सा करा ही रहा था, तभी मैंने अमिताभ और पुनीत इस्सर के फाइट सीक्वेंस के बारे में सुना। शॉट खत्म होने पर अमिताभ खड़े होकर बाहर भी चले गये थे और वहीं ज़मीन पर लेट गये, वे दर्द से दोहरे हो रहे थे। शुरू में सबको लगा कि चोट मामूली है और वे उनके पेट पर आयोडेक्स मल रहे थे। मेरे पास बेनगे की ट्यूब थी। मैंने वह भेजी। पैकअप कर दिया और डॉक्टर बुला लिया गया।

कोई उनके दर्द की तीव्रता की थाह नहीं लगा पा रहा था। अनिद्रा और घोर बेचैनी की रात जैसे-तैसे कटी, जया जी को बुलवा लिया गया। जब बैंगलोर के डॉक्टर समझ गये कि उन्हें गम्भीर चोट लग गयी है और वे उनकी अधिक मदद नहीं कर सकते, तो उन्हें मुम्बई के ब्रीच कैंडी अस्पताल में ले जाने का निर्णय किया गया।

उद्योग में अमिताभ के प्रभाव और महत्त्व का आकलन इस बात से हुआ कि चौबीस घण्टे के भीतर ही सिने जगत की सारी हस्तियाँ बैंगलोर पहुँच गयीं। मुझे यश जौहर, यश चोपड़ा, विजय आनन्द, प्रकाश मेहरा और अन्य लोगों की याद है। यश जौहर ने तो इंडियन एअरलाइंस के हवाई जहाज की 6 सीटों की टिकटें निकलवा दीं, ताकि अमिताभ बच्चन का स्ट्रेचर वहाँ लाया जा सके। विमान चालक को निर्देश दिया गया कि उड़ान के दौरान

उतार-चढ़ाव वाले हिस्सों में पूरी सावधानी रखी जाये, ताकि बीमार को किसी तरह का दचका न लगे। आनन-फानन में ब्रीच कैन्डी अस्पताल और उनके साथ भारत और विदेश के सर्वश्रेष्ठ डॉक्टरों का दल चिकित्सा में जुट गया। पूरा देश और मैं भी उनके त्वरित स्वास्थ्य लाभ के लिए दिल से प्रार्थना करने लगा।

अमिताभ छह महिने बाद शूटिंग के लिए लौटे। मनमोहन देसाई ने रिक्लेमेशन ग्राउंड पर आउटडोर शूटिंग का इन्तज़ाम किया था। एक लाख से भी ज़्यादा लोग शूटिंग स्थल पर पहुँच गये और स्थानीय दादाओं को भी बुलाना पड़ा, क्योंकि इतना बन्दोबस्त पुलिस के भी बस के बाहर की बात थी। हर बार जब भी अमिताभ बच्चन खुले में कदम रखते, तो वातावरण उत्तेजना से थरथराने लगता। मुझे आज भी याद है कि उन्हें देखकर पूरी भीड़ किस प्रकार हर्षोन्माद में चिल्लाने लगती। मैंने इस तरह का वाकया पहले कभी कहीं नहीं सुना था। तीस वर्ष से अधिक गुज़र जाने पर भी वह ध्वनि मेरे कानों में गूँज रही है। इस बात ने स्पष्ट बता दिया कि सितारे के रूप में वह कितनी बड़ी हस्ती थे।

उस समय के दूसरी अपूर्व हस्ती राजेश खन्ना के साथ मेरा एक विशिष्ट रिश्ता रहा, जिसे मैं शायद शब्दों में बयान न कर सकूँ। मैं इस परिदृश्य में 1973 में आया और आते ही उनके शिखर दिनों की अनेक कहानियाँ मेरे कानों में पड़ीं। मैं उन घटनाओं का साक्षी नहीं हूँ।

काका जी ने मार्च 1973 में डिम्पल कपाड़िया से विवाह कर लिया। उस समय वे सिने जगत पर राज कर रहे थे, परन्तु उनकी स्टार हैसियत को एक हलके से धक्के की आवश्यकता थी। जब उन्होंने इस आयु में अपने से पन्द्रह वर्ष छोटी डिम्पल से विवाह किया, तो वे फिर सुर्खियों में छा गये। मुझे याद है कि शादी के बाद डिम्पल **बॉबी** की शूटिंग में आती, तो मैं उसे चिढ़ाता था कि इस पल का शायर काका जी नहीं वरन् अमिताभ बच्चन है,

जिसकी **ज़ंजीर** उसी समय सफल हुई थी। अब तो सबकी आँखें अमिताभ पर ही टिकी होनी चाहिए। सच तो यह है कि उस समय मैं यह सब परिहास में कहता था, क्योंकि तथ्य तो यह है कि 1973 में प्रदर्शित राजेश खन्ना की फ़िल्मों—**दाग़** और **नमक हराम**—में उन्होंने दर्शकों को लुभाया था। जे. ओमप्रकाश की **आपकी कसम** (1973) जिसमें मुमताज़, राजेश खन्ना और संजीव कुमार अभिनय कर रहे थे, की शूटिंग भी उसी समय जारी थी, जब **बॉबी** का फ़िल्मांकन हो रहा था, परन्तु उसका प्रदर्शन एक वर्ष बाद हुआ और उस फ़िल्म को भी शानदार सफलता मिली।

काका जी के लिए मेरे हृदय में गहरे आदर की भावना थी, परन्तु मैं उनसे कभी आत्मीय नहीं हो पाया। मैंने उनकी शादी में शिरकत की। मेरी और मेरे सचिव घनश्याम की नव दम्पती के साथ उस अवसर का फ़ोटोग्राफ भी है। मेरे किसी प्रशंसक ने यह फ़ोटो बाद में मुझे भेजा था। बाद में मैंने सुना कि काका ने खुद किसी से कहा था कि वह अमिताभ बच्चन से प्रतिस्पर्धा करने से नहीं डरता, क्योंकि अमिताभ बच्चन का किरदार एक नाराज युवक (एंग्री यंगमैन) का है, जबकि वह (काका) रजत पट पर इस युग के सबसे बड़े रोमांटिक हीरो की मिसाल के रूप में शासन कर रहा है। स्पष्ट है कि वह मुझको लेकर चिन्तित था, क्योंकि मैं ही नया रोमांटिक हीरो था—एक कमसिन नवागन्तुक और वह भी ऐसा, जो उनसे दस वर्ष छोटा था!

यदि आप इस पर ध्यान दें, तो पायेंगे कि काका **कभी-कभी** और **खेल-खेल में** फ़िल्मों में निभाए मेरे किरदार को अदा नहीं कर सकते थे। थोड़े अधिक उम्र के और विवाहित होने के कारण वे **दाग़** और **आपकी कसम** जैसे किरदार के लिए ज़्यादा उपयुक्त थे। खैर, जो भी हो, जैसा कि मैं पहले भी उल्लेख कर चुका हूँ कि मैं सोचता रहता हूँ कि क्या मेरे और उनके बीच तनाव का कारण यह था कि उन्होंने मेरी प्रथम नायिका डिम्पल से शादी कर ली थी। फिर मुझे यही ख़्याल आता है कि शायद यह भी सब कुछ मेरी कल्पना का ही खेल था। असल में तो कोई तनाव था ही नहीं। अमिताभ बच्चन के साथ अपने परस्पर रिश्ते के समय भी **बॉबी** के लिए सर्वश्रेष्ठ अभिनेता का अवॉर्ड खरीदने के अपराध बोध के कारण भी मेरी मनोदशा यही थी। इसी प्रकार शायद मैंने खुद ही कल्पना कर ली थी कि

काका जी मुझे पसन्द नहीं करते, जबकि शायद सच यह हो कि उस समय तक मेरी कोई ख़ास महत्त्वपूर्ण हस्ती न होने के कारण उन्होंने मुझ पर ध्यान ही न दिया हो। मैं तो इतना ही जानता हूँ कि उनके डिम्पल के साथ शादी के कारण मैं उनसे रुष्ट था, क्योंकि अब मेरे साथ काम करने के उपयुक्त कोई नायिका नहीं थी। मैं आत्मविरोधी भावनाओं और विचारों के द्वन्द्व में फँस गया था। परन्तु यह पक्का था कि हम दोनों के बीच बड़ी दुश्मनी वाली कोई बात भी नहीं थी, क्योंकि निर्देशक के रूप में **आ अब लौट चलें** के साथ पहला कदम उठाते समय मुझे काका जी से सम्पर्क करने में कोई संकोच नहीं हुआ और यदि उनके मन में भी कोई दुर्भावना होती, तो वह मेरी फ़िल्म में काम करना कभी स्वीकार नहीं करते। राजेश खन्ना के दिल में मुझे लेकर चाहे जैसे विचार रहे हों, पर यह सच था कि वे राज कपूर के अनन्य भक्त थे। वे हमारी सारी दावतों में शिरकत करते। जब मेरे पिता के मन में **सत्यम शिवम सुन्दरम** के विचार ने पहले पहल जन्म लिया, तब वे काका जी को ही नायक के रूप में लेना चाहते थे। परन्तु जैसा कि मैं पहले ही बता चुका हूँ कि मैं उन लोगों में शामिल हूँ, जिन्होंने ऐसा नहीं होने दिया। बाद में पापा को भी लगा कि इस भूमिका के लिए शशि चाचा ज़्यादा उपयुक्त रहेंगे।

लोग **सत्यम शिवम सुन्दरम** से **बॉबी** जैसी ही सफलता और ढेर सारी धनराशि बटोरने की अपेक्षा कर रहे थे। जब ऐसा नहीं हुआ, तो उन्होंने इस पर घोर असफलता का ठप्पा लगा दिया, जो सच नहीं था। हो सकता है कि यह लोगों की उम्मीद के हिसाब से सफल नहीं रही हो, परन्तु इसे पूर्ण असफल भी नहीं कह सकते थे।

व्यक्तिगत रूप से मेरी राय यह है कि **सत्यम शिवम सुन्दरम** पटकथा की दृष्टि से पापा की सबसे कमज़ोर फ़िल्म थी। वह बेतुकी थी। मुझे याद है कि मैं उन्हें हमेशा बताता रहता था कि यह अवधारणा ही अविश्वसनीय है कि एक व्यक्ति एक महिला के साथ-साथ रहे और उसका चेहरा भी न देखे। इसी प्रकार चिंटू ने **प्रेम ग्रन्थ** में मुझे निर्देशित किया, तो मैंने उसे बताया था कि मुझे विषय वस्तु बहुत अजीब लगती है, विश्वसनीय नहीं। यह जाति व्यवस्था के विषय को उठाती तो है, परन्तु फ़िल्म के बीच में ही पटकथा गोलमोल घूमने लगती है और स्पष्ट अंजाम तक नहीं पहुँच पाती।

काका जी के विषय पर पुन: लौटते हुए मैं कहूँगा कि **सागर** फ़िल्म को करते समय प्रारम्भ में मुझे थोड़ी हिचक लग रही थी। मेरी जोड़ी एक बार फिर **बॉबी** की नायिका के साथ थी, इसलिए मैं संकोच महसूस कर रहा था। मैंने काका जी से उनकी राय और अनुमति माँगते हुए एक सन्देश भेजा कि क्या उनकी नज़र में मेरा डिम्पल के साथ काम करना उचित रहेगा। यदि मुझे ठीक तरह से याद है, तो उन्होंने कहा था कि यदि मैं फ़िल्म नहीं करूँगा तो कोई और स्टार कर लेगा।

वैसे भी मुझे इस बात की अधिक चिन्ता थी कि इतने वर्षों के बाद डिम्पल के साथ काम करने पर नीतू क्या सोचेगी। डिम्पल और मेरे बीच निकटता की चर्चा पूरी तरह से खत्म हो चुकी थी। फिर भी 1984 में जब **सागर** बन रही थी, मेरे विवाह को केवल चार ही वर्ष हुए थे और डिम्पल 1983 में काका से अलग हो चुकी थी। (उनके विवाह से ठीक दस वर्ष बाद उसका काका से अलगाव हो चुका था।) नीतू के हृदय में ज़रूर कुछ भय या आपत्ति उठी होगी, परन्तु उसने सारी बात को बड़े ही गरिमामय ढंग से लिया। उसको इसका श्रेय जाता है कि उसने कोई आपत्ति नहीं उठाई और मुझे **सागर** में काम करने की इजाज़त दी।

जितेन्द्र के साथ मेरी गलतफ़हमियों के समान ही मेरे घनिष्ठ मित्र राकेश रोशन के साथ भी मेरा उसी प्रकार का दुर्भाग्यपूर्ण वाकया हो गया। इस प्रसंग ने मुझे बिलकुल अनजाने में ही जकड़ लिया। गुड्डू अपनी फ़िल्म **कोई मिल गया** (2003) में मुझे एक अतिथि भूमिका में लेना चाहता था, जो ऋतिक के पिता की थी। शूटिंग के लिए मेरे केवल दो दिनों की ज़रूरत थी। परन्तु मैंने उसे बता दिया कि मैं यह भूमिका नहीं करना चाहता, क्योंकि मुझे लगता है कि यह मेरे अभिनय कैरियर के लिए सही कदम नहीं होगा। मैं केवल स्पष्ट बात कर रहा था और उसकी अत्यन्त तीखी प्रतिक्रिया का मुझे कोई गुमान भी नहीं था। मैंने अपनेआप को व्यथित और भ्रमित पाया,

जब मेरे इन शब्दों के लिए प्रत्युत्तर आया कि किस कैरियर की बात कर रहे हो तुम? अब तुम्हारा कोई कैरियर नहीं है। अब तो तुम बस इधर-उधर छोटी-मोटी चरित्र भूमिकाएँ कर सकते हो। उसकी इस टिप्पणी से मुझे बहुत आघात पहुँचा। हालाँकि उसने ऐसा किसी दुर्भावनावश नहीं कहा होगा। शायद वह इस सामान्य तथ्य को ही रेखांकित करना चाहता था कि एक विशेष आयु वर्ग में पहुँचने के बाद यौवन और ताज़गी के उपासक को सिने जगत में प्रभावशाली भूमिका पाना आसान नहीं होता। बाद में पूरी बात पर विचार करने के बाद मैं यह महसूस किये बिना नहीं रहा कि उसका यह कठोर जवाब ही वह धक्का बना, जिसने मुझे एक बार फिर चुनौतीपूर्ण महासमुद्र में छलाँग लगा देने और कैरियर के दूसरे चरण में परिश्रमपूर्वक विशिष्ट पहचान बनाने की हिम्मत दी। इस बार मुझे यह पहचान चरित्र अभिनेता के रूप में बनानी थी। मैंने गुड्डू का प्रस्ताव तो ठुकरा दिया, पर मुझ पर उसकी चुनौती को स्वीकार करने की जिद सवार हो गयी और अब मुझे यह सिद्ध करना था कि मेरा एक सफल कैरियर अभी बाकी है। मैंने अपनेआप से कहा कि एक दिन मैं उससे भी यह मनवाकर रहूँगा। आज मैं बड़ा खुश हूँ कि मैं सिने जगत में आज बड़े ही ठीक-ठाक और सहज स्थान पर हूँ। मैं मनचाही भूमिका पाता हूँ, मनचाही रकम पाता हूँ और जितनी फ़िल्मों में काम चाहता हूँ, उतनी में काम करता हूँ। कुछ साल पहले तक युवावस्था को पार कर चुके अभिनेताओं को अच्छी और सारगर्भित भूमिकाएँ पाने में समस्या आती थी। अब ऐसा बिल्कुल नहीं है। अमिताभ बच्चन की हाल की भूमिकाओं पर गौर कीजिए। यदि पिछले छह महीनों से मेरे पास काम नहीं है, तो इसका कारण यह नहीं है कि **दो दूनी चार** के दुग्गल, **अग्निपथ** के राऊफ लाला, **डी-डे** का दाऊद और **कपूर एंड संस** के दादा जी की श्रेणी की विशिष्ट और चुनौतीपूर्ण किरदार करने के बाद नायक या नायक के पिता की औसत भूमिका को मंज़ूर करना कठिन होता है। मुझे यह कहते हुए गर्व महसूस होता है कि मैंने अपने को पुनराविष्कृत किया है। दमदार भूमिका नहीं हो, तो मैं प्रलोभन का वशीभूत नहीं होता।

गुड्डू अभी भी मेरा मित्र है, हम अभी भी मिलते रहते, परन्तु हमारा संसार और जीवन की राहें अलग-अलग दिशाओं में मुड़ गयी हैं। मैं अभिनय

में व्यस्त हूँ और अपनी भूमिकाओं की विविधता को निभाने का आनन्द उठा रहा हूँ। गुड्डू फ़िल्म निर्माण में व्यस्त है। आजकल वह जितेन्द्र के साथ अधिक समय व्यतीत कर रहा है। वे दोनों जुहू में रहते हैं और लगभग पड़ोसी होने के कारण वह हमेशा साथ हो सकते हैं।

जब कभी मैं अपने सहकलाकारों और मित्रों का ध्यान करता हूँ, तो मुझे लगता है कि हिन्दी रजत पट के खलनायकों के साथ मेरी विशिष्ट निकटता रही है। एक सह-कलाकार, परिवार के दोस्त और खुद के निजी दोस्त के रूप में मैं प्रेम चोपड़ा को बहुत प्यार करता हूँ। दूसरे खलनायक जिनके साथ काम करने में मुझे बड़ा मज़ा आया, वह हैं अमजद खान, डैनी डेन्ज़ोंगपा और रंजीत (हमारे लिए गोली)। वे सब मेरे मनमीत थे और अब उनके साथ काम नहीं कर पाने से मुझे उनकी बहुत याद आती है।

गोली बीच-बीच में मुझे फ़ोन करता रहता है। हमेशा यह शिकायत करता है कि तू मिलता नहीं है। डैनी और मैंने कई फ़िल्में जिनमें **लैला मजनूं** जैसी जबरदस्त हिट फ़िल्में शामिल हैं, साथ-साथ कीं। डैनी, अमजद और प्रेम चोपड़ा के पर्दे पर आते ही उनसे पड़ने वाले प्रभावों का स्थान नयी पीढ़ी के खलनायकों में से कोई भी नहीं ले पाया।

अमजद अपनेआप को आर.के. की उपज कहते थे, क्योंकि आर.के. की फ़िल्म **अब दिल्ली दूर नहीं** में जगदीप, मोहन चोटी और बहुत सारे कलाकारों के साथ उन्होंने भी बाल कलाकार के रूप में एक किरदार निभाया था। अमजद और मैंने पहली बार **हम किसी से कम नहीं** में काम किया। अमजद उम्र में मुझसे बड़े थे और मुझे याद दिलाया करते थे कि उनके पिता जयन्त साहब भी उसी पंजाबी गली के निवासी थे, जहाँ मेरे दादा और फ़िल्म उद्योग के आधे लोग कभी रहा करते थे। उन्हें इस बात पर गर्व था कि हम सब—उनके पिता, मेरे पिता और दिलीप कुमार—यानी कि सभी पठान थे। फ़र्क केवल इतना था कि वे एक मुस्लिम पठान थे और मैं एक हिन्दू पठान,

परन्तु थे तो दोनों एक ही स्थान के वाशिन्दे। हमारी जड़ें एक ही ज़मीन में थीं और वह ज़मीन थी पेशावर।

अमजद एक बहुभाषाविद् थे। वे पश्तो, गुजराती, उर्दू, अंग्रेज़ी, पंजाबी और मराठी बोल सकते थे। वे एक पूर्णतया मद्यपान त्यागी व्यक्ति थे, पर प्रतिदिन लगभग 30 से 40 कप चाय का सेवन कर लेते थे।

अमजद मुझे बहुत पसन्द करते थे। शायद मेरी उनसे दोस्ती इसलिए हो पायी क्योंकि मैं उन चन्द लड़कों में से था, जिसका दृष्टिकोण आधुनिक था और अमजद खुद बहुत प्रगतिशील विचारों के थे। शायद उनकी अपने अन्य सह-कलाकारों से इतनी नहीं जम पाती थी क्योंकि उनमें से अधिकांश विविध विषयों पर उनके समान साधिकार बात नहीं कर पाते थे। वह और मैं संगीत, सिनेमा और अन्य बहुत से विषयों पर चर्चा करते रहते थे। हमने काफ़ी फ़िल्में साथ कीं, जिनमें **हम किसी से कम नहीं, क़ातिलों के क़ातिल, बड़े दिल वाला, फूल खिले हैं गुलशन-गुलशन** और **नसीब** शामिल थी। सभी फ़िल्मों में उन्होंने अपनी उपस्थिति दर्ज की है।

अमजद के दिल में नीतू के लिए बड़ी सुरक्षा का भाव था। वह कहा करते थे कि वह उनकी छोटी बहन है और प्रत्युत्तर में नीतू कहती कि आप मेरे वह भाई हो, जिसे मेरी माँ ने जन्म नहीं दिया। परन्तु उनके व्यक्तित्व का एक दूसरा पहलू यह भी था, एक दुष्टता भरा। मुझे याद है कि वे किसी को नापसन्द करते थे तो उससे बड़ा टेढ़ा व्यवहार करते थे।

हम लोग **हम किसी से कम नहीं** की शूटिंग कर रहे थे। बीच में ही उनकी इतनी गम्भीर दुर्घटना हुई कि वे मरते-मरते बचे। नासिर साहब ने उनके ठीक होने तक शूटिंग रोके रखी और बाद के दृश्यों में अमजद में आया परिवर्तन स्पष्ट दिखाई देता है : वे बहुत दुबले हो गये थे। उनके गले से लेकर छाती तक जहाँ उनका ऑपरेशन हुआ था, एक गहरा निशान बन गया था।

जीवन में भाग्य के खेल निराले होते हैं। भाग्य रेखाएँ कब, क्या मोड़ ले लें, कौन जानता है? फ़िल्म उद्योग की चाल भी जीवन और भाग्य जैसी ही है। यह उद्योग अगणित तरीके से परस्पर जुड़ा रहता है। इत्तेफ़ाक से हमारे

रास्ते एक-दूसरे-से मिलते हैं। कभी अलग हो जाते हैं और फिर इत्तेफ़ाक ही हमारे रास्तों को मिला देता है। कौन जाने कब और किस मोड़ पर हम फिर एक-दूसरे से टकरा जायें। जब मैं **हाऊसफ़ुल-2** में काम कर रहा था तब अमजद खान का दूसरा बेटा सीमाब फ़िल्म के निर्देशक साजिद खान का सहायक था। मैंने सीमाब को वज़न कम करने और अभिनय के क्षेत्र में कोशिश करने की सलाह दी। **हम किसी से कम नहीं** की क्लाइमेक्स की शूटिंग के दौरान ऊटी के पास मासिंग गुड़ी के जंगलों में मैं अमजद के सबसे बड़े पुत्र शादाब को पीठ पर लादकर ले गया था। अमजद अपनी पत्नी शेहला और पुत्र शादाब के साथ वहाँ आये हुए थे। अमजद खान के देहान्त के बीस वर्ष पश्चात् मैंने उनकी बेटी की शादी में शिरकत की और मुझे याद है कि शेहला का दिल भर आया था।

मैं जिस समयावधि में नायक बना, तब अमरीश पुरी एक अति व्यस्त खलनायक थे। वे मेरे दोस्त नहीं वरन् एक अंकल जैसे थे। वे मुझसे मेरे बचपन के दिनों से परिचित थे क्योंकि वे अपने भाई मदनपुरी के घर अकसर आते-जाते रहते थे। वे माटुंगा की उसी पंजाबी गली में रहते थे, जहाँ हमारा भी निवास था। चाह कर भी अमरीश पुरी मेरे पिता के साथ काम नहीं कर पाये थे। वे **राम तेरी गंगा मैली** में काम करने वाले थे। उसमें भूमिका करने का प्रस्ताव भी दिया गया, परन्तु वे अपनी डेट पहले ही स्टीवन स्पिलवर्ग की **इंडियाना जोन्स: टेम्पल ऑफ़ डूम** फ़िल्म को दे चुके थे।

संजीव कुमार मेरे फ़िल्म उद्योग में प्रवेश तक एक वरिष्ठ कलाकार स्थापित हो चुके थे। वे बड़े दोस्ताना मिज़ाज के व्यक्ति थे और जितेन्द्र के घर हमने अनेक बार साथ-साथ ताश खेले। पाली हिल में हमारे घर भी पास-पास थे, पर जितेन्द्र, गुड्डू और प्रेम जी के समान उनसे मेरी गहरी दोस्ती कभी नहीं रही। हाँ, सामाजिक तौर पर हम परस्पर मिलते रहे। वे सचमुच एक विलक्षण अभिनेता थे और बड़े विनोदप्रिय भी। पर उनके विनोद करने का तरीका बड़ा शरारतपूर्ण होता था। भौंड़े मज़ाक भी कर बैठते थे। उनका इतनी जल्दी असमय ही इस संसार से विदा हो जाना बहुत दुखद है। पर उनका जीवन और कैरियर कितना भी संक्षिप्त हो, पर उसमें भी आर.के. की एक फ़िल्म करने में हम सफल रहे। मेरे चाचा शम्मी और भाई

डब्बू के साथ उनका बड़ा याराना था। उन्होंने और मैंने एक और फ़िल्म साथ-साथ की थी, पर वह अभी तक डिब्बे में बन्द है। उस फ़िल्म का नाम **माँग सजा दो मेरी** था और हमारी सह-कलाकार आशा पारिख और रंजीता थीं। वह मनमोहन देसाई द्वारा लिखित और प्रयागराज द्वारा निर्देशित फ़िल्म थी। फ़िल्म समाप्त होकर प्रदर्शन के लिए तैयार भी थी। तभी निर्माता और निवेशक के बीच कुछ गम्भीर विवाद उत्पन्न हो गया और निवेशक ने उसे प्रदर्शित करने के बजाए उसे निरस्त करना ही बेहतर समझा। उसने ऐसा निर्णय इसलिए लिया, ताकि वह पूरी लागत को ही बट्टे खाते में डालकर उस पर कर में छूट की राहत का पूरा लाभ ले सके।

एक अन्य समकालीन अभिनेता विनोद मेहरा के साथ मेरा मेलजोल नहीं रहा। जब उन्हें अपनी पहली निर्देशित फ़िल्म **गुरुदेव** में मुझे लेना प्रस्तावित किया, तो मैं तत्काल राजी हो गया। उस समय अनिल कपूर की अच्छी पूछ थी एवं उन्होंने सोचा होगा कि मेरी और अनिल की जोड़ी पर्दे पर अच्छी लगेगी और प्रभावशाली भी। दुर्भाग्य से, फ़िल्म पर काम पूरा करने से पहले ही विनोद का निधन हो गया।

अनिल पर बात करते हुए बता दूँ कि मैं और अनिल **विजय** में पहली बार पर्दे पर साथ आये, पर वह फ़िल्म नहीं चली। **गुरुदेव** के बाद हमने साथ-साथ **कारोबार** भी की, पर उसके बनने में इतनी अधिक देर लगी कि अन्तत: जब वह प्रदर्शित हुई, तो वह लुढ़ककर लुप्त हो गयी।

मैं कहूँगा कि वे मेरे सम्पर्क में आने वाले सर्वाधिक परिश्रम करने वाले व्यक्तियों में शुमार हैं। वह हमारे कुशल अभिनेताओं में से एक हैं। **दिल धड़कने दो** (2015) में उसने कमाल का काम किया है। मैंने उसके समान अभिनय के प्रति निष्ठावान और समर्पित अन्य कोई कलाकार नहीं देखा। वे साठ वर्ष के हैं, पर लगते नहीं। यह उनके असाधारण अनुशासन का ही सुफल है। पर कभी-कभी किसी गुण की अति भी हो जाती है। मुझे लगता है कि कभी-कभी यह झलकने लगता है कि किरदार के प्रस्तुतीकरण में वह अधिक मेहनत कर रहे हैं। मेरे लिए अभिनय का सूत्र है, मेहनत करो पर पर्दे पर वह इतना सहज हो कि मानो अभिनेता नहीं खुद किरदार ही पर्दे पर

उतर आया हो। यही बी. आर. चोपड़ा ने एक बार मुझसे कहा था और मैंने उनके दिये सिद्धान्त के अनुसार जीने का पूरा प्रयास किया है।

अनिल की निष्ठा और समर्पण ने उसे वह सफलता दिलाई है, जिसका वह सच्चा अधिकारी है। मैं उसकी बेटी सोनम के साथ भी **दिल्ली 6** और **बेवकूफ़ियाँ** में काम कर चुका हूँ। वह एक प्यारी बच्ची है। उसके साथ काम करके और उन दोनों को साथ में देखकर मुझे लगता है कि अनिल घर पर महिलाओं से घिरा रहता है और वे सभी उस पर हावी रहती हैं। यह हावी होना उनका अनिल के प्रति गहरे प्यार को दर्शाता है।

मेरे ये सभी साथी, सहयोगी और मेरे सभी समकालीन कलाकार फ़िल्मी जीवन के मेरे अभिन्न अंग रहे हैं। इनमें से प्रत्येक के साथ मेरी अगणित स्मरणीय स्मृतियाँ जुड़ी हुई हैं। मैं जब भी उन्हें याद करता हूँ तो एक तीव्र भावना से भर उठता हूँ। मेरी मन:स्थिति लगभग वही होती है, जो मेरे पापा की फ़िल्म **मेरा नाम जोकर** के अमर गीत 'जाने कहाँ गये वो दिन' में चित्रित की गयी है।

10

नोंकझोंक, विवाद : आलोचक और प्रशंसक

पिछले अनेक वर्षों में यदा-कदा कई विवादों से घिरा रहा हूँ। जुहू का खान परिवार (विशेषत: फिरोज़ और संजय) और कपूर परिवार की बहुत निकटता रही है। दोनों ही समान रूप से दबंग और निर्भीक हैं। मेरी उनसे काफ़ी गरमागरम बहस हुई है। 1980 के दशक में एक शाम सामाजिक सोशलाइट और आंट्रप्रेन्यौर (उद्यमी) परमेश्वर गोदरेज ने चाइना गार्डन में एक दावत दी थी। वहाँ संजय खान और मेरा विवाद कुछ इस हद तक पहुँचा कि पुलिस केस भी बन सकता था। अब मुझे याद नहीं है कि किस बात को लेकर यह शुरू हुआ। मुझे धुँधली-सी स्मृति है कि या तो मैं अपने दोस्त जितेन्द्र, संजय के समकालीन और प्रतिस्पर्धी थे, के पक्ष में बोला था या फिर मैंने अशिष्टता से बात की थी। कारण जो भी हो, संजय ने शराब से भरा गिलास मेरे मुँह पर दे मारा। बड़ी मुश्किल से मेरी आँख बच पायी और मुझे केवल थोड़ी-सी ही चोट लगी, पर मैं गुस्से से उबलने लगा। संजय खुद एक अभिनेता है और अच्छी तरह जानता है कि हमारा चेहरा ही हमारा भाग्य है। यह जानते हुए भी उसने इतनी नज़दीक से मुझ पर गिलास फेंका था, जिससे मेरी आँख को स्थायी क्षति पहुँच सकती थी या मेरा चेहरा बिगड़ सकता था।

दूसरे दिन संजय ने मुझसे बार-बार माफी माँगी, उसकी पत्नी ज़रीन ने भी माफी माँगी, इसलिए मैंने इस विवाद को आगे न बढ़ाने का निश्चय किया। मैंने यह कहकर कि 'ठीक है, हर कोई कभी-कभी मदहोश हो जाता है' इस मामले को रफादफा कर दिया। यह सच है कि उस अवसर पर हम सभी मदहोश थे। फिर भी मेरे लिए इस घटना को मन से निकालना कठिन था। गलती चाहे किसी की भी हो, परन्तु तुम इस प्रकार किसी के मुँह पर गिलास फेंककर नहीं मार सकते, तब तो बिल्कुल भी नहीं, जब वह व्यक्ति आपका सहकलाकार हो, क्योंकि हमारे लिए हमारा रूप-रंग ही हमारे रोज़गार का आधार है।

हालाँकि तब से संजय मुझसे बराबर प्रेम और इज़्ज़त से मिलता रहा है, जिसमें परस्पर दुश्मनी या दुर्भावना की गन्ध नहीं होती।

परन्तु इस विवाद ने हम दोनों के परिवार, जिसमें फिरोज़ खान, मेरे पिता, मेरे भाई लोग और मेरे चाचा लोग भी शामिल हैं, को विचलित कर दिया। मेरी माँ जो मदहोशी के आलम में होने वाले अनेक विवाद की साक्षी रही हैं, को भी लगा कि संजय का यह व्यवहार स्वीकार करने लायक नहीं था। यह बहुत खतरनाक भी था। यदि मैं पुलिस में शिकायत दर्ज कर देता, तो वह वहीं-के-वहीं गिरफ़्तार हो जाता।

बीते सालों में सलीम और जावेद से भी मेरे कुछ छोटे-मोटे विवाद या झंझट हो चुके हैं। 1973 में उन्होंने **ज़ंजीर** के रूप में एक सुपरहिट फ़िल्म दी थी। यह वही साल था, जिनमें मेरी चमत्कारिक रूप से सफल फ़िल्म **बॉबी** भी प्रदर्शित हुई थी। मैं एक बादशाह के समान अकड़कर चलता था और उनका व्यवहार भी मुझसे कुछ ख़ास अलग नहीं था।

1970 के दशक में नकली वीडियो के धन्धे ने अपना फ़न ऊपर नहीं उठाया था, इसलिए फ़िल्में भिन्न-भिन्न क्षेत्रों में भिन्न-भिन्न तिथियों पर प्रदर्शित की जाती थीं। **बॉबी** मुम्बई में 28 सितम्बर को प्रदर्शित हुई, दिल्ली में उसके एक माह बाद और बैंगलोर में साल के अन्त में। फ़िल्म को हर जगह जबर्दस्त सफलता मिली और मैं रातोरात जवाँ दिलों की धड़कन बन गया।

उस समय तक अन्य किसी भी हिन्दी फ़िल्म ने इतना अधिक व्यवसाय नहीं किया था। प्रशंसा का ज्वार-सा उमड़ पड़ा। इस ज्वार में मुझे याद है कि एक प्रशंसिका ने अपनी कमीज़ के बटन खोलकर अपने अन्त:वस्त्र पर मुझसे आटोग्राफ देने की मनुहार की।

प्रशंसकों की बात करते हुए मैं बताना चाहता हूँ कि नयी सेल्फी संस्कृति की लहर में एक प्रशंसक ने वॉशरूम में जब मैं लघुशंका कर रहा था, तब उसके साथ फ़ोटो लेना चाहा। मैं यह सुनकर हत्थे से उखड़ गया। एक और प्रशंसिका, जो एक सम्भ्रान्त परिवार की शादीशुदा महिला थी, अपने दो बच्चों के साथ मेरे बँगले के बाहर हफ़्तों यह दावा करती हुई खड़ी रही कि वह मेरी पत्नी है। मैं पुलिस में मामला दर्ज़ नहीं करना चाहता था, क्योंकि मुझे लग गया था कि वह महिला मानसिक रूप से कमज़ोर है। परन्तु इस घटना से बड़ी असहज और खराब स्थिति पैदा हुई। नीतू को दो-एक बार बाहर निकलकर उसे समझाना पड़ा कि वह (नीतू) मेरी पत्नी हैं। परन्तु वह महिला अड़ी रही कि पर्दे पर गाए गये रोमांटिक गीत उसके लिए गाए गये थे। यद्यपि प्रशंसक अकसर तर्क से परे व्यवहार कर बैठते हैं और परेशानी का कारण भी बन जाते हैं, परन्तु फ़िल्म व्यवसाय का सबसे बड़ा आनन्द यही सराहना है और इसी के कारण सितारों को विस्तृत और विविधतापूर्ण रोचक व्यक्तियों से सम्पर्क बनाने का अवसर मिलता है। इसी के कारण अकसर बहुत-सी मनोरंजक घटनाएँ घटित होती रहती हैं। एक रूसी प्रशंसिका मुझे उन सभी स्थानों के फ़ोटो भेजती रहती है, जहाँ-जहाँ मैंने अपनी फ़िल्मों के लिए शूटिंग की थी। वह मेरी फ़िल्म देखती है और पूर्ण निष्ठा से शूटिंग स्थल को देखने जाती है। उसने गलती से यह समझकर कि **अमर अकबर एन्थोनी** की कव्वाली को सिर्डी में शूट किया गया था, सिर्डी की तीर्थ यात्रा कर डाली। मुझे उसे बताना पड़ा कि असल में वह गीत सेट बनाकर फ़िल्माया गया था। एक अन्य प्रशंसक ने मेरी विभिन्न फ़िल्मों में बजाई गयी डफलियों का कोलाज बनाया हुआ है।

मुझे आस्ट्रिया में **हिना** की शूटिंग के समय की बात याद है। जेबा के साथ 'बेदर्दी तेरे प्यार में' गाने के फ़िल्मांकन के समय मैं फ़िल्म निर्माण का प्रमुख उत्तरदायित्व भी निभा रहा था। पूरी यूनिट की चाय बनाने का दायित्व

नीतू का था। हमारे साथ आस्ट्रियन कलाकार भी थे। एक दिन उनमें से एक डब्बू के पास आया और उससे पूछा कि निर्देशक महोदय हम हीरोइन को तो देख रहे हैं, पर हीरो कहाँ है। डब्बू ने मेरी तरफ इशारा किया। वह व्यक्ति चकित होकर बोल उठा कि क्या कह रहे हैं कि प्रोडक्शन मैनेजर ही हीरो है। उस व्यक्ति ने आगे कहा कि कहीं अब आगे यह तो नहीं कहने वाले हो कि श्रीमती कपूर एक बड़ी हीरोइन हैं। डब्बू ने इस बार भी स्वीकृति में सिर हिलाया। अभी भी उसे यक़ीन नहीं था और लग रहा था कि हम उसकी टाँग खींच रहे हैं। अत: उस व्यक्ति ने डब्बू से कहा, शायद अब आगे कहेंगे कि आप भी एक हीरो हैं। हम उसे कैसे बताते कि यहाँ फ़िल्मी सितारों का एक बड़ा खानदान जमा है।

एक अन्य समय **आ अब लौट चलें** की शूटिंग के दौरान मेरा घनिष्ठ मित्र राजू नन्दा प्रोडक्शन की व्यवस्था सँभाल रहा था। लम्बे थकान भरे दिन के बाद उसने शराब पीने और खाने पर जाने का प्रस्ताव रखा। जैसे ही हम एक शान्त और सुकूनभरी शाम बिताने के लिए रेस्टॉरेंट में बैठे, एक वेट्रेस आयी और ड्रिंक का आर्डर ले लिया। उस समय तक कुछ बंग्लादेशी वेटरों ने हमको पहचान लिया और रेस्टॉरेंट के किचन में हलचल मच गयी। वेटर आने लगे और फ़ोटो और ऑटोग्राफ़ की मनुहार करने लगे। इस सारे ध्यानाकर्षण और हलचल होने से हम खुश थे तभी वेट्रस ड्रिंक लेकर आयी और पूछने लगी कि क्या आप लोग एक-दूसरे को जानते हैं। क्या आपने पहले भी कभी यहाँ काम किया है?

सलीम-जावेद की ओर लौटते हुए मुझे एक और प्रसंग याद आ रहा है। मैं उस समय **बॉबी** के प्रदर्शन के लिए बैंगलोर में था और एक शाम कुछ ख़ास काम न होने के कारण खाली था। किसी ने मुझे बताया कि बैंगलोर के पास ही **शोले** नाम की एक फ़िल्म की शूटिंग हो रही है, और फ़िल्म का यूनिट बैंगलोर के इंटरनेशनल होटल में ठहरा हुआ है, अत: मैं उसी ओर बढ़ गया। होटल में एक मशहूर नाइट क्लब भी था, जहाँ हर रात एक प्रसिद्ध गायक गीत पेश करता था। मैं किसी को नहीं जानता था, क्योंकि मैं फ़िल्मों में अभी नया ही आया था। मैं उस समय पीने का अभ्यस्थ नहीं था। अत: मैंने एक कोला मँगा लिया और चारों तरफ के वातावरण में रुचि लेने लगा।

मेरा पहला ध्यान उस बार में बैठे हुए एक विचित्र से लगने वाले उस व्यक्ति पर गया, जो मुझको कुछ तिरस्कार भरी नज़रों से निहार रहा था। मैं समझ नहीं पाया कि वह मुझसे क्या चाहता है। ज़रा देर बाद वह मेरे पास आया और मुझसे पूछा कि तुम ऋषि कपूर हो, मैंने उत्तर दिया, हाँ।

उसने अपना परिचय जावेद अख़्तर कहकर दिया। मेरी बला से वह इंग्लैण्ड का राजा भी होता तो मुझे क्या! और फिर तबके सलीम-जावेद आज की बड़ी हस्ती बन चुके सलीम-जावेद नहीं थे। मैं जानता था कि उन्होंने **ज़ंजीर** और **यादों की बारात** (1973) जैसी कुछ फ़िल्में लिखी हैं, परन्तु तब तक मैं उनकी लेखनी का कायल नहीं हुआ था। जावेद जी ने आगे कहा कि **बॉबी** की इतनी बड़ी सफलता पर तो तुम बहुत खुश होंगे। मैंने उत्तर दिया कि यकीनन मैं बहुत खुश हूँ। मुझे बधाई देते हुए उन्होंने कहा, 'मुबारक हो' '**बॉबी** बहुत कमाल की है' पर याद रखिए कि आज 1973 का साल है। 1972 में हमने **यादों की बारात** की, 1973 में हमने **ज़ंजीर** लिखी और 1974 में हम **हाथ की सफ़ाई** (जिसमें विनोद खन्ना, रणबीर कपूर और सिम्मी ग्रेवाल थे और जो दूसरी जबर्दस्त सफल फ़िल्म हुई) और 1975 में हम एक ऐसी फ़िल्म प्रदर्शित करेंगे, जिसका लाभ यदि **बॉबी** से एक रुपया भी कम हुआ, तो मैं अपने पेन की निब तोड़ दूँगा। मैं फिर अपने जीवन में कभी लेखनी नहीं पकड़ूँगा। वह व्यक्ति गले-गले तक शराब पिये हुए था, परन्तु उसका आत्मविश्वास कमाल का था। **बॉबी** ने अभूतपूर्व व्यवसाय किया था और यह भविष्यवाणी करना कि एक अप्रदर्शित फ़िल्म उसके सारे कीर्तिमान तोड़ देगी और यदि नहीं तो वह अपना व्यवसाय ही छोड़ देंगे। यदि दुस्साहस नहीं तो अत्यधिक साहसपूर्ण टिप्पणी थी। कुछ वर्ष बाद सलीम-जावेद चाहते थे कि मैं उनकी यश चोपड़ा द्वारा निर्देशित फ़िल्म **त्रिशूल** में काम करूँ। उन्होंने मुझे वह भूमिका प्रस्तावित की, जो सचिन की झोली में गयी। परन्तु मैंने उसे अस्वीकार कर दिया। मैं हिन्दी सिनेमा के इतिहास में वह पहला एकमात्र अभिनेता रहा होऊँगा, जिसने सलीम-जावेद को उनके शिखर दिनों में काम करने से इनकार किया होगा। तब तक **कभी-कभी** प्रदर्शित हो चुकी थी। अभी तक यश चोपड़ा के सहायक निर्देशक रहे रमेश तलवार मेरे दोस्त बन चुके थे और मैं उनकी फ़िल्म **दूसरा आदमी** जिसके

निर्माता यश जी थे, करना प्रारम्भ कर चुका था। यश जी के साथ भी मेरा गहरा रिश्ता स्थापित हो चुका था। परन्तु मैंने **त्रिशूल** को इसलिए अस्वीकार किया था, क्योंकि मुझे वह किरदार पसन्द नहीं था। सलीम और जावेद मेरे अस्वीकार पर बहुत क्रोधित हुए और हमारे बीच मनमुटाव हो गया और इसका तूफ़ान तब सामने आया, जब प्लेमेट क्लब में मेरी मुलाकात सलीम खान से हुई। प्लेमेट क्लब मुम्बई के होटल-सी रॉक में था। बाद में वह होटल गिरा दिया गया, परन्तु उन दिनों में हममें से अनेक जिसमें सलीम साहब भी शामिल थे, बिलियर्ड खेलने प्लेमेट क्लब जाया करते थे।

मैं स्नूकर का खेल खेल रहा था, तब सलीम साहब मेरी तरफ आये और मुझसे पूछा कि मुझे सलीम-जावेद के प्रस्ताव को ठुकराने की हिम्मत कैसे हुई। मैं उन लोगों में से नहीं हूँ, जो ऐसी बातों से भयभीत हो जाये। मैंने तपाक से उत्तर दिया कि मुझे वह भूमिका पसन्द नहीं थी। सलीम साहब ने मेरे सामने डींग हाँकी : क्या तुम जानते हो कि आज तक किसी ने हमको न कहने की जुर्रत नहीं की है। हम तुम्हारा कैरियर बर्बाद कर सकते हैं। मैंने पूछा कि मुझे बर्बाद करने के लिए आप क्या कर सकते हैं? उन्होंने कहा—'तुम्हारे साथ कौन काम करेगा?' तुम जानते हो, हमने राजेश खन्ना के सामने **ज़ंजीर** का प्रस्ताव रखा था और उसने इनकार कर दिया था। हमने उसके साथ तो कुछ नहीं किया, परन्तु हमने अमिताभ बच्चन नाम के नायक का एक विकल्प पैदा कर दिया, जिसने राजेश खन्ना का सफ़ाया कर दिया। हम तुम्हारे साथ भी ऐसा कर सकते हैं। मैंने कन्धे झटकाए और कहा कि जाइए और मुझे दिखा दीजिए कि आप क्या कर सकते हैं। मुझे याद नहीं कि उस दिन मैं पीये हुए था या नहीं, परन्तु मैं वैसे भी किसी को अपने ऊपर हावी नहीं होने दे सकता। ईश्वर का धन्यवाद है कि यह बात और ज़्यादा आगे नहीं बढ़ी। वास्तव में, मैंने उनके प्रस्ताव को अस्वीकृत करके उनके अहम को चोट पहुँचाई थी, जबकि अन्य सभी अभिनेता उनके साथ काम करना एक सम्मान समझते थे।

बाद में मैंने **अमर अकबर एन्थोनी** में काम किया जिसने टिकट खिड़की के पिछले कई कीर्तिमान तोड़ डाले, जबकि सलीम-जावेद की फ़िल्म फ़्लाप हो गयी। ऐसा पहली बार हुआ था कि सलीम-जावेद की फ़िल्म इतनी बुरी

तरह असफल रही, वह भी तब, जब कि उसमें अमिताभ बच्चन, शशि कपूर और संजीव कुमार जैसी बड़ी-बड़ी हस्तियाँ हों।

मनमोहन देसाई का एक प्रमुख सहायक था, जो बड़ा शरारती और मस्तमौला था। उसने मुझसे कहा कि साला जावेद सबकी बजाता है। चलो, हम भी **ईमान धरम** की चर्चा करके उसके मज़े लेते हैं।

उस समय जावेद का घर बैंड स्टेंड वाली बस्ती में था। अत: हम तुरन्त उस ओर रवाना हो गये। जावेद साहब ने बड़ी गर्मजोशी से हमारा स्वागत किया। वह ग्लास लाये और सबके लिए ड्रिंक बना दिये। कुछ पैग पीने के बाद हमने उन्हें ताना मारना शुरू कर दिया। हमने कहा कि—सरकार, **ईमान धरम** तो फ़्लॉप हो गयी। बात को रेखांकित करने के लिए मैंने उसे कई बार दोहराया। बात को कुशलता से सँभालने का श्रेय मैं जावेद साहब को दूँगा। वे हमारी तरफ मुख़ातिब हुए और उन्होंने टिप्पणी की कि 'सरकार हमारी तो एक फ़िल्म फ़लाप हुई है। तुमने तो ग्रन्थ लिखे हैं फ़्लॉपों के।'

आने वाले वर्षों में सलीम साहब ने मेरी बहुत हौसला अफजाई की और मेरा बहुत बड़ा सहारा बने। मेरे विषय में उनके विचार बड़े सकारात्मक थे। उनकी राय में मैं एक कुशल अभिनेता था और मुझमें राज कपूर की विरासत और परम्परा को कायम रखने की क्षमता थी। जावेद साहब और शबाना ने भी मेरे काम की सराहना की और मैं भी उन दोनों के काम का प्रशंसक हूँ। बाद में मैंने सलीम-जावेद की लिखी हुई फ़िल्मों में काम भी किया। **ज़माना** की पटकथा सलीम-जावेद की ही लिखी हुई थी, जबकि **सागर** और **दुनिया** जावेद साहब की लिखी हुई फ़िल्में थीं। दुर्भाग्य से, तीनों में से एक भी फ़िल्म नहीं चली।

आगे चलकर सद्भावना उत्पन्न हो जाने के बावजूद अभी कुछ ही समय पहले जावेद ने मुझे गहरी ठेस पहुँचाई है। किसी टेलीविजन चैनल पर एक कार्यक्रम के अन्तर्गत एक एपीसोड गीतकार शैलेन्द्र को समर्पित था, जो अपने मृत्यु के दिन तक मेरे पिता के विशेष अन्तरंग लोगों में से एक अविभाज्य अंग रहे थे। जावेद ने शैलेन्द्र जी के असामयिक निधन का आरोप मेरे पिता पर लगाया। मैं नहीं समझता क्यों? शायद यह उस एपीसोड को अधिक चटपटा बनाने के लिए किया गया हो। अनेक लोग मुझे बता चुके हैं

कि जावेद के अवचेतन मन पर मेरे पिता का विलक्षण प्रतिभाशाली व्यक्तित्व सदैव हावी रहता था। परन्तु जावेद साहब के इस दोषारोपण ने मुझे आहत किया और उस कथन से मैं अभी तक विचलित हूँ और मैंने उन्हें जता भी दिया है कि मैं उनके इस प्रकार के निराधार ग़ैरजिम्मेदाराना हरकत और झूठी तोहमत को घोर नापसन्द करता हूँ। उन्होंने स्पष्ट किया कि उनका वह तात्पर्य नहीं था, जिस प्रकार से वह बात सामने आयी और प्रचारित हो गयी। अतः मैंने भी बात को आगे ले जाना उचित नहीं समझा।

जावेद ने दावा किया कि शैलेन्द्र की मृत्यु उनकी फ़िल्म **तीसरी कसम** (1966) के निर्माण के दौरान उनके ऊपर बढ़ते गये कर्ज़ों के कारण हुई थी। इस फ़िल्म में मेरे पिता ने काम किया था। जावेद ने दोषारोपण किया कि पापा ने फ़िल्म बनाने में अनावश्यक देरी लगायी, जिसके परिणामस्वरूप कर्ज़ में भारी वृद्धि हो गयी। मैं सोच भी नहीं पाता कि वे किस कर्ज़ की बात कर रहे हैं, क्योंकि मेरे पिता ने ही **तीसरी कसम** के बहुत सारे कार्यों के लिए रकम चुकाई थी और खुद उन्हें फ़िल्म में काम करने का कोई पारिश्रमिक नहीं मिला था। यहाँ तक कि उस फ़िल्म को मेरे पिता ने अपने पास से रकम खर्च करके पूरा किया था।

सच्चाई तो यह है कि मेरे पिता शैलेन्द्र जी से फ़िल्म न बनाने के लिए लगातार कहते रहे थे। शैलेन्द्र जी की मृत्यु खुद उनके साले के द्वारा उनको धोखा देने के कारण हुई। मेरे पिता ने शैलेन्द्र जी के सारे अस्पताल बिल के साथ उनके सारे कर्ज़े भी चुकाए। मैंने ये सारे तथ्य आर.के. स्टूडियो के सारे वरिष्ठ कर्मचारियों से भली-भाँति जाँच करके ही जुटाए हैं। मैंने अपनी माँ से भी यह बात पूछी है। मैंने हर उस व्यक्ति से इस बाबत प्रश्न किया है, जो भी उस समय इस कार्य से जुड़ा था। मुझे लगता है कि जावेद साहब को मेरे पिता पर इस प्रकार मानहानिपूर्ण टिप्पणी करने के लिए सार्वजनिक रूप से क्षमायाचना करनी चाहिए अथवा इस बात के ठोस सबूत पेश करना चाहिए कि मेरे पिता का शैलेन्द्र ही मृत्यु से कोई सम्बन्ध था। मेरे पिता पर ऐसी तोहमत लगाने के बाद उन्हें इतनी हिम्मत दिखानी चाहिए थी कि आरोप की पुष्टि के लिए ठोस सबूत पेश करते या यह स्वीकार करते कि उनसे समझने में भूल हुई थी।

मैं शबाना को अत्यधिक पसन्द करता हूँ, इसलिए मैंने बात को इतना आगे नहीं बढ़ाया कि स्थिति हाथ से बाहर हो जाये। परन्तु अनिल अम्बानी द्वारा स्टीवन स्पिलबर्ग के सम्मान में दी गयी दावत में फरहान अख्तर को मैंने स्पष्ट बता दिया कि मैं अत्यधिक आहत और विचलित हूँ और जता दिया कि यदि किसी दिन मेरे सब्र का प्याला भर गया, तो वह सुखद नहीं होगा। मैं मूलत: एक धैर्यवान व्यक्ति हूँ, परन्तु मैं किसी से डरता भी नहीं हूँ और अब इस उम्र में डरपोक बनने का इरादा भी नहीं रखता।

डिजीटल युग के उदयकाल के साथ ही इन विवादों और टंटो में से कुछ खिसककर ऑन लाइन भी चालू हो गये। मैं अपने ट्विटर अवतार में बिल्कुल सीधा, स्पष्ट और बेबाक हूँ। मैं निर्भीकता और निष्पक्षता से वही कहता हूँ, जो मुझे उचित लगता है या मैं महसूस करता हूँ कि इस मुद्दे पर ऐसा कहना चाहिए। नीतू अकसर मुझे अपनी इस स्पष्टवादिता को कम करने के लिए टोकती है। पर मैं सोचता हूँ कि यदि आप अपना मत स्पष्ट रूप से व्यक्त न कर पाये, तो फिर उसे प्रगट करने का तुक ही क्या है? वह तो निरर्थक है। मैं जानबूझकर ऐसी कोई बात नहीं कहता, जो किसी को ठेस पहुँचाए। न ही मैं कोई बात उत्तेजना या सनसनी फैलाने के लिए कहता हूँ।

मेरे ट्विटर पर दिये गये बयानों से कुछ सर्वाधिक विवादास्पद बयान वे हैं, जो मैंने मई 2016 में गाँधी परिवार के विषय में दिये थे। मैंने राष्ट्रीय परिसम्पत्तियों को गाँधी परिवार के सदस्यों का नाम देने के मुद्दे पर टिप्पणी दी थी। मेरी आपत्ति वंशवाद के राजनीतिकरण के बाबत थी। मैंने यही रेखांकित किया था कि वंशवादी पहचान का खेल राजनीति में नहीं करना चाहिए। मैं यह भी जानना चाहता था कि किस आधार पर राहुल गाँधी को काँग्रेस अध्यक्ष पद पर पदोन्नत किया गया। क्या केवल इसलिए कि वे राजीव और सोनिया गाँधी के पुत्र हैं? क्या उनके खुद के पास देश के भविष्य को लेकर कोई दूरदृष्टि, स्वप्न और सुस्पष्ट रूपरेखा है? क्या उन्होंने गाँधी

नाम की बैशाखियों से अलग खुद के दम पर जनमानस में कोई मज़बूत पहचान बनायी है? मैं राज कपूर का पुत्र होने मात्र से एक सफल स्टार नहीं बन गया। रणबीर फ़िल्म उद्योग में केवल मेरा पुत्र होने के नाते नहीं टिका है। हर किसी को अपनी खुद की योग्यता और कुशलता प्रमाणित करनी पड़ती है, तभी उसकी पहचान बन पाती है।

निश्चय ही, इसने गाँधी परिवार के अन्ध भक्तों की पोल खेलकर रख दी। मुझे हिंसात्मक धमकियाँ आने लगीं और किराए की भीड़ मेरे घर पर पथराव करने लगी। मुझ पर भाजपा के पक्ष में होने का आरोप लगने लगा। मैं इसे पूर्ण रूप से अस्वीकार करता हूँ। मैंने गोमांस निषेध का विरोध किया है और पुणे फ़िल्म संस्थान के अध्यक्ष के रूप में गजेन्द्र चौहान की नियुक्ति का भी विरोध किया। मैंने बिहार में नशाबन्दी के विरुद्ध भी आवाज़ उठायी। मैं एक कर चुकाने वाला नागरिक हूँ और मुझे अपनी भावनाओं को व्यक्त करने का अधिकार है। मैं सही हूँ या गलत, इस पर डिबेट की जा सकती है।

मैं नेहरू-गाँधी परिवार के विरोध में कतई नहीं हूँ। उन्होंने इस देश के लिए बड़ा योगदान दिया है और अनेक त्याग किये हैं। हमने हमेशा इस दल का समर्थन किया है। जीवन भर मैं हमेशा धर्म-निरपेक्ष और उदार ही रहा हूँ। मैं यहाँ गाँधी परिवार के उन अन्ध भक्तों की बात कर रहा हूँ, जो इस परिवार की आड़ लेकर जनता को बेवकूफ़ बना रहे हैं। लेकिन अब हम निरक्षर नहीं हैं। इस देश का युवा अब समझदार और जागरूक हो चला है। मैं काले को काला और सफ़ेद को सफ़ेद कहने में विश्वास करता हूँ।

लेकिन अब मैंने स्वयं में रहना सीख लिया है। मैंने ऐसा राज्य सभा में कोई पद पाने के लिए या पद्म पुरस्कार पाने के लिए नहीं किया है। मैंने फ़िल्म उद्योग में 44 साल तक लगातार काम किया है। क्या आप सोचते हैं कि मैं पद्म पुरस्कार पाने के लिए ऐसा कर सकता हूँ? मैं आज भी सिनेमा का विद्यार्थी हूँ। राजनीति में आने की मेरी कोई आकांक्षा नहीं है। लगभग सौ से कुछ ज़्यादा साल के भारतीय सिनेमा में कपूर परिवार 88 साल से अपनी उपस्थिति दर्ज़ कराई है। लोगों का हम मनोरंजन करते रहे हैं। मैं राजनीतिज्ञ नहीं हूँ। मैं एक अभिनेता बने रहना ही पसन्द करूँगा।

11

चमकदार दूसरा दौर

मैं क्या था और आज क्या हो गया हूँ, इसमें बहुत बड़ा अन्तर है और ऐसा कहते हुए मैं अपने वज़न के बारे में बात नहीं कर रहा हूँ। रूमानी हीरो ऋषि कपूर के पुराने अवतार में मुझे कुछ भी पूर्वाभ्यास नहीं करना पड़ा था। अपने कैरियर के पहले 25 वर्षों में अपनी किसी भी भूमिका के लिए बिना किसी पूर्व तैयारी के मेरा काम आराम से चल गया और मैं ही नहीं, 70-80 के दशक के सभी नायकों पर भी यही बात लागू होती है। इसलिए जब मैं सुनता हूँ कि रणबीर अपनी नयी फ़िल्म के लिए कार्यशाला में जा रहा है या वह एक फ़िल्म में मूक-बधिर का पात्र निभाने के लिए अभिनय का प्रशिक्षण पाने न्यूयार्क जा रहा है, तो मुझे अटपटा लगता है। ऐसा नहीं है कि मैं इसके विरुद्ध हूँ, सिर्फ़ मुझे इसकी आदत नहीं है।

लेकिन जो मैंने नायक के रूप में कभी नहीं किया, वह मुझे चरित्र अभिनेता के रूप में करना पड़ा और मैं मानता हूँ कि मैंने उसका भरपूर आनन्द लिया।

चरित्र अभिनेता के रूप में मेरी ज़िन्दगी की शुरुआत मेरे द्वारा निर्देशित इकलौती फ़िल्म **आ अब लौट चलें** के समाप्त होने के साथ हुई। यह फ़िल्म कुछ ख़ास नहीं चली। फ़िल्म का निर्देशन एक बेगारी वाला काम है और

ख़ास करके मेरे जैसे परफ़ेक्शनिष्ट के लिए यह बहुत थकाऊ होता है। आगे आने वाले समय में मैं निश्चित रूप से निर्देशन में जाना चाहूँगा। परन्तु इस समय मैं कैमरे के सामने ही सर्वश्रेष्ठ महसूस करता हूँ। इसलिए मैंने **राजू चाचा** में चरित्र भूमिका के लिए वीरू देवगन के प्रस्ताव को और **कुछ खट्टी कुछ मीठी** के लिए मेरे मित्र राहुल रवैल को भी 'हाँ' कर दी। ऐसे बहुत ही दिलचस्प चरित्र मुझे निरन्तर मिलते गये और वे सभी फ़िल्में सफल हुईं। मेरे जमाने की दर्शक-दीर्घा फ़िल्मी सितारों की परम भक्त, प्रशंसा करने में उदार और छोटी-मोटी कमियों को नज़रन्दाज़ करने वाली हुआ करती थी। हमें उन्हें खुश करने के लिए ज़्यादा मेहनत नहीं करनी पड़ती थी। फ़िल्मों की विषय-वस्तु, कहानियाँ, प्लॉट, दृश्य और क्लाइमैक्स बार-बार दोहराए जाते थे। एक सुखी परिवार में अचानक व्यवधान आता था और वह अलग हो जाता था। एक खलनायक का मार-मारकर भुरता बनाना होता था और नायिका को नाच-गाकर और बनावटी बातें करके लुभाना होता था। इसके बाद परिवार के सारे सदस्य आश्चर्यजनक रूप से फिर मिल जाते थे। किसी भी एक समय पर कोई नायक करीब चार फ़िल्में कर रहा होता था, जो सभी लगभग एक जैसी 'खोया-पाया' विषय पर बनी होती थीं। लेकिन हमारे दर्शक खुशी-खुशी पूर्णतया सन्तुष्ट होकर घर लौटते थे और ऐसी ही मिलती-जुलती किन्तु थोड़े-से फ़ेरबदल के साथ बनी फ़िल्मों को देखने के लिए हर शुक्रवार को आने के लिए तत्पर रहते थे।

मैंने इसी तरह की कई फ़िल्मों में काम किया और ऐसा ही उस समय के अन्य अभिनेताओं ने भी किया। मुख्य धारा के सिनेमा में बीच-बीच में आने वाले सुरीले गीत मौलिकता या प्रयोगधर्मिता की कमी को पूरी कर देते थे। यदि दर्शकों को लौटते वक्त गुनगुनाते हुए जाने के लिए कोई गीत मिल जाये, तो वे आनन्दित होकर घर जाते थे और फ़िल्म बनाने वालों के लिए भी यह खुशी की घड़ी होती थी। इसका अकेला अपवाद यथार्थवादी या समानान्तर सिनेमा था, जिसके हिमायती कुछ मुट्ठी भर अभिनेता होते थे और जिसके लिए छोटी-छोटी बातों को भी ध्यान में रखकर तैयारी करनी पड़ती थी। किसी भूमिका के लिए उसकी पूर्व तैयारी की संकल्पना से हम सब अनभिज्ञ थे।

इस मामले में मैं सचमुच बहुत बदलाव पाता हूँ। रणबीर अच्छा, बुरा या तटस्थ—कैसा भी पात्र क्यों न करे, पर उसके लिए अपने चरित्र के अनुरूप वह खुद को तैयार करता है। वह अपनी भूमिका पर पूरा ध्यान देकर एक समय में एक ही फ़िल्म करता है, और उस चरित्र में प्रविष्ट होकर पूरी तैयारी से ही स्टूडियो जाता है। सिनेमा खुद आज बहुत विकसित हो चुका है। आजकल आप खोया-पाया के कथानकों को बार-बार दोहराकर फ़िल्म नहीं बना सकते, दर्शक कोड़े मारकर आपको कुछ नया सोचने पर मजबूर कर देंगे। रुचियाँ बदल गयी हैं और यह वृहत्तर दुनिया से उनके सम्पर्क में आने का परिणाम है। टीवी और इंटरनेट मुफ़्त में इतनी सूचनाएँ उपलब्ध कराते हैं कि दर्शक के पास चुनाव के लिए असीमित अवसर हैं। आपको उन्हें अपना सर्वश्रेष्ठ देना पड़ता है और जितनी नयी विषय-वस्तु हो, उतने ही उत्साह से दर्शक उसे गले लगाते हैं। बार-बार दोहरायी गयी कहानियों को वे स्वीकार नहीं करेंगे, क्योंकि उनके पास मनोरंजन के दूसरे अनेक साधन उपलब्ध हैं और पलक झपकते ही वे उनकी तरफ़ चले जायेंगे। लोगों का ध्यान सदा आकर्षित करने को आतुर ये उपलब्ध ब्रांड स्वयं के प्रति उनके लगाव पर विजय दर्ज करने में समर्थ हैं।

पहले-पहल जिन भूमिकाओं के लिए मुझे जबर्दस्त तैयारी करनी पड़ी, उनमें से एक थी **अग्निपथ** में राउफ़ लाला की, जो कि एक पूरी तरह नकारात्मक और निम्न चरित्र था, जो ड्रग्स और वेश्यावृत्ति के व्यापार में आकंठ निमग्न था। मैं उस समय और आज भी करण जौहर (निर्माता) और युवा निर्देशक करण मल्होत्रा का आभारी हूँ कि उन्होंने मेरे जैसे नाच-गाने और रूमानियत के लिए मिसाल माने जाने वाले नायक में इतना विश्वास जताया। कहना न होगा कि जब मुझसे सम्पर्क किया गया, तो मैं इस भूमिका के लिए बिल्कुल तैयार नहीं था। इस भूमिका को स्वीकार कराने के लिए उन्हें मेरी बहुत खुशामद करनी पड़ी। मैं कभी सोच भी नहीं सकता था कि मुझे इस तरह की कोई भूमिका करने का प्रस्ताव भी कभी आ सकता है। किसी नकारात्मक भूमिका से ऋषि कपूर को जोड़कर देखने के लिए एक बहुत ही उर्वर कल्पनाशक्ति की ज़रूरत थी। भोंडे राउफ़ के रूप में मुझे

रखना और फिर मुझे केन्द्रीय खलनायक कंचा चीना जिसकी भूमिका संजय दत्त ने की, के विरुद्ध खड़ा करना, दोनों करण का कमाल था।

मूल कथानक में कोई राउफ़ लाला नहीं था, यह चरित्र बाद में जोड़ा गया था और किन्हीं सन्दर्भ बिन्दुओं के बिना इसे करना मेरे लिए एक बहुत बड़ी चुनौती थी। लेकिन इसने फ़िल्म को एक नया आयाम और धार देकर उसमें चार-चाँद लगा दिये। सुरमा लगी आँखों वाले मेरे रूप ने मेरी दास व्यापार में लिप्त असभ्य व्यक्ति के पात्र को साकार करने में बहुत सहायता की। मेरे निर्देशक और मैंने मिलकर परम्परागत कुर्ता-पाजामा और अनोखी टोपी की संकल्पना की। मेरी पुरानी और स्थापित मृदुल छवि के रूपान्तर के लिए मैंने अंग संचालन, भाव-भंगिमा और अभिनय की शैली को पूरी तरह बदलने के लिए बहुत मेहनत की। लड़ाई के दृश्यों में मुझे चोट भी लगी, किन्तु मैं अपने चरित्र में इस कदर डूबा हुआ था कि मेरा उस ओर ध्यान ही नहीं गया और मैं प्राथमिक चिकित्सा लिए बिना ही लगातार काम करता रहा। मुझे दर्शकों के सामने यह सिद्ध करना था कि वह सचमुच एक कुत्सित भोंड़ा व्यक्ति है और जब यह सम्भव हुआ, तो मुझे बहुत आत्म सन्तोष की प्राप्ति हुई।

मैंने **औरंगज़ेब** में एक और भी दुष्ट पात्र का अभिनय किया, जिसे मैं अपने बेहतर कार्यों में से एक मानता हूँ। यह एक पूर्ण रूप से भ्रष्ट पुलिस अधिकारी का पात्र था। इस फ़िल्म को अत्यधिक समर्थन नहीं मिला। यह पुलिस और माफ़िया के ऊपर बनी एक साहसिक फ़िल्म थी, जिसे और अधिक दर्शक मिलने चाहिए थे। क्योंकि यह टिकट खिड़की पर असफल हो गयी, मेरे काम को बहुत कम लोगों ने देखा। **दो दूनी चार** में मेरी भूमिका भी लोकप्रिय मेरी रूमानी हीरो की छवि से एकदम भिन्न थी। सिर्फ़ इतना ही नहीं था कि मुझे अपने से उम्र में बड़े चरित्र को निभाना था, बल्कि उस पात्र का व्यक्तित्व भी मेरे लिए एकदम नया था। मेरी पहली प्रतिक्रिया थी कि एक मध्यवर्गीय शख़्स, जो एक कार को खरीदने के लिए इतना संघर्ष करता है, की भूमिका के लिए मैं कुछ ज़्यादा ही हृष्ट-पुष्ट और खाते-पीते घर का लगता था। हालाँकि हबीब फ़ैजल मेरी अभिनय क्षमता से पूर्णतया आश्वस्त थे और उनका अन्दाज़ा सही निकला।

दो दूनी चार में मध्यवर्गीय अध्यापक, **डी-डे** में भूमिगत माफ़िया (दाऊद अब्राहिम की तरह) और **कपूर एंड संस** की मेरी भूमिकाओं ने मेरी अभिनय क्षमता को कसौटी पर जाँचा। इन सब भूमिकाओं में हरेक के लिए बहुत सारी पूर्व तैयारी करनी पड़ी, जिसमें अपने निर्देशकों के साथ मेरी एकाधिक बार चर्चाएँ शामिल थीं और इस सबने काम के प्रति मेरा रुख बदल दिया। इन भूमिकाओं को और अधिक विश्वसनीय बनाने के लिए मैंने अपनी आवाज़ को भी पात्रानुसार ढाला।

कपूर एंड संस में मैंने थोड़ी विकृत मनोवृत्ति वाले 90 वर्षीय वृद्ध की भूमिका अदा की, जो कि फ़िल्म की धुरी है। इसमें मेरे मेकअप में ही 4 से 5 घण्टे लग जाते थे। करण जौहर ने खर्च में कोई कोताही नहीं की और एक अमेरिकन मेकअप आर्टिस्ट ग्रैग कैनम को रखा, जिसके नाम **द क्यूरियस केस ऑफ़ बेंजामिन बटन** में ब्रैड पिट के असाधारण मेकअप की उपलब्धि थी। उसके साथ लोगन लाँग और मेरे व्यक्तिगत मेकअप मैन पप्पू गोन्दाने और धर्मा प्रोडक्शंस की पूरी मेकअप टीम भी इस मैकअप में जुटी थी। सिर्फ़ मेरे मेकअप पर ही 2 करोड़ रुपये की रकम खर्च हुई थी।

कुन्नूर में हुई शूटिंग भी आसान नहीं थी। मैंने अपना काम करीब-करीब 26 दिनों में खत्म किया और एक दिन भी ऐसा नहीं गया कि मैंने अपने निर्देशक शकुन बत्रा से बहस करके झगड़ा न किया हो। हमारी बहस इसलिए होती थी, क्योंकि मैं उसके काम करने के तरीके से सहमत नहीं होता था।

विदित हो कि मैं एक पियक्कड़ बन्दा हूँ और फिर भी मैं हर सुबह 5.30 बजे उठ जाता था। सुबह 6 बजे मैं मेकअप चेयर में होता था और ग्रैग मेरे चेहरे पर काम कर रहा होता था। एक बार जब प्रोस्थेटिक्स का काम हो जाता था, तो मैं खुद भी अपनेआप को शायद ही पहचान पाता। 12 बजे मैं शूटिंग के लिए उपस्थित होता। इसके बाद असली हम्माली शुरू होती। शकुन हर शॉट को भिन्न कोणों से शूट करना चाहता, लेकिन मैं एक पुराने ज़माने का अभिनेता हूँ। मैं अभिनय की सब विधाओं का सम्मान करता हूँ, पर मेरी ताक़त स्वत:स्फ़ूर्त अभिनय है। मैं हर शॉट के लिए एक ही तरह का भाव नहीं ला पाता था। सच्चाई यह है कि हर नये शॉट के साथ मेरे उत्साह में कमी आ जाती। जब एक ही शॉट बार-बार किया जा रहा होता,

तो मैं बेचैन हो उठता। एक ही शॉट को अलग-अलग कोणों से लेने की यह परिपाटी नयी है, जो कि डिजिटल सदी, जिसमें रॉ स्टॉक के बेकार होने का कोई डर नहीं है, की देन है। लेकिन मेरे दिमाग से यह बात नहीं निकलती कि यह अभिनेताओं को रोबोट बना देती है। यद्यपि जब फ़िल्म प्रदर्शित हुई और प्रशंसाओं की वर्षा होने लगी, जिसमें नवीनतम उपलब्धि सह-कलाकार के लिए मुझे मिले स्क्रीन अवॉर्ड और स्टारडस्ट अवॉर्ड शामिल हैं, तो मुझे मानना पड़ा कि मेरी नाराज़गी निरर्थक थी और शकुन ने जो किया, उसमें दम था। मैंने करण जौहर और शकुन के सामने यह स्वीकार भी किया।

दिलचस्प बात यह है कि जैसे-जैसे मेरी उम्र बढ़ती गयी, मुझे और बेहतर प्रस्ताव मिलते गये। उनमें से कुछ फ़िल्में इतनी अच्छी नहीं भी चलीं, परन्तु मैं चरित्र अभिनेता की भूमिका के अनपेक्षित लाभ के मज़े लेने लगा— अब मेरे कन्धों पर बॉक्स ऑफ़िस पर फ़िल्म को चलाने की जिम्मेदारी नहीं थी। वह नायक के कन्धों पर थी। उसकी जगह मैं सिर्फ़ फ़िल्म में काम करने का और अपने काम के लिए मिली प्रशंसा का निर्मल आनन्द ले सकता था।

सबसे बड़ा तोहफ़ा मुझे तब मिला, जब मैं मॉस्को एक अवॉर्ड लेने गया था और वहाँ मेरे पास यश चोपड़ा का फ़ोन आया। मुझे लगा कि यह फ़ोन रणबीर के लिए आया होगा, जिसकी **रॉकेट सिंह** प्रदर्शित होने वाली थी। इसके अलावा वह **अजब प्रेम की गजब कहानी** में भी अभी हाल ही में कमाल का काम कर चुका था। लेकिन यश जी तो सिर्फ़ मेरी फ़िल्म **दो दूनी चार** के बारे में ही बात करना चाहते थे। उन्होंने फ़िल्म के कुछ रशेज़ देखे थे और वह जोश में बोले जा रहे थे कि—मैं विश्वास ही नहीं कर सकता कि तुम एक साधारण व्यक्ति की तरह दिख सकते हो। और इस तरह का काम निकाल सकते हो। उन्होंने ऐसा बार-बार कहा।

एक नायक के रूप में मेरे लिए प्रेम में पड़े हुए अमीर लड़के के ही चरित्र लिखे जाते थे और मैं ज़ोर देता था कि सुन्दर नायिकाओं के साथ खूबसूरत वादियों में शूटिंग हो। किसी ने भी मुझे गरीबी से मारे हुए व्यक्ति की भूमिका नहीं दी। गरीबी और कष्ट पर केन्द्रित फ़िल्में कला फ़िल्में बनाने वाले निर्माता ही बनाते थे। मैं तो मुख्य धारा की चमकती व्यावसायिक रूप से सफल फ़िल्मी दुनिया का व्यक्ति था, जहाँ बेहिसाब अमीरी और सुन्दरता

थी। मेरे जमाने के लोकप्रिय सिनेमा में अमिताभ बच्चन को दमित आम आदमी की भूमिका मिलती थी। मैं हमेशा वह धनी व्यक्ति था, जिसके आप सपने देख सकते हैं और उन फ़िल्मों में भी जिनमें मैं धनी व्यक्ति नहीं होता था, मुझे हमेशा अभिरुचिपूर्ण कपड़े पहनकर नायिका को रिझाना होता था। मेरे जमाने के निर्माता वास्तविकता को अधिक महत्त्व नहीं देते थे।

हर्ष की बात यह है कि सिनेमा की जिस दूसरी लहर में मैंने काम किया, उन्होंने अच्छा व्यवसाय किया और लोग ऐसा मानने लगे कि मैं उनके लिए एक शुभंकर था। मैं सस्ता नहीं आता, चरित्र अभिनेता के रूप में भी मैं एक महँगा अभिनेता हूँ और फ़िल्म निर्माता वह कीमत देने के लिए एक पाँव पर खड़े रहते हैं। उसके बदले उन्हें एक पेशेवर और काम के प्रति पूर्ण ईमानदार अभिनेता मिलता है, जो उन्हें कैमरे के सामने वांछित परिणाम देता है। मैं हमेशा से ही एक सीधा खिलाड़ी था और निर्माताओं ने मेरी इस विशेषता को पसन्द किया।

जब मुझे **हम-तुम** का प्रस्ताव आया, आदित्य चोपड़ा ने मुझे बोल दिया कि यदि आप इसमें काम नहीं करेंगे, तो मैं यह फ़िल्म नहीं बनाऊँगा। यद्यपि उस फ़िल्म के लिए मुझे सिर्फ़ 10 दिन ही शूट करना था। उसने मुझे कह दिया कि सैफ़ को ज़िन्दगी के पाठ पढ़ाने के लिए मुझसे अधिक विश्वसनीय उसे कोई और अभिनेता नज़र नहीं आता। मेरा सीना गर्व से चौड़ा हो गया, जब उसने कहा कि मेरा विकल्प ढूँढ़ने में उसे बहुत ही कठिनाई होगी। यह एक ऐसी टिप्पणी थी, जिसने मुझे महसूस कराया कि मैंने अपने काम को सही ढंग से लिया है।

दशकों तक मैंने आराम से रूमानी भूमिकाओं की एक लम्बी श्रृंखला की। यह सब मेरे लिए इतना स्वाभाविक था कि एक नयी जर्सी चुनने के अलावा मुझे शायद ही कुछ पूर्व तैयारी करनी होती थी। हम या तो मारधाड़ वाली या रूमानी फ़िल्में करते, जिनमें एक ही चीज़ समान होती और वह थी—मधुर संगीत। और हम मटरगश्ती करते हुए शूटिंग कर लेते थे। आज देखिए अभिनेताओं को कितना कष्टसाध्य बुनियादी काम करना पड़ता है। मैं रणवीर सिंह की दाद देता हूँ। आप देख सकते हैं कि रूमानी ऐतिहासिक फ़िल्म **बाजीराव मस्तानी** में बाजीराव पेशवा के चरित्र को साकार करने के

पीछे उसकी कितनी मेहनत छिपी होगी। इसी तरह रणबीर को भी **रॉकेट सिंह** और **रॉक स्टार** के अपने चरित्र और लिबास के लिए बहुत मेहनत करनी पड़ी।

कुछ पुराने अभिनेता भी ऐसा करते हैं। आमिर खान ने भी एक प्रेरक रूपान्तरण किया, जब उसने **दंगल** में पहलवान की भूमिका के लिए पहले 23 किलो वज़न बढ़ाया और फिर उसे वापस घटाया। सलमान खान ने भी **सुल्तान** (2016) के लिए जबर्दस्त तैयारी की। मैं इस नयी प्रवृत्ति से पूरी तरह सहमत हूँ। एक अभिनेता को अपने काम को इसी तरह गम्भीरता से लेना चाहिए। हमारे ज़माने में हम अपनी छवि में इस तरह बँधे हुए थे कि हम उन्हीं बँधी-बँधाई सीमाओं के अन्दर काम करने में सहज महसूस करते थे। आपको अपनी चुनी हुई श्रेणी में बढ़िया-से-बढ़िया प्रसिद्धि पानी होती थी और फिर आप उसी के लिए प्रसिद्ध हो जाते थे। जितेन्द्र, राजेश खन्ना, अमिताभ बच्चन, धर्मेन्द्र, मिथुन चक्रवर्ती और मैं खुद, हम सब टाइपकास्ट (ढाँचे में बँधे हुए) थे। जिन कुछ गिने-चुने लोगों ने इस घिसे-पिटे रास्ते से अलग हटकर कुछ करने का जोखिम उठाया, वे थे संजीव कुमार, पंकज कपूर, ओमपुरी और नसीरुद्दीन शाह। उन्हें अपनी भूमिकाओं के लिए निश्चय ही कड़ी तैयारी करनी पड़ी।

बाकी के हम सब लोगों को जब-जब किसी नयी भूमिका में रखा गया है, हमें हर बार नाटकीय रूप से कुछ भिन्न नहीं करना पड़ा। अमिताभ बच्चन को एन्थोनी के लिए कुछ तैयारी नहीं करनी पड़ी और न ही मुझे अकबर के लिए। प्रकाश मेहरा या मनमोहन देसाई की फ़िल्मों में भूमिका के लिए आपको पहले से उस मूड में जाने की ज़रूरत नहीं पड़ती थी। यह तो अमिताभ बच्चन की जन्मजात प्रतिभा थी कि वह हर नये चरित्र बिना किसी प्रयास के ही प्रविष्ट हो जाते थे और दर्शकों का मनोरंजन कर देते थे, जबकि अपनेआप में वे सब पात्र कोई ऐसे अनोखे चरित्र नहीं होते थे, जो पूरी दुनिया को उलट-पुलट कर दें।

बहरहाल, हमारे समय में भी कुछ दृश्य ऐसे होते थे, जो अतिरिक्त प्रयास की माँग करते थे। निर्देशक के अभिप्राय को मूर्त रूप देने के लिए सुनियोजित रूप से सब काम करें, इसके लिए चर्चाएँ होती थीं। कभी-कभी

अभिनेता की व्याख्या कुछ और तथा सबसे अलग होती थी। यदि निर्देशक सामंजस्यपूर्ण होता, तो उसके नज़रिए पर विचार करता था और हम लोग एक सुखद निष्कर्ष पर पहुँच जाते थे। निर्देशक द्वारा कोई स्पष्ट निर्देश न मिलने पर, मैं जो कुछ स्वाभाविक रूप से मेरे दिमाग में आता, वही करता। लेकिन मैंने कुछ ऐसे निर्देशकों के साथ भी काम किया है, जिन्हें सब कुछ उनके हिसाब से ही चाहिए था। जब आप ऐसे व्यक्ति के साथ काम करते हैं, तो आप उसकी ताल-से-ताल मिलाकर काम करने के लिए अपनेआप को ढाल लेते हैं। ख़ास करके मारधाड़ वाले सीक्वेंसेज में पद संचालन और गतिशीलता बिल्कुल सटीक और प्रवाहमान होनी चाहिए। निपुण अभिनेता यह सब इस तरह करते हैं कि सबकुछ वास्तविक ही प्रतीत हो। लोग अमिताभ बच्चन के मारधाड़ के दृश्यों में बहुत मज़े लेते हैं। अमिताभ बच्चन इनमें अपना सर्वश्रेष्ठ देते थे, वह उनके लिए पूरी तरह तैयार होते थे और जानते थे कि हर काम कैसे और किस समय पर करना है।

जहाँ तक अभिनय की बात है, आज तक इस पर जो सर्वश्रेष्ठ पंक्तियाँ (जिससे अन्य लोगों का मतभेद हो सकता है) मेरी निगाह में पड़ी हैं, वे लॉरेंस ऑलिवियर द्वारा डस्टिन हॉफ़मेन को **मेरेथॉन मेन** के निर्माण के दौरान कही गयी थीं। हॉफ़मेन जो मेथड एक्टिंग के सबसे गम्भीर प्रतिनिधि थे, को एक दृश्य करना था, जिसमें उनका चरित्र तीन दिन से सोया ही नहीं था। जब उनके सह-अभिनेता लॉरेंस ऑलिवियर ने उनसे पूछा कि उन्होंने यह दृश्य कैसे किया, तो हॉफ़मेन ने स्वीकार किया कि दृश्य में जान डालने के लिए वो सचमुच 72 घण्टे से सोए नहीं हैं। इस पर लॉरेंस ऑलिवियर ने कहा, "मेरे प्यारे दोस्त, आप सिर्फ़ अभिनय करने की ही कोशिश क्यों नहीं कर लेते?" डस्टिन हॉफ़मेन के बारे में बोलते हुए मैं बताना चाहता हूँ कि एक बार जब मैं मॉस्को की अनेक यात्राओं में से एक के लिए लन्दन से गुजरा, तो मैं वहीं रुका था। वहाँ मैंने सुना कि डस्टिन हॉफ़मेन वेस्ट एंड थियेटर में शेक्सपियर के **मर्चेंट ऑफ़ वेनिस** में शॉयलॉक बने हैं। मैं उनका ज़बरदस्त फ़ैन हूँ, इसलिए मैंने अपने लिए एक सीट बुक कर ली और वहाँ तक जाने के लिए एक रोल्स रॉइस भी। मैं थियेटर गया, मैंने नाटक देखा और मुझे पर्दे के पीछे उनसे मिलने का अवसर मिला।

जब मैं वापस जाने के लिए निकला, तो मैंने उन्हें अपनी फोर्ड एस्कोर्ट बुलाते देखा। मैं हैरान रह गया। मैंने मन-ही-मन में सोचा कि यह व्यक्ति जस्टिन हॉफ़मेन है और फिर भी फोर्ड एस्कोर्ट में जा रहा है और मैं जो कि एक उभरता हुआ सितारा मात्र हूँ, जिसके नाम उनसे आधी भी उपलब्धियाँ नहीं हैं, रोल्स रॉयस में आया हूँ। विश्वास कीजिए, मैं शर्म से ज़मीन में गड़ गया।

मैंने इस पेशे को लेकर रणबीर को जीवन के दो पाठ पढ़ाए। पहला, अपने चरित्र को रूपहले पर्दे पर सही रूप में उतारने के लिए कड़ी मेहनत और दूसरा, कभी सफलता को सिर पर न चढ़ने देना और असफलता को दिल पर न लेना। सफलता और असफलता सिनेमा के अभिन्न अंग हैं। आप हर फ़िल्म या हर भूमिका में सफल नहीं हो सकते, पर इससे आपके काम और आपके प्रयत्नों में कोई कमी नहीं आनी चाहिए। मैं यह दावे के साथ कह सकता हूँ कि मैंने अपने प्रयासों में एक निरन्तरता बरकरार रखी और कभी शिकायत का मौका नहीं दिया, इसीलिए मैं इतने समय तक बना रह सका।

अपनी वर्तमान स्थिति में पहुँचने के लिए मैं दो समान रूप से आलोच्य और उत्पादक दौरों से गुजरा। चरित्र अभिनेता के रूप में मेरी दूसरी पारी मेरे लिए विशेष रूप से आत्मसन्तुष्टि प्रदान करने वाली रही, क्योंकि मैं पिछली पीढ़ी के वरिष्ठ कलाकारों के बारे में लोगों की पूर्वधारणाओं को गलत सिद्ध कर पाया।

इतने सालों में बहुत कुछ बदल गया है। आज फ़िल्में बड़े बजट में बनती हैं और अभिनेताओं को भरपूर पैसा मिलता है, यहाँ तक कि तकनीकी काम करने वालों को भी अच्छा पैसा दिया जाता है। आज मैं फ़िल्म निर्माताओं को इधर-उधर छोटे-मोटे खर्चों में पाई-पाई की कटौती करते और चिन्ता करते नहीं देखता। मध्यम बजट की फ़िल्मों का बजट भी काफ़ी रहता है। हर किसी के लिए मिनरल वॉटर उपलब्ध होता है। अब ऐसा नहीं है कि

अभिनेताओं के लिए घर से लाया पानी और बाकी लोगों के लिए साधारण नल का पानी। मेरे ज़माने में उबला हुआ पानी और छाछ, मैं घर से ले जाया करता था। सेट के माहौल में अच्छा बदलाव आया है और मैं कोई शिकायत नहीं कर रहा हूँ।

लेकिन कई ऐसे परिवर्तन हुए हैं, जिनका मैंने स्वागत नहीं किया। ध्वनि और कैमरे के क्षेत्र में चमत्कारिक रूप से तकनीकी विकास हुआ है, लेकिन आजकल एक चीज़ आयी है, जिसे सिंक साउण्ड कहते हैं और मुझे यह बिल्कुल पसन्द नहीं है। सिंक साउण्ड की बात से मुझे चिढ़ होने लगती है, क्योंकि मैं उस दृश्य को माइक के सामने साउंड स्टूडियो में पुन: उत्पन्न करना पसन्द करता हूँ। मैं एक फ़िल्म को डब करना पसन्द करता हूँ। मेरा यही तरीका है और मैं निर्माताओं को ऐसा कह देता हूँ। यदि मैं अपनी फ़िल्मों के लिए डब करूँ, तो आपका क्या जाता है? आखिर तो मुझे ही अतिरिक्त उद्यम करना पड़ेगा, जब मैं अपने दृश्य को डब करने के लिए पूरी तरह स्टूडियो में दुबारा पूरी प्रक्रिया करूँगा। आपको तो एक की कीमत में 2 अदायगियाँ मिल रही हैं और आप दो में से एक ध्वनि को फ़िल्म के लिए चुन सकते हैं। 99 प्रतिशत बार ऐसा हुआ है कि निर्माताओं ने मेरे डब्ड ट्रैक को ही रख लिया है, क्योंकि मैं डबिंग के समय उसमें बहुत सुधार भी करता हूँ। मेरा उनसे यही निवेदन होता है कि जब वे मुझे फ़िल्म के लिए साइन करते हैं, तो मैं उन्हें जो भी दे सकता हूँ, इसका वे सम्मान करें। मुझे अपना सर्वश्रेष्ठ देना होता है और डबिंग एक तरीका है, जो इसे सम्भव बनाता है। उनमें से कुछ मेरी सोच से सहमत होते हैं और उसका सम्मान करते हैं।

फ़िल्म उद्योग के लिए आधुनिकीकरण एक वरदान सिद्ध हुआ है। जैसे कि वैनिटी वैंस का प्रादुर्भाव, जो कि स्वागत योग्य है। अब हमें खुले में अपना मेकअप करवाकर घूरते हुए लोगों के सामने लज्जित नहीं होना पड़ता। वैनिटी वैन ख़ास करके अभिनेत्रियों के लिए बहुत उपयोगी है, जब उन्हें कपड़े बदलने होते हैं। ये वाहन अच्छे वातानुकूलन युक्त साफ़-सुथरे वॉशरूम और टीवी सैट से लैस होते हैं।

फ़िल्म निर्माण अब पहले से अधिक सुरक्षित हो गया है। एक समय में हम लोग खुद अपने स्टंट करते थे, पर अभिनेताओं को अब ऐसा नहीं

करना पड़ता है। हमको भी डबल तो मिलते थे, किन्तु ग्रीन मेट टेक्नालॉजी से हर किसी के लिए ज़िन्दगी थोड़ी सरल हो गयी है। स्टंटमैन को भी अपनी ज़िन्दगी खतरे में डालने की आवश्यकता नहीं है। यद्यपि तकनीक पर ज़रूरत से ज़्यादा निर्भरता ने सिनेमा से उसकी जीवन्तता छीन ली है। यही कारण है कि **आरगो** (2012) ने ऑस्कर में उतना ही ध्यान खींचा, जितना **लाइफ़ ऑफ़ पाई** (2012) ने। **लाइफ़ ऑफ़ पाई** ने ग्रीन मेट तकनीक का इस्तेमाल किया और सारे प्रभाव कम्प्यूटर के द्वारा उत्पन्न किये गये। आपके अन्दर पुरानी फ़िल्म **द ओल्ड मेन एंड द सी** के लिए और अधिक सम्मान भी जागृत हो जाता है, जब आप सोचते हैं कि उसमें एक-एक सीन को शूट करने के लिए उन्होंने कितने धीरज से इन्तज़ार किया होगा, ख़ास करके **लाइफ़ ऑफ़ पाई** की तुलना में, जिसमें सब कुछ इतना कृत्रिम लगता है। भले ही इस प्रकार की फ़िल्में बॉक्स ऑफ़िस पर बेहद सफल हो जायें, किन्तु अवॉर्ड देने वाले निर्णायकगण तो वास्तविकता को जानते ही हैं कि इनका चित्रण बड़े ही सुरक्षित तरीके से स्टूडियो के सुविधाजनक माहौल में किया गया है। निस्सन्देह वे बहुत दर्शनीय होती हैं, किन्तु आपको मालूम होता है कि वे वास्तविक नहीं हैं।

एक और मूलभूत परिर्वतन यह है कि सेल्यूलॉइड फ़िल्म का अन्त हो गया है और हमने डिजिटल युग में प्रवेश कर लिया है। फ़िल्म निर्माण की पुरानी शैली में कैमरा की एक रील शूट करते वक्त निर्देशक के दिमाग में एक सीन की पूरी रूपरेखा होती थी। उसे मालूम होता था कि लिया जाने वाला शॉट ट्राली शॉट होगा, क्लोज़अप होगा या लम्बी दूरी का शॉट होगा।

आजकल निर्देशकों को बहुत आसानी है क्योंकि उन्हें फ़िल्म के खर्च के बारे में चिन्ता नहीं करनी पड़ती। सारा खाका एक डिजिटल कार्ड पर होता है। वे नाटक और टीवी शैली में फ़िल्म बनाने लगे हैं, जिसमें पूरे दृश्य को अनेक कोणों से कवर किया जाता है। किन्तु मेरे जैसे अभिनेताओं को इस तकनीक के साथ काम करने में परेशानी होती है, क्योंकि मैं निर्देशक का इशारा पाते ही वही भाव फिर से प्रस्तुत नहीं कर सकता। बारम्बार मैंने उनसे कहा है कि मैं नाटक में काम नहीं कर रहा हूँ, मैं टीवी भी नहीं कर रहा हूँ, मैं एक साथ इतनी लाइनें याद नहीं रख सकता, क्योंकि मुझे इसकी

आदत नहीं है। बाद में एविड नामक सम्पादन के सॉफ़्टवेयर से वे निर्णय लेते हैं कि कौन-सा सीन बेहतर है। मुझे यह निहायत निकम्मापन ही नज़र आता है। और उन्हें मेरा यह कहना पसन्द आये या नहीं, पर सच तो यही है कि कुछ बड़े-बड़े फ़िल्म निर्माता, जिनके साथ मैंने पिछले 5 सालों में काम किया है, इसके अपराधी हैं। उनके दिमाग में कभी भी सीन की रूपरेखा सुनिश्चित और सुस्पष्ट नहीं होती, जो बहुत ही दुखद है।

मुझे रीटेक पसन्द नहीं हैं। और मैं शॉट के मध्य में या बाद में मॉनीटर को नहीं देखता। एक अभिनेता को अपने काम की क्षमता और अपनी अदायगी पर भरोसा होना चाहिए। एक अन्य प्रकार का बदलाव जो मुझे परेशान करता है, वह है सेट पर अभिनेताओं और अभिनेत्रियों के मध्य अति सहजता। वे लँगोटिया यार की तरह व्यवहार करते हैं। एक समय था, जब किसी सिने स्टार का सेट पर आगमन एक घटना होती थी। एकदम से चहल-पहल होने लगती थी और कुछ उत्तेजना, फुसफुसाहट और चीख-पुकार भी कि हीरो आ रहा है। आजकल सब कुछ इतना अनौपचारिक है, यहाँ तक कि रिश्ते भी। यदि उन्हें चक्कर चलाना है, या एक-दूसरे के घर में जाकर रहना है, वे करेंगे और किसी की चिन्ता नहीं करेंगे। सोलमेट जैसी कोई बात ही नहीं है। हर चीज़ उजागर है। या शायद इस मुद्दे पर मेरे विचार या नज़रिया ही पुराना है।

आजकल के अभिनेताओं में कितना आत्मविश्वास है, यह देखकर भी मैं चकित हो जाता हूँ। और मैंने उनमें से कइयों के साथ काम किया है। इनमें अर्जुन कपूर, सुशान्त सिंह राजपूत, आयुष्मान खुराना और कार्तिक (जो सुभाष घई की **काँची** में था) शामिल हैं। वे इतने जानकार हैं और विभिन्न विषयों पर पूर्ण अधिकारपूर्वक बात कर सकते हैं। इंटरनेट, टी.वी., केबल टीवी तक उनकी पहुँच है। इतना कुछ देखने और आत्मसात् करने के लिए है। हम जब अभिनेता थे, तब यह सब उपलब्ध नहीं था।

आज एक सितारे और एक अभिनेता के बीच की लकीर भी धुँधली पड़ती जा रही है। एक अभिनेता भी अब सितारा बन सकता है। इरफान खान टीवी पर इतने साल बिताने के बाद 47 साल की उम्र में आज एक स्टार बन गया है। वह सिर्फ़ भारत में ही आश्चर्यजनक रूप से अच्छा नहीं

कर रहा है, बल्कि पश्चिम में भी उसका स्वागत और अभिनन्दन हो रहा है। पहले भी अपवाद स्वरूप कुछ ऐसे असाधारण अभिनेता थे, जैसे अमरीश पुरी, जिन्हें 50 वर्ष के होने पर स्टार की हैसियत प्राप्त हुई। पर अब ऐसा ज़्यादा बार होता है। आज युवा ब्रिगेड के आकर्षक अभिनेताओं के साथ अवॉर्ड्स नाइट में इरफान खान भी सम्मान पाते हैं। इसे कहते हैं, स्टार शाइनिंग। स्टार बनना और क्या होता है? राजेश खन्ना की तरह नखरे दिखाना? क्या स्टारडम की एकमात्र परिभाषा, सलमान खान या शाहरुख खान जैसी लोकप्रियता का होना है। स्टार की परिभाषा कुछ भी हो, पर मेरा विश्वास है कि यदि एक अभिनेता कड़ी मेहनत करता है, तो एक दिन स्टारडम ज़रूर अर्जित करेगा। मैं जानता हूँ कि स्टारडम के लिए मैं सही उम्मीदवार नहीं हूँ—मैं दुबला-पतला नहीं हूँ और युवा भी नहीं—लेकिन मैं अच्छा काम करना चाहता हूँ और उससे अपनी पहचान बनाने की मेरी चाह कभी खत्म नहीं होगी। मैं सिनेमा और अभिनय के प्रति जुनूनी किस्म का हूँ। जब भी निर्माताओं और निर्देशकों के साथ मेरा सम्पर्क होता है, मैं उस बच्चे की तरह महसूस करता हूँ जिसे एक नया खिलौना मिल गया हो।

एक बार हम एक फ़िल्म **खोज** के लिए साथ काम कर रहे थे, तब नसीरुद्दीन शाह ने अपनी राय रखी थी। उसने कहा था कि स्त्री और पुरुष अभिनेता समझते क्यों नहीं कि हमारे हाथ, हमारे शरीर का ही एक अंग है। वे क्यों अपने हाथों से दुनियाभर की अजीबोगरीब हरकतें करते रहते हैं, जबकि उन्हें यह पता ही नहीं होता कि एक सीन में क्या करना है। नसीर का तीर बिल्कुल निशाने पर था। अनुभव ने मुझे सिखाया है कि कोई अच्छा अभिनेता है या बुरा, यह आप इस चीज़ से पहचान सकते हैं कि वह किसी सीन में अपने हाथों से क्या कर रहा है। एक अकुशल अभिनेता को आप एक मिनट में पहचान सकते हैं, जब आप उसे अपने हाथों को जेब में रखे हुए देखते हैं। अशोक कुमार जैसे महान अभिनेता ने भी एक बार स्वीकार किया था कि बहुधा उन्हें भी समझ नहीं आता था कि हाथों का क्या करें, इसलिए वह हमेशा अपने हाथों को व्यस्त रखने के लिए सिगरेट, पाइप या लाइटर थामे होते थे। पुराने समय की बहुत-सी अभिनेत्रियाँ साड़ी के पल्लू से खेलती रहती थीं। वे भी असहज होती थीं। आजकल हर कोई आत्मविश्वास

से पूर्ण और पूर्णतया स्वाभाविक दिखना चाहता है। परन्तु मैं जानता हूँ कि आज भी ऐसे अभिनेता हैं, जो अपनी जेबों में हाथ डाले रहते हैं।

जो सोचते हैं कि फ़िल्म जगत में आज मैं जहाँ हूँ, वहाँ सिर्फ़ इसलिए हूँ कि मैं राज कपूर का पुत्र हूँ, तो वे बहुत बड़ी गलतफ़हमी में हैं। कोई भी अभिनेता सिर्फ़ अपने वंशवृक्ष के बल पर फ़िल्मी दुनिया में जगह नहीं बना सकता। ऐसे कई उदाहरण हैं कि स्टार-पुत्र होते हुए भी वे ऐसे कलाकार हैं, जो रजत पट पर सफल नहीं हो सके। ऐसा कहा जाता है कि एक वटवृक्ष की छाया में कुछ नहीं पनप पाता, क्योंकि उसकी घनी पत्तियों के बीच से सूरज की किरणें नीचे तक नहीं पहुँच पातीं और इस तरह किसी दूसरे पौधे के लिए अपनी जड़ें जमाना असम्भव हो जाता है। ऐसा मेरे साथ भी हो सकता था, किन्तु मैंने ऐसा नहीं होने दिया। मैंने कड़ी, बहुत कड़ी मेहनत करके सफलता पायी है। मेरे ग्राफ़ में भी ऊँच-नीच होता रहा, किन्तु हर बार मैंने उसका डटकर सामना किया और फिर से ऊपर आने में सफल हुआ।

इस बात के लिए मैं गर्व महसूस करता हूँ कि मुझे अपनी वस्तुनिष्ठता पर नाज़ है। मैं अभिनेता के रूप में अपनी खूबियों और खामियों को अच्छी तरह जानता हूँ। मैं एक सहज अभिनेता हूँ जिसके लिए पूरे दृश्य की थाह पा लेना अनिवार्य है। मैं चाहता हूँ कि इसमें निर्देशक मेरा साथ दे और यदि वह ऐसा नहीं करता, तो उनके साथ मेरे लिए काम करना मुश्किल हो जाता है। मैं एक बाधा बन जाता हूँ—एक चट्टान की तरह जिससे लहरें आकर टकराती हैं और लौट जाती हैं, पर आवश्यक लहर पैदा नहीं कर पातीं।

मैं मानता हूँ कि निर्देशक जहाज़ का कप्तान होता है और मुझे उसके निर्देशों का पालन करना चाहिए। लेकिन किसी भूमिका को निभाते हुए एक अभिनेता के रूप में मेरे दिमाग में भी उसका एक खाका होता है और सम्प्रेषण कैसे करना है, उसके लिए एक योजना होती है। आपके लिए जो लाइनें लिखी जाती हैं, वो हमेशा सर्वोपरि नहीं होती हैं। एक लेखक को उन

दृश्यों में अभिनय नहीं करना होता है। कुछ निर्देशक पटकथा को लेकर बहुत अड़ियल होते हैं। उनके लिए वह पत्थर की लकीर की तरह होती है। पर मैं वैसा अभिनेता नहीं, जिस पर किसी ऐसे काम के लिए दबाव डाला जाये, जो वह नहीं करना चाहता। मैं एक अनुशासित अभिनेता हूँ, जो कुछ मैं करता हूँ, उसके लिए मुझे पैसा मिलता है। इसलिए मैं उनकी बात मान लेता हूँ। लेकिन ऐसा करने से मेरा दम घुटता है। मैं तब सबसे अधिक खुश होता हूँ और अपने चरम पर होता हूँ, जब मुझे आज़ादी दी जाती है। यद्यपि मैं सावधान रहता हूँ कि अपने चरित्र के लिए निर्धारित सीमाओं के परे न जाऊँ। मैं बेहतर करने की कोशिश करता हूँ, किन्तु उस चरित्र और पटकथा के फ्रेमवर्क के अन्दर ही।

पश्चिम के प्रति मेरा नज़रिया भी आज बदल गया है। आज के दिन मैं ऐसी भारतीय फ़िल्मों में काम करना पसन्द करूँगा, जो अन्तरराष्ट्रीय धरातल पर अपने झण्डे गाड़ दें। **दो दूनी चार** की तरह की फ़िल्म, जो सुरुचिपूर्ण ढंग से बनायी गयी हो और जिसमें कुछ नया कहा गया हो, वह मुझे रास आती है। मैं ऐसी फ़िल्म का हिस्सा बनना पसन्द करूँगा, जो कुछ सारगर्भित टिप्पणी करे। मैं उस प्रकार की फ़िल्म करना चाहूँगा और देश के बाहर अपनेआप को दिखाना चाहूँगा।

हालाँकि मुझे कभी भी किसी हॉलीवुड फ़िल्म का प्रस्ताव नहीं आया, पर मैं उसके विरुद्ध नहीं था और यह कहकर उसका मज़ाक नहीं उड़ा सकता कि मैं वह करना नहीं चाहता था। 1980 में मुझे **तन्दूरी नाइट्स** नामक टीवी सीरियल का प्रस्ताव दिया गया था, किन्तु तब मैं इतना व्यस्त था कि हर सप्ताह लन्दन आना-जाना नहीं कर सकता था। इसलिए मैं उसे नहीं कर सका। इसके बाद मुझे कोई प्रस्ताव नहीं आया। मुझे कहा जाता है कि आप एक एजेंट रख लें, वहाँ जायें और ऑडिशन दें। मैंने अपने पूरे जीवन में कभी ऐसा नहीं किया है। मैंने कभी कोई रोल नहीं माँगा। मुझे जो कुछ मिलता गया, मैं करता गया, क्योंकि मुझे लगा कि लोग मुझसे यही चाहते हैं। इसका यह भी मतलब है कि दूसरे लोगों की जोड़-तोड़ के कारण मैंने कई रोल गँवाए। इसकी मुझे जानकारी भी है, पर मैं किसी का नाम नहीं लेना चाहता।

शायद मुझमें ही कोई कमी है या यह मेरी ही गलती है कि मैं कभी अन्तरराष्ट्रीय योजनाओं के पीछे नहीं भागा। यह मेरा आलसीपन हो सकता है या मेरी अकड़ अथवा मेरा अहम, जो मुझ पर हावी रहा। मैं जानता हूँ कि मेरा अक्खड़पन एक समस्या है, लेकिन मैं कभी उस पर विजय नहीं पा सका।

मैंने फ़िल्म उद्योग में अनेक स्वागत योग्य परिवर्तन देखे हैं, उनमें से एक है सिनेमा देखने के अनुभव का पूर्ण कायाकल्प। एक ज़माना था, जब हम किशोरावस्था में फ़िल्म देखने जाया करते थे। सिनेमा हॉल के अन्दर चूहे दौड़ लगाते रहते, पंखे ज़ोर-ज़ोर से घरघराते रहते और स्टीरियो तो भूल ही जाइए, आप शायद ही कुछ ठीक से सुन पाते थे। थियेटर वातानुकूलित नहीं थे, सीटें ज़रा भी आरामदेह नहीं थीं और बुरी हालत में थीं। टॉयलेट तो बस माशाअल्लाह थे। आज के दिन थियेटर जाना एक आनन्ददायक अनुभव है। अच्छा वातानुकूलन, नरम-नरम सीटें, एकदम स्पष्ट उम्दा ध्वनि संयोजन और फ़िल्म की प्रस्तुति। खाने के काउंटर पर विविध प्रकार के स्नैक्स।

सत्तर के दशक में ऐसा कुछ नहीं था और फिर भी फ़िल्में बन रही थीं और कुछ फ़िल्में ऐसी भी थीं, जो जबरदस्त व्यवसाय भी कर रही थीं। हम घुप्प अँधेरे में एक हज़ार से भी ज़्यादा लोगों के साथ थियेटर में बैठकर फ़िल्म देखते थे और इस बात की परवाह नहीं करते थे कि पास में कौन बैठा है। मैं हमेशा से एक पक्का सिनेमा हॉल जाने वाला व्यक्ति रहा हूँ। हमारी अपनी फ़िल्मों पर दर्शकों के प्रतिवाद और प्रतिक्रिया का जायज़ा लेने के लिए हम लोग विजय टॉकीज़, नटराज, रॉक्सी और लिबर्टी आदि सिनेमा हॉलों में जाते थे। हम फ़िल्म की शुरुआत के बाद जाते, चुपचाप आखिरी पंक्ति में जाकर बैठ जाते और पिक्चर के अन्त के पहले खिसक लेते। यह कोई बड़ी बात नहीं थी। कोई अहम् आड़े नहीं आता था—कम-से-कम मेरे लिए तो नहीं। हम लोग एक प्रीमियर नाम की चीज़ भी करते थे, जो एक बड़े उत्सव-सा होता था। अब यह एक मृत परिकल्पना है। आजकल मुझे मल्टीप्लेक्स जाना बहुत भाता है। मुझे एक नयी फ़िल्म देखने के लिए

सामान्यतया नीतू के साथ पी.वी.आर. जुहू जाना बहुत पसन्द है। यद्यपि नीतू नयी फ़िल्में देखना नहीं चाहती।

हालाँकि मैं भाग्यशाली हूँ कि मुझे आज भी अपनी शर्तों पर काम करने का अवसर मिलता है। मेरे पास कुछ बेकार-सी फ़िल्मों का भी प्रस्ताव आता है। कुछ समय पहले एक निर्देशक ने मुझे फौज के ब्रिगेडियर की भूमिका देनी चाही। मैंने उससे पूछा कि आपको मैं किस कोण से ब्रिगेडियर की तरह नज़र आता हूँ। मैंने देखा है कि अकसर फ़िल्म निर्माता एक नया लड़का और नयी लड़की साइन कर लेते हैं और मेरे पास चरित्र-भूमिका के लिए आते हैं। इसके बाद ही वे किसी भी स्टूडियो से धन-निवेश हेतु सम्पर्क करते हैं। मैं उन्हें स्पष्ट मना कर देता हूँ, क्योंकि मुझे अकेले अपने कन्धों पर फ़िल्म चलाने की जिम्मेदारी नहीं चाहिए। मैं एक बड़ा स्टार नहीं हूँ और अपने बल पर फ़िल्म चलाने का बीड़ा उठाने के दौर को मैं पार पा चुका हूँ। अब मैं एक विशेषाधिकार प्राप्त स्थिति में हूँ, जहाँ मुझे न कहने की स्वतन्त्रता है और मैं बहुधा न कह देता हूँ। एक फ़िल्म को अपने बल पर चलाने की कोशिश में मैं अपनेआप को बेवकूफ़ नहीं दिखाना चाहता। मैंने **चिंटूजी** में केन्द्रीय भूमिका की, जो बॉक्स ऑफ़िस पर बुरी तरह से लुढ़क गयी। जब मैंने **दो दूनी चार** की तो मेरे पास खोने के लिए कुछ नहीं था। यहाँ तक कि जब वह फ़िल्म कुछ समय के लिए रुक गयी थी, तब भी मुझे कुछ फ़र्क नहीं पड़ा। लेकिन इस फ़िल्म ने रिलीज के बाद मुझे स्थापित कर दिया। महत्त्वपूर्ण बात है कि मुझे केन्द्रीय भूमिकाओं के प्रस्ताव आने लगे।

मैं मूर्खों के स्वर्ग में नहीं रहता। मैं जानता हूँ कि सिर्फ़ ऋषि कपूर के नाम से फ़िल्म को पर्याप्त पूँजी नहीं मिलेगी। यदि वह बाज़ार में बिकेगी नहीं, तो वह थियेटर्स में कैसे पहुँचेगी और कौन उसे देखेगा? जब मेरे पास कोई प्रस्ताव आता है, तो मैं इन सब बातों को ध्यान में रखता हूँ। चरित्र अभिनेता के रूप में मेरी कोई शर्त नहीं है, किन्तु मेरी भूमिका में कुछ दम ज़रूर होना चाहिए। मैं खुशी-खुशी परेश रावल के साथ **पटेल की पंजाबी शादी** कर सकता हूँ। दूसरे अभिनेता के साथ सम्मान साझा करने में मुझे कोई ऐतराज नहीं है। जो मैं नहीं करना चाहता, वह है नायक-नायिका और तीन चरित्र अभिनेताओं की भीड़-भाड़ वाली फ़िल्म। मेरी उम्र के अधिकांश अभिनेताओं

में उन्हें जो भी प्रस्ताव मिले, स्वीकार कर लेने की प्रवृत्ति होती है। उन्हें इस बात की कोई चिन्ता नहीं रहती कि वह फ़िल्म चलेगी या नहीं। यदि पैसा कमाना मेरा एकमात्र उद्देश्य होता, तो मैं हर वह फ़िल्म कर लेता, जिसका प्रस्ताव मेरे पास आता। किन्तु मैं सचेत हूँ कि मुझे मेरी कड़ी मेहनत, प्रतिभा और काम के जुनून के लिए पैसा मिलता है और मैं अपना बैंक बैलेंस बढ़ाने के लिए समझौते करने के लिए तैयार नहीं हूँ। इसका मतलब यह नहीं कि मुझसे भूमिकाओं के चुनाव में गलती नहीं हुई है। सच कहूँ तो, मुझे लगता है कि मैंने अभिनव कश्यप की **बेशरम** फ़िल्म करके गलती की। लेकिन उस समय इस बात से मैं बहुत उत्साहित था कि मैं, नीतू और रणबीर एक साथ एक फ़िल्म में काम करेंगे। आज अभिनव और मैं, एक अन्य विषय को लेकर बात कर रहे हैं और मैं पटकथा को लेकर रोमांचित हूँ। जब मैंने **हाऊसफुल-2** की, मैं जानता था कि यह कोई यादगार फ़िल्म नहीं है और मैं यह भी जानता था कि मुझे भविष्य में डब्बू के साथ काम करने का दूसरा अवसर नहीं मिलेगा। इस तरह की एक बेसिरपैर की फ़िल्म ही हम दोनों को काम करने के लिए साथ ला सकती थी। इसलिए मैंने वह किया। यदि मैंने इसे पैसे के लिए किया होता, तो मैंने साजिद की दूसरी फ़िल्मों के लिए भी हाँ कर दी होती। वह मुझे **हिम्मतवाला** (2013) और **हमशक्ल** (2014) में भी लेना चाहता था।

मुझे लगता है कि ओमपुरी, परेश रावल, बोमन इरानी और मेरे जैसे सीनियर अभिनेता को एक फ़ायदा यह है कि दो पीढ़ियों के दर्शक—हमारी उम्र और रणबीर की पीढ़ी के हमसे जुड़े हुए हैं। टीवी ने हमें उनकी यादों में ज़िन्दा रखा है। यह कहने के बाद मैं यह भी बताना चाहूँगा कि मैं अकसर सुनता हूँ कि अरे यार! यह रणबीर का बाप है। अकसर मेरा रणबीर के पिता के रूप में परिचय कराया जाता है। मेरे लिए इससे ज़्यादा फ़ख्र की बात कोई और नहीं हो सकती।

अपने काम के प्रति मैं पूरी तरह समर्पित हूँ। मैं यहाँ अपने जुनून के कारण हूँ, पैसे के लिए नहीं। मेरे लिए यह ज़रूरी तथा महत्त्वपूर्ण है कि मेरी पहचान बने और मुझे एक ऐसे अभिनेता के रूप में याद रखा जाये, जो फ़िल्म की गुणवत्ता और दर्शनीयता में इज़ाफा करता हो। मैं अपनेआप से पूछता

हूँ कि यदि मैं यह रोल नहीं करता तो कौन इसे मुझसे और बेहतर करता? इसका जवाब मेरे लिए बहुत महत्त्व रखता है। ईमानदार उत्तर यही होना चाहिए कि मैं ही इसके लिए सर्वश्रेष्ठ था।

मैं एक पक्का व्यावसायिक सिनेमा का अभिनेता हूँ और मुझे बहुत चिढ़ होती है, जब लोग फ़ब्ती कसते हैं कि हम जो करते हैं, वह कला नहीं है। क्या मार-धाड़ और नृत्य कला के अन्तर्गत नहीं आते? कितने अभिनेता मेरी तरह कव्वाली प्रस्तुत कर सकते हैं? या मिथुन चक्रवर्ती की तरह नाच सकते हैं? या अमिताभ बच्चन की तरह 'खई के पान बनारसवाला' कर सकते हैं? यह कहकर उपहास उड़ाना कि गम्भीर सिनेमा हमारे व्यावसायिक सिनेमा से बेहतर है, आसान है। दुर्भाग्यवश, लम्बे समय से व्यावसायिक सिनेमा के अभिनेताओं को हेय दृष्टि से देखने की प्रवृत्ति कायम है। मैं जानता हूँ कि जिस प्रकार ताश के खेल में किसी खिलाड़ी के पास हमेशा तीन इक्के नहीं हो सकते, उसी प्रकार कोई भी अभिनेता अपने कैरियर में सदैव सफल नहीं हो सकता। चाहे आप दिलीप कुमार या अमिताभ बच्चन ही क्यों न हों। आपको अधिक-से-अधिक तीन या चार प्रस्तुतियों के लिए ही याद रखा जायेगा। अमिताभ की सारी फ़िल्में **दीवार** नहीं हो सकतीं और दिलीप कुमार भी **गंगा-जमुना** को दोहराते नहीं रह सकते। हर वह फ़िल्म जो रॉबर्ट डि नीरो जैसे महानायक की भी हर फ़िल्म **रेजिंग बुल** या **टैक्सी ड्राइवर** नहीं हो सकती थी। जहाँ तक मेरा सवाल है, मैं यह निश्चित नहीं कर पाता हूँ कि मेरी कौन-सी फ़िल्में सर्वश्रेष्ठ हैं। बहुत-से मंचों पर मेरे सम्मुख यह प्रश्न उछाला गया। पर मेरे लिए यह ऐसा है, जैसे अपनी पाँच उँगलियों में से एक को चुनना।

एक समय था, जब मैं दूसरे प्रकार के जुए का शौकीन था। लेकिन अब तो मेरा काम ही मेरे लिए सबसे बड़ा जोखिम है। मैं लगातार अपने को ही परखता रहता हूँ। मैं नहीं जानता कि मेरी फ़िल्म कैसी चलेगी और मेरी अदाओं को कैसा प्रत्युत्तर मिलेगा। क्या यह भी एक बड़ा जुआ नहीं है? अपना काम करने को छोड़कर मेरे पास कोई दूसरा विकल्प नहीं है। मैं और कुछ करने लायक नहीं हूँ। मैं उच्च शिक्षित व्यक्ति भी नहीं हूँ। मैंने मुश्किल से अपनी विद्यालयी शिक्षा पूरी की, बल्कि कहिए कि स्कूल से फेल होकर

निकला। इसलिए यह मेरा सौभाग्य ही है, जिसने मुझे यहाँ तक पहुँचाया। लेकिन मुझे यही करते रहना है। मैं एक ऐसे अभिनेता के रूप में याद किये जाना चाहता हूँ, जिसने पूर्ण निष्ठा से अपना काम किया।

रचनात्मक कलाओं के सन्दर्भ में मेरा यक़ीन है कि कोई भी कलाकार पुरस्कार और सम्मान की चाह से उदासीन नहीं हो सकता। मैं भी इसका अपवाद नहीं हूँ, यद्यपि मुझे कहना पड़ेगा कि इस मामले में भाग्यदेवी मुझसे रूठी ही रही हैं। पुरस्कार के मामले में मेरी किस्मत इतनी खराब है कि एक बार जब **दो दूनी चार** के लिए मैंने सचमुच पुरस्कार जीता, तो संयोजक मुझे मंच पर बुलाना ही भूल गये। बाद में उन्होंने एक होटल में—नीले पर्दे के सामने मेरे पुरस्कार लेने को फ़िल्माया और टेलीकास्ट किया। मैं अकसर सोचता हूँ कि यह **बॉबी** का अवॉर्ड खरीदने की मेरी मूलभूत गलती की ही सज़ा है। निश्चय ही अब पुरस्कार मेरी झोली में आने लगे हैं—और लगता है कि यह मेरे काम की प्रामाणिकता को सिद्ध करता है। जिस तरह हमारे देश में अवॉर्ड दिये जाते हैं, वह मुझे परेशान करता है। सरकारी और गैर सरकारी दोनों के द्वारा पुरस्कारों से नवाज़ने में कितनी लापरवाहियाँ और विसंगतियाँ होती रहती हैं, उनकी एक लम्बी सूची बन सकती है। उदाहरणार्थ, पंचम को आजीवन कोई सरकारी पुरस्कार नहीं मिला। और लम्बे समय के उपरान्त उन्हें पहला फ़िल्मफेयर अवॉर्ड भी 1982 में जाकर मिला। कल्पना कीजिए कि हिन्दी फ़िल्म संगीत में उनके योगदान को ताउम्र सही पहचान नहीं मिली। मेरे चाचा शम्मी कपूर भी सरकार की ओर से बिना कोई पुरस्कार पाये, इस दुनिया से चले गये। इससे किसी को शिकायत नहीं है कि बहुत-से युवा कलाकारों को पद्म पुरस्कार मिले, किन्तु शम्मी कपूर जैसे किंवदन्ती बन चुके कलाकार निश्चित ही किसी-न-किसी पुरस्कार के अधिकारी थे। और अब जबकि राजेश खन्ना को मरणोपरान्त पद्मभूषण से नवाजा गया है, तो ध्यान आता है कि क्या इसके लिए भी शम्मी चाचा के नाम पर विचार-विमर्श नहीं किया जा सकता था? मुझे यक़ीन है उनकी तरह ऐसे बहुत-से लोग होंगे, जिन्हें भी इसी प्रकार नज़रन्दाज़ किया गया।

यद्यपि मेरे लिए यह बड़ी सन्तोष की बात है कि मैं उन दो या तीन वरिष्ठ अभिनेताओं में से हूँ, जिन्हें आज भी प्रमुख भूमिकाओं के प्रस्ताव

मिलते हैं। यह मुझे रोमांचित करता है कि मैं और मेरा बेटा एक ही समयावधि में काम कर रहे हैं।

दादा साहेब फाल्के पुरस्कार मेरा अन्तिम लक्ष्य है। मैं उम्मीद करता हूँ कि वह मेरा काम और सिर्फ़ काम ही होगा, जो इसके लिए निर्णायक होगा। यदि भविष्य में मुझे कभी दादा साहेब फाल्के पुरस्कार मिलता है, तभी मैं सच्चे दिल से यह मान सकूँगा कि मुझे अपने काम का पूर्ण प्रतिफल मिला।

यदि ऐसा हुआ तो अपने परिवार में यह पुरस्कार पाने वाली अपने दादा और पिता के बाद यह तीसरी पीढ़ी होगी और यह एक सपने के सच होने जैसा होगा। मुझे अत्यन्त आनन्द हुआ, जब मेरे चाचा शशि कपूर को यह मिला। भगवान करे कि रणबीर भी इस लायक निकले और फाल्के पुरस्कार पाने की वंश परम्परा को अक्षुण्ण रखे।

12

पितृत्व : आनन्द और उत्तरदायित्व

मेरे बच्चों—रिद्धिमा और रणबीर के ज़िक्र के बिना मेरे जीवन की कहानी अधूरी रहेगी। उन्होंने मुझे अत्यन्त गौरवान्वित किया है। मैंने उनके सामने कभी भी इस बात को जताया नहीं, किन्तु मैं चाहूँगा कि वे जानें कि अपने-अपने चुने रास्तों पर चलकर उन्होंने जो कुछ किया है, उससे उन्होंने अपने-अपने तरीके से मुझे अत्यधिक आनन्दित किया है।

1980 में जब रिद्धिमा का जन्म हुआ, मुझे और नीतू को लगा, जैसे हम सातवें आसमान पर पहुँच गये हों और हाँ, हममें से किसी को ज़रा भी मलाल नहीं था कि पहला बच्चा एक बेटी है। रणबीर के आगमन ने हमारे परिवार को पूर्ण कर दिया।

रणबीर के जन्म से मेरे पिता जी आनन्द से फूले नहीं समाते थे कि उनका पहला पोता हुआ है (मेरी बहनों के बच्चे कपूर नहीं हैं और डब्बू की भी दो बेटियाँ हैं) और वह अपनी वसीयत में रणबीर के लिए अफ़गानी या पेशावरी लिपि में उत्कीर्ण लेखवाला एक सोने का सिक्का छोड़ गये। उन्होंने वह मुझे न देकर अपने पोते रणबीर को दिया, इस अपेक्षा के साथ कि यह सिक्का वह भी अपने पोते को देगा। उन्होंने रणबीर को सोने के सिक्कों से

बनी एक माला से भी नवाज़ा। आज से कई साल बाद वह माला भी उसके पोते को उत्तराधिकार में मिलेगी।

बच्चे जब बहुत छोटे थे, तब मैं काम में व्यस्त रहता था, फिर भी मैं हमेशा इस बात का ध्यान रखता था कि एक परिवार के रूप में हम लोग साथ में वक्त बिताएँ। मैं रविवार की छुट्टी रखता था और हर साल मैं एक महीने के लिए उन्हें विदेश ले जाता था। आउटडोर शूटिंग पर भी वे मेरे साथ होते थे। अपनी अति व्यस्त दिनचर्या में से जितना भी हो सका, मैंने वक़्त निकाला और उनकी ओर पूरा ध्यान दिया।

जब भी हम यात्रा करते थे, तो हमारे साथ एक पूरा अमला चलता था, जिसमें रसोइया और सेविका भी होती थी। हम एक वीडियो कैमरा, वीडियो प्लेयर और टीवी सेट भी गाड़ी में डालकर ले जाते थे कि रिद्धिमा खाना खाते समय कार्टून देख सके। शुरुआती दिनों में जब मैं कश्मीर या मैसूर में शूटिंग कर रहा होता या यू.एस. में स्टेज शो के लिए जाता, तो रिद्धिमा के लिए एक ख़ास रसोइया रखता था, ताकि उसे अपना मनपसन्द खाना मिल सके। हमारे घरेलू कर्मचारियों में से बहादुर और अम्मा हमारे साथ हर जगह जाते हैं। मेरी बीवी और बच्चों की सुरक्षा के लिए हमारे घरेलू कर्मचारियों की एक फ़ौज हमारे साथ रहती थी।

मैं अकसर अपनी बेटी की धुन और इशारों पर नाचा हूँ, जैसा कि सभी पिता किया करते हैं। मैं बहुत ज़्यादा धुम्रपान करता था, किन्तु मैंने सिगरेट पीनी तब छोड़ दी, जब मेरी बेटी ने मुझसे कहा कि पापा मैं आपको सुबह चुम्मी नहीं दूँगी, आप के मुँह से बदबू आती है।

जब रिद्धिमा बड़ी हुई और उसने शादी करने का निश्चय किया, तो सच में मैं बहुत खुश हुआ। समय बीतने के साथ हम एक-दूसरे के और करीब आये और मैं दिल्ली जाकर उससे मिलने और अपनी नातिन के साथ कुछ समय बिताने का कोई मौका नहीं छोड़ता।

रणबीर हमेशा से इस बारे में बिल्कुल स्पष्ट था कि वह क्या करना चाहता है। यद्यपि वह हमेशा अपनी माँ को ही इस बारे में बताता था, मुझे नहीं। उसे अभिनेता या सितारा बनने की धुन नहीं थी। वह एक कैमरामैन

या निर्देशक या सेट डिजाइनर या फ़िल्म-सम्पादक, अर्थात् फ़िल्मों से सम्बन्धित कुछ भी करने के लिए तैयार था—बशर्ते कि वह कार्य फ़िल्मों से जुड़ा हुआ हो।

इसीलिए जब वह अमेरिका गया, तो उसने अभिनय के स्कूल में प्रवेश लेने की कोशिश नहीं की। वह न्यूयॉर्क में स्कूल ऑफ़ विज़ुअल आर्ट्स में दाखिला लेना चाहता था। लेकिन वह सेट परीक्षा में अच्छा नहीं कर पाया, इसलिए उसे मनचाहा स्कूल नहीं मिला। जब स्वर्गीय इस्माइल मर्चेंट, जिन्होंने शशि चाचा के साथ **द हाउसहोल्डर** (1963) और **बॉम्बे टॉकीज़** (1970) बनायी थी, ने यह सुना तो उन्होंने चयन समिति को बताया कि रणबीर भारत के महानतम फ़िल्म निर्माताओं में से एक का पोता है। अत: वे उसे प्रवेश देने से कैसे इनकार कर सकते हैं? तब स्कूल ने रचनात्मक कलाओं में उसकी पारिवारिक पृष्ठभूमि के कारण को दृष्टिगत करके उसे क्रिएटिव आर्ट्स में दाखिला दे दिया।

रणबीर फ़िल्म के सभी पहलू सीखना चाहता था। वह वहाँ चार साल रहा, उसके बाद उसने ली स्ट्रासबर्ग थियेटर एंड फ़िल्म इंस्टिट्यूट से अभिनय का तीन माह का एक त्वरित पाठ्यक्रम पूरा किया। मैं इससे खुश नहीं था, किन्तु मैंने कहा कि तुम जानो, और उसे अपनी इच्छानुसार पढ़ने दिया। मैं ली स्ट्रासबर्ग के कोर्स के विरुद्ध इसलिए था कि वे 'मेथड एक्टिंग' सिखाते थे। लेकिन मैं यह भी चाहता था कि रणबीर खुद निश्चित करे कि वह कैसा अभिनेता बनना चाहता है। अब मुझे लगता है कि उसने अभिनय की दोनों विधाओं का सर्वश्रेष्ठ ग्रहण किया है।

भारत आने के बाद रणबीर ने कुछ समय तक संजय लीला भंसाली की **ब्लैक** (2005) में सहायक निर्देशक के रूप में काम किया। संजय ने **साँवरिया** (2007) में जिस शानदार तरीके से रणबीर को अभिनेता के रूप में प्रस्तुत किया, उसके लिए मैं और नीतू हमेशा उसके आभारी रहेंगे। यद्यपि मुझे उससे एक हिसाब बराबर करना है।

कुछ ऐसा हुआ कि रणबीर ने उसी कहानी पर आधारित फ़िल्म से अपने कैरियर की शुरुआत की, जिससे प्रेरित फ़िल्म में मेरे पिता किसी समय काम कर चुके थे। फ़िल्म थी **छलिया** (1960) और वह फ़्योदोर

दोस्तोवस्की की कहानी **व्हाइट नाइट्स** पर आधारित थी, वही अद्भुत कहानी जिस पर भंसाली की **साँवरिया** बनी थी। मैं यह जानने को उत्सुक था कि मेरा बेटा अपनी शुरुआती फ़िल्म में क्या कर रहा है, मैं जानना चाहता था कि कहानी क्या है। लेकिन जब भी मैं संजय से पूछता तो वह मुझे टाल देता और भरोसा दिलाता कि मैं आपको बाद में बताऊँगा। उसने मुझे कुछ महीनों तक कुछ भी साफ़-साफ़ नहीं कहा। उसने नीतू को फ़ोन किया और कहा, सर मुझसे पूछते रहते हैं कि आप क्या बना रहे हो, आप क्या बना रहे हो? अब आप ही मुझे बताइए कि मैं अमिताभ को ब्लैक की क्या कहानी बताता, शाहरुख को देवदास के बारे में क्या कहता?

जब नीतू ने मुझे बताया, संजय ने यह कहा है, तो मैं खामोश हो गया। मैंने सोचा कि वह एक अच्छा निर्देशक है, अत: सब कुछ उसके दिमाग में होगा। क्योंकि वह एक जिम्मेदार निर्देशक-निर्माता था, मैं आश्वस्त हो गया कि रणबीर सुरक्षित हाथों में है। नीतू और मैं, दोनों ही **देवदास** के दीवाने थे। हम संजय लीला भंसाली के फ़िल्मांकन की भव्यता से सम्मोहित थे। कभी-कभी वह हमारे यहाँ आता और वे संगीत सुनाता, जो उसने **साँवरिया** के लिए रिकॉर्ड किया था और मेरे विचार में वे उत्कृष्ट रचनाएँ थीं।

लेकिन आखिर फ़िल्म रिलीज हुई और लुढ़क गयी। जब हमने वह पहली बार देखी, तो मैं स्तब्ध रह गया। मुझे तुरन्त मेरे पिता की **छलिया** की याद आयी, जो कि मनमोहन देसाई की पहली फ़िल्म थी। वह दो शो भी नहीं चली। उस कहानी पर कभी भी फ़िल्म नहीं बन सकती थी। काश! भंसाली ने मुझे ज़रा-सी भी भनक लगने दी होती, तो मैंने अवश्य उसे रोकने की कोशिश होती।

साँवरिया में सलमान खान था, **छलिया** में रहमान साहब, भंसाली के पास रणबीर था, मनमोहन देसाई के पास राज कपूर। यहाँ सोनम थी, वहाँ नूतन। **साँवरिया** में महान संगीत था, **छलिया** में भी। **छलिया** हिन्दुस्तान-पाकिस्तान सम्बन्धों के सन्दर्भ में थी, मुझे समझ नहीं आता कि मैं **साँवरिया** का वर्णन कैसे करूँ। पूरी पृष्ठभूमि में हरे-नीले रंगों का विस्तार था। लोगों ने निर्दयता से उसे ब्लू फ़िल्म तक करार कर दिया। दोनों ही फ़िल्में व्यावसायिक तौर पर नहीं चलीं।

साँवरिया की असफलताओं से मैं हड़बड़ाया नहीं, क्योंकि रणबीर के काम को प्रशंसा मिली और वह आगे-आगे बढ़ता ही गया। कभी-कभी जब एक कलाकार सोचता है कि वह एक महान फ़िल्म बना रहा है, तो वह किसी और के विचारों को सुनने के लिए दिमाग खुला नहीं रखता। वह अपनी कल्पना के पीछे भाग रहा होता है। लेकिन मेरे पिता ऐसे नहीं थे। वह जब फ़िल्म बनाते थे, तो एक निर्धारित भाग शूट करने के बाद पूरे शहर को उसे देखने के लिए बुलाते थे। वह लोगों की सोच का सम्मान करते थे। आजकल मैंने सुना है कि आमिर खान और राकेश रोशन जैसे निर्माता जैसे-जैसे फ़िल्म बनती जाती है, अपना माल लोगों को दिखाते चलते हैं। मैंने यह भी सुना है कि यश चोपड़ा 'परिवार' को रिलीज़ के पहले अपनी फ़िल्म किसी को भी नहीं दिखाते। लेकिन जब **रॉकेट सिंह : सेल्समेन ऑफ़ द ईयर** (2009) बनकर तैयार हुई, तो उन्होंने रिलीज़ से तीन दिन पहले मंगलवार को हमें वह फ़िल्म दिखाई। जब आप फ़िल्म देखते हैं, तो यदि आपको वह पसन्द नहीं भी आती, तो भी नम्रता के साथ यही कहते हैं ऑल द बेस्ट फॉर फ़्राइडे। जब मैंने **रॉकेट सिंह** देखी तो यही किया।

मेरा मित्र और फ़िल्म का लेखक जयदीप सैनी और निर्देशक शिमित अमीन, मेरी राय जानना चाहते थे। मैंने कहा कि यदि रिलीज़ के तीन दिन पहले मेरा मत जानना चाहते हैं, तो उसका क्या फ़ायदा? आप पहले ही सीमा पार रिलीज के लिए फ़िल्म भेज चुके हैं। यदि आप दो महीने पहले मुझसे पूछते, तो मैं अपनी स्पष्ट राय दे सकता था। मैंने आगे कहा कि फ़िल्म के अन्त में यदि नायक अपने काम में सफल नहीं होता है, तो दर्शकों को सन्तोष और आनन्द की अनुभूति नहीं होती। उनका जवाब था कि वह तो साधारण अन्त होता, हम कुछ अलग करना चाहते थे।

मैंने मुँह तोड़ जवाब दिया कि फिर आप किसी से उसकी राय पूछते ही क्यों हैं?

मेरा विश्वास है कि एक फ़िल्म निर्माता का प्रथम उद्देश्य होना चाहिए—दर्शकों का मनोरंजन करना। कुछ भी कहो, इनसान भगवान नहीं होता, वह न तो भविष्यवाणी ही कर सकता है और न ही हमेशा सही ही हो सकता है। एक बुद्धिमान व्यक्ति ने एक बार कहा था कि यदि किसी को

यह पता हो कि गंजे के सिर पर कैसे बाल उगाए जा सकते हैं या वह एक फ़िल्म की सफलता की भविष्यवाणी कर सकता है, तो वह दुनिया का सबसे अमीर व्यक्ति होगा।

मुझे याद है कि मेरे पिता को पूरा विश्वास था कि लोग **मेरा नाम जोकर** को देखने के लिए 4 घण्टे बैठे रहेंगे। वह गलत थे। उन्होंने लोगों की बात मानकर **राम तेरी गंगा मैली** का क्लाइमेक्स दुबारा शूट किया। उन्होंने ऐसा ही कुछ **बॉबी** के दौरान भी किया। **जोकर** और **कल आज और कल** के बाद वह एक और असफलता सहन नहीं कर सकते थे, इसलिए उन्हें यह निश्चित करना था कि **बॉबी** सुपरहिट ही हो। इसी कारण उन्होंने ख्वाजा अहमद अब्बास द्वारा लिखित कहानी का अन्त, जिसमें दोनों युवा मर जाते हैं, बदल दिया। उन्होंने प्रेम चोपड़ा का चरित्र जोड़कर भी फ़िल्म को एक व्यावसायिक एंगल प्रदान किया। पश्चिम में भी लोगों की राय जानने के लिए फ़िल्म स्क्रीनिंग होती है।

मुझे लगता है कि रणबीर को मुझसे ज़्यादा संघर्ष करना पड़ा है, क्योंकि मैंने जब प्रवेश किया था, उसकी तुलना में आज के दिन अभिनय की दुनिया में बहुत ज़्यादा प्रतियोगिता है, और इसलिए मेरी अपेक्षा उसकी सफलता भी उतनी ही ज़्यादा मधुर है। प्रतिभा की बहुतायत है और इतने सारे विकल्प हैं कि हर बार सफलता पाने के लिए आपको कुछ असाधारण पेश करना होगा। यह स्पष्ट है कि रणबीर को इस उद्योग में प्रवेश किये अभी सिर्फ़ 10 वर्ष हुए हैं, उसने अपना कैरियर 2006 में शुरू किया था। जब उसने **रॉकेट सिंह** और **रॉकस्टार** की तो मेरे मित्र, परिवार और कुछ निर्माता भी आश्चर्य करते थे कि आखिर वह करना क्या चाहता है।

कभी लम्बे बाल, कभी सरदार बना है, आखिर वह कर क्या रहा है? सबने उससे उम्मीद की थी कि वह परम्परा को आगे बढ़ायेगा और अभिनेता के रूप में अपने को सिद्ध करने के पहले सितारे के रूप में अपने पैर जमायेगा।

रणबीर के फ़िल्म सम्बन्धी चयन में मेरा कोई हस्तक्षेप नहीं है। मैंने कभी उसके कैरियर में टाँग अड़ाने की कोशिश नहीं की। निश्चित ही मैं मानता हूँ कि एक पिता के रूप में मैं कभी-कभी विचलित हो जाता था।

क्योंकि कहीं गहराई में मैं महसूस करता था कि लोगों का एतराज काफ़ी हद तक उचित था। हमारे आसपास के लोग उसका भला ही चाहते थे। सच पूछा जाये तो यह पूछना उचित है कि **रॉकस्टार** जैसी फ़िल्मों में रणबीर क्या कर रहा था? या **वेक अप सिड** में? **राजनीति** में वह पाँच अन्य नायकों के साथ काम कर रहा था और इस सबके बाद **बर्फ़ी** में उसने मूक-बधिर व्यक्ति की भूमिका की। उसके लीक से हटकर फ़िल्मों के चयन ने मुझे भी डरा दिया था। लेकिन **बर्फ़ी** ने रणबीर के लिए सबकी राय बदल दी। इस फ़िल्म में उसने अपनेआप को सिद्ध कर दिया। और चयन को लेकर उसने अपने आलोचकों का मुँह बन्द कर दिया। एक अभिनेता के रूप में उसने अपनेआप को **बर्फ़ी, रॉकेट सिंह, रॉकस्टार, वेक अप सिड** में सिद्ध किया, जबकि **अजब प्रेम की गजब कहानी, ये जवानी है दीवानी** और **ऐ दिल है मुश्किल** ने उसकी व्यावसायिक लोकप्रियता को प्रमाणित किया।

बर्फ़ी के बाद लोगों की उससे उम्मीदें बढ़ गयीं और लोग आतुरता से उसकी फ़िल्मों की प्रतीक्षा करने लगे। यही कारण था कि **बेशरम** की असफलता ने उसे बहुत आहत किया। वह एक ऐसा मनोरंजन था, जिसे कोई दूसरा अभिनेता आराम से खींच लेता। रणबीर से अधिक की अपेक्षा थी, इसलिए फ़िल्म डूब गयी। उसने ऐसे स्पृहणीय कामों का अम्बार लगा दिया था कि किसी ने उसको इस प्रकार के सिनेमा में स्वीकार नहीं किया। लेकिन फिर भी इस फ़्लाप फ़िल्म ने 60 करोड़ रुपये कमाए और पहले दिन का बॉक्स ऑफ़िस कलेक्शन जबर्दस्त था। एक ऐसा दर्शक वर्ग भी है, जो थियेटर जाकर उसकी हर फ़िल्म को देखना चाहता है, उसकी उम्र में यह एक बड़ी उपलब्धि है।

अब हर कोई रणबीर से नये-नये प्रयोगों की अपेक्षा रखने लगा है। उसका चुनाव **बॉम्बे वेल्वेट** में और फिर कुछ हद तक **तमाशा** में फिर से असफल हुआ। मैंने ये फ़िल्में नहीं देखीं, लेकिन नीतू ने देखी हैं। उसने कहा कि फ़िल्म निर्माताओं ने अपनी क्षमता की सीमाओं से आगे जाकर जाँचे-परखे फार्मूले को रि-पैकेज कर अव्यावसायिक शैली में प्रस्तुत किया। निश्चित ही फ़िल्म की असफलता का ठीकरा हर बार अभिनेता के सिर पर नहीं फोड़ा जा सकता। ऐसा कई बार होता है कि पटकथा फ़ेल हो जाती है

या कार्यान्वयन ठीक से नहीं हुआ होता, या कभी-कभी इन सबका मिश्रण और कुछ अन्य भी बातें। यद्यपि मुझे पता चला कि रणबीर को समीक्षकों की सराहना मिली।

मुझे लगता है कि काम के प्रति रणबीर का रवैया बिल्कुल सही है। वह एक बार में एक ही फ़िल्म करता है। वह अपने काम को गम्भीरता से लेता है और अपने चरित्र पर लगातार मेहनत करता है। वह निर्देशक के नज़रिए को समझकर काम करता है और फ़िल्म में पूरी तरह डूब जाता है। वास्तव में, यही सबसे महत्त्वपूर्ण होता है। बाकी सब, यहाँ तक कि अन्तिम परिणाम, हिट या फ़्लॉप भी उसके बाद ही आता है।

रणबीर जब बड़ा हो रहा था, तो वह अभिनेता बनने की इच्छा रखता था, इस विषय में वह जब बात करता था, तो नीतू को बताता था कि वह ऐसी फ़िल्मों में काम नहीं करना चाहता, जहाँ बेसबाल कैप उलटी तरह से पहनकर, हाथ में बॉस्केटबॉल लेकर स्केट बोर्ड पर सन्तुलन बिठाना हो। न ही वह चाहता था कि 40 सहायक नर्तक उसको घेरकर उछलते-कूदते रहें। उसने मुझसे यह सब नहीं कहा, लेकिन नीतू को बताया कि मैं ऐसी फ़िल्में नहीं करना चाहता, इससे तो अच्छा होगा कि मैं फ़िल्मों में काम ही न करूँ। वह क्या करना चाहता है, शुरुआत से ही इसकी पूरी रूपरेखा उसके दिमाग में स्पष्ट थी। उसका ध्यान व्यावसायिक सिनेमा के बाहर था, वैसी फ़िल्में जिनमें जोखिम तो था, किन्तु वे उसे एक अभिनेता के रूप में उत्प्रेरित करती थीं। वह एक अक्लमन्द अभिनेता है। यहाँ तक कि जब उसने अभिनेताओं की एक भीड़ के साथ **राजनीति** की, उसने किसी को अपने क्षेत्र पर अतिक्रमण नहीं करने दिया। उन सब भारी-भरकम नामों के बीच भी उसने अपनी अलग पहचान बनायी।

मेरे हिसाब से अपने कौशल के प्रति उसके समर्पण में कोई कमी नहीं है। जनवरी 2014 में सोशल मीडिया और प्रिंट मीडिया इस ख़बर से भरे पड़े थे कि वह कैटरीना से सगाई करने के लिए न्यूयॉर्क गया हुआ था। किसी को यह नहीं मालूम था कि वह फिर से स्कूल में अपना नाम लिखवाने गया था, आने वाली फ़िल्म के लिए हकलाना सीखने के लिए। मेरी बहन ऋतु ने जब यह सुना तो वह दंग रह गयी। वह बोली कि वह इतना बड़ा स्टार है,

उसे किसी तरह का अभिनय सीखने के लिए स्कूल जाने की ज़रूरत नहीं है। लेकिन अपने जुनून को लेकर वह इतना ही गम्भीर है। मुझे याद है, जब वह **बॉम्बे वेल्वेट** में एक बॉक्सर का किरदार निभाने के लिए तैयारी कर रहा था, पूरे घर में वेट्स फैले रहते थे।

सच बोलूँ तो रणबीर के काम पर राय देने के लिए मैं सही व्यक्ति नहीं हूँ। मैं उसकी फ़िल्में देखता हूँ, किन्तु मुझे उनमें से एक भी पसन्द नहीं आती। मैं हमेशा एक अभिनेता के रूप में उनका आकलन करता रहता हूँ, न कि एक पिता के रूप में, और हमेशा अति आलोचनात्मक हो जाता हूँ। नीतू का दृष्टिकोण मुझसे बहुत बेहतर है। वह जानती है कि कौन-सी फ़िल्म चलेगी और कौन-सी नहीं। भगवान का शुक्र है कि मैं बार-बार गलत सिद्ध होता हूँ। मुझे **बर्फ़ी** और **ये जवानी है दीवानी** पसन्द नहीं आयीं, पर वे दोनों अति सफल रहीं। **राजनीति** के विषय में भी मेरी राय कुछ अच्छी नहीं थी। मैंने वह सिर्फ़ रणबीर के कारण देखी। और वह भी सफल हुई।

मैंने एक बार कहा था कि मैं हमेशा से जानता था कि मैं एक महान पिता का बेटा था, लेकिन नहीं जानता था कि एक महान पुत्र का पिता भी हूँ। यह एक ईमानदार कथन था। मैं राज कपूर का बेटा हूँ, लेकिन मुझे इस बात पर भी बहुत फ़ख्र है कि मैं रणबीर का पिता हूँ। अपने ट्विटर अकाउंट पर मैं अपनेआप को दोनों को जोड़नेवाला हाइफ़न कहता हूँ। बहरहाल, हम दोनों के बीच हमेशा एक बहुत बारीक सीमा रेखा रही है। वह नयी पीढ़ी का प्रतिनिधि है और कुछ चीज़ें जो वह करता है, वे मुझे बेचैन करती हैं।

जब वह छोटा था, तब मेरी नज़र में यदि कुछ ऐसा आता जो मैं नापसन्द करता, तो मैं अपनी बेटी को कहता कि अपने भाई को थोड़ा शान्ति से रहने और घर के बड़ों का लिहाज करने के लिए बोलो। साथ ही मैंने अनुभव किया कि यदि मैं ज़्यादा ज़ोर देता, तो उसके पास घर छोड़कर चले जाने का विकल्प था। वह ऐसा कर भी सकता था। कई बार ऐसे मौके आये भी।

रणबीर की पसन्द और नापसन्द अजीब है। जब वह घर होता है, तो वह अपने दिन की शुरुआत स्क्रैम्बल्ड एग्स और केवियर (मछली के अंडों का एक व्यंजन) से करना पसन्द करता है। मैं उसकी शाहखर्ची पर चकित

होता हूँ। मैं राज कपूर के बेटे के रूप में बड़ा हुआ, लेकिन हम भी स्क्रैम्बल्ड एग्स और कैवियर नहीं खाते थे। मैं रणबीर को बोलता हूँ कि कैवियर उसके लिए अच्छा नहीं है, किन्तु वह उसे हद से ज़्यादा पसन्द है। और फिर एक ऐसे व्यक्ति के हिसाब से, जो कि दिन की इतनी शानदार शुरुआत करता है, वह बाकी दिन भर करीब-करीब भूखा रहता है। उसे शराब का शौक नहीं है, किन्तु अच्छा होगा यदि वह धुम्रपान करना छोड़ दे। मैं अपने दूसरे प्रयास में आखिरकार सिगरेट छोड़ पाया। सालों हो गये, मैंने सिगरेट नहीं पी। रणबीर विदेश में किसी स्पा में गया था और मैंने सुना है कि अब उसने धुम्रपान त्याग दिया है। यदि यह सच है, तो बहुत अच्छी बात है। वैसे भी, उसने कभी भी मेरे सामने सिगरेट नहीं पी। जब वह 18 वर्ष का हुआ, तो मैंने उसके सामने बीयर पेश की और कहा कि अब वह मेरे साथ ड्रिंक कर सकता है। उसके बाद वह कभी-कभी मेरे साथ ड्रिंक कर लेता है, लेकिन वह पियक्कड़ नहीं है।

हम दोनों के बीच जो दूरी है, वह वैसी ही है, जैसी मेरे और मेरे पिता के बीच थी। रणबीर और मैं एक-दूसरे को देखते हैं, पर एक-दूसरे को महसूस नहीं कर पाते, कम-से-कम मैं तो नहीं। कभी-कभी मुझे लगता है कि मैंने अपने बेटे का दोस्त बनने का अवसर गवाँ दिया है। मैं एक सख़्त पिता था, क्योंकि मेरा लालन-पालन भी ऐसा हुआ था कि मुझे लगा कि एक पिता को ऐसा ही होना चाहिए। एक साक्षात्कार में रणबीर ने कहा 'मेरे पिता एक दोस्त नहीं हैं, वह एक पिता हैं। मैं उनकी पीठ पर थपकी नहीं दे सकता और उनके साथ मज़ाक नहीं कर सकता।' वह नीतू का दोस्त है, लेकिन मेरा नहीं और यह एक ऐसी बात है, जिसके लिए मुझे सख़्त अफ़सोस है। शायद मुझे ही उस तक पहुँचने के लिए हाथ बढ़ाना चाहिए था। लेकिन मेरा एक हिस्सा है, जो बहुत ज़्यादा बेतकल्लुफ़ी पसन्द नहीं करता। शायद मैं पिता-पुत्र के बीच इतना फ़ासला पसन्द करता हूँ। एक-दूसरे की पीठ ठोंकना, सिगरेट शेयर करना और कहना कि चलो ड्रिंक लें—ये वो चीज़ें हैं, जो मैं अपने बेटे के साथ करते हुए असहज महसूस करता हूँ। यह उन परम्पराओं के विपरीत है, जिनमें मैं पला हूँ।

पितृत्व : आनन्द और उत्तरदायित्व

शादी के बाद रिद्धिमा मेरे और करीब हो गयी है। अब वह खुद 5 वर्षीय बेटी की माँ है। मेरी पहली नातिन। मातृत्व ने उसे अपने माता-पिता को समझने और उनके महत्त्व को आँकने में उसकी मदद की है। कम-से-कम मुझे तो ऐसा ही लगता है। रणबीर भी मेरे करीब है, लेकिन अलग तरह से। मैं उसे इसके धन के निवेश में मदद करता हूँ। क्योंकि मुझे इन बातों में उससे अधिक अनुभव है और वह एक ऐसी नाज़ुक स्थिति में है, जहाँ आसानी से लोग उसका फ़ायदा उठा सकते हैं। इसलिए जहाँ उसका पूरा ध्यान अपने काम पर है, वहीं मैं उसके कैरियर के अन्य पहलुओं, ख़ास करके उसका आर्थिक पक्ष देखता हूँ। हमारे पास बिमल पारिख के रूप में एक विश्वसनीय चार्टर्ड अकाउंटेंट है, जो कि लगभग हमारे परिवार का ही सदस्य है। मुझे याद है, अपने शुरू के दिनों में मैं वित्त से सम्बन्धित किसी भी बात से चकरा जाता था। यह विशेषता हमारे परिवार में चली आयी है। मेरे पिता जी को भी व्यावसायिक बुद्धि नहीं थी। वह हमेशा कहते थे, भगवान ने मुझे अभिनय कौशल और फ़िल्म बनाने की क्षमता दी है, लेकिन उसने मुझे रुपये-पैसे को सँभालने वाला दिमाग़ नहीं दिया है। मुझे ज़रा भी व्यावसायिक बुद्धि नहीं दी। पापा एक स्टूडियो स्थापित कर पाये, किन्तु ज़िन्दगी भर वह छले जाते रहे। उनकी फ़िल्मों ने अच्छा पैसा कमाया, किन्तु उनके बही खाते कभी व्यवस्थित नहीं रहे।

मैं नहीं जानता कि एक परिवार के रूप में भविष्य हमें क्या दिखाने वाला है। रणबीर ऐसी उम्र में पहुँच गया है, जहाँ वह सेटल होना चाहता है। शायद शादी करके परिवार को बढ़ाना चाहता है। जब मैं नीतू के प्यार में पड़ा था, तब मेरे माता-पिता मेरी खुशियों में बाधक नहीं बने। हम लोग भी रणबीर के बारे में ऐसा ही सोच रखते हैं। मेरा बेटा जिससे भी प्यार करेगा और उसे अपने साथ घर लायेगा, मैं और नीतू आगे बढ़कर उसे गले लगा लेंगे। जहाँ तक मुझसे बन सकता है, मैं रणबीर और उसकी व्यक्तिगत ज़िन्दगी के बारे में किसी से बात नहीं करता। इस बात पर मैं मीडिया से बचता हूँ और उन्हें कहता हूँ, मैं यहाँ जिस विषय पर बात करने आया हूँ, उसके अलावा आप कुछ भी नहीं पूछेंगे, लेकिन कभी-कभी मैं फँस जाता हूँ। मुझे याद है, एक बार मुझे मेरी बैंक की नयी बाँद्रा कुर्ला कॉम्पलेक्स शाखा के उद्घाटन के लिए

बुलाया गया था। कुछ मीडिया वाले उसे कवर कर रहे थे। वह फ़िल्म से सम्बन्धित बिल्कुल नहीं था, फिर भी उनमें से एक ने मुझसे पूछा कि रणबीर और कैटरीना के बारे में आपकी क्या राय है? निश्चित ही तुरन्त मेरे चेहरे के भाव बदल गये, मैं मुड़ा और सीधे अपनी कार की तरफ़ बढ़ लिया। बाद में जब मैंने टीवी पर फ़ुटेज देखा, तो मेरी नज़र में आया कि कार में बैठते वक्त मेरे चेहरे के भावों पर उन्होंने ज़ूम किया था। उन्होंने मेरी चुप्पी में भी एक स्टोरी बना ली थी।

क्या मेरे और रणबीर के बीच, या कहिए कि हम चारों के बीच का रिश्ता हमेशा ऐसा ही अटूट रहेगा? क्या मेरे भाइयों के परिवार और मेरा परिवार हमेशा ऐसे ही मिल-जुलकर रहेंगे? मैं नहीं जानता। मैं आगे की पीढ़ी की गारंटी नहीं दे सकता, मैं अभी से भविष्यवाणी नहीं कर सकता कि हमारे बच्चे क्या करेंगे। मुझे कोई अनुमान नहीं है कि डब्बू के और मेरे बच्चे आर.के. बैनर, आर.के. विरासत और आर.के. स्टूडियोस को लेकर कैसा व्यवहार करेंगे।

जैसा कि मेरा नज़रिया है, में अपने दादा पृथ्वीराज कपूर से प्यार करता था। क्योंकि मैं उन्हें अच्छी तरह से जानता था। किन्तु रणबीर को पृथ्वीराज कपूर से क्या लेना-देना, वह उनसे कभी मिला ही नहीं। वह सिर्फ़ इतना जानता है कि वह उसके परदादा थे। और वह उनकी याद, उसी आदर के साथ करेगा, जैसे उसके स्थान पर कोई और करता लेकिन कोई आत्मीयता कोई और होगी। यही प्रकृति का नियम है। कहा भी गया है कि आत्मीय यादें केवल तीन पीढ़ी तक ही चलती हैं। रणबीर राज कपूर को याद रख सकता है, किन्तु आप उसके बच्चों से आशा नहीं कर सकते कि वे अपने परदादा के बारे में कितना कुछ ख़ास महसूस करेंगे।

हो सकता है, आगे जाकर सम्पत्ति के लिए झगड़े हों, पारिवारिक विवाद और मुकदमेबाज़ी हो। ऐसी बातें भाइयों के बीच में भी होती हैं, लेकिन मैंने, डब्बू और चिंटू ने राज कपूर की विरासत को अक्षुण्ण रखा है। हम आर.के. स्टूडियोस मिलकर चलाते हैं। ऑफ़िस जाकर एक टीम के रूप में कार्य करते हैं। इसका एक फ़ायदा यह भी है कि कम-से-कम इसी बहाने थोड़े-थोड़े अन्तराल से हमारी मुलाकातें हो जाती हैं।

जब हम सब कुछ अपने बच्चों को सौंप देंगे, तो यह उनका निर्णय होगा कि वे राज कपूर की विरासत को कैसे चलाते हैं। मैं इस सत्य से इनकार नहीं कर सकता कि आर.के. इस समय एक सुप्त और निष्क्रिय संस्था है, और मैं भी आंशिक रूप से इसके लिए उत्तरदायी हूँ। यदि मेरे भाइयों ने आर.के. बैनर को ज़िन्दा रखने के लिए कुछ नहीं किया, तो मैंने भी तो कुछ नहीं किया है। मैं हमेशा अपने कैरियर में ही मग्न रहा। कल यदि रणबीर फ़िल्म बनाना चाहे, तो मुझे नहीं लगता कि वह आर.के. बैनर के तले बनायेगा। वह खुद अपने नाम से बना सकता है या खुद का बैनर शुरू कर सकता है। वह मेरे भाइयों के साथ आर.के. बैनर के तले क्यों बनायेगा? जब मेरे पिता ने फ़िल्में बनाना शुरू किया, तो उन्होंने अपने भाइयों या पिता के साथ कम्पनी शुरू नहीं की। फ़िल्म व्यवसाय में हम सबका अपना अलग-अलग व्यक्तित्व है और सबकी स्वतन्त्र पहचान। मेरी बात और है।

मेरे लिए हमेशा आर.के. ही सबसे महत्त्वपूर्ण और सर्वोपरि रहेगा। मैं जानता हूँ कि इस बैनर के द्वारा अर्जित सद्भावना आज भी काफ़ी हद तक कायम है। 15 साल के अन्तराल के बाद भी यदि आर.के. बैनर के तले कोई फ़िल्म बनायी जायेगी, तो दर्शक उसका स्वागत करेंगे। हमने भले ही उसके लिए कुछ ख़ास नहीं किया हो, लेकिन वह अभी भी एक दमदार बैनर है, क्योंकि हमने सिर्फ़ पैसा बनाने के लिए कोई बेकार फ़िल्म बनाकर उसकी प्रतिष्ठा को धक्का भी नहीं पहुँचाया है।

सच कहूँ तो मैं और मेरे भाई तो भविष्य में कोई फ़िल्म बनाते हुए नहीं दिखाई देते। मैं एक अभिनेता के रूप में व्यस्त हूँ और यही मेरा जुनून है, फ़िल्म बनाना नहीं। पर मुझे आश्चर्य नहीं होगा कि यदि रणबीर भी मेरे पिता की तरह अभिनय करते-करते ही निर्माण भी शुरू कर दे। कौन जानता है, वही आर.के. विरासत का सच्चा उत्तराधिकारी सिद्ध हो?

उत्तरकथन

ऋषि कपूर, एक अभिनेता, पुत्र, पति और पिता : तिलस्म का अनावरण

नीतू कपूर

पहले पेश है, एक आरोप पत्र—क्या ऋषि एक चिड़चिड़ा व्यक्ति है? क्या वह इसका अपराधी सिद्ध होता है? क्या वह एक बड़बोला, भीड़ प्रेमी और दूसरों की बातों का जल्दी बुरा मान जाने वाला व्यक्ति है? तीनों बातों की जाँच कीजिए कि क्या ये सभी बातें सही हैं?

ये सभी बातें सही हैं।

क्या वह लोगों पर सन्देह करने वाला, दम घोंटने की हद तक अधिकार जमाने वाला, साथ रहने के लिए कठिन व्यक्ति है?

यदि आप ऐसा सोचते हैं, तो आप मेरे पति को सही जानते हैं।

क्या वह तोहफ़ा देने में उदार है?

सच कहूँ तो नहीं।

क्या वह तुनकमिजाज है? क्या हमारे झगड़े होते हैं? क्या मैंने कभी छोड़कर जाने का सोचा है?

हाँ, हाँ, हाँ, हर रोज़ ही उसे छोड़कर भाग जाने का ख़्याल आया है। फिर मैं विवाह के लिए स्वीकृति देने के 37 वर्ष बाद अभी तक श्रीमती कपूर क्यों हूँ?

उत्तर है—

- क्योंकि 37 वर्ष एक लम्बा अरसा होता है और मैं किसी और के साथ नहीं रह सकती, न रहूँगी।

- क्योंकि जब आप मेरे पति को जानने लगते हैं, तो आप पाते हैं कि वह एक बहुत ही स्पष्टवादी व्यक्ति हैं। यद्यपि वास्तविकता यह है कि उसे समझ पाना आसान नहीं है।

- क्योंकि मैं मानती हूँ कि मैं उससे बेहतर साथी की कामना नहीं कर सकती थी और उसके साथ मेरी ज़िन्दगी जैसी बीती, उससे बेहतर की कल्पना मैं नहीं कर सकती थी।

- क्योंकि जैसे-जैसे दिन बीतते जाते हैं, मैं उसको और ज़्यादा पसन्द करने लगती हूँ।

- क्योंकि उसकी खूबियाँ उसकी खामियों से बहुत-बहुत ज़्यादा हैं।

- क्योंकि और 'क्योंकि' की सूची बढ़ती ही जाती है।

क्या मैं एक बेचारी की तरह लगती हूँ? यह निश्चित ही लोगों के बीच एक स्थायी भाव नज़र आता है और उनकी धारणा है कि मैंने ऋषि कपूर के साथ रहने के लिए पता नहीं कितने त्याग किये हैं, जबकि सच्चाई यह है कि मैंने बिल्कुल वैसी ही ज़िन्दगी जी है, जैसी मैं चाहती थी। और कुर्बानियाँ न तो की गयी, न ही इनकी दरकार थी। सच कहें, तो 37 साल पहले मेरे साथ जो सबसे शुभ हुआ, वह था ऋषि कपूर नामक व्यक्ति से मेरा विवाह होना।

ऋषि एक जटिल व्यक्ति है ... पर तभी तक, जब तक आप उसे ठीक से नहीं जानते। उसका स्वभाव थोड़ा आक्रामक ज़रूर हैं, जो लोगों को

भयभीत करता है। वह उतावला है, वह जल्दी खीझ जाता है और बेबाकी के चक्कर में कड़वे वचन भी कह सकता है। और ऊपर से, बॉब लोगों पर जल्दी विश्वास नहीं करता। सच पूछें तो वह हमेशा और लगातार लोगों के असली मकसद को ढूँढ़ निकालने की कोशिश में लगा रहता है, जिसका मतलब है कि ज़्यादा लोग उसके करीब आने की कोशिश नहीं करते और दोस्त बनाना उसके लिए कठिन होता है। इसी कारण उसके आस-पास शायद ही कोई नये चेहरे दिखाई देते हैं और यही कारण है कि जो कुछ दोस्त उसके नज़दीक हैं, वे लम्बे, बहुत लम्बे समय से हैं। ये वे लोग हैं जिन्होंने ऋषि कपूर की अच्छाई देखी है, वे यह अच्छी तरह जानते हैं कि ऋषि कपूर एक नारियल की तरह है और उसका कड़ा डराने वाला बाहरी कवच एक छद्म ओढ़ा हुआ व्यक्तित्व है।

आज मैं और बॉब उस मुकाम पर आ पहुँचे हैं, जहाँ हम 15 वर्ष पहले नहीं थे। आज हम एक-दूसरे को लेकर अत्यन्त सहज हैं और एक आपसी समझदारी हमारे बीच है, जो 15 वर्ष पहले नहीं थी। आज, एक नज़र या ज़रा-सी हरकत से मैं समझ सकती हूँ कि उसके मन में क्या चल रहा है। फ़िल्मों तथा अन्य मामलों में मेरी राय को अब वह पहले से ज़्यादा महत्त्व देने लगा है। मेरे ऊपर उसकी निर्भरता भी बढ़ गयी है। शायद यह इसलिए और अधिक है कि उसके कई पुराने दोस्त अब उसके आसपास नहीं हैं।

उसके शंकालु स्वभाव के साथ-साथ वह ईर्ष्यालु भी है, ख़ास कर मुझको लेकर। विश्वास न करना और ईर्ष्या करना एक विस्फोटक मिश्रण हो सकता है, किन्तु हमने इस समस्या से बहुत अच्छी तरह निबटा है। रिश्ते में सन्तुलन बनाये रखने के लिए मैंने उसे अपनी शीर्ष प्राथमिकता बनाया है और मैं अच्छी तरह से जानती हूँ कि मैं उसे नज़रन्दाज़ कर किसी और के साथ कभी भी ज़्यादा घनिष्ठ नहीं हो सकती। यहाँ तक कि इसमें मेरा बेटा रणबीर भी शामिल है। मैं यह नहीं कहती कि बॉब रणबीर से ईर्ष्या करता है, परन्तु मैं उसे इतना अधिक जानती हूँ कि मैं समझ जाती हूँ कि रणबीर को दुलार करते वक्त यदि मैं बॉब को दोयम स्थान दूँ तो उसे जलन महसूस होती है।

बॉब के लिए किसी से दोस्ती करने के पहले यह आवश्यक है कि वह उस व्यक्ति को ठीक से जाने और उसके साथ सहज महसूस कर सके। पहले मैं चिढ़ती थी और आश्चर्य करती थी कि मेरी किसी भी दोस्ती से उसे कितनी परेशानी होती थी। लेकिन धीरे-धीरे हम सबने उसके स्वभाव को स्वीकार कर लिया है। इसलिए मेरे सब मित्र अब पहले उसे सहज महसूस कराते हैं और उसके बाद ही मैं चैन की साँस ले पाती हूँ। ऐसा न होने पर वह एकदम सनक जाता है।

हमारी शादी के पहले मैंने बॉब को 5 साल तक डेट किया, इसलिए असल में मैं 42 साल से उसके साथ हूँ। मैं एक पल के लिए भी यह दावा नहीं कर सकती कि उसके साथ रहना फूलों पर चलने के समान आसान रहा है।

हमारी शादी में भी बेचैन करने वाले लम्हे आये। उन तूफ़ानों का सामना करने में जो मददगार रहा, वह है मेरा धीर-गम्भीर स्वभाव और उसकी प्रेम-पात्र बनने की अद्भुत क्षमता, जो उसकी सनकों पर भारी पड़ती है। उसकी यही खूबी उसकी सभी खामियों पर भारी पड़ती है।

उसका एक गुण जो मुझे बेहद पसन्द है, वह है उसका जुनून। वह फ़िल्मों के प्रति जुनूनी है और वह अपने परिवार को भी दीवानगी की हद तक प्यार करता है। जब हममें से कोई यात्रा करता है, तो वह बेहद बेचैन हो उठता है। एक नियम जो हमारे लिए वेद वाक्य की तरह है, वह है, जैसे ही कहीं जाने के लिए हम उड़ते हैं या वापस धरती पर उतरते हैं, हम उसे टैक्स्ट करते हैं 'जय माता दी' जब तक उसे यह सन्देश नहीं मिलेगा, वह ऊपर-नीचे होता रहेगा।

एक बार रणबीर ने हवाई जहाज़ में बैठने के बाद उसे मैसेज कर दिया, लेकिन हवाई जहाज़ देर से उड़ा। इस बीच बॉब ने मन-ही-मन गणित बैठा लिया कि विमान कब पहुँचेगा, जब रणबीर अनुमानित समय पर नहीं पहुँचा, तो उसने पूरा घर सिर पर उठा लिया। आखिरकार जब रणबीर ने सचमुच लैंड किया, तो उसे इसका नतीजा भुगतना पड़ा। उसके पिता का कहना था कि 'जब टेक-ऑफ़ नहीं हुआ था, तो तुमने मैसेज क्यों किया? मैंने तुम्हारे पहुँचने का समय उसी हिसाब से सोच लिया और मैं बेहद चिन्तित हो गया था।'

बॉब हम सबका बहुत अधिक ध्यान रखता है, इसलिए वह उतना ही अधिक चिन्ताग्रस्त हो जाता है। उसका परिवार उसकी दुनिया है—रिद्धिमा, रणबीर, भरत (रिद्धिमा का पति) और अब हमारी नातिन, समारा।

जब **बेशरम** के प्रमोशन के दौरान हम एक ही फ़्लाइट से गये, तो रणबीर ने एक मज़ेदार बात कही, भगवान का शुक्र है, तुम दोनों यहीं हो, मुझे अब मैसेज करके 'जय माता दी' नहीं कहना पड़ेगा। इसका मेरे ऊपर सदैव इतना दबाव होता है कि गलती से यदि मैं भूल गया, तो पापा पगला जायेंगे।

मेरी दुनिया भी निस्सन्देह, मेरा परिवार ही है, वह दुनिया जो मैंने हमेशा चाही थी। मेरा और कोई सपना या लक्ष्य नहीं था। इसीलिए मेरे लिए काम और विवाह के बीच चुनते समय कोई धर्म संकट उपस्थित नहीं हुआ।

मैं कभी महत्त्वाकांक्षी नहीं थी और अपने जीवन के किसी भी मोड़ पर मैंने कभी यह नहीं चाहा कि मैं हमेशा अभिनेत्री बनी रहूँ।

मैं सिर्फ़ तेरह साल की थी, जब मैंने काम करना शुरू किया और जब मैंने 21 वर्ष की उम्र में फ़िल्में छोड़ीं, तब तक मैं करीब सत्तर फ़िल्मों में काम कर चुकी थी। सच कहें तो अपनी किशोरावस्था में पाँव रखने के साथ ही मैं पैसा और प्रसिद्धि का स्वाद चख चुकी थी और आगे आने वाली ज़िन्दगी में दोनों ने मेरा साथ नहीं छोड़ा, लेकिन व्यक्तिगत तौर पर मैंने सिर्फ़ प्रसिद्धि का अनुभव किया। उसके साथ जुड़े पैसे के प्रभाव से मैं अनभिज्ञ थी। मैं जो कुछ कमाती थी उसकी देखरेख मेरी माँ करती थीं। वही पैसे से सम्बन्धित सारे निर्णय लेती थीं और पूँजी निवेश करती थीं। जब मेरी शादी हो गयी, तो मैं बस माँ के घर से अपने पति के घर चली आयी। पहले मेरी माँ मेरे खर्चों का ध्यान रखती थीं और जब भी कभी मुझे ज़रूरत होती थी, तो वह मुझे पैसे दे देती थी। इसके बाद मेरे पति पैसों का हिसाब रखने लगे, इसलिए जब मैंने विवाह करने के लिए अपने कैरियर को तिलांजलि दी, तो मेरे मन में एक पल के लिए भी यह सवाल नहीं आया कि मैं अपनी आज़ादी या और कोई महत्त्वपूर्ण चीज़ खो रही हूँ। मैं सिर्फ़ अपनी मनचाही ज़िन्दगी जीने के लिए बेकरार थी।

फ़िल्मों में काम करना मेरे ख़ून में नहीं था। मुझे जैसा बताया जाता, मैं वैसा अभिनय कर लेती और मैं इतनी कम उम्र की थी कि जो भी कपड़े मुझे दिये जाते, वो पहन लेती और जो संवाद मुझे मिलते, बिना कुछ प्रश्न किये बोल देती। सेट पर मेरा चरित्र कैसे आगे बढ़ेगा या इस प्रकार की अन्य किसी भी बातों को मैं नहीं सोचती थी। निर्देशक मुझे जो कुछ बताता था, मैं बस वही कर देती थी। घर पर मेरी माँ सब कुछ सँभालती थीं और मेरा बॉयफ्रेंड मेरी भावनात्मक ज़िन्दगी पर शासन करता था।

मैं इतनी कम उम्र की थी, शायद इसीलिए मैंने बस अपने दिल की सुनी। मैं ऋषि कपूर को अच्छी तरह जानती थी और एक परिवार बनाना चाहती थी। बावजूद इसके कि वह शहर में सबसे जटिल बॉयफ्रेंड था, मैं ऐसा चाहती थी।

वह मुझे करीब-करीब रोज़ ही रुला देता था, लेकिन फिर भी मैं उससे हर रोज़ मिलना चाहती थी। वह मेरे काम के शिड्यूल पर असम्भव और तनावपूर्ण शर्तें खड़ी करता था, जिसमें एक मूलभूत नियम होता था कि हर हालत में 8.30 पर पैकअप करना है। जब भी मुझे लेट नाइट शिड्यूल करना होता, तो उसका यह निर्णय मेरे लिए एक हौवा होता था। 'धूम मचे धूम' और 'मैया मैं तो' **काला पत्थर** के ये दोनों गाने रात में आउट डोर शूट किये गये थे। यश जी ने राजकमल स्टूडियो में सेट खड़ा किया था, जहाँ फ़िल्म के अन्य कलाकार अमिताभ बच्चन, राखी, शत्रुघ्न सिन्हा, परवीन बाबी और शशि कपूर को बिना कुछ किये खड़े रहना था, जबकि मुझे दृश्य में नाचना-गाना था। सूर्यास्त के बाद लगभग 7 बजे हम काम शुरू करते थे और रात 2-3 बजे तक फ़िल्मांकन होता था। बॉब ने **काला पत्थर** के लिए अपने नियम में थोड़ी ढील दी थी और मुझे एक घण्टे का अतिरिक्त समय दिया था। एक घण्टे का मतलब था कि मैं रात 9.30 तक शूट कर सकती थी। सेट पर सभी लोग जानते थे कि नीतू सिंह पागलपन की हद तक प्रेम में डूबी हुई है और उसका बॉयफ्रेंड बहुत तकाज़े वाला है। रात 9.30 के बाद उसे सँभालना मुश्किल हो जायेगा, इसलिए वे लोग ठीक 7 बजे काम शुरू कर देते थे। यश जी के लिए यह समायोजन बहुत कठिन होता था, क्योंकि वह जानते थे कि उनके पास सिर्फ़ 2 घण्टे हैं, उसके बाद मैं गायब

हो जाऊँगी। परन्तु मैं अपने बॉयफ्रेंड की शर्तों से इतनी भयाक्रान्त थी कि अन्य किसी बात से मुझे कोई फ़र्क नहीं पड़ता था।

एक शाम जब हम **धूम मचे धूम** की शूटिंग कर रहे थे, तो हमने सामान्य से अधिक देर तक काम किया और अभी भी एक शॉट बाकी था। किस्मत से उस समय मोबाइल फ़ोन नहीं थे। मैंने घर पर फ़ोन किया और मेड को बोला कि फ़ोन उठाकर नीचे रख देना। साहब फ़ोन करेंगे और मैं नहीं चाहती कि उनका फ़ोन लगे। मैं उन्हें बोल दूँगी कि मैं ट्रैफ़िक में फँस गयी थी। मेरा मतलब था कि रिसीवर उठाकर रख देना, मेरी मेड ने मेरी बात को शब्दश: ले लिया और फ़ोन को टेबल से उठाकर नीचे ज़मीन पर रख दिया। किस्मत से ऋषि का उस शाम फ़ोन नहीं आया। लेकिन आप समझ सकते हैं, मैं कितने दबाव में थी। हमारे डेटिंग के दिन इतने तनाव भरे थे कि मुझे विवाह एक ताज़ी हवा के झोंके की तरह लगा।

विवाह के पहले मेरी दिनचर्या नियमित थी। मैं 8.30 बजे तक शूट करती, पैकअप करती और अपने पज़ेसिव बॉयफ्रेंड के साथ ड्राइव या डिनर पर चली जाती। शादी मेरे लिए इन बन्धनों से मुक्ति थी। काम पर और मीटिंग्स में न जाकर मैं थोड़ा चैन से बैठना चाहती थी। मैंने हर तरह से एक सही रास्ता चुना था, क्योंकि ऋषि कपूर एक बॉयफ्रेंड के रूप में जैसा था, पति के रूप में उससे कहीं बेहतर था। मेरे बॉयफ्रेंड के रूप में वह इतना धृष्ट और बिगड़ा हुआ था कि मेरे सहकर्मी मेरे लिए दुखी होते थे। उदाहरण के लिए, मेरे पास कोई मेकअप मैन नहीं था और मैं खुद ही अपना मेकअप किया करती थी। जब मैं तैयार हो रही होती, तो वह मेरे कमरे में घुस जाता, आईलाइनर पेंसिल से मेरा मेकअप बिगाड़ देता और खड़े-खड़े हँसता रहता था। वह मेरा बैग छीन लेता और सारा सामान रास्ते पर बिखेर देता। वह मुझे तंग करने के लिए बिगड़े बच्चों की तरह शरारतें करता। और वह हमेशा मेरे कपड़ों पर नाक-भौं सिकोड़ता रहता।

सौभाग्य से, विवाह के बाद वह काफ़ी शान्त हो गया है। यद्यपि वह अभी भी प्रशंसा करने में महा कंजूस है। उससे यह प्रशंसा पाना कि अच्छी लग रही हो, एक टेढ़ी खीर है और इतने दशकों में उसने सिर्फ़ दो बार ही ऐसा कहा है। हर बार जब ऐसा हुआ है, वह ड्रेस सचमुच गजब की रही होगी।

ऐसा सोचकर मैंने उन ड्रेसेज को बहुत ही ख़ास अवसरों पर पहनने के लिए सँभालकर अलग रख दिया है। वह रणबीर की भी कभी तारीफ़ नहीं करता और मेरा बेटा हमेशा रास्ता देखता है कि कभी तो मेरे पिता मुझे कुछ अच्छा कहेंगे। इसकी जगह, वह हमेशा उसकी आलोचना करता रहता है और उसे क्या नहीं करना चाहिए, यह उपदेश देता रहता है।

मैं लगातार बॉब को थोड़ा शान्ति रखकर अपने बेटे से दोस्त की तरह बात करने के लिए कहती हूँ। लेकिन वह कहता है कि मैं तो ऐसा ही हूँ। शायद उसका अपने पिता से भी ऐसा ही रिश्ता रहा होगा।

पिछले कुछ सालों में रणबीर से कैसे संवाद स्थापित किया जाये, इस पर मैंने उसे कई बार सलाह दी है। हमारा बेटा अब जवान हो चुका है और अब समय आ गया है कि मेरा पति उससे बराबरी के स्तर पर बात करे—न कि बच्चे की तरह उस पर धौंस जमाता रहे। अच्छी बात यह है कि मेरा बार-बार टोकना, कहीं-न-कहीं, उसके दिमाग़ में घुसकर दर्ज़ हो रहा है। मैं अब उसे रणबीर के साथ पहले से कहीं अधिक सहज पाती हूँ। वह उसके साथ उसके काम पर बात करता है और समझने की कोशिश करता है कि क्या चल रहा है।

बॉयफ्रेंड के रूप में वह जैसा था, उसके विपरीत पति के रूप में उसने हमारे रिश्ते में मुझे शिकायत का कोई मौका नहीं दिया। मैं नहीं जानती कि वह ऐसा क्यों सोचता है कि जब उसने डिम्पल के साथ **सागर** में काम किया, तो मैं असुरक्षित हो गयी थी। मैं ईर्ष्या और टुच्चेपन से दूर रहती हूँ, हमारे रिश्ते को लेकर मुझे हमेशा पूर्ण विश्वास रहा है। यात्रा के दिनों को छोड़कर वह रोज़ घर में मेरे पास होता है। उसने हमारी शादीशुदा ज़िन्दगी में हर रोज़ ऐसा ही किया है।

जब हम **सागर** के पहले ट्रायल शो के लिए गये, तो मेरा पति काफ़ी व्याकुल था। उसमें उसने कुछ चुम्बन दृश्य किये थे और उसे पूरा विश्वास था कि स्क्रीनिंग के बाद मैं उस पर टूट पड़ूँगी। इसलिए वह घबराते हुए मेरी प्रतिक्रिया का रास्ता देख रहा था, जबकि मैंने शान्ति से बैठकर फ़िल्म देखी और बाद में बिना कुछ बोले कार में बैठ गयी। फिर मैं उसकी तरफ मुड़ी और कहा बॉब मुझे तुम पर शर्म आती है कि तुमने चुम्बन के दृश्य कितने

बुरे किये हैं। मैंने तुमसे थोड़ा आराम और अधिक भावना से ऐसा करने की उम्मीद की थी। मैंने पाया कि तब जाकर उसने चैन की साँस ली।

एक अभिनेता की बीवी को बड़ा दिल रखना पड़ता है, आप छोटी-छोटी बातों पर भड़क नहीं सकते। यदि आप उन्हें दिल पर लेंगे, तो या तो आप अपनी कलाई काट लेंगे या अवसाद में चले जायेंगे या अपने पति को छोड़ देंगे और हमेशा दुखी रहेंगे।

मैं अच्छी तरह से जानती हूँ कि बॉब बेदाग नहीं है, कुछ अनधिकृत अतिक्रमण अवश्य हुए होंगे। मैं किसी का नाम नहीं लेना चाहती, किन्तु मैं इन्हें क्षणिक आकर्षण ही मानूँगी। ऐसी घटनाएँ अधिकतर पुरुषों की ज़िन्दगी में होती रहती हैं और वे हुई हैं, लेकिन मैंने उन्हें अधिक महत्त्व नहीं दिया है। वे सिर्फ़ अस्थायी अवरोध थे, जो आये और चले गये।

यह जानना मज़ेदार है कि जब वह किसी अभिनेत्री को ज़रूरत से ज़्यादा पसन्द करता, तो मुझे कैसे पता चलता था। वह हर शाम व्हिस्की पीता था और वह उसे चढ़ जाती थी। उस हालत में वह बहुत कुछ उगल देता था। बिना जाने कि जिससे वह मन की बात कह रहा है, वह उसका पुरुष दोस्त नहीं, बल्कि उसकी बीवी है। वह जिस लड़की में रुचि लेता था, उसके बारे में सब कुछ बक देता था। जब मैं अगली सुबह इस बारे में पूछती तो उसे आश्चर्य होता कि मुझे उसके इस रहस्य के बारे में कैसे पता चला। ऐसा इतनी बार हुआ कि जल्दी ही वह घबराने लगा कि अगली बार शराब पीकर वह मेरे सामने पता नहीं क्या उगल देगा।

हालाँकि वह रणबीर पर अभिमान करता है, पर रिद्धिमा हमेशा से जानती थी कि यदि वह अभिनेत्री बनना चाहे, तो उसका पिता खुद को मार डालेगा। वह आश्चर्यजनक रूप से प्रतिभाशाली और खूबसूरत लड़की है। वह गजब की नकल करती है और किसी भी अभिनेत्री को मात दे सकती थी। लेकिन एक बच्ची के रूप में भी वह जानती थी कि यदि वह अभिनेत्री बनने का निश्चय करेगी, तो उसके पिता को कितना निराश कर देगी। बॉब अभिनेत्रियों के बारे में बुरी राय नहीं रखता और ऐसा नहीं मानता कि लड़कियों को फ़िल्म में काम नहीं करना चाहिए, परन्तु वह अपनी बीवी और बच्चों के प्रति अतिरिक्त रूप से फ़िक्रमन्द है।

रिद्धिमा अपने पिता को अच्छी तरह समझ गयी। पिता के मन की शान्ति के लिए उसने कभी भी अभिनय के क्षेत्र में कैरियर बनाने की कोशिश नहीं की। उसकी जगह उसने कहा कि मैं कपड़े डिज़ाइन करना चाहती हूँ और बॉब ने खुशी-खुशी उसे पढ़ने के लिए लन्दन भेज दिया।

मेरा अपना सोचना है कि वह उस अनर्गल बकवास और छींटाकशी को सहन नहीं कर सकता था, जो लोग अभिनेताओं के बारे में लिखते और कहते रहते हैं, ख़ास करके टीवी पर। रणबीर के बारे में इतनी कहानियाँ बनायी गयीं। रणबीर मुझे कई बार कह चुका है कि मॉम, मैं इन लड़कियों से मिला तक नहीं हूँ और इन्होंने मुझे उनके साथ जोड़ दिया। जिन लड़कियों के बारे में लोगों ने सोचा कि वह गम्भीरता से डेट कर रहा था, उसने मुझे उनसे कभी परिचय नहीं करवाया। जिनको मैंने जाना और व्यक्तिगत रूप से मिली—वह थी, दीपिका और वर्तमान में कैटरीना। स्टार हैसियत के इन अवांछित पर लगभग अवश्यम्भावी पहलू ने मेरे पति को भयभीत कर दिया और वह अपनी बेटी को इस दुष्चक्र में फँसने देना नहीं चाहते थे। यह एक ऐसी बात थी, जिससे वह उसके बड़े होने तक की सारी समयावधि में तब तक भयाक्रान्त रहा, जब तक कि रिद्धिमा ने भरत से शादी न कर ली। एक बार जब वह सेटल हो गयी, तभी बॉब ने चैन की साँस ली और रिद्धिमा के साथ उसका रिश्ता और भी मज़बूत हो गया और उसमें खुलापन भी आया।

रिद्धिमा भी उसके सामने अधिक आत्मविश्वासी हो गयी। बचपन में रणबीर और वह, दोनों उससे भयभीत रहते थे। उसका अक्खड़पन उनमें डर पैदा करता था, जैसे कि वह उन्हें समय पर घर आने और समय पर सोने के लिए कहता। "अपनी-अपनी सब्ज़ियाँ खाओ", बच्चों के लिए दूसरा हौआ था, ख़ासकर रणबीर के लिए जो सब्ज़ियों से दिली नफ़रत करता है। एक बार की बात है, हम लोग डिनर टेबल पर बैठे थे। मेरे पति ने आदत के अनुसार उन्हें आगे बढ़ने और सब्ज़ियाँ खत्म करने का आदेश दिया। मेरा दिल भर आया, जब मैंने देखा कि रणबीर के गालों पर से आँसू टपक-टपक कर प्लेट में गिरते रहे, लेकिन वह डर के मारे खाता रहा और मैं बस देखती रह गयी। धीरे-धीरे बच्चों का डर कम होता गया और अब मेरे दोनों बच्चों के अपने पिता से रिश्ते अधिक सन्तुलित, आनन्दपूर्ण और सामान्य हो गये हैं।

सच कहूँ, तो अब मुझे उसे रिद्धिमा को बार-बार फ़ोन करने से रोकना पड़ता है। रिद्धिमा अब शादीशुदा है, उसका पति है, उसे घर चलाना पड़ता है और हम बार-बार उसको विघ्न नहीं डाल सकते—ख़ास करके रविवार को। लेकिन बॉब यहाँ पर भी अड़ जाता है और बहस करता है कि इसमें क्या हर्ज़ है और फिर मैं संडे को भरत को भी तो फ़ोन करता हूँ।

वह हर समय रिद्धिमा और समारा के साथ फ़ेसटाइम पर होता है और उसे इससे सावधान करने के मेरे सारे प्रयास बेकार सिद्ध होते हैं। मैं उसे कहती हूँ कि टैक्स्ट कर लो और उससे कहो कि वह फ़ुरसत मिलते ही तुम्हें फ़ोन कर ले, लेकिन वह जब बात करना चाहता है, तो करता ही है। वह इन छोटी-छोटी बातों के लिए संवेदनशील नहीं है।

मैं सचमुच सोचती हूँ कि उसे दूसरों की भावनाओं और सुविधा-असुविधाओं के प्रति और अधिक सावधान रहना चाहिए। कई बार उसकी कटु और चुभने वाली बातों पर मुझे साफ़-साफ़ कहना पड़ता है कि यह अनुचित है और सीमा का अतिक्रमण है। वह मेरी बात सुनता है और सुधार करने की कोशिश भी करता है। मैं ध्यान रखती हूँ कि यदि उसने अपनी माँ, बहन या किसी और को दुख पहुँचाया हो, तो वह माफ़ी माँग ले।

इतने सालों में, मैंने परिवार के सदस्यों से अपने स्तर पर एक आत्मीय रिश्ता बना लिया है। मेरी शादी के पहले मैं डब्बू के साथ कई फ़िल्मों में काम कर चुकी हूँ, इसलिए हमारे बीच एक आपसी समझ और लगाव है, लेकिन क्योंकि अब वह मेरे जेठ हैं, मैं उनका सम्मान करती हूँ और अब मैं उन्हें अपना बराबर का दोस्त नहीं मान सकती।

चिम्पू सबसे छोटा है और जिस तरह की बातें उसकी ज़िन्दगी में हुईं, उससे मेरा पति खिन्न और नाराज़ है। लेकिन वह नहीं जानता कि इस बारे में क्या करें। वह यह भी नहीं जानता कि अपनी फ़िक्रमन्दी कैसे व्यक्त करें। वैसे भी वे दोनों एक-दूसरे से आत्मीय ढंग से बात नहीं करते हैं और ऐसा लगता है, जैसे वे एक-दूसरे से नज़रें मिलाने से कतराते हैं, लेकिन सच यह है कि बॉब उसके लिए बहुत चिन्तित है। शायद अधिक संवेदनशील और धैर्यवान होने के कारण मैं उसे साफ़-साफ़ कह देती हूँ कि ये सब बीती बातें हैं, इन्हें भूल जाओ चिम्पू। मेरे पति और चिम्पू ज़्यादातर मेरे माध्यम से बात

करते हैं। उनके बीच में एक फ़ासला है। चिम्पू पुणे में रहने लगा है, लेकिन मैं उससे लगातार सम्पर्क में रहती हूँ।

मेरा पति एक जल्दी घुलने-मिलने वाला मिलनसार व्यक्ति नहीं है। वह दोस्तियाँ बनाने की कोशिश भी नहीं करता और लगातार सम्पर्क भी नहीं रखता। सामने वाले को ही पहल करनी पड़ती है। सुबह उठना, नाश्ता करना, आर.के. स्टूडियो जाना, वापस घर आना, एक ड्रिंक लेना, खाना खाना और सो जाना—यही उसकी दिनचर्या है और वह इसी में खुश है। यदि कोई उसे फ़ोन करेगा, तो वह बात करेगा, लेकिन खुद कभी पहल नहीं करेगा और ऊपर से शिकायत अलग करेगा कि लोग मुझे भूल गये हैं। उसके ध्यान में यह नहीं आता कि उसने भी तो किसी को फ़ोन नहीं किया है। उसके ज़्यादातर पुराने मित्र उसे और उसके स्वभाव को अच्छी तरह जानते हैं, इसलिए खुद ही यह बीड़ा उठाते हैं। लेकिन यदि उसी पर सब कुछ छोड़ा जाये, तो वह खुद आगे बढ़कर किसी से जुड़ने की कोशिश नहीं करेगा। वह अपनी ही दुनिया में मस्त है।

सास-बहू का रिश्ता बहुत ही नाज़ुक होता है, क्योंकि दोनों एक ही व्यक्ति पर अपना हक समझती हैं। मैं सोचती हूँ कि इस मामले में पुरुष दोनों को प्रेम और सम्मान देकर सास व बहू को एक-दूसरे के नज़दीक लाने में महत्त्वपूर्ण भूमिका अदा करता है। इस मामले में बॉब ने गजब का सन्तुलन रखा है। उसने अपनी माँ को बहुत ऊँचा पद दिया है। वह मुझे भी अपने बहुत करीब रखता है और महत्त्वपूर्ण स्थान भी देता है। उसने हमेशा से अपनी माँ को कहा है कि मैं उसके लिए महत्त्वपूर्ण हूँ और मुझे भी स्पष्ट किया है कि माँ उसके जीवन में कितना मूल्यवान स्थान रखती हैं। यह उसके लिए बहुत ही श्लाघनीय है कि उसने अपनी माँ और पत्नी के बीच के सम्बन्धों को इतना दृढ़ किया कि हम दोनों (मेरी सास और मैं) एक अटूट बन्धन में बँध गये। हम एक दसरे का पूरे दिल से सम्मान करते हैं। मेरी सास एक ऐसी शख़्स हैं, जिनकी पूरा परिवार प्रेम ही नहीं, पूजा भी करता है। सब उनके भक्त हैं, मैं भी।

मैं कभी-कभी रणबीर को बताती हूँ कि मैं नहीं जानती कि मैं अपनी सास को इतना अधिक प्यार क्यों करती हूँ। लेकिन अब मैं समझने लगी हूँ

कि ऐसा इसलिए है, क्योंकि मेरे पति उनसे अनन्य प्रेम करते हैं और उनका पूरा ध्यान रखते हैं। वह शहर में हों या यात्रा में, पर यह पूछना नहीं भूलते कि मैंने मम्मी को फ़ोन किया या नहीं। इतने सालों में वैसे तो वह समझ गये हैं कि मेरा उनसे कैसा सम्बन्ध है और उसे मुझे इसकी याद दिलाने की ज़रूरत नहीं है। फिर भी बॉब ऐसे ही हैं कि चाहे मैंने दिन में एक दर्जन बार मम्मी से बात क्यों न की हो, पर वह फिर भी मुझसे पूछकर आश्वस्त होना चाहते हैं। मैं रणबीर से कहती हूँ कि तुम्हें अपनी बीवी या गर्लफ्रेंड को विश्वास दिलाना पड़ेगा कि मैं तुम्हारे लिए कितनी महत्त्वपूर्ण हूँ। यदि तुम मुझे सम्मान नहीं दोगे, तो वह भी नहीं देगी। इतने साल बाद आज भी तुम्हारे पिता मुझसे पूछते हैं कि मैंने मम्मी को फ़ोन किया या नहीं। मैं सौभाग्यशाली हूँ कि मेरे पति के परिवार में हर व्यक्ति उदार और प्रेमी है और वे बदले में कुछ नहीं चाहते। यह उस प्रकार का परिवार नहीं है कि आपको दिन-रात फ़ोन करना पड़े, उनको उपहार देना पड़े और उन्हें ऊँचे आसन पर बिठाकर भक्ति करना पड़े। जब हमारी शादी भी नहीं हुई थी, तो उनकी बहन रीमा मेरी सबसे प्यारी सहेली थी और वह अपने भाई की सारी ख़बर मुझे देती रहती थी कि किस लड़की को उसने फ़ोन किया, किसे फूल भेजे, किसके साथ फ़्लर्ट कर रहा है। मैं उनके पिता जी से भी प्यार करती थी। बॉब उनसे भयाक्रान्त रहता था। वह उनसे इतना डरता था कि उनकी उपस्थिति में काँपने लगता था। लेकिन मेरे उनसे गर्मजोशी के और सहज सम्बन्ध थे। उनके ड्रिंक करते समय कोई भी उनके पास नहीं फटकना चाहता था। किन्तु मैं उनके साथ उसी कमरे में बैठी रहती और इस दौरान मैंने उनसे बहुत कुछ सीखा भी। वह अकसर दर्शन, रिश्तों और लोगों के बारे में बहुत सारी अन्य बातें करते थे।

हमारी शादीशुदा ज़िन्दगी के इन तीन दशकों में हमारी ज़्यादातर बहसें खाने को लेकर हुई हैं। उनकी कभी न खत्म होने वाली भूख और खाने के साथ अहितकर रिश्ता जो कि कपूर परिवार की ख़ास विशेषता है, हमारे तकरार की जड़ है। जब वह रूमानी नायक था, तब भी मैं उसके साथ फ़िल्म के ट्रायल शो पर जाती। लोग मुझे पकड़ लेते और पूछते कि तुम क्या कर रही हो। तुम्हारे पति इतने मोटे क्यों हैं। मैं उसकी फ़िल्मों की स्क्रीनिंग

पर जाने में डरने लगी थी कि अब मुझे डाँट पड़ेगी और मुझे ही कटघरे में खड़ा किया जायेगा; जैसे सारा अपराध मेरा ही हो। वह एक ऐसा ज़माना था कि बीवी को ही पति की हर गलती के लिए उत्तरदायी ठहरा दिया जाता था, हर बार उस पर ही आरोप लगा दिया जाता था। मैं तो उससे हमेशा झगड़ती रहती थी कि यह खाओ, वह मत खाओ। और वह मुझ पर नाराज़ हो जाता था, क्योंकि वह पूरा भोजन भट्ट है। मैं उन्हें अलग-अलग विशेष डायट पर रखती, पर वह उसका अनुसरण नहीं करता और तब मैं उससे बात करना बन्द कर देती। कम-से-कम एक माह तक यह संवादहीनता चलती रहती। ऐसा करते हुए बुरा भी लगता था, लेकिन आखिरकार वह हथियार टेक देते थे और कहते अच्छा ठीक है यार, क्या करूँ, बात तो करो मुझसे। फिर वह थोड़ा वज़न घटा लेता, पर वज़न था कि वह हमेशा वापस आ जाता। यह क्लासिक यो-यो फ़िनोमिना है, एक दुष्चक्र—वज़न बढ़ाओ, वज़न घटाओ, फिर वापस वज़न बढ़ाओ। जब से मैं उसे मिली हूँ, उसका वज़न मेरे लिए सबसे बड़ा और सतत संघर्ष रहा है। लेकिन इस सारी टोका-टाकी ने आखिरकार असर दिखाया है, अब वह इस बारे में सावधान हो गया है कि वह क्या खा रहा है।

मेरे बच्चे भी डाइट के प्रति सजग हैं। उन्हें ठीक-ठीक मालूम है कि उन्हें क्या खाना है। व्यक्तिगत चयापचय और हाजमा भी एक बड़ी भूमिका अदा करता है। और रणबीर इस मामले में किस्मतवाला है। उसकी चयापचय दर इतनी अधिक है कि उसका वज़न बढ़ता ही नहीं। फिर वह खाता भी कम है। उसे हमेशा अपनी प्लेट में कुछ-न-कुछ छोड़ने की बुरी लत है। उसे जो भी परोसा जाता है, वह अकसर उसे खत्म नहीं कर पाता। यदि उसे जूस दूँगी, तो वो थोड़ा-सा गिलास में अवश्य छोड़ेगा। यदि दो अण्डे खाने को दूँ, तो वह एक ही खायेगा। वह ऐसा ही है।

मेरा चयापचय रणबीर की तरह तेज नहीं है। मुझे वज़न घटाने के लिए परिश्रम करना पड़ता है। रिद्धिमा दुबली है, किन्तु ऐसा इसलिए है क्योंकि वह अपने खाने के मामले में बहुत ही कठोर अनुशासन पालन करने वाली है। जब मैं उसका नियन्त्रण देखती हूँ, तो भोजन के प्रति अपनी आसक्ति पर मुझे लज्जा होती है। मैंने उसे कभी मिठाई खाते नहीं देखा, कभी भी

नहीं। वह नाश्ता करती है, लंच करती है, पाँच बजे कॉफी पीती है और शाम आठ बजे डिनर करती है—केवल दो रोटी, चिकन, एक सब्जी और दाल। वह भरपेट खाना खाती है, पर एक कौर भी ज़्यादा नहीं। वह तला हुआ कुछ भी नहीं खाती। वह नाश्ते में दो मारी बिस्किट खाती है, कभी भी उससे ज़्यादा नहीं। वह अपने सख़्त अनुशासन वाले खान-पान से खुश है, किन्तु मैं कभी-कभी उस पर नाराज़ भी होती हूँ कि स्वयं के प्रति इतना भी क्या निर्मम होना।

मेरे पति शाहखर्च नहीं हैं, न ही वह उपहारों के मामले में उदार हैं। वह बहुत ही सावधान हैं और सँभलकर खर्च करते हैं। मैंने उन्हें एकदम से कभी कहते नहीं सुना कि जाओ और खरीद लो। यह निर्णय करने में वह पर्याप्त समय लेते हैं कि कोई खर्च उचित है या नहीं। जब रणबीर 15 या 16 वर्ष का था, तब उसे एक कार चाहिए थी, बॉब ने बोल दिया कि नहीं, अभी उसकी खुद की कार रखने की उम्र नहीं हुई। वह अपने बच्चों को बिगाड़ने में विश्वास नहीं रखते। किशोरावस्था में रणबीर और रिद्धिमा ने हमेशा इकॉनामी क्लास में यात्रा की। उसने उन्हें शॉपिंग करने के लिए अतिरिक्त पैसा भी नहीं दिया। मैं उन्हें थोड़ा बिगाड़ती थी, लेकिन यह एक तरीका था, जिसके ज़रिए हम एक सन्तुलन बनाये रखते थे और अब मैं सोचती हूँ कि वह उपयोगी सिद्ध हुआ क्योंकि रिद्धिमा और रणबीर विनम्र हैं और पैसे की कीमत समझते हैं। लोग मुझे बच्चों को सही ढंग से बड़ा करने का श्रेय देते हैं, लेकिन उसमें उनके पिता का भी काफ़ी योगदान है।

जब रणबीर 18 वर्ष का हुआ, होंडा सीआरवी कार बाज़ार में बस आयी ही थी। मेरी दिली इच्छा थी कि उसके पास वह कार हो। इसलिए मैंने बॉब से कहा कि मुझे यह कार चाहिए। उसका उत्तर 'न' में था। उसकी राय में मेरे पास पहले से ही एक कार थी और दूसरी की कोई ज़रूरत नहीं थी। मैंने कहा कि बॉब मुझे सचमुच वह चाहिए, प्लीज़ खरीद दो न। उसने फिर भी अस्वीकार ही किया। मैं 6 महीने तक उसके पीछे पड़ी ही रही, जब तक कि उसने थककर हथियार नहीं डाल दिये। जैसे ही कार मुझे मिली, मैंने रणबीर को चाबियाँ थमा दीं और वह खुशी से उछल पड़ा। लेकिन इस सबके लिए मुझे अपने पति पर सचमुच दबाव डालना पड़ा था। जब हम विदेश

जाते हैं, तो मैं जानती हूँ कि वह मुझे कभी नहीं कहेंगे कि जाओ अपने लिए कोई डिज़ायनर आउटफ़िट या एक बैग खरीद लो, बल्कि इसके विपरीत वह इसे फ़िज़ूलखर्ची कहते हैं। जब मैं सचमुझ कुछ खरीदना चाहती हूँ, तो मुझे पैसा बचाना पड़ता है क्योंकि मेरे पति अचानक कुछ लाकर मुझे सरप्राइज़ कभी नहीं करेंगे।

लेकिन जब भोजन की बात आती है, तो वह एक बिल्कुल अलग इनसान बन जाते हैं। जब हम न्यूयॉर्क जाते हैं, वह हमें एक से एक बढ़िया रेस्टॉरेंट में ले जायेंगे। और सैकड़ों डॉलर एक वक़्त के भोजन पर खर्च कर देंगे। किन्तु फिर वह किसी छोटी-सी चीज़ पर खर्चा करने के वक़्त कंजूसी करेंगे। एक बार न्यूयॉर्क में अपने अपार्टमेंट में जहाँ हम रहते थे, एक शाही भोजन पर पैसा उड़ाने के बाद हमें याद आया कि हमें सुबह की चाय के लिए दूध खरीदना है। वह मध्यरात्रि के करीब का समय था, लेकिन उसने दो ब्लॉक छोड़कर आगे एक जगह जाने की ज़िद की, जहाँ दूध 30 सेंट सस्ता मिलता था।

यदि मुझे सही याद है, तो उनके द्वारा खरीदा हुआ एकमात्र बड़ा उपहार उन्होंने मुझे तब दिया था, जब मैं 50 वर्ष की हुई। मेरी सास कहती है कि उपहार के मामले में उनके पिता जी भी ऐसे ही थे, वह एक पेशावरी गुण है। पेशावरी आसानी से किसी को कुछ देते नहीं। यदि आपको कुछ चाहिए, तो आपको उनके पीछे पड़े रहना पड़ेगा। आखिर में, आपको वह मिलेगा ज़रूर लेकिन वे आपको तुरन्त कभी नहीं देंगे।

और अन्त में, एक अभिनेता के रूप में मैं अपने पति के आकलन के विषय पर मेरी राय का प्रश्न खड़ा होता है। मैं उन्हें इस उद्योग के सर्वोत्तम कलाकारों में से एक मानती हूँ। एक कलाकार के रूप में वह अतुलनीय हैं। मैंने उनके साथ काम किया है और मैं बता सकती हूँ कि उन्हें जो दृश्य बताया जाता था और जो आप पर्दे पर देखते थे, उसकी गुणवत्ता में ज़मीन-आसमान का अन्तर होता था और इसका कारण था कि वह खुद उस दृश्य में जान डाल देते थे। यह अभिनेता के रूप में उनके जुनून और कौशल का निर्विवाद प्रमाण है।

अमिताभ बच्चन के स्टार हैसियत के चरम दिनों में भी मेरे पति ने अपना एक अलग स्थान और पहचान बनाये रखी। बहुत-से जूनियर अभिनेता कहते हैं कि वे **लैला मजनूं, कर्ज़** और **सरगम** फ़िल्मों में उनकी अदायगियों से विस्मयाभिभूत हैं।

सरगम की शूटिंग के दिनों में हम दोनों एक-दूसरे से मिला करते थे। एक बार मैं अमिताभ बच्चन के साथ किसी और फ़िल्म के लिए शूट कर रही थी, उन्होंने कहा कि यह मेरी सोच के परे है, मैं हतप्रभ हूँ कि चिंटू एक ही समय में साज़ बजाना, गाना और नाचना—तीनों एक साथ कैसे कर लेता है? ऋषि कपूर कोई भी वाद्य बजाने का अभिनय इतना अच्छा कैसे कर सकता है, जैसे वह सचमुच उसे बजाना जानता हो। वह किसी भी भूमिका की मूलभूत आवश्यकताओं के ऊपर जाकर काम करता था। अभिनय को जीवन्त बनाने के लिए वह हर सीमारेखा पार करके किसी भी हद तक जा सकता है। **लैला मजनूं** के लिए वह लॉस एंजेल्स गया और खुद का मेकअप खरीदकर लाया। मजनूं की भूमिका के रेगिस्तान वाले अंश में वह उधड़ी हुई चमड़ी, फटे हुए होंठ वाला और ख़ून से लथपथ दिखना चाहता था। आज हर सीन में आप कैसे दिखेंगे, इसका ध्यान मेकअप कलाकार रखते हैं, लेकिन **लैला मजनूं** के लिए यह सब उसने खुद किया। कई अन्य फ़िल्मों में विशेष प्रभाव उत्पन्न करने के लिए भी वह लॉस एंजेल्स जाकर ख़ास प्रकार का मेकअप लेकर आया।

रूपहले पर्दे पर मैं और ऋषि एकदम ताज़ातरीन, नौजवान जोड़े की तरह लगते थे और हमने कुछ मज़ेदार फ़िल्मों में काम किया, जो कि नाच-गाने और रोमांस से भरपूर थीं। आज रणबीर के बहुत से प्रशंसक और जवान लड़के मुझसे कहते हैं कि आप दोनों की जोड़ी ही हमारी माँ की पसन्दीदा जोड़ी थी। हमारे माता-पिता आप लोगों के जबरदस्त फ़ैन थे।

ऋषि कपूर के साथ, सह-कलाकार और पत्नी के रूप में ज़िन्दगी में मैंने बहुत कुछ पाया। दूसरी अभिनेत्रियाँ जैसे डिम्पल कपाड़िया और टीना मुनीम ने उसके साथ चित्रपट पर सफलता के साथ अच्छी जोड़ी बनायी, किन्तु आज मैं पूर्ण विश्वास के साथ कह सकती हूँ कि पर्दे पर और पर्दे के

पीछे, दोनों जगह मैं ही उसकी सर्वश्रेष्ठ जोड़ी हूँ। हमने भागीदारी में सबसे अच्छी और लम्बी पारी खेली।

मैं निश्चित और निर्विवाद रूप से कह सकती हूँ कि पर्दे पर और उसके पीछे मैं ही उनकी सर्वश्रेष्ठ साथी रही हूँ और रहूँगी।

फ़िल्मावली

2016	कपूर एंड संस, सनम रे, चॉक एंड डस्टर (विशेष भूमिका)
2015	वेडिंग पुलाव, ऑल इज़ वेल
2014	कांची, बेवकूफ़ियाँ
2013	बेशरम, शुद्ध देसी रोमांस, डी-डे, औरंगज़ेब, चश्मेबद्दूर
2012	जब तक है जान, स्टूडेंट ऑफ़ द ईयर, हाऊसफुल 2, अग्निपथ
2011	टेल मी ओ खुदा, पटियाला हाऊस
2010	दो दूनी चार, सदियाँ : बाउंडरीज़, डिवाइड...लव यूनाइट्स
2009	चिंटूजी, लव आज और कल, कल किसने देखा, दिल्ली-6, लक बाय चांस
2008	थोड़ा प्यार थोड़ा मैजिक, हल्ला बोल
2007	साँभर सालसा, नमस्ते लन्दन, डू नॉट स्टॉप
2006	लव के चक्कर में, फ़ना
2005	प्यार में ट्विस्ट
2004	हम तुम

2003	तहज़ीब, लव एट टाइम्स स्क्वेयर, कुछ तो है
2002	ये है जलवा
2001	कुछ खट्टी कुछ मीठी
1999	राजू चाचा, कारोबार, बिज़नेस ऑफ़ लव
1998	जय हिन्द
1997	कौन सच्चा कौन झूठा
1996	दरार, प्रेमग्रन्थ
1995	याराना, हम दोनों, साजन की बाँहों में
1994	घर की इज्ज़त, प्रेम रोग, ईना मीना डीका, मोहब्बत की आरज़ू, पहला-पहला प्यार, साजन का घर
1993	साहिबा, गुरुदेव, अनमोल, धर्मपुत्र, इज्ज़त की रोटी, दामिनी, श्रीमान आशिक, सादना
1992	कसक, हनीमून, बोल राधा बोल, दीवाना, इन्तहा प्यार की
1991	गर्जना, घर परिवार, बंजारन, रणभूमि, हिना, अजूबा
1990	आज़ाद देश के गुलाम, शेषनाग, शेर दिल, अमीरी गरीबी, नया अन्दाज़
1989	घराना, हथियार, नकाब, चाँदनी, खोज, पराया घर, बड़े घर की बेटी
1988	हमारा खानदान, जनम-जनम, विजय, घर-घर की कहानी, धर्म युद्ध (टी.वी. सीरीज)
1987	खुदगर्ज़ (अतिथि भूमिका), सिन्दूर (अतिथि भूमिका), हवालात, प्यार के काबिल, खज़ाना (विशेष भूमिका)
1986	नगीना, नसीब अपना-अपना, दोस्ती-दुश्मनी, एक चादर मैली सी, पहुँचे हुए लोग (अतिथि भूमिका)
1985	सागर, सितमगर, राही बदल गये, तवायफ़, ज़माना

1984	आन और शान, ये इश्क नहीं आसान, दुनिया
1983	कुली, बड़े दिल वाला
1982	दीदार-ए-यार, प्रेम रोग, ये वादा रहा
1981	क़ातिलों के क़ातिल, ज़माने को दिखाना है, बीवी ओ बीवी (नामावली में उल्लेख नहीं)
1980	गुनहगार, कर्ज़, आपके दीवाने, धन दौलत, दो प्रेमी
1979	सलाम मेमसाब (विशेष भूमिका), लैला मजनूं, दुनिया मेरी जेब में, झूठा कहीं का, सरगम
1978	फूल खिले हैं गुलशन-गुलशन, पति-पत्नी और वो (अतिथि भूमिका), अनजाने में, बदलते रिश्ते, नया दौर
1977	दूसरा आदमी, हम किसी से कम नहीं, अमर अकबर एन्थोनी, चला मुरारी हीरो बनने (स्वयं को भूमिका में)
1976	बारूद, जिनी और जॉनी (विशेष भूमिका), रंगीला रतन, कभी-कभी
1975	ज़हरीला इनसान, रफ़ू चक्कर, ज़िन्दादिल, राजा, खेल-खेल में
1973	बॉबी
1970	मेरा नाम जोकर
1955	श्री 420 (नामावली में उल्लेख नहीं)

सन्दर्भ सूची

धन्यवाद ज्ञापन

सर्वप्रथम मैं आजीवन प्यार और साथ देने वाले सभी मित्रों, प्रशंसकों और शुभचिन्तकों को धन्यवाद देना चाहता हूँ। मैं इस पल अपने अभिन्न मित्र बिट्टू आनन्द, राजू नन्दा, घनश्याम रोहेरा, हरविन्दर सिंह कोहली, सलीम-अल-मिडफा, रवि मल्होत्रा और सुरेश कोहली को कृतज्ञतापूर्वक स्मरण किये बिना नहीं रह सकता, जो आज हमारे बीच नहीं रहे।

वास्तव में, कई वर्ष पहले सुरेश कोहली ने ही इस आत्मकथा की शुरुआत करवाई थी और प्रकाशक हार्परकॉलिन्स से मेरा सम्पर्क करवाया था। ये सभी मेरे अभिन्न मित्र मेरे लिए वरदान की तरह थे और मेरे जीवन का आधार थे। मेरे जीवन और कैरियर के हर उतार-चढ़ाव में वे हर पल मेरे साथ रहे। ये जहाँ कहीं भी हों, मेरी यह भावांजलि उन तक पहुँचे।

मैंने इस पुस्तक में नीतू को एक पूरा अध्याय समर्पित किया है, परन्तु फिर भी हर परिस्थिति में मेरी सुरक्षा कवच रही नीतू का यहाँ पुन: आभार व्यक्त करना चाहता हूँ। साथ ही मैं अपनी दोनों सन्तानों, रिद्धिमा और रणबीर, जो मेरे जीवन में गर्व और आनन्द का स्रोत रहे हैं, का भी विशेष उल्लेख करना चाहूँगा।

मैं अपने प्रकाशक हार्परकॉलिन्स और सम्पादक वी. के. कार्तिका और शान्तनु चौधरी का भी कृतज्ञ हूँ, जिन्होंने इस पुस्तक के माध्यम से मेरी स्मृतियों को पुनर्जीवित करने का अवसर प्रदान किया। प्राय: लंच समय में होने वाली इन चर्चाओं के गहमा-गहमी भरे सत्र कभी-कभी पाँच घण्टों तक अविराम चलते थे, जिनमें बोलते-बोलते मेरा गला बैठ जाता था।

मैं अपनी सह-लेखिका मीरा अय्यर का भी आभारी हूँ, जिसने मेरे जैसे अधीर व्यक्ति को असीम धीरज से सुना और यथावश्यक प्रसंग पर मेरी स्मृति को कुरेदकर मेरी विचार श्रृंखला को दक्षता और सुस्पष्टता से कलमबद्ध किया।

अन्त में, परन्तु तीव्रतम भावनाओं के साथ अपने भाई-बहन, कज़िंस और सम्पूर्ण खानदान का भी आभार व्यक्त करता हूँ, जिन्होंने मेरे व्यक्तित्व को गढ़ने व निखारने में महत्त्वपूर्ण योगदान दिया है।

सह-लेखिका द्वारा भावांजलि

मैं अपने माता-पिता, कृष्णन एवं अलामेलु, और अपनी बहन ललिथा को हृदय से भावांजलि देती हूँ, जो अरसे पहले मुझसे बिछड़ गये परन्तु जिन्हें मैं निरन्तर अपने साथ महसूस करती हूँ।

मैं परवेज़ कुरेशी को धन्यवाद देना चाहती हूँ, **खुल्लम खुल्ला** के लेखन और मेरी माँ के गंभीर बीमारी के दौरान मेरा साथ देने के लिए।